江北新区发展研究报告
（2021—2022）

李北群　丁　宏　邱玉琢等　著

科学出版社

北京

内 容 简 介

　　江北新区地处长江经济带与东部沿海经济带的重要交汇节点,区位条件优越、产业基础雄厚、创新资源丰富,在深入贯彻落实新发展理念进程中勇于探索、先行先试,致力于成为高质量发展的重要方向标。本书以江北新区为主要研究对象,基于创新、协调、绿色、开放、共享的新发展理念,对江北新区发展进程中遇到的热点、难点问题开展应用性研究,并提出一系列具体的、有针对性和操作性的政策建议,既为江北新区相关部门的决策提供有益参考,也为理论部门研究区域经济社会发展提供素材和方向。

　　本书可为从事国家级新区高质量发展研究和决策管理的理论研究工作者及政府管理部门提供素材、研究方向和决策参考。

图书在版编目(CIP)数据

江北新区发展研究报告. 2021-2022 / 李北群等著. —北京:科学出版社, 2023.6

ISBN 978-7-03-074272-8

Ⅰ. ①江… Ⅱ. ①李… Ⅲ. ①经济开发区-研究报告-南京-2021-2022 Ⅳ. ①F127.531

中国版本图书馆 CIP 数据核字(2022)第 236174 号

责任编辑:刘翠娜　李亚佩 / 责任校对:王萌萌
责任印制:吴兆东 / 封面设计:蓝正设计

科 学 出 版 社 出版

北京东黄城根北街 16 号
邮政编码:100717
http://www.sciencep.com

北京虎彩文化传播有限公司 印刷
科学出版社发行　各地新华书店经销

＊

2023 年 6 月第 一 版　　开本:787×1092 1/16
2023 年 6 月第一次印刷　　印张:19 1/4
字数:430 000

定价:168.00 元
(如有印装质量问题,我社负责调换)

前　言

南京江北新区是我国第 13 个国家级新区，也是江苏省唯一的国家级新区。近年来，江北新区深入落实省市委部署要求，围绕"三区一平台"的战略定位，抢抓长江经济带、长三角一体化等战略机遇，发挥国家级新区和自贸试验区"双区联动"优势，区域增长极、创新策源地、改革试验田作用不断凸显，奋力推进中国式现代化的新区实践。

党的二十大报告中强调"高质量发展是全面建设社会主义现代化国家的首要任务"，而高质量发展就是体现新发展理念的发展，必须坚持创新、协调、绿色、开放、共享发展相统一。本书以完整、准确、全面贯彻新发展理念为指导思想，采取实证和规范研究相结合的研究方法，从创新、协调、绿色、开放、共享五个维度展开应用研究，为加快实现江北新区高质量发展提供具有针对性和操作性的对策建议。

1. 创新篇

本篇主要以增强江北新区创新能力和提升区域竞争力为目的，从完善制度创新、打造自主创新策源地、加强创新资源集聚、推动产业链现代化和数字化转型等方面展开研究，分析江北新区创新方面存在的问题，进一步研究国内外其他地区在创新方面较为先进的思路和举措，最后对江北新区提升科技创新水平和推动产业链现代化方面提出有益的对策方案。

2. 协调篇

本篇主要涉及文旅融合发展、医疗、交通和夜间经济等方面，以提升江北新区协调发展机制为指引，通过横向与纵向对比揭示发展现状与主要问题，采用空间结构分析模型和产业耦合度模型等对研究中关键变量进行测度。而且根据江北新区的现实基础，借鉴国内外典型案例的成功经验和启示，提出进一步优化和改进的思路和具体举措。

3. 绿色篇

本篇主要围绕能耗结构优化、产业结构转型、建设新金融中心、可持续发展等方面展开研究，构建综合指标衡量能源结构、社会持续发展能力、产业结构转型等变量，并进行实证研究，为相关结论提供经验证据；分析江北新区绿色发展方面存在的问题，借鉴国内外先进地区的实践经验和启示，为推动江北新区绿色发展提出具有操作性的对策建议。

4. 开放篇

本篇基于更高水平开放的大背景，主要聚焦于江北新区"双区"叠加新机遇与新突破、打造一流营商环境、构建开放高效产业集群创新服务体系等方面,利用构建综合指标体系法、面板数据模型等分析方法,对江北新区营商环境和产业集群创新服务体系等进行测度和分析,指出江北新区在这些方面存在的不足;搜集和总结国内外典型地区的经验做法,并提出具有针对性的建议和举措。

5. 共享篇

本篇聚焦于江北新区公共服务、突发公共事件应急决策和人口均衡发展等方面的内容。高质量发展应坚持以人为中心,推进基本公共服务共建共享,不断增强人民群众的获得感和幸福感。因而,本篇在分析江北新区在共享发展方面的发展现状和存在的不足基础上,充分借鉴和吸收其他地区的先进经验,提出以增进人民福祉、促进人的全面发展为目标的江北方案。

本书由李北群总体设计,丁宏、邱玉琢策划、组织和统稿,是南京信息工程大学江北新区发展研究院以及其他学院集体智慧的结晶。前言主要由李北群撰写,第一篇由杨锴、肖浩然、周文魁、魏向杰、张杰、何文剑撰写,第二篇由张敏、陈明宝、朱晓东、姜珂、石飞、李玮玮、盛济川撰写,第三篇由何正全、张武林、汪峰、黄芳、张明杨、张三峰撰写,第四篇由李洁、郑文清、魏向杰、韩会朝、于波撰写,第五篇由江民星、顾和军、张笛、曾维和、张明杨、顾和军撰写。在本书撰写过程中,郑田丹、汪丽娟、杨露鑫、禄雪焕和杨良平参与了修订工作,在此向他们表示衷心的感谢和崇高的敬意!

我们期望本书的研究成果能够为从事国家级新区高质量发展研究和决策管理的理论研究工作者和政府管理部门提供素材、研究方向和决策参考。由于自身水平和时间有限,本书难免有不足之处,敬请广大读者批评指正,以便我们在今后的工作中加以改进。

2022 年 11 月 23 日

目　录

第三篇　绿　色　篇

第四篇　开　放　篇

第一篇　创　新　篇

第1章　南京江北新区发展路径转型与制度创新研究报告

1.1　问 题 提 出

党的十九大报告提出"实施区域协调发展战略",为了实现这个目标,目前国家级新区已经设立 21 个,这些新区肩负着建设国家扩大对外开放重要窗口、辐射带动区域发展重要增长极、承担着新时代区域高质量发展的关键使命。和其他国家级新区相比,南京江北新区发展呈现"后发劣势"的特征,导致内生动力不足,即以往国家级新区建设以投资和政策支持为驱动力,现在以内生动力作为来源,需要国家级新区具备更积极、吸引力更高的条件和环境,如更高端的企业、更前沿的技术、更贴近现实的政策等,才能集聚人才、发展产业和推动创新。根据《省政府办公厅关于支持南京江北新区深化改革创新加快推动高质量发展的实施意见》(苏政办发〔2020〕74 号),"大力培育新动能、激发新活力、塑造新优势,加快建设自主创新先导区、现代产业集聚区、新型城镇化示范区和对外开放重要平台",如何有效落实成为重要挑战。因此,探究南京江北新区发展路径与制度创新具有重要的理论和现实价值。

本研究将聚焦"新区发展路径转型和制度创新"两个方面,探析新区的高质量发展管理模式。为了提升研究的普适性,进一步结合南京江北新区的发展情况,并识别影响管理模式中的发展路径转型和制度创新的内容。本研究的理论和实际贡献是以国家级新区的发展模式为研究情境,寻找发展路径转型和制度创新的规律,构建区域差异对发展高质量化的影响机制理论模型,进而丰富和扩展国家级新区经济转型和民生改善相关理论。

1.2　制度创新背景

制度创新是国家级新区最核心、最持久和独特的发展动力,是区域内各种资源高效率流动的组织方式,是国家级新区开展建设的重要"工具"。发展路径管理背景下的"制度创新"是指新区设立后如何根据区域差异制定符合发展的政策法规、管理办法、治理机制,如何协调资源的流动和配置。学者关注制度创新对国家级新区发展的影响,特别是在以区域差异为基础的"制度设计"对国家级新区的经济影响。虽然区域差异能够反映出新区发展过程中经济实力的客观差异和区别,但是难以描述出采用哪些制度和管理举措对其产生重要的影响。此外,制度创新的吸引力具有方向性,包括正向吸引力和负向吸引力,而区域差异并不体现出来。考虑到制度创新吸引力表现在产业规模、新区对外形象、区域价值等维度,因此,国家级新区在制度创新方面的具体措施也能够体现在以上维度当中。

区域差异使得国家级新区发展过程中"路径管理和制度创新"变得尤为重要,但是当前已有研究主要针对现状描述,而在区域差异基础上,开展国家级新区的发展路径转型和制度创新缺少理解。如虽然已有研究提出了多种发展管理模式,如"政府主导""产业主导"等模式,但这些模式主要适用于"强弱联合"。相反,现实的情况是多种优势和劣势交织在一起,难以采取传统的方式对新形势下的国家级新区进行管理。特别是区域比较邻近的新区如何寻求新的突破,更需要对其中的发展路径和制度进行管理。本研究在已有研究基础上,进一步归纳出区域差异与高质量发展之间的关系,探析南京江北新区发展路径转型和制度创新的实现机制,进而丰富和扩展区域经济发展理论和国家级新区管理研究。

1.3 案例研究设计

1.3.1 研究方法

本研究采用探索性案例研究方法和扎根理论方法相结合的方式探索南京江北新区发展路径转型与制度创新问题。本研究按照"根据案例研究构建理论"的研究规范,探析南京江北新区发展过程中"如何"发展路径转型和制度创新。与解释性案例研究方法和描述性案例研究方法相比,探索性案例研究方法的研究目标在于形成新的理论和实践指导,为南京江北新区提供方法指引。扎根理论方法作为质性研究方法的代表,能够从大量原始的资料中自下而上归纳出理论和规律,而当前成果对于南京江北新区发展路径转型和制度创新缺乏有效解释,需要通过该方法进行理论模型的建构。此外,结合多案例的分析,有利于为南京江北新区带来经验借鉴,在发展过程中不但尊重客观规律,而且从最有利于个体发展的角度出发,在构建新理论的基础上解决发展路径转型和制度创新的难题。

1.3.2 案例选择

根据研究问题,本研究选择上海浦东新区、天津滨海新区、重庆两江新区三个案例作为研究对象,主要基于以下原因:第一,能够满足理论构建的需要,对研究问题能够有效回答。三个案例新区在发展路径、制度创新过程中具有代表性,有利于揭示国家级新区如何开展转型和创新。第二,多样性和代表性原则,即所选案例在国家级新区的设立时间、发展模式、区位条件等方面呈现出多样性特点,有利于提升研究结论的普适性。这三个国家级新区是依次获得批准的前三名,建设时间长,积累了丰富的经验,有利于为后续国家级新区建设提供宝贵的实践。第三,资料可获得性原则,由于三个国家级新区广受媒体的关注,能够从公开渠道获得大量资料,保证研究的可行性和研究结论的稳健性。具体的案例描述见表 1-1。

表 1-1　样本案例描述

案例名称	上海浦东新区	天津滨海新区	重庆两江新区
获批时间	1992 年 10 月	2006 年 5 月	2010 年 5 月
面积	1210km^2	2270km^2	1200km^2
新区简要描述	上海浦东新区包括 12 个街区和 24 个镇，2013 年中国(上海)自由贸易试验区成立，新区开始"二次创业"，是全国"改革开放的领导者、创新发展先锋"	天津滨海新区依托京津冀协同发展机遇，融入"一带一路"建设，通过自由贸易试验区试点加快制度创新和产业集聚	重庆两江新区打造"一门户两中心三基地"，我国内陆开放示范效应的新领域，西部大开发的标杆
新区发展模式	强化"四大功能"，促进国际金融、贸易、航运、科技创新中心核心区和国际消费中心建设深度融合，发挥"五型经济"导向作用和数字经济赋能作用，打造集成电路、生物医药、人工智能三大世界级产业集群发展，以"六大硬核产业"引领先进制造业集群发展，以"六大服务经济"推动现代服务业高质量发展	坚持科技创新和人才引进，吸引北京企业、研究机构等落户新区，转移北京中关村部分生物医药、移动互联网、高端制造业	建设现代化经济新区，打造"整机+配套""资本+股权""金融+政策""项目+资源"模式，强业态、壮产业、立新城

1.3.3　数据来源

根据样本案例，本研究主要从新区的内部档案和外部资料两个方面获得。

1. 新区内部档案

内部档案主要包括新区介绍、年度总结报告、内部访谈等。本研究主要通过政府官方网站收集内部档案，特别是按照时间序列对资料进行收集和整理。此外，为了能够对案例的国家级新区深入分析，通过朋友联系，采用访谈的方式获得一手资料，本研究还收集相关责任人员的讲话、访谈视频以及相关的书籍。

2. 新区外部资料

外部资料来自网络，主要包括国内外新闻媒体的报道和学术期刊。本研究重点关注主流媒体的新闻报道，特别关注发展路径转型的内容。数据来源见表1-2。

表 1-2　数据来源

来源	具体来源	名称	简介	数量
新区内部档案	新闻稿	三个新区对外的新闻报道	三个新区的官方网站	新闻稿25篇；信息公告12篇
	总结报告	三个新区的年度报告	时间范围为2018—2020年	整理文档15页
	视频	百度视频	中文搜索引擎	整理文档12页
	相关图书	《浦东新区蓝皮书：上海浦东经济发展报告(2021)》	上海社会科学院经济研究所与中共上海市浦东新区委员会党校合作成果	整理文档18页

续表

来源	具体来源	名称	简介	数量
新区内部档案	相关图书	《天津滨海新区史话》	主编于景森，2013 年 9 月任天津市滨海新区区委副书记、宣传部部长	整理文档 17 页
		《重庆两江新区"十三五"经济社会发展规划研究》	作者易小光，重庆市综合经济研究院院长，研究员	整理文档 20 页
新区外部资料	主流媒体的新闻报道	《人民日报》及人民网	以新闻为主的大型网上信息发布平台	整理文档 31 页
		《光明日报》及光明网	思想理论领域的中央重点新闻网站	整理文档 25 页
	其他媒体报道	新浪新闻	为全球用户 24 小时提供全面及时的中文资讯	整理文档 12 篇
	中国知网	中国学术期刊网络出版总库	全球领先的数字出版平台	整理文档 21 页

1.3.4　数据分析

1. 开放性编码

开放性编码包括两个步骤，首先需要对原始资料进行概念化，即对原始资料逐字逐句分析，同时保持对数据的敏感性，对与主题相关的语句进行标记，形成编码条目，形成概念化。如对于国家级新区自然地理情况的表述，可以界定为区位面积概念。其次是对概念进行范畴化，即进一步将概念归纳和提炼，形成副范畴的结果。如"区位面积""人口总量""发展历史""生态环境"四个概念反映客观条件，本研究进一步将这些概念归纳为副范畴"个性特征"。经过以上步骤的处理，得到 58 个概念和 15 个副范畴，具体处理结果见表 1-3。

表 1-3　开放性编码确定的概念和副范畴

副范畴	概念
个性特征	指国家级新区具备的区位、人文、自然环境等条件，包括区位面积、人口总量、发展历史、生态环境
特色比较	指国家级新区在发展过程中对特色的识别和比较，主要是发现其发展中的闪光点，包括产业特色、人才特色、区位特色、品牌比较
优势差距	指通过比较发现国家级新区在某些长项上存在的差距，包括竞争力差距、发展潜力差距、获得投资机会差距
发展目标需要	指国家级新区目标的规划，包括经济目标、政治目标、人文目标、生态目标、社会目标
识别个体优势	指围绕个体所具备的资源进行盘点，包括资源特征、环境特色、产业条件、文化氛围
提升生态能力	指国家级新区对生态环境进行保护，包括资源使用计划、能耗审批、资源环保、生态治理
提升政府服务力	指以民生为中心增强政府服务项目，包括办事效率、民生项目、公共服务、意见反馈、信息渠道
增长潜力	指通过采取一定措施能够对所在区域资源的利用状况，包括发展方向、待利用机会、投资引入、自主开发

续表

副范畴	概念
开发产业链	指国家级新区对于产业和产业集群的调整,包括延伸产业链、跨产业合作、生产方式转型、产业转型升级
资源要素聚合	指国家级新区统筹区域内资源要素,包括生产要素、土地要素、劳动力要素、创新能力
党建和文化影响	指国家级新区开展党建和文化引领工作,包括党建工作、文化氛围塑造、价值牵引
治理现代化	指采取一系列措施对社会展开治理工作,包括社会协同、社会网格化建设、治理体系、治理能力
国家政策指引	指根据国家给予的政策制定区域内的管理策略,包括国家产业政策、扶持优惠、税费减免
战略规划	指承接国家战略目标对国家级新区开展长短期规划,包括三年计划、长期规划、战略定位、计划路线图
负面的感知	指国家级新区被民众感知到的负面态度,包括生活获得感、民众对新区的认知、民众的生活满意度

2. 主轴性编码

主轴性编码主要通过聚类和分类的方式,将开放性编码的结果进一步提炼。通常采用"条件→行动策略→结果"典范模式,归纳为 5 个主要范畴。其中条件是某种现象发生的条件或者背景,行动策略是在这个条件下采取的举措,结果就是最终的成果。具体的主轴性编码确定的主范畴见表 1-4。

表 1-4　主轴性编码确定的主范畴

主范畴	对应的副范畴			关系的内涵
	条件	行动策略	结果	
区域差异	个性特征	特色比较	优势差距	区域差异指国家级新区在地域上有明显的个体特点,具体而言,个体特征是区域差异产生的前提条件;个性特征导致个体之间经过特色比较这个过程;特色比较的结果是彼此之间存在优势差距
优势驱动	发展目标需要	识别个体优势、提升生态能力、提升政府服务力	增长潜力	优势驱动指国家级新区的发展原生动力来自个体的优势,具体而言,由于需要完成发展目标,需要识别个体优势、提升生态能力、提升政府服务能力,才有可能形成新的增长潜力,推进持续发展
路径转型	优势差距	开发产业链	资源要素聚合	路径转型指国家级新区根据自身特点对发展方式进行总结和转变,具体而言,由于区域之间存在优势差距,通过开发产业链的方式,进一步实现资源要素整合的目标,不再是单一目标的实现
制度创新	优势差距	党建和文化影响	治理现代化	制度创新指国家级新区采取制度设计的方式发挥区域内隐含的优势,具体而言,由于区域之间存在明显的差异,需要通过党建和文化的影响,构建现代治理体系,形成现代治理能力
发展高质量化	国家政策指引	战略规划	负面的感知	发展高质量化指经济增长领跑、新旧动能转换、资源要素快速聚集、城乡面貌具体转变,具体而言,由于国家政策指引,作为试点先驱,通过完成战略规划,引导区域内资源有序流动,降低民众的负面感知,提升对区域高质量发展的支持

3. 选择性编码

选择性编码目的就是确定核心范畴,确定整个故事的逻辑主线。可以发现,"区域差异"是条件,"优势驱动""路径转型""制度创新"是"行动策略","发展高质量化"是结果,换言之,在国家级新区发展过程中,区域差异通过引发优势驱动、路径转型和制度创新提升发展高质量化。因此,本研究将其归纳为核心范畴,如图 1-1 所示。

图 1-1　选择性编码的典范模型

4. 信效度保障

本研究在研究设计、数据收集和分析阶段采取了一定措施,来保证研究过程中的信度和效度的要求,具体要求见表 1-5。

表 1-5　信效度保障

检验项目	策略	具体做法	使用阶段
外部效度	案例多样化	选择的案例具有多样性和代表性,同时案例之间具有区域异质性,根据复制逻辑,探寻普遍规律	案例选择
	内容多样性	选择的案例新区成立时间、发展模式、个体特色不同	案例选择
构念效度	多种数据来源	通过内部档案和外部资料,对每一个证据形成三角印证,对于其中出现的概念都是超过两个数据来源确定的	数据收集 数据分析
	证据链条	在确定概念和范畴过程中,经过不断比较和判断,最终概念含义上归于一致	数据分析 数据收集
信度	制定研究计划	按照"提出具体的研究问题—案例选择—多渠道收集数据和建立数据库—对数据编码处理—书写报告"逻辑制定研究计划	研究设计
	构建案例数据库	对搜集的数据进行分类整理,构建数据库	数据收集

1.4　案例发现

通过以上数据分析可以看出,本研究构建区域差异对发展高质量化的影响机制理论模型,如图 1-2 所示。

该理论模型显示,区域差异分别从个体层面、产业层面和治理层面三个维度对发展高质量化产生影响。具体而言,在个体层面,区域差异引起优势驱动,如识别个体优势、提升生态能力、提升政府服务力,进而实现高质量发展的强劲增长。在产业层面,区域

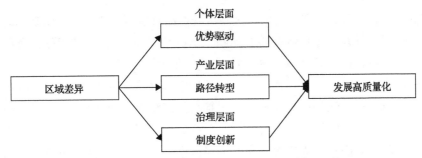

图 1-2　区域差异对发展高质量化的影响机制理论模型

差异导致路径转型不同，特别是产业链的发展趋势各有差异，影响最终的高质量发展。在治理层面，区域差异引发国家级新区治理方式不同，特别是治理体系和治理能力，对高质量发展的持续性产生深远影响。接下来，将详细阐述具体的研究发现，并结合扎根理论编码的范畴及数据对相关解释进行支持。

1.4.1　区域差异

区域差异是国家级新区在设置过程中区位上的不同点，即每一个国家级新区的设立目的和实现的区域发展是不同的。在国家级新区设立之前，已经具备一定的地理区位优势，这种优势和国家的开发目标存在着一定的契合关系，有利于通过设立国家级新区进一步完成转型升级。因此，区域差异是一种客观存在的现实，如何在已有条件基础上开发出优势，才是重点解决的现实难题。本研究中的上海浦东新区、天津滨海新区和重庆两江新区均为直辖市中的区域，经济发展条件基础好、区位优势明显，即临海或沿江，不管在交通还是在自然条件方面，具有独特的优势。

区域差异主要由个性特征引起，通过优势比较来完成。1992 年由于上海经济发展速度呈现下降趋势，为了沿海经济均衡发展，通过设立上海浦东新区的形式，带动南方沿海经济发展。随后，为了缓解南方经济发展快而北方沿海经济发展缓慢的困境，在 2006 年成立了天津滨海新区。在完成东部沿海经济发展持续提升的阶段任务后，随着西部大开发战略的推进，中部崛起迅速提上日程。经济发展从东部向东中西部拓展，推动实施区域整体发展，这一时期重庆两江新区设立。在区域上有明显的差异，通过个性化优势的比较，各个区域之间存在明显的差距，比如上海浦东新区占据长三角经济带，天津滨海新区占据环渤海经济带，而重庆两江新区依托成渝双城经济圈，发展的顺序和潜力各不相同。

1.4.2　区域差异对发展高质量化的影响机制

1. 个体层面：优势驱动

区域差异带来优势驱动，能够从最有利于自身发展角度提升发展高质量化。高质量发展是新区发展过程中多种要素匹配和优势发挥的结果。特别是在当前国家级新区开发和改革阶段，以往的经济特区改革突出经济体制变革，以浅层次的改革为主，通过优惠政策牵引提高地方经济,而现在的国家级新区开发涉及经济体制、行政体制、文化生活、生态环境等方面,触及一些体制的核心问题,不再是"外表式"发展模式,而是"内涵式",即通过区域自身的制度创新,带动和影响其他地区的发展。

优势驱动主要表现在三个方面。第一,识别个体优势。主要目标是如何基于自身特色来开发闪光点,这种优势来自于差异,包括自然资源、社会环境、人文条件等。如上海浦东新区具有独特的区位优势,上海在我国沿海地区和长江流域具有优越的龙头地位,也是吸引外资的重要因素;天津是环渤海的经济中心之一,将现代化的港口城市和我国北方的重要经济中心作为滨海新区的建设目标;重庆两江新区具有政策优势,即西部大开发优惠政策、统筹城乡综合配套改革先行先试政策、开发开放政策。第二,提升生态能力。良好的生态环境是区域经济对外的形象,也是对产业结构调整的要求。如上海浦东新区保护长江三角洲环境,天津滨海新区保护渤海湾环境,重庆两江新区保护长江生态环境。第三,提升政府服务力。以信息为抓手,采取多种策略来提升为人才、为企业、为社会的服务能力。如上海浦东新区全面实施负面清单制度、打造"放管服"改革浦东样本等;天津滨海新区组建政务服务办公室、派专人帮助企业完成相关事项审批等;重庆两江新区持续优化营商环境,在评价渠道、办件总量、网上受理率、即办比例、电子印章、基层服务等多项指标方面力求突破。

2. 产业层面:路径转型

路径转型本质是根据优势驱动,从自身内动力出发,由政策红利导向的路径向广义的人力资本和制度创新等路径转型,由投资驱动型经济转变为创新驱动型经济。换言之,以往的转型路径是高投入、高资本、低效能的方式,现在的路径转型应该是低投入、强内力、高效果的方式。最重要的抓手就是产业结构升级,进一步而言就是对整个产业链条进行重新整合,形成一种强势的产业链。

现有研究表明,以产业链为主导,不仅可以提升区域经济增长,还能够改变产业结构,形成增长和结构双重转变,真正激活经济发展的内生动力机制。如上海浦东新区和重庆两江新区进入全面优化阶段,其中上海浦东新区地区生产总值增长 8.2%,重庆两江新区地区生产总值增长 10.9%,成为所在地区增长速度最快的区域。从产业结构来说,第三产业成为增长新动能,如 2016 年上海浦东新区增长 11.6%,占地区生产总值的 75%,重庆两江新区的第三产业生产总值比重为 59.3%。值得注意的是,国家级新区路径转型一定要结合自身具备的资源和能力,不能为了转型而强制执行,忽视自身良好的基础,这样不可避免会造成资源的破坏和矛盾的增多。

3. 治理层面:制度创新

制度创新不仅是管理制度和政治体制方面的创新,而且是以管理为基础的城市治理现代化。换言之,良好的城市治理可以有效提升区域内民众的幸福感,向外界传递良好的形象,能够吸引更多的人才、投资者,使区域内人员团结在一起,为了新区的建设提供力量。数据分析表明，党建和文化可以引领国家级新区建设，通过区域联动、打造工作阵地等方式组织各方力量，服务和保障金融城的改革发展。

当前研究认为，全区域党建推进城市治理。通过治理平台的搭建，打造创新创业集聚地，如上海浦东新区以张江传奇创业广场、长泰广场为核心打造孵化器；天津滨海新区在 2016 年开设 40 余家众创空间，超 4000 家新技术企业成立。特别是上海浦东新区提出要做实区域化党建工作，抓好四个覆盖(组织覆盖、工作覆盖、管理覆盖和服务覆盖)，切实提高党建政治引领、组织引领、能力引领和机制引领的水平，特别要将社会多元力量组织好、整合好，构建共建共治共享的社会治理新格局。

1.4.3　发展高质量化

研究显示，发展高质量围绕的主要是城市的各个方面，重点是战略规划的落实。如上海浦东新区聚焦"中国芯""创新药""蓝天梦""未来车""智能造""数据港"六大硬核产业，并在此基础上聚关键、强布局，推动产业高质量发展；重庆两江新区从政策、制度、管理、模式等方面开展创新，立足满足市民高品质生活的需要，将"城市一刻钟便民生活服务圈"作为落实城市更新行动、推动城市商业设施建设的重要内容纳入培育建设国际消费中心城市范围；天津市委、市政府为滨海新区制定了《加快推进新时代滨海新区高质量发展的意见》，并配套 80 条支持政策，举全市之力支持新区高质量发展。为重点推进政策及任务的落地实施，滨海新区制定了加快推进高质量发展的攻坚行动方案，阶段性成效显著。

1.5　基于南京江北新区的发展路径转型和制度创新

1.5.1　突出优势形成新的增长力量

回顾建设历程，南京江北新区遵循区域差异，提升优势驱动力，增加城市承载力，提高生态支撑力，增强城市辐射力，营造良好的营商环境，激发新活力、塑造新优势，开创国家级新区建设新局面。围绕南京江北新区历史和建设过程中积累的优势资源，下一步坚持顶层设计和落地执行结合，坚持整合优质创新资源，坚持激发内生创新活力，坚持以人民为中心建设新区。顶层设计是实施高质量发展的重要基础，南京江北新区应结合自身定位，结合国家对南京江北新区建设的要求，借鉴上海浦东新区、天津滨海新区、重庆两江新区的建设经验，组织编制各种类型的规划，按照"施工图"开展短期、中期和长期的实施，只有对表对标，才能实现高质量发展。继续推进政府体制机制改革，通过激活创新的内生动力，释放高质量发展动能，强调对企业的直接支持，减少对企业的阻碍，从解放思想开始，破除各种阻挠，一张蓝图绘到底。时刻以人民为中心，推进生态建设，南京江北新区建设的成果是全体民众共同努力的结果，需要将民生建设放在一个更高的地位。

1.5.2 培育高端产业铸就产业高地

作为江苏省唯一国家级新区，聚焦高端产业，将产业当中的创新链、人才链、政策链深度融合，在智能制造、生命健康、新材料等领域不断聚焦，探索出新常态下现代产业发展之路。产业结构从制造业向先进制造业和现代服务"双轮驱动"转变，新的动力如高新技术产业、战略性新兴产业逐渐兴起。根据南京江北新区的产业转型升级，下一步面向全球汇聚产业资源，依托创新发展高端产业，通过路径升级巩固建设成果。升级过程中需要紧盯国际高端产业发展前沿，在全球建立招才引智服务窗口，对现有的国际资源进行吸引，特别是招收产业链中的高端人才，形成人才高地，在高附加值的产品和服务中创造出竞争优势。产业链的形成和发展需要创新驱动，要形成有利于高端产业集聚的科技生态圈，各种创新要素在区域内有机组合，才能够对既有产业链实现支撑作用。做好配套措施，特别是营造良好的创新氛围，南京江北新区应持续破除体制机制的壁垒，深化对项目审批模式的改变，提升服务质量，由过去的单一优惠政策转变为国际一流营商环境。

1.5.3 塑造社会治理现代化的标杆

回顾建设历程，南京江北新区围绕"三区一平台"战略定位，即自主创新先导区、新型城镇化示范区、长三角地区现代产业集聚区和长江经济带对外开放合作重要平台，增强城市功能，按照"精准街道、做强社区、做实网格"的要求，推进基层社会治理提质增效。在社会治理网格化、社会治理精细化、数字化水平方面积累了丰富经验。南京江北新区不断提升治理水平，下一步应该紧紧握住制度创新这个工具，坚持系统规划，突出社会系统，依靠数字赋能扩大建设成果。南京江北新区应进一步系统规划，发挥党建和文化引领的作用，全力破解在治理过程中的难题，发挥出新区各种资源的优势，形成强大的建设合力。加强社会治理体系的完善，以社会治理作为制度创新的突破口，推动治理重心向一线、向下移动，打破以往的垂直治理方式，形成多元主体参与、多方优势发挥的治理局面。依靠现代信息技术，将党建引领深深嵌入治理系统中，科学合理地使用信息技术手段，发挥党组织的政治优势和组织优势，转变为治理效能，推进社会和谐，营造制度创新的良好环境。

第2章　南京打造江北新区自主创新策源地的对策研究

2.1　南京核心科技缺失的特征事实与成因

发达国家的国家科学中心是世界级原始创新的承载区，是世界科技革命和产业变革的策源地，在全球创新技术研发、创新要素配置、创新产业发展中发挥着重要的引领与带动作用。习近平总书记强调，中国要强盛、要复兴，就一定要大力发展科学技术，努力成为世界主要科学中心和创新高地。①建设综合性国家科学中心是提升创新策源能力的重要抓手，有助于汇聚世界一流科学家，突破一批重大科学难题和前沿科技瓶颈，显著提升国家基础研究水平，有助于强化原始创新能力，提升国家科技领域的核心竞争力，加强国家创新体系建设。南京正加快推进综合性国家科学中心建设，着力提升区域性科学中心集中度和显示度，更好服务国家战略。

南京作为我国重要的出口加工区，通过代工企业引进、消化、吸收再创新国外先进技术，一直起着先锋模范的作用。但关键技术领域自主研发相对匮乏，贴牌生产的产品较多，具有自主知识产权的自有品牌较少；科技创新认识不足，在关键技术领域的研发投入不够，制造业领域关键核心技术不能实现自主可控。这种模仿创新主要体现在学习和采用规范的生产工艺流程以及进行产品的模仿设计，其结果往往是强化了企业在价值链中低端"锁定"。因此，南京实现产业链和创新链的攀升，从模仿创新优等生向自主创新策源地转变，构建保障关键核心技术自主攻关的创新系统和政策组合，对南京建设国家创新型标杆城市具有重要的理论价值和现实意义。

2.1.1　自主创新策源地的评价标准与理论边界

1. 自主创新策源地的评价

关于如何评价科技创新策源地城市，不同的学者和机构具有不同的判定标准。

一般认为，构成创新活动的要素至少应该包括以下方面：第一，创新的动机；第二，创新的资源；第三，创新的载体；第四，创新的环境。联合国开发计划署的研究设定了四个评价指标，正与此对应起来：地区高等院校和研究机构培训熟练工作人员或创造新技术的能力——创新的资源；能带来专门知识和经济稳定的老牌公司和跨国公司的影响——创新的载体；人们创办新企业的积极性——创新的动机；获得风险资本以确保好点子成功进入市场的可能性——创新的环境。随着全球化的发展，一些学者注重进行创新城市评价研究，这些研究成果对全球科技创新中心评价具有重要的借鉴意义。如理查德·佛罗里达（Richard Florida）的"3T"，即才能（talent）、技术（technology）和容忍度

---

① 习近平. 努力成为世界主要科学中心和创新高地. [2021-03-15]. http://www.qstheory.cn/dukan/qs/2021-03/15/c_1127209130.htm。

(tolerance)指标和英国学者查尔斯·兰德利(Charles Landry)的"创意城市指数"等。"3T"指标体系简单明了,数据较易获得,欧洲一些国家也采用此指标对本国城市创新能力进行评价;但部分指标在非西方文化区接受程度小,应用范围也受到限制。

2. 自主创新策源地发育规律的基本启示

现有的有关科技创新城市的研究多注重探讨推动城市发展的内生力量,并强调建立在科技资源禀赋基础上的自主创新是全球科技创新中心的核心内涵,而对非科技因素与外生力量的重要性关注不足。事实上,在全球化浪潮下,全球经济网络密切交织,带来全球科技资源的重新配置与整合,外部创新资源嵌入本地经济使得传统的创新方式发生了重大变化,是否能够嵌入全球创新网络进而成为全球重要的科技创新节点已经成为城市科技发展的重要考虑因素。如何综合考虑内生力量/外生力量、科技因素/非科技因素在构建与评价全球城市创新能力中的地位和作用,应成为未来研究的重要方面。

由此可见,评价一个城市创新能力最重要的指标就是其自主创新能力。南京作为一个以国际代工产业异常发达的城市,在引进、消化、吸收再创新等模仿创新领域成绩突出,但关键技术领域自主创新能力缺失,在制造业领域关键核心技术不能实现自主可控。这种模仿创新主要体现在学习和采用规范的生产工艺流程以及进行产品的模仿设计,其结果往往是强化了企业在价值链中低端"锁定"。因此,南京要想实现产业链和创新链的攀升,从模仿创新优等生向自主创新策源地转变,就需要廓清模仿创新到自主创新的形成机制与实现路径。

3. 国际代工企业的模仿创新及其困境

模仿创新是自身技术能力相对薄弱的发展中国家企业嵌入全球价值链、参与国际分工的重要途径,由海外客户和代工企业两方面的需求共同推动。这种创新有其积极意义,但在此基础上所形成的创新能力也具有很大的局限性,进而导致国际代工企业在全球价值链中的困境。

国际代工企业嵌入全球价值链的基础是国际代工企业的模仿创新,指的是从事国际代工业务的企业,通过引进生产设备、生产工艺流程并在客户指导下掌握相关操作技能和方法而形成满足客户要求的生产能力,或是通过模仿和复制客户及其他企业产品而掌握成熟的产品设计知识的活动。国际代工企业模仿创新有如下两个方面的特征。

第一,国际代工企业的模仿创新是企业层面的创新,而非产业层面的创新,其实质上是技术引进,是一种"他技术创新"。第二,国际代工企业的模仿创新是客户主导下的创新,而非代工企业自主开展的创新。

客户指导下的国际代工企业模仿创新既不能促使其形成核心能力,也无法构建起同业竞争者、技术能力和令其他企业无法模仿的隔绝机制,反而导致代工企业对客户更大程度的依赖,强化了客户对代工企业的"锁定"。从整个价值链的结构来看,代工企业的讨价还价地位并没有增强,而是处于"原地踏步"乃至倒退的状态。创新所带来的租金主要由客户所攫取,代工企业陷入了所谓的"OEM陷阱",即代工企业彼此之间的竞争进一步加剧,只能采用低价策略,导致利润率水平不断降低。

4. 国际代工企业的自主创新与业务升级

在创新源上，国际代工企业的自主创新从几乎完全依靠客户的知识转移，到更多地依靠自身进行创新的过程。在创新活动的开展上，国际代工企业的自主创新是从受海外客户的高度控制，到更多地由自我主导的过程。在创新产出的知识产权上，国际代工企业的自主创新是从基本上不具备自主知识产权，到更多地掌握知识产权的过程。在创新收益的分配上，国际代工企业的自主创新是从基本上不享有创新收益，到更多地获得创新收益的过程。

与主要依赖客户作为知识来源、创新过程受客户高度控制的模仿创新相比，国际代工企业的自主创新呈现主动性、开放性、层次性和战略性等突出特征。

2.2　保障江北新区科技自主攻关的区域创新体系

建设具有影响力的自主创新策源地是南京市实施创新驱动发展战略的一项重要举措，更是一项复杂的系统工程。要实现自主创新策源地服务国家重大战略、面向经济主战场、辐射周边地区发展等目标要求，必须在南京市都市圈范围内形成良好的创新生态；通过优化区域创新生态，切实推进自主创新策源地建设。

2.2.1　自主创新策源地的复杂系统特征

第一，自主创新策源地的功能涵盖了从理论研究、基础应用研究到产品开发、商业化应用等多个环节；各环节之间有着较为明显的继起性特征，并存在反馈和交互影响机制。自主创新策源地从某种意义上可以拆分为科学、技术、创新三项具有明显区别但又密切关联的功能。其中，科学功能主要体现为各种没有特定应用价值的理论研究、重大发现、基础应用研究及重大发明；技术功能则包括高校院所的应用研究和产业界的科学研究与试验发展（research and development，R&D）活动；创新功能则更多体现为 R&D 活动基础上的产品开发、生产组织、模式创新、市场推广等方面，其核心是实现大规模的商业化应用。从线性创新理论角度来看，三项功能在逻辑上具有继起性，即科学功能通常是技术功能的基础，而创新功能又建立在技术功能基础之上；与此同时，后续环节反馈的信息往往也会影响前续功能的定位和方向，特别是创新功能与技术功能之间的交互反馈显得更为突出；三者之间构成一个完整的链条和闭环系统。

第二，自主创新策源地的运行需要各种不同类型的主体共同参与、协调配合。参与主体包括创新型企业、政府部门、高等院校、科研院所、风险投资、商业银行、资本市场、各类中介服务机构、各种公共服务平台以及愿意尝试新事物的消费者群体等。

第三，不同参与主体之间的协调配合需要以相关规则和机制的配套完善为支撑；在规则机制有效衔接的基础上，各参与主体才可能聚集更多的要素资源，包括资金、机器设备、软硬件设施、人力资源，并将其有效地配置到科学、技术、创新等不同功能和环节上。

第四，自主创新策源地涵盖诸多功能环节，涉及各类参与主体、不同功能和主体协调配合所依赖的规则机制，以及科技创新中心运行过程中聚集配置的各种要素资源，各种因素相互交织，共同构成了一个复杂系统。

2.2.2 自主创新地生态系统的要素特征

区域创新生态系统是在区域创新体系基础上发展出来的概念，指的是在特定地理空间范围内所形成的、能够孕育科技创新活动的动态交互网络体系。通常，区域创新体系更强调政府在创新活动中的推动和引导作用；而区域创新生态系统则更关注区域内各类主体、要素之间的共生共栖。成熟的区域创新生态系统通常由一大批本地创新活动参与主体和一系列动态交互过程共同构成，能够针对不同的挑战提出解决方案。从构成要素来看，区域创新生态系统通常具备以下条件：①拥有一流的大学和科研机构；②具备包括天使投资、风险投资在内的丰富金融资源，能有效满足新创公司或新研究计划的融资需求；③区域内的大企业与新创企业能够和谐共生；④区域内企业之间形成专业化分工合作格局；⑤发达的中介性服务机构体系，包括技术转移中心、企业孵化器等，能够为本地公司开展创新活动提供各种辅助性支持；⑥众多追求新潮的消费者，能为创新产品提供充足的市场需求空间；⑦拥有全球性网络。

从功能上看，区域创新生态系统则可以划分为两大子系统，即由理论研究、基础应用研究支撑的"知识经济(knowledge economy)子系统"和由市场行为支撑的"商业经济(business economy)子系统"，两大子系统之间存在着密切的关联和耦合。一方面，知识经济子系统中开展科研活动所需的资源投入主要来自商业经济子系统，包括来自税收收入的政府 R&D 支出以及企业直接提供的研究经费；另一方面，知识经济子系统的知识产出通过适当的制度安排进入商业经济子系统后，又能够创造更多市场价值。如果投入到知识经济子系统的所有资源能够为后续商业经济带来更多利润，并且新增利润能够覆盖这些投入，那么两个子系统之间便达到一种良性的均衡状态。这也可以看作是区域创新生态系统繁荣健康的标志。

区域创新生态系统要达到上述良性运转状态，必须建立一系列体制机制、制度规则，支撑系统内不同参与主体之间的协调互动。除了各种显性的机制规则外，不同参与主体之间存在的各种隐性关联也非常重要，包括：①富于冒险精神的创新创业文化；②人员流动的便利及其衍生的思想交流碰撞，包括人员在公司之间的流动和在科研机构与公司之间的双向流动；③区域内企业及其他参与主体能够具备"命运共同体"的意识，愿意将自身成败与区域成败联系在一起。

2.2.3 优化创新策源地的区域创新生态

建设科技创新中心的核心在于优化区域创新生态系统。区域创新生态系统是由知识经济与商业经济两大子系统构成，涵盖从基础研究到产品推广应用等多个环节的闭合创新链条。优化区域创新生态系统，就是要形成创新链各环节高效运转、不同环节之间有效衔接、两大子系统协同配合的良性循环格局。为此，需要着力解决好以下关键问题。

第一，解决好科技创新活动不同环节参与主体的微观激励问题，不断提升各环节自身的运转效率。要结合科技创新活动各环节的功能定位和工作特性，对微观主体的群体性特质及其从事相关活动的内在动力进行细致分析，据此设计相应的激励机制。

第二，合理定位科技创新活动中的政府市场职能边界，"看得见的手"与"看不见的手"两类机制协同配合，促进不同环节之间的有效衔接。在实践中，有两个重要节点的顺利过渡和转换至关重要也最具难度，即"从高校院所基础性研究转换到企业应用研究开发""应用研究开发成果实现商业化推广应用"；它们也被形象地称为"死亡之谷"和"达尔文之海"。

第三，创新主体和资源要素的聚集问题。企业、人才、资金是区域创新生态系统构成的基本元素；良好的创新生态系统必须拥有充裕的创新要素和资源。要实现对创新要素和资源的有效聚集，一方面，需要从体制机制入手，营造宽松的创新创业环境，降低创新活动参与主体的私人成本，提高创新回报；另一方面，需要形成有鲜明区域特色的创新文化，通过特有的创新文化和价值理念，吸引创新要素资源，特别是创新人才的聚集。

第四，应该围绕本地区优势产业构建和优化区域创新生态系统。特定的优势产业是要素资源聚集、创新活动开展的实体性依托和支撑；同时，只有具备优势产业才能通过产业链延伸、相关环节转移等方式更好地实现对周边地区的辐射带动，进而为区域乃至宏观经济发展提供动力。

2.2.4　构建保障自主创新的区域创新系统

制定技术政策对提高研发生产率的作用显而易见，那么合理技术政策制定的基本结构应该包括哪些必要的方面呢，需要从技术变革的本质或者组织、市场以及技术变革之间的联系角度考虑。技术政策的设计划分为三个方面：供给侧、互补因素、需求侧。

供给侧政策设计通常认为是直接方法，即对新技术的潜在供应方加以重视并激励，可以最有效地影响技术变革的速度和方向，包括水平补贴、专项资金、信号策略、保护主义措施以及金融措施。

互补因素供给设计试图影响创新所需的供给因素，与供给侧政策紧密相关。这些技术政策设计的基本目标是预防瓶颈的产生，减少创新或大规模商业化所需的支出。此外，这些政策设计也旨在增加创新活动中利用的资源或者基础设施的数量。这些政策与支持创新的基础设施或创新体系中的制度变革设计有关。

需求侧政策设计基本上分为两类，第一类为决策者提供一些类型的补贴，第二类为潜在的决策者提供信息，使得他们更快采取决策或者增加采取决策的可能性。促进决策的基本目标当然可以通过已经审查实施过的政策实现。寻求扩散的降低产品或服务价格的供应政策与采用补贴相一致。提供相关信息也可以被理解为供应互补商品，在这一情况下，可以对市场的需求侧而不是市场的供给侧产生作用。

2.3　支持江北新区核心科技突破的创新政策组合

江北新区加快建设具有国际影响力的自主创新策源地，需要转变政策模式和政策重点。一是要转变"选择特定领域、特定技术路线、特定产品、特定企业"进行扶持的选择性产业与科技政策模式。二是要调整具有"重科技研发投入、轻创新网络(生态)建设；重产品创新、轻工艺创新"特征的科技政策。转为实施以"普惠""市场友好""着重于制度与环境建设"为特征的功能型产业(科技)政策，将政策重点放在构筑有利于创新的市场制度体系与市场环境，促进各创新主体之间的合作并为之创造良好的外部环境，协同推进各创新主体能力提升、产品开发、产品设计与制造工艺创新，以此构建和完善创新网络，提升整个创新网络的动态能力。

2.3.1　出台专项产业政策，完善政府服务功能

市场机制是激励创新、配置创新资源最为有效的机制，但市场激励创新的能力、配置创新资源的效率，取决于市场制度的完善程度。在高效的国家创新体系中，政府必须尊重市场在激励创新、配置创新资源中的决定性作用，为市场机制作用的有效发挥提供良好的市场制度体系与公平竞争的市场环境。

加快行政管理体制改革，减少政府干预。取消所有不必要的审批、核准与准入管理。坚持"非禁即准、平等待遇"的原则，除生态与环境保护、生产与产品安全、国家安全方面可适当保留外，取消所有不必要的审批、核准和准入管理。取消目录指导，代之以"负面清单"。

完善市场制度与市场环境。市场经济的本质是法治经济，中国创新激励与动力不足，主要源于市场制度的基本法律及其执行机制不健全，中国迫切需要完善能够规范市场行为的相关法律体系。

营造公平竞争的市场环境。消除市场准入中的所有制与企业规模歧视，让不同所有制、不同规模的企业具有公平进入市场的权利。在企业登记、申请立项、税收收费标准、政府采购、财政补贴、土地使用等方面，不同所有制企业、不同规模企业应享有同等的政策待遇；切实保障各种所有制企业依法平等使用生产要素、公平参与市场竞争、同等受到法律保护。

以普惠型政策代替选择性政策。要改变选择特定的产品创新、工艺创新以及特定技术路线进行支持的科技政策与产业政策模式，应转为对创新主体科研活动的普遍性支持(即普惠型政策)，即便在重点资助领域，也不应替代市场选择特定的技术路线进行支持。在财政政策方面，支持创新与高技术产业发展应由选择性的补贴转为采用针对技术研发与创新行为普惠性的补贴。在税收政策方面，应尽量淡化税收优惠政策的所有制取向，逐步取消以区域(园区)为主的税收优惠，代之以鼓励企业创新与研发、技术改造以及促进新兴产业发展为主的税收优惠政策。

2.3.2　打造公共技术平台，完善区域创新网络

从长远看，可考虑南京都市圈合作共同建设工业技术研发机构。从近期看，应理顺江北新区现有工业技术研究资源的体制机制，强化其主体地位，实现向"独立运转、服务企业"的转型。整合江北新区工业技术研发资源，致力于低成本、集成化、网络化和智能化的共性技术研究开发，并结合设备推广和工程管理服务推广，实现共性技术的突破和推广。

协助建立（合作创新或创新联盟）合作各方风险共担和利益共享机制。在多方合作的过程中不可避免地存在因为利益分配问题而产生的各种摩擦和冲突，这时候政府能否合理保护联盟各方的利益就成为合作能否公平顺利地进行的关键。为实现风险共担和利益共享，政府应完善知识产权保护制度，为产学研战略合作中知识产权的使用权、归属权的划分提供法律依据。并以市场为手段，完善监督机制，建立一个科学、有效、规范的利益分配机制，并使这一机制被严格地贯彻执行。政府需要对参与产学研战略联盟各方投入的资金、人才、技术等生产要素加强风险评估和监管，以充分发挥产学研合作要素本身的激励和收益分配的功能，协助建立参与方利益共享和风险共担机制，激活合作各方的内在动力，调控合作风险，从而保障合作具有可持续性。

2.3.3　整合创新创业资源，服务科技创新企业

科技服务业是推动技术创新与产业融合的产业接口与节点。未来应当充分发挥科技和服务业优势，释放科技资源效能，增强科技研发与设计服务能力，形成具有国际影响力创新中心的强大支撑。重点发展研发服务、设计服务、科技中介服务和工程技术服务。①大力发展研发服务。推动科研院所向研发服务机构转型发展，吸引国内外知名研发机构、企业研发中心入驻，做强一批本土民营研发服务机构。鼓励产学研用多方主体加强研发服务资源的集成利用，支持产业技术研究院等新型研发组织发展，组建生物技术服务、检测服务等一批研发服务联盟。②大力发展设计服务。实施"设计创新提升计划"，重点发展工业设计、建筑设计、服装设计等领域，推进中国设计交易市场建设，集聚全球顶级设计人才与机构，培育具有国内国际影响力的本土设计品牌企业，提升设计整体水平。③大力发展科技中介服务。鼓励科技中介机构参与科技成果产业化及关键技术应用示范工程，增强科技成果产业化服务能力。鼓励专业机构参与各类科技资源平台、科技条件平台建设与运作管理，提升科技平台使用效益。④大力发展工程技术服务。着眼于石油、化工、电力、轨道交通、冶炼等传统产业升级需求，积极发展工程技术服务，加强工程总包和系统成套服务技术研发，建设工程项目协调服务平台，推动龙头企业向提供工程整体解决方案转型。

2.3.4　打造公共技术平台，组织先进技术攻关

新一轮科技革命与产业变革正在孕育兴起，要建设具有国际影响力的创新中心，必须迎接挑战，加强先进技术突破方向、知识产权、技术标准的部署和组织。

围绕江北新区产业结构定位，以及重点产业技术突破和应用的需求，围绕产业技术路线图加强原创性技术和前沿技术的突破，加强知识产权部署。一是针对电子信息、生物医药、装备制造、汽车、航空航天等重点产业领域，加强产业技术链的技术分析，归纳技术链主要环节的构成与研发难点，提供准确明晰的产业技术路线图。二是加强产业技术链的知识产权战略分析。系统分析相关国内外专利布局，明确产业技术链相关环节的专利布局、专利发展趋势与障碍性专利，从技术、市场和法律三个方面进行知识产权评估，提出可行的技术发展与知识产权战略实施方案。三是明确产业发展技术路线。以产业技术链的技术分析和知识产权战略分析为基础，结合企业发展的优劣势，明确产业发展技术路线，并进一步进行技术、经济的可行性分析，明确自主创新、合作创新和技术引进的不同重点领域，逐步确定切实可行的产业技术创新推进计划，促进产业技术创新能力的显著提升。

2.3.5　引育发展平台项目，补强产业链条短板

把培育和发展平台型企业作为控制价值链与创新链关键环节、提高创新能力与产业价值创造能力的突破口。通过鼓励高技术人才和海外人才创业、鼓励商业模式创新、促进技术融合和产业融合等多种形式，重点在卫星通信、智能家居、互联网、电子通信等领域培育、引进或发展一批平台型企业。

建设整合中小微企业服务资源、为服务机构和企业牵线搭桥的综合信息服务平台。建议由政府出资并运营的网站不仅为小企业提供创业计划、创业管理、金融服务、政府采购、咨询和培训等各种服务信息，同时也为企业与社会性服务组织、商业性服务机构、公共研究机构、大学等搭建多边信息交流的平台。提供创业和小微企业发展所需的一站式的信息服务，降低企业的信息搜寻成本。

积极鼓励境内外优秀企业与一流高等院校合作建设"创业中心"或"创业实验室"，组织校内外的资源对在校学生进行有关创业的教育和培训，加强基础科学和前沿技术成果的转化，同时为学生积累创业知识、做好创业准备提供学习平台。借鉴国外经验，加强企业注册登记等创业工作流程中的互联网服务功能，大大简化企业创办的环节和工作，降低高技术创业的成本和风险，改善企业创新创业的软环境。

第3章　公共卫生危机下江北新区创新资源多源集聚优化路径研究

科技园区对科技与经济的有效结合产生了巨大的推动作用，这种产业发展与科技活动的结合，解决了科技与经济结合的难题，使人类的发现或发明创造能够畅通地转移到产业领域，实现其经济效益和社会效益。江苏省科技园区尤其是江北新区（自贸区）作为我国科技园区的重要阵地，取得了令人瞩目的成就，已成为国民经济新的增长极，对区域经济社会发展作出了巨大的贡献。然而，由于体制机制创新滞后于技术创新，加之公共卫生危机导致科技园区对高端创新资源的集聚能力不强，这也是当前科技园区普遍存在的突出问题。

本章重点围绕《省政府关于促进全省高新技术产业开发区高质量发展的实施意见》，针对公共卫生危机下江北新区创新资源集聚存在的障碍和问题，总结了发达国家和国内发达地区科技园区集聚创新资源的实践，分析了江北新区集聚创新资源的现状、特征和主要问题，剖析了公共卫生危机给江北新区带来的机遇和挑战，进而提出江北新区创新资源集聚的优化路径和对策，为推动江北新区高质量发展，率先形成新发展格局、勇当我国科技和产业创新的开路先锋、加快打造改革开放新高地提供决策信息支撑。

3.1　国内外科技园区创新资源集聚的经验借鉴

科技园区作为一种与高技术发展共生的社会现象和科技与经济结合的新型组织管理形式，已经有60多年的发展历程。目前科技园区已遍布世界各地。但由于各国各地区在社会制度、文化传统、经济实力上存在显著差异，以及园区发展处于不同发展阶段，因此不同园区在具体管理模式和体制的选择上存在差异，对创新资源的集聚模式也呈现不同的特色。本章对美国硅谷高科技园区、日本筑波科学城、澳大利亚科技园区、欧洲科技园区以及国内的北京中关村科技园、上海张江高科技园区、南京江北新区产业技术研创园等进行案例研究，认为国内外科技园区有如下经验值得江苏省高新区借鉴。

3.1.1　实行符合自身实际的管理体制

发达国家市场机制成熟，一般为民间管理型，政府干预较少。既在科技园区的创立过程中，以公司、大学、科研机构和基金会等民间机构为主导，园区一般自发形成，然后由公司或大学积极引入新技术和新项目，负责科技园区的产业发展，进行基础设施建设，管理区内的经济活动，政府一般不介入。其管理机构不是一级政府机关，不受政府控制，运用市场机制的力量进行运作。这种管理模式又分为大学管理型和公司管理型两类。而发展中国家由于市场机制不完善，还是离不开政府的作用，一般为政府管理型。

在科学工业园区的创立过程中，以政府为主导，科技园的范围由政府圈划，管理机构由政府派出或园区的管理机构本身就是一级政府机关。

无论选择何种模式，但可以确定的是，科技园区具有复杂性，企业和科研机构的参与非常重要，政府的支持和干预在一定程度上不可或缺；园区的管理体制机制创新需要尊重市场，同时也要发挥政府的引导作用。除去主导因素，科技园区的管理体制多属于"小机构，大服务"的组织原则。

3.1.2　以完善的产学研体系推动科研成果产业化

作为知识创新源头的大学和科研机构与作为技术创新主体的企业间的高度结合，是科技园园区保持创新活力、实现持续发展的重要保障。世界科技园区在人才培养和引进以及产学研合作机制方面的创新虽各具特色，但共同之处就是科技园区周边都有良好的科研环境。如美国硅谷、日本筑波、印度班加罗尔、中国中关村和江北新区等科技园区一般都布局在高校密集区，各园区非常注重区域经济与大学等研究机构的互动发展。例如，为了加强大学与高科技企业以及政府部门的广泛联系，斯坦福大学制定了允许教师兼职等一系列政策。这些政策的实施，一方面大大提高了高科技人员的积极性，推动了科技成果的转化，另一方面还保持了这些创业者与学校的联系，这种创业过程对教师和科研人员来讲，也是一个知识更新的过程，有利于他们的教学和科研工作。这些良好的科研环境为企业同高校和科研院所之间进行密切合作奠定了基础，有利于形成以大学为中心，科研与生产紧密结合，科技成果迅速转化生产力，反过来也促进了高校与企业、市场之间紧密结合的产学研大融合。

3.1.3　以科技金融创新拓宽高技术企业融资渠道

风险投资是高科技企业发展的"助推器"，它对硅谷、班加罗尔等园区的高技术企业和产业的高速发展充分发挥了引擎和促进作用。在科技金融创新方面主要采用以下几种方式：政府投资、民间投资、外国投融资、国际组织资金援助、风险资本以及资金回收。硅谷很多高科技企业巨头都曾受惠于风险投资，如苹果公司，太阳微系统公司、微软公司等。硅谷的风险投资来源于富有的个人、大企业、传统金融机构、养老金、国外投资者、保险公司、各种基金和政府投资等，风险投资来源渠道广。美国政府一直致力于风险投资主体多元化建设，出台了一系列鼓励对科技型小企业的长期风险投资的优惠政策。

3.1.4　利用全球创新资源形成区域合作机制

加强自主创新，绝不意味着"闭门创新"或"自我创新"。科技园区要进一步扩大对外开放和国际合作，在充分利用全球创新资源的基础上提升自主创新能力。世界科技园区的发展离不开全面利用全球创新资源，科技园区发展自主创新也是要在充分利用全球创新资源的基础上提升自主创新能力。纵观世界科技园区的发展，硅谷的成长离不开来自世界各国科研工作者的共同努力，其中中国和印度的科研工作者最多；筑波和班加罗尔的发展同样也和大量留美学生带回的先进技术、理念和人脉有着分不开的关系。因此，充分利用全球创新资源首先要能不拘一格引进人才，在开展国际科技合作的同时，引进一批顶尖的海外专家和优秀团队来华工作，鼓励其以合作研究或学术交流、技术培训以及工作任职等多种形式为园区服务，把人才引进工作放在首位。其次要加强科技园区的区域合作，如深港创新圈就是一个很好的典范，除此之外也可以与欧、美、日、韩等国家和地区的企业和科研机构进行合作，力争在基础研究、前沿技术、高技术及其产业等领域取得实质成效。

3.1.5　以政府采购的需求拉动作用促进产业发展

"需求拉动"是高科技产业化的根本动力，通过政府采购为高科技产业化开辟初期市场，对于促进高科技产业的发展是十分必要的。美国政府颁布"美国产品采购法"，通过政府采购，促进了自主创新产品的研发和产业化，硅谷作为美国电子计算机和导弹、宇航设备的重要生产基地，其迅速崛起与美国政府购买所形成的电子产品、导弹产品、计算机产品等需求是密不可分的。印度班加罗尔出台了"强制性的政府购置国产 IT 产品"的政策，对班加罗尔 IT(互联网技术)产业的发展起了很大的促进作用。

3.2　江苏高科技园区创新资源集聚的现状

国家设立高新技术产业区是为了营造高新技术产业化的良好环境，通过实施包括减免税等方面与高科技有关的各项优惠政策和完善服务体系，创建产业聚集优势，吸引和聚集人才、技术、资本等产业化环境，加速高新技术成果的产业化。江苏省的国家高新区数量达 18 家，位居全国第一，是全国首个也是目前唯一实现国家高新区设区市全覆盖的省份。2020 年，面对严峻的新冠疫情冲击和复杂多变的国际形势，江苏省的国家高新区总体发展质态稳中有进，在知识创造和技术创新能力、产业升级和结构优化能力、国际化和参与全球竞争能力、可持续发展能力提升等方面取得了良好成效，对全球高端创新资源的集聚能力进一步提升，主要体现在以下几个方面。

3.2.1　知识创造和技术创新能力显著增强

2021 年，全省国家级和省级高新区共集聚"双创人才""双创团队"等省级以上人才计划的高层次人才 4292 人，增长 24.5%；从业人员中拥有本科以上学历(含本科)人数 182.4 万人，增长 9.8%；规模以上工业企业研发投入同比增长 7.8%；财政科技投入同比增长 18.5%；省级以上研发机构数达 4087 个，增长 16.8%，其中省产业技术研究院专业研究所 40 家，占全省的 67.8%；新增发明专利授权数 2.9 万件，同比增长 41%，占全省的 62.4%，比上年提高 11.5 个百分点；企业科技税收减免额 345 亿元，同比增长 13.5%，占全省的 58%；技术合同交易额 1055.6 亿元，同比增长 82.6%，占全省的 45.2%；48 家国家级和省级高新区为省级以上知识产权试点、示范园区，其中国家级 15 家。

3.2.2　产业升级和结构优化持续推进

2021 年，全省国家级和省级高新区高新技术产业产值同比增长 8.8%，占规模以上工业产值比重达 64.3%，高于全省 17.8 个百分点；高新技术企业 15517 家，增长 39.4%，规模以上高新技术企业占规模以上工业企业比重达 41.5%，高于全省 11.5 个百分点；营业收入超过 30 亿元高新技术企业 148 家，增长 9.6%；上市企业数 617 家，占全省的 42%；高新技术产业投资额占固定资产投资额比重达 42.6%，比上年提高 2 个百分点；服务收入占营业总收入比例达 26.1%，比上年提高 1.6 个百分点；高新技术产业用地率 11.7%，比上年提高 0.5 个百分点。

3.2.3　国际化和参与全球竞争更加深入

2021 年，全省高新区海外留学回国人员和外籍常驻人员 10.2 万人，增长 7.6%；海外回国人员创办企业数 11202 家，增长 11.8%；世界 500 强投资企业数 850 家，较上年度增加 5 家；技术服务出口额 702 亿元，同比增长 17.9%；企业设置境外分支机构数增长 18.5%；当年新增欧美日专利授权数 1322 件，是上年的 1.4 倍；申请 PCT 专利 5211 件，占全省的 54.3%；企业累计参与制定产业国际标准数 288 件，增长 20%；出口总额 8878.5 亿元，占全省的 32.4%；实际使用外资额 71.5 亿美元，占全省的 25.2%；当年内资控股企业海外直接投资额 418.7 亿元。

3.2.4　可持续发展能力日益提升

2021 年，全省高新区企业总数 54.1 万家，增长 16.6%；企业上缴税收总额 3545 亿元，增长 3.8%；企业从业人员 554 万人，增长 4.8%，其中硕士和博士 26.1 万人，增长 13.4%；省级以上重点实验室 97 家，占全省的 51.1%；省级以上高新技术创业服务中心、众创空间等科技孵化器 772 家，增长 16.8%，面积达 1118 万 m^2，在孵企业 3 万家，增长 23.6%，占全省的 65%；省备案试点的众创社区 49 家，占全省的 47.6%；单位增加值综合能耗 0.24t 标准煤/万元，同比下降 4%；15 家高新区建成了省级以上生态工业园区，其中国家级 9 家。2020 年，高新区以占全省 5.3% 的土地面积，创造了全省 27.3% 的地区生产总值、35.7% 的进出口总额和 49.3% 的高新技术产业产值，集聚了全省 46.6% 的省级以上人才计划的高层次人才和 47% 的高新技术企业。每平方公里地区生产总值近 5 亿元，为全省平均水平的 5.2 倍，劳动生产率达 50.6 万元/人，为全省平均水平的 2.3 倍。培育发展了物联网、石墨烯、人工智能、纳米技术、太阳能光伏、机器人与智能装备、软件与新一代信息技术、生物医药与医疗器械等一批战略性新兴产业，成为江苏省最具竞争力的创新高地、人才高地和产业高地。

3.3　江北新区集聚创新资源方面存在的问题

3.3.1　功能定位不清晰，行政和社会事务日益繁杂

随着高新区的发展，在管理体制、运行机制等方面的综合改革出现弱化的现象。从国家级高新区管理模式来看，有两种模式，一是管委会与所在行政区合并，二是管委会代管高新区所在的乡镇。第一种模式的出现，为解决执法主体问题，拓展发展空间，出

现了地方政府旨在促进高新技术产业发展的一个特别区域的思想。第二种模式的出现，主要是地方政府为了放大开发区效应，带动周边区域快速发展，实行了委托代管的方式。但是随着高新区城市化进程的加快、管辖区域的扩大、经济和人口总量的增加，地方政府渐渐把高新区看成了一个新城区，在考核导向上不加区别。由于高新区"准政府"式管理模式，既不能像一级政府面面俱到，又要接受方方面面的考核，其开发功能、经济功能和创新功能淹没在繁杂的行政和社会事务中，削弱了招商引资、开发建设的精力。随着高新区建设规模的不断扩大，高新区的管理服务职能逐渐拓展，同时随着国家宏观政策的不断调控，高新区以前享有一些特殊政策和经济管理权限被削弱，高新区逐渐趋同于行政区，造成高新区功能定位的扭曲。

3.3.2　产学研合作信息不够畅通，制约资源整合效果

目前，园区企业的产学研合作定位以获取资源为主，大多企业为了从大学获得技术解决方案，大学为了从园区企业拿到科研经费。合作多数停留在"小作坊模式"，通常是基于一个项目或者一项技术的开发，合作随着课题的结束也结束了。合作的组织形式松散、随机，行为短期化、形式化，往往以临时组合争取政府项目为目的的居多，尚未全面进入以提升组织能力为目标的合作阶段，多数产学研合作各方未能从"技术交易"层面的合作关系发展至"战略联盟"的共生关系。目前江苏省政府引导产学研合作的项目主要是综合性项目，而国外主要是以专项资金的形式，如美国的先进技术计划和德国的主要研发计划等通常建立产学研专项资金为企业与公共研究机构组成的研究联合体提供直接的研究资助。以综合类项目为载体的合作形式由于缺乏针对性，无法适应产业转型升级历时长、风险大的特点，导致了产业技术缺少积累，技术资源难以支撑产业发展需求的局面。

3.3.3　政府引导成果转化的功能尚未充分发挥

一是产学研合作向前端延伸不够，在已经实施的多个省成果转化专项资金项目中，企业介入成果早期研发的不足 20%。二是产学研结合的利益共同体较少。据不完全统计，近年来，全省产学研合作建立的股份制企业仅有 120 家，新建企业中技术人员个人持股份平均 1%左右。三是共建研发机构少。大多数产学研合作仍然停留在项目合作、人才培养、共建实习基地等层面合作上。300 个专项资金项目中，产学研合作共建的研发机构不足项目总数的 1/6。此外，产学研合作中知识产权的权属不清、利益分配等问题仍未得到有效解决。

3.3.4　高新区企业缺乏多层次、多渠道的融资方式

江北新区财政资金主要用于支持园区开发建设和日常运转，真正能直接投入高新技术产业，特别是用于研究开发过程的资金依然有限，而且政府财政也难以承受高新技术产业融资周期长、投资风险大的压力。在高新区，目前面向中小型企业的直接融资方式（创业投资等）还非常缺乏，这就使企业在不能从银行获得资金时就无法发展。高新区政府虽

然对企业发展给予了极大的关注和支持，但主要资源用在了重点企业和大企业，对中小型企业的发展相对比较忽视，因此中小型企业更加渴望得到政府扶持和关注。

3.3.5　新区企业面临高端人才流失的潜在风险

一是引进难与流失快的困境。许多关键技术岗位、管理岗位人才、特殊工种的技工以及一些先进设备的维护人员，大都要从外地引进，难度非常大；而花费心血培养出来的人才，也时常面临被挖走的风险。二是企业成长初期的运营低成本要求与企业长远发展所需的人才高投入的困境。而目前江北新区很多企业都属于成长初期的劳动密集型产业，科技含量低，产品附加值不高。日趋激烈的国际国内竞争，促使企业要尽快实现转型升级。但研发载体的建设、研发体系的形成是一项高投入、长时间的过程，对于成长初期的企业来讲，成本压力非常大。三是重视人才的发展客观性要求与企业经营者观念不到位的困境。人才资源开发是一项崭新的课题，对不同类型的企业，内容和要求也各有不同。随着市场经济的不断深入和经济全球化的愈演愈烈，人才资源在企业发展中的重要性越来越凸显。

3.4　公共卫生危机下江北新区的机遇和挑战

作为支撑我国经济高速增长的重要动力，公共卫生危机为江北新区的发展带来了挑战，也带来了机遇。

3.4.1　国际政治环境将更为复杂

一方面，公共卫生危机下，基于公共卫生引发的国别利益冲突凸显，以美国为首的西方发达国家政治联盟关系开始瓦解，"中国威胁论""中国责任论"在国外政客的蓄意策划下叫嚣日盛，以中美为代表的国际关系日益紧张；另一方面，我国的抗疫举措及成效，赢得世界卫生组织、国际知名学者、科学家的认可，"命运共同体"的联合抗疫行为也逐步得到更多国家的政治认同。这种矛盾只有随着疫情的控制、减弱和结束，才能逐步形成对我国经济发展有利的政治环境。对于高新区而言，复杂的政治环境将直接引发国别间的经济摩擦，已有的国际联盟、国际规则、国际标准、国际交流合作等可能都因为新的变局发生重大调整，需要做好战略准备。

3.4.2　全球产业链将重构

疫情导致全球范围内部分产业链断裂，产业国别替代及西方国家"制造业回流"趋势明显，创新合作管制更加严格。这些必将影响到高新区的产业发展，对其资金链、供应链、技术链等造成冲击。但与此同时，危中有机。疫情倒逼传统产业与互联网加速结合，新业态快速发展。特别是新兴服务业如直播、无人快递、生鲜电商、线上教育、医疗健康等，将再次迎来行业发展风口期。

3.4.3　企业可持续发展受到影响

2020 年 12 月 16 日，南京大学金陵学院企业生态研究中心发布了《2020 年江苏中小企业景气指数》评价报告，2020 年江苏中小企业景气指数为 103.7，与 2019 年相比（112.3）大幅下降 8.6，说明新冠疫情对江苏省中小企业的生存发展造成了较大冲击。作为大众创新创业的重地，江北新区孵化了大量的科技型中小企业，在疫情影响下，不少企业正面临较大的生存与发展压力，需要加强政策的引导和支持，促进园区企业的可持续发展。

3.5　江北新区集聚创新资源的优化路径及对策

3.5.1　创新管理体制，提高行政效能

确立管委会法律地位，明确其权限，将地方性的新区条例尽快纳入统一立法体制中，快速发展及时提供法律依据。转变职能，精简机构，全面落实新区管理所需的行政权限，合理设定管委会的管理职能。按政务管理、区域创新与经济发展、城市建设与管理、社会发展与保障四大系统综合设置机构，实现职能全覆盖和各有归属。建设服务型政府，培养合格的行政队伍，不断完善"小机构、大服务"的管理和服务体系，积极争取各方面力量和资源支持科技创新和新区发展。

3.5.2　创新产业集群发展机制，壮大战略性新兴产业

坚持技术改造，优化提升传统产业集群：改造传统产业集群；积极引导企业运用信息技术，提高江北新区传统产业集群技术装备的自动化、信息化水平；推进集群与国际制造业对接；提升集群在国际价值链上的位置；鼓励新区集群企业自主创新；推进产业集群品牌建设。坚持因地制宜，积极培育新的产业集群：利用新区本地的特色资源和既有的企业基础，通过规划，培育与发展产业集群。利用江北新区自身的优势条件吸引国内外关键性企业入驻，培育与发展产业集群。在一些专业化交易集散地建立大型专业市场，培育与发展产业集群。通过在江北新区内部建立特色工业园区，培育与发展产业集群。创造良好的环境，鼓励与促进本地企业家创业，培育与发展产业集群。

3.5.3　创新江北新区产学研合作机制

研究制定江苏省推动产学研合作的政策意见，尽快出台统领全省高新区产学研政策的指导性意见文件，整合目前江苏省促进产学研合作的多项政策资源，形成合力。设立专门计划或项目，直接支持江北新区产学研稳定长期的合作。建立产学研合作服务信息平台，汇聚全社会的优势资源。创新产学研合作的体制，发挥非政府组织的力量。优化促进产学研合作的金融政策，优先支持江北新区产学研合作示范企业在境内外上市，发行债券、短期融资券、中期票据以及上市再融资。鼓励产学研的人才政策，鼓励高校、

科研单位的科技人员创业或到江北新区企业从事各种产学研合作工作。构建产学研合作方面的法律法规，解决产学研结合中实际存在的比如知识产权归属、合作中出现的各种利益冲突和纠纷等问题。

3.5.4　打造多层次、多渠道的投融资渠道

目前政府对于高新技术的直接资金投入不多，而江北新区内的中小型企业居多。政府金融支持的关键在于，创立各种高新技术资金的融资渠道，为企业解决资金缺乏的实际困难。如建立政府担保体系，可以增加和刺激国有银行向高新技术产业提供贷款的动机；建立对高新技术产业发展的税收优惠体系，一定程度上间接地满足高新技术企业对资金的需求，减轻资金压力，缓解资金供求矛盾；政府采取切实措施吸引充裕的民间资本流向风险投资业，从而达到政府资本与社会资本的结合，壮大高新技术产业的融资资金规模，加强金融政策创新。

3.5.5　创新人才工作机制，构筑人才高地

国以才立，企以才强。谁拥有了人才优势，谁就拥有了竞争的优势。当前，必须把江北新区人才工作摆上重要日程，着力构建组织部门牵头抓总、区管委会具体负责、职能部门密切配合、企业发挥主体作用、社会力量广泛参与的人才工作机制，为企业引才畅通渠道、为企业育才提供扶持、为企业对外合作交流搭建平台，大力鼓励项目和人才的捆绑引进，从而聚集、培养出能够对地区、对产业、对企业个体长远发展提供支撑的优秀人才团队。注重各类人才的整体开发；树立"不求所有、但求所用"的引才理念；加强人才的持续性培养；大力打造本土企业家方阵；积极构筑高新区技能人才高地；努力提升研发人才队伍层次。

第4章 江苏省推进江北新区产业链现代化的重点目标及关键举措研究

4.1 产业链现代化背景

科技革命和产业变革是经济和社会结构变化的重要因素之一，人工智能、物联网、大数据、云计算、数字基因组、生物合成、5G 技术等领域不断取得重大突破，推动了全球工业体系分化变革，同时改变了人类社会生产力的面貌。新形势下，通过产业链现代化，支持上下游企业加强产业协同和技术攻关，增强产业耦合能力，提升整体产业水平和国际竞争力。2019 年 8 月，中央财经委员会第五次会议提出，要充分发挥集中力量办大事的制度优势和超大规模的市场优势，打好产业基础高级化、产业链现代化的攻坚战。毫无疑问，产业链现代化，既是中国当前积极应对世界经济不确定性、国际经贸摩擦以及经济下行压力，摆脱经济高质量发展困境的正确方针和现实需要，也是长期坚持实施创新驱动发展战略、做大做强实体经济、持续增强经济内生发展动力的客观要求和必然选择。

4.2 江苏省产业链现代化发展的基础条件和现实挑战

4.2.1 基础条件

1. 产业规模位居前列

1953—2018 年，江苏省工业增加值年均增长 12.9%，高于全省地区生产总值年均增速 3.7 个百分点。2018 年，全省规模以上工业企业主营业务收入占全国 12.5%；规模以上工业企业利润占全国 12.8%，排名全国第一。世界 500 强企业中有 380 多家在落户江苏，制造业总产值约占全国的 1/8、全球的 3%，全国超过 1/5 的高新技术产品出口自"江苏制造"。截至 2018 年，全省入选国家智能制造试点示范项目 19 个、累计建成省级示范智能车间 728 个，试点建设 14 家智能工厂。2018 年全省战略性新兴产业规模位居全国第一。2018 年，江苏省在全国率先出台《省政府关于加快培育先进制造业集群的指导意见》，重点培育新型电力(新能源)装备、工程机械、物联网、高端纺织、前沿新材料等 13 个先进制造业集群。产业集群的规模实力、地位作用、创新活力、引领效应大大增强，其中入选 2019 年《财富》中国 500 强的企业 22 家、营业收入超百亿的制造企业 71 家，省级以上专精特新"小巨人"企业 700 多家。

2. 产业结构优化升级

2000 年以来，以电子行业为代表的高技术行业迅速崛起，2003 年，电子行业一跃成为江苏省第一大支柱行业，发展势头强劲；而其他高技术行业如医药制造业、航空航天器制造业、医疗仪器设备及仪器仪表制造业也呈现较快的增长势头，江苏省高技术产业体系初步形成。2018 年，江苏省高技术行业产值占全省规模以上工业比重 21.3%；2011—2018 年，江苏省高技术行业产值年均增长 11.8%。在高技术行业支撑作用日益显著的同时，化工、钢铁等传统行业也在转型升级。近年来，在供给侧结构性改革、"两减六治三提升"（简称"263"）行动、环保督察等一系列政策的影响下，钢铁、化工行业落后产能逐步消减，"地条钢"企业全部取缔出清、"僵尸企业"有序清退，行业获利能力、生产效率稳步向上。目前，江苏省工业经济新的支柱产业日益明晰，以电子、电气机械及器材制造、化工、通用设备制造、钢铁、汽车、纺织、专用设备制造、金属制品、非金属矿物制品业等十大行业为主要支撑的发展格局已经形成。2018 年，江苏省十大支柱行业增加值占全省规模以上比重近七成，对全省规模以上工业增加值增长的贡献率达 71.2%。

3. 产业增速高稳

江苏省工业企业面广量大，产业涵盖 8 大类、39 个中类、259 个小类，共计 45 万家左右。据江苏省统计局公布的数据，2019 年规模以上工业增加值比上年增长 6.2%，其中轻工业增长 6.4%，重工业增长 6.1%。从经济类型看，国有工业增长 18.2%，集体工业增长 0.2%，股份制工业增长 8.5%，外商港澳台投资工业增长 2.2%。在规模以上工业中，国有控股工业增长 4.3%，民营工业增长 9.5%。 先进制造业发展较快。全省高技术产业增加值比上年增长 6.8%，增速高于规模以上工业 0.6 个百分点，对规模以上工业增加值增长的贡献率达 23.8%；装备制造业增加值比上年增长 6.0%，对规模以上工业增加值增长的贡献率达 46.5%。

4. 产业集聚明显

全省拥有 6 个超万亿级产业集群，规模总量均居全国前列。其中，新型电力(新能源)装备、高端纺织、碳纤维、集成电路、海工装备和高技术船舶等领域规模居全国第一。截至 2017 年底，江苏省纳入统计的各类产业集聚区共 281 家，涉及高端装备、节能环保、生物医药、新一代信息技术、数字创意、石化、纺织等传统和新兴产业。从纳入统计的281 家各类产业集聚区来看，南京市、镇江市、苏州市、无锡市、常州市(苏南 5 市)共有各类产业集聚区 135 家，约占全省的 50%。骨干企业集聚效应显著，全省制造业上市公司主要分布在苏南地区，苏州市、无锡市、南京市上市公司数量位居前三位，分别为84 家、70 家、46 家，三市的数量占到全省制造业上市公司总数的 63.1%。

4.2.2 现实挑战

一是产业内协同化发展薄弱。产业上下游的链式联动效应薄弱、协作配套效率低。

如高端装备、海工装备和高技术船舶等集群核心部件大部分依赖进口，本地化配套率不高。此外，集群内技术、人才、平台、服务有机融合程度不够，制造业与生产性服务业协同发展成效不足，高质量的产业生态尚未形成。

二是产业自主创新能力不强。产业链创新资源尚未充分整合，"政产学研金用"有效衔接不够，关键共性技术研发和产业化平台布局滞后，关键核心技术的对外依存度较高（新兴产业的整体对外技术依存度高达 65%）。

三是供应链单一化风险。江苏省既是能源资源消费大省又是能源资源产出小省，商品和服务贸易"大进大出"。基于上述特征，我们在积极应对公共卫生危机下供应链重塑带来的巨大挑战的同时，需根据不同产业在区域经济发展中的重要性、产业附加值和环境承载力等因素，有序推动制造业供应链布局的多元化，有效规避供应链单一化的风险。

四是产业控制力和引领力不强。主要发达国家跨国公司仍在全球产业价值链中占据主导地位，而包括江苏省在内的我国绝大多数地区制造业总体上处于产业链的中低端，直接导致产业发展的市场话语权不强、附加值不高，亟须向中高端升级，增强产业链的引领力和控制力。

4.3　江北新区推进产业链现代化基本原则和重点目标

4.3.1　基本原则

一是突出提升层次，实现产业链高端化发展。坚持高端化导向，从一般的加工代工往研发设计、品牌营销以及系统集成等高端环节延伸，从产业链中游向上游产业和下游产业延伸，从传统产业向新兴产业、未来产业拓展，不断提升产品附加值，加快实现产业链高端化。

二是突出区域协作，实现产业链集群化发展。应对全球产业链内向化新趋势，加快构建以我为主的国内价值链和区域产业链，着重推动重点产业集群化区域化发展，积极探索"链长制"等制度创新，提升产业链稳定性、根植性和治理水平，打造一批具有国际竞争力的现代化产业链。

三是突出四位一体，实现产业链协同化发展。促进产业链、资金链、创新链、人才链联动发展，促进创新成果转化应用，打造"政产学研金用"紧密合作的创新生态，促进科技创新、现代金融、人力资源等要素资源顺畅流动，提升产业链协同化水平。

四是突出融合互动，实现产业链数字化发展。大力推动数字技术、智能技术在产业链各环节的应用，从消费向生产、从线上向线下拓展，促进资源优化配置，释放数字经济、智能经济对产业的放大、叠加、倍增作用，加快数字赋能、智慧赋能，加速构建数字驱动的产业链形态。

五是突出自主创新，实现产业链可控化发展。深入实施创新驱动发展战略，着力提升原始创新、集成创新、引进消化吸收再创新的综合能力，加快掌握自主知识产权的关键核心技术，增强产业链的全产业链控制力、关键环节控制力、标准与核心技术控制力，不断提升产业链自主可控化水平。

六是突出结构升级，实现产业链高级化发展。大力培育高新技术企业，加快发展高新技术产业，逐步推进企业结构、产业结构高级化。大力支持企业及高校、科研机构研发活动，提高研发密度，不断提升产业链整体研发能力。

4.3.2 重点目标

到 2025 年，产业链现代化水平显著提升，重点产业集群产业链现代化程度基本达到国内先进水平，关键核心领域基本接近国际水平，产业链卡脖子领域明显减少，拥有一批具有国际竞争力的先进制造业集群和本土领军企业，以新型电力（新能源）装备、工程机械、高端纺织、物联网等为代表的优势产业链控制力领先全国，具有全球创新引领能力，综合影响力达到世界一流水平。生物医药与医疗器械、前沿新材料、高端装备、核心信息技术等领域的产业链控制力显著提升。

到 2030 年，重点产业集群产业链基本实现现代化，物联网、新型电力（新能源）装备、高端纺织、工程机械、生物医药与医疗器械等部分产业链竞争力达到世界领先水平，制造业高质量发展迈上新台阶。

4.4 江北新区推进产业链现代化的政策启示

4.4.1 围绕产业链建立"链长负责制"

2020 年 4 月，习近平总书记在陕西考察时强调，要围绕产业链部署创新链、围绕创新链布局产业链，推动经济高质量发展迈出更大步伐。[①]为江北新区建立"链长负责制"指明了方向。

1. 建立健全"链长负责制"工作体制机制

与行业协会或地区商会不同，产业链"稳链""强链"工作范围往往跨企业、跨行业、跨区域，必须由各级政府主要领导亲自挂帅、统一指挥，才能协调方方面面，集聚和优化"稳链""强链"资源及要素系统配置。因此，链长应由主要领导担任，政府相关部门负责人、产业链龙头公司董事长和专家则任副链长，各级工信部门负责人担任办公室主任，工信部门负责区域"稳链""强链"总协调工作，政府相关部门和龙头公司则作为对口产业链牵头单位。

链长工作团队首先要通过制作各产业链"五图"（产业链图、技术路线图、应用领域图、区域分布图、企业分工协作关系图）和"七单"（主要产业链清单、重要产业集群清单、重点企业清单、重点投资项目清单、存在问题清单、现有政策清单、可部署创新链清单），真正摸清每条产业链的家底、优势和潜能，研发和设计一链一策的"稳链""强

---

① 新华网. 习近平在陕西考察时强调 扎实做好"六稳"工作落实"六保"任务 奋力谱写陕西新时代追赶超越新篇章. (2020-04-23). http://www.qstheory.cn/yaowen/2020-04/23/c_1125896567.htm.

链"战略方针和战术策略，及其战役时空节点方案。

工信部门作为"链长制"工作总协调指挥部门，要承担产业链"稳链""强链"规划实施和业务支撑的主要职责。各对口牵头部门要建立"链长制"工作办公室，就产业链需要解决的问题进行调查研究，与有关部门沟通协调，努力打通和克服产业链发展中的难点、痛点和堵点，有效发挥政府各部门在产业链建设中的资源集聚、要素优化和技术支撑作用。各相关厅局要围绕"链长制"工作凝心、聚力、发功，如金融财政部门要将资金扶持由单个企业、单独项目向全产业链企业和产业链集成项目转变；科技教育部门要将技术和人才分配由撒胡椒面转向集中投向产业链"强链"系统工程等，推动"链长制"走深走实走强。

2. 重视企业家在"链长负责制"工作的主体作用

企业是产业链的主体，龙头企业是产业链的轴心，"链长制"是产业链企业做强做大，而不是政府政绩工程。在实施"链长制"做好产业链"稳链""强链"工作中，要十分重视培育和发扬工匠精神，十分重视发挥企业家主体作用，十分重视调动企业的主动性、积极性和创造性。要坚持以企业为主体的"链长制"，不搞长官意志、拉郎配，要以企业为产学研创新链主体平台带动产业链，走市场化强链发展之路。要弘扬苏商地域特色文化优势和相关产业优秀传统，挖掘和厚植苏商工匠精神，增强江北新区现代产业链的文化基因和底色，为产业链提品质、创品牌、高质量发展奠定扎实基础。

4.4.2　加快实现多元化布局，有效规避供应链单一化的风险

对于代表产业转型升级方向的战略性新兴产业，如新一代信息技术、高端装备、新能源、新材料、高端软件和信息服务、生物医药等产业，考虑到这些产业对经济社会全局和长远发展具有重大引领带动作用，是江北新区未来发展的主导产业和支柱产业，要在项目落地、产业集聚、研发投入等方面加大政策支持力度，促进供应链的本地化和集聚化。同时，为了提高供应链的吸附黏性，还应当着力优化营商环境，通过加强研发、物流以及基础设施等产业配套能力的建设，以便利化、高效化的要素集聚环境，推动战略性新兴产业在本地形成较强的根植性。

对于市场竞争充分、产品生产技术成熟的传统产业，如纺织、钢铁、轻工、有色等行业，考虑到这些行业仍然是当前经济发展的重要支柱和吸纳劳动力就业的重要渠道，且对于大多数发展中国家和地区而言仍然具有比较竞争优势，故而要着力推动供应链在国内外的多元化布局。以"一带一路"沿线国家和地区为重点，加大对江北新区制造企业海外设厂、兼并收购等的支持力度，实现上下游供应链的多元布局，以有效规避供应链单一化风险，增强供应链的韧性和灵活性，提高产业链安全水平。

4.4.3　加快"补链""扩链"

聚焦产业配套，在"补链"上下功夫。实践表明，产业配套能力越强、产业链越完善的地区，对外来资本的吸引力越大。要以产业园区为载体和平台，重点围绕园区支柱

产业和重大项目，梳理产业链企业名单，准确掌握企业的核心诉求，进一步完善政策响应机制，加强对企业在原材料、用工、用能、物流、资金等方面的政策支持。更要"围绕产业链部署创新链、围绕创新链布局产业链"，着力在产业链"补链"上下功夫，进一步完善产业链支撑体系，落实落细相关政策，力争以产业集聚的先发优势和产业创新的比较优势把具有较强竞争力的产业留在江苏，构筑江苏重点产业的全产业链竞争优势。

聚焦新兴领域，在"扩链"上下功夫。当前，新基建成为今后一个时期内中央和各地发展的热点，是一项着眼于未来发展的重要工程。江北新区在新基建发展上具有发展基础领先、科研实力雄厚、技术交易活跃等诸多优势，建议江北新区把握新基建发展的"风口"，聚焦 5G 基站、大数据中心、人工智能、工业互联网、物联网等重点领域，加大新基建关键核心技术的源头供给能力，通过重大项目建设强化新基建对新产业、新业态发展的数字化支撑，推动新基建相关产业尽快发展成为江北新区主导产业和支柱产业，实现"扩新链"。

4.4.4　加快形成产业链闭环

1. 推进实施产业基础再造工程

在坚持顶层设计、分类实施的原则下，稳步推进、提升和筑牢产业基础。一是协同建设国家实验室。抢抓新一轮国家实验室体系重组的机遇，构建"政府科技管理部门+高校科研院所+领域重点企业"国家实验室联动机制，根据技术属性打造以高校科研院所或重点企业为主的融通发展新体系，专注攻关重点产业集群的"卡脖子"技术，奠定"以我为主"产业体系的技术基础。二是拓展和深化"工业强基"工程。在全面梳理核心基础零部件(元器件)、先进基础工艺、关键基础材料和产业技术基础领域的短板和不足的基础上，持续协同推进产业链上重点产品设计、材料、工艺、制造装备、实验检测装备的技术合作攻关，提升关键零部件和基础材料的制造能力和水平，夯实产业发展根基。三是大力发展标准、计量、认证、检验检测、信息服务等基础服务。充分发挥行业协会、重点企业和公共服务平台的主体作用，分阶段、分层次制定和实施与国际先进水平接轨的产业质量、安全、卫生和环保节能标准。同时壮大认证、检验检测和信息服务类企业，加快推动此类生产性服务业与先进制造业的深度融合发展。四是构建产业基础能力评估机制。定期组织第三方机构对重点产业链、供应链和关键技术进行全面调查评估，准确把握和评估产业链、供应链和关键技术的现状，分析创新链、供应链、产业链和价值链分布，有利于动态掌握产业基础能力提升的进展和下一步改进方向。

2. 提升产业链控制力和主导能力

围绕重点培育的 13 个先进制造业产业集群，分类分阶段提升标准和核心技术控制、关键环节控制、全产业链控制。一是链式联动攻关重大技术。构建有利于激发创新活力的产业链联动研发创新机制和收益风险共担机制，加快研发替代性核心技术，突破国外的关键核心技术垄断，降低"技术断供"引发的"釜底抽薪"效应。二是培育具有

"撒手锏"的企业。加大对专精特新中小企业的支持力度，鼓励中小企业深耕关键零部件领域，参与产业关键共性技术研究开发，持续提升企业创新能力；强化创新企业培育，把发展培育壮大创新型企业放在更加突出的位置，打造数量多、质量优、潜力大、成长快的创新型企业集群。三是培育产业链链主。加快培育具有市场优势和技术优势的企业，借助公共卫生危机带来的全球经济深度调整的契机，引导和鼓励沿"制造业—零售"产业链进行横向和纵向一体化投资活动，打造一批市场驱动和技术驱动占据全球价值链高端的链主企业，提升产业控制力。

3. 促进产业链联动发展

产业链上下游企业间加强产业横向与纵向联动，增强产业链韧性，提升产业链水平。一是促进产业链上下游企业间纵向一体化联动。鼓励不同所有制企业在上下游间的产业协同和技术合作攻关，如支持生产制造和服务类企业纵向兼并或联合国有科研院所，加强科技创新与产业应用之间的衔接和协同。二是推动制造业与服务业产业链的深度融合发展。分类推动"制造业+服务业"融合行动，深化制造业与互联网、现代物流、研发设计等生产性服务业融合，重点推动装备制造业和系统集成、高端工业软件、生产工艺设计类服务业、汽车制造和大数据、汽车租赁等后市场服务业的融合发展。三是促进产业链、价值链、创新链联动发展。加强产业化、市场化的联动，建立共性技术平台，促进成果转化应用，打造"政产学研资"紧密合作的创新生态，解决跨行业、跨领域的关键共性技术问题。四是促进内外联动发展。坚持独立自主和开放合作相促进，加大与"一带一路"沿线国家的产业合作与开放发展，通过产业转移、技术合作开发、基础设施互通互联、人员交流合作等方式，推动产业链联动发展和整体提升。

第 5 章　江苏省数字经济发展路径
及对江北新区的启示研究

5.1　新时代下江苏省数字经济发展背景

　　数字经济是当前全球经济发展的重要内容。作为世界第二大经济体，中国必须抓住数字经济发展机遇。党的十八大以来，习近平总书记就加快发展数字经济发表了一系列重要讲话，对实施国家大数据战略，构建以数据为关键要素的数字经济，加快建设数字中国，推动实体经济和数字经济融合发展等作出重要部署。"2020 年江苏数字经济高峰论坛"报告了 2019 年江苏数字经济规模超过 4 万亿元，位居全国第二，占 GDP 比重超过 40%，数字经济已经成为推动江苏省高质量发展的新动能。江苏省正逐步建立数字化、信息化、智能化的数字经济发展新格局。

　　尽管公共卫生危机给江苏省经济带来一定的冲击，但数字经济新模式给江苏省经济发展提供了新的机遇。网络直播、无人零售、机器人快递、远程办公、线上会议等等抢占市场，为江苏省经济发展注入新的活力。这背后得益于数字信息技术的有效运用，让生产端和消费端实现快速对接，减少线下接触和运营成本，充分发挥大数据、人工智能、云计算等技术在经济发展中的作用，实现数字经济新革命。

　　本章将通过 SWOT 分析模型（基于内外部竞争环境和竞争条件下的态势分析），分析江苏省发展数字经济的优势和劣势，以及发展过程中面临的机遇和挑战，从而体现出江苏省在新时代下发展数字经济的必要性和紧迫性。

5.2　江苏省数字经济的 SWOT 分析

5.2.1　江苏省发展数字经济的优势

　　江苏省经济总量位居中国第二，也是名副其实的数字经济大省。为此省委、省政府先后出台多项文件，营造良好的政策环境，大力支持数字经济发展。南京明确打造国家级软件和信息服务先进制造业集群，重点发展 5G、基础软件、云计算和边缘计算、大数据、人工智能、区块链、虚拟现实、卫星应用、量子信息等产业，把软件和信息服务、集成电路、人工智能三个产业打造为全国前列、全球有影响力的产业地标。苏州紧紧围绕高质量发展，加快数字化转型，提升苏州制造业竞争力和可持续发展能力。无锡的鲜明特点在于物联网经济进一步壮大。常州正将数字经济应用于工业和制造业领域，并发展壮大机器人产业。南通作为长江经济带战略支点、上海大都市圈北翼门户城市和长三角北翼经济中心，在智慧城市建设和信息化应用发展中形成了丰富经验，为大数据发展奠定了坚实的基础。苏中和苏北在农产品流通销售、运输管理方面智能化、数字化不断加深。徐州、宿迁等农村电商、数字经济发展很快。苏北大运河文化带建设也应用智能的用户管理和发展。盐城南部的智能高新、智能经济板块，带动作用突出。另外，江苏省科教实力雄厚，各大高校、科研院云集，为江苏省数字经济发展输入源源不断的新鲜人才血液。

5.2.2　江苏省发展数字经济的劣势

江苏省企业数字化转型基础较为薄弱，在具有引领性的产业领域尚未形成领先优势，创新链与产业链尚未形成无缝对接，科技服务中介小、散、弱等。与此同时，各个行业也面临着转型的压力。江苏省高新技术产业的增加值率只有 20%左右，远低于国际平均水平的 40%。因此江苏省的制造业产业急需进行数字化转型升级。近年来，随着互联网的发展，消费形态发生改变，商贸服务企业同样面临着转型的压力，迫切需要进行数字化转型。同时，江苏省数字经济的发展有亮点，但不明显突出，缺少有影响力的平台和引领型企业，缺少高峰，需要打造数字经济龙头企业带动全省数字经济发展。

5.2.3　江苏省发展数字经济的机遇

江苏省信息基础设施完善，为数字经济发展提供保障。江苏省着力提升信息基础设施，大力推进网络强省建设，深入实施宽带江苏、无线江苏、高清江苏等重点工程，全面建成"光网城市"，4G 网络和窄带物联网基本实现城乡全覆盖。已建成 5G 基站超过1.6 万个，到 2021 年底，江苏省建成并开通 5.9 万个 5G 基站，5G 基站总数达 13 万个，排名全国第二。2022 年计划再新建 5 万个 5G 基站，实现全省城市区域、省级以上产业园区全覆盖。加快 IPv6 规模部署，省内电信运营企业 IDC（省内电信运营企业互联网数据中心机房）机房全部完成 IPv6 升级改造。数字产业化为各行业提供充足的数字技术、产品和服务支撑，为数字经济发展奠定了坚实基础。

产业数字化转型，刺激数字经济发展。近年来，江苏省工业和信息化厅大力推动数字技术在农业、工业、服务业及社会各领域的应用，深入实施智能制造，加速发展工业互联网，统筹推进智慧江苏建设并鼓励新业态、新模式。从无限劳动力转向无限计算力，这场数字革命让 5G、AI 和工业互联网为经济增长开辟新空间、提供新动能。

5.2.4　江苏省数字经济发展面临的挑战

网络安全给数字经济发展带来困扰。随着数字经济的发展，网络安全威胁也日益增多，各种类型的互联网病毒、木马依附在公共网络中，侵害个人隐私，恶意损害设备。更有高级病毒和技术，能够穿破公司、企业甚至政府的防火墙，盗取其中的高级机密，侵犯财产、技术安全。每年各种网络犯罪、攻击对江苏省经济造成的损失高达数百亿人民币。

人才结构性短缺让江苏省数字经济缺乏核心竞争力。江苏省的数字人才存在结构性短缺。没有专业的数字化人才和专业化团队，企业的转型之路相比其他拥有专业辅导的企业会有一定阻碍。数字经济时代下的竞争，实际上就是人才的竞争，加快引培数字人才并形成数字经济主要技术领域的人才圈层是江苏省面临的挑战之一。

5.3　江苏省数字经济发展现状评估

5.3.1　数字经济指标体系

中国电子信息产业发展研究院在《2019年中国数字经济发展指数》中给出了数字经济发展指数的测量标准。对于江苏省数字经济指数的测量选取由4个一级指标构成的指标测量体系。一级指标由基础指标、产业指标、融合指标、环境指标组成。共分为10个二级指标。基础指标由传统数字基础设施和新型数字基础设施两个指标组成，产业指标由产业规模和产业主体两个指标组成，融合指标由工业数字化、农业数字化和服务业数字化三个指标组成，环境指标由政府网上服务、政务新媒体和政府数据资源三个指标组成。其中二级指标由21个三级指标组成(表5-1)。

表 5-1　数字经济评估指标体系

一级指标	二级指标	三级指标	单位
基础指标	传统数字基础设施	2019年固定宽带平均接入速率	Mbit/s
		2019年5G基站数量	个
		2019年互联网普及率	%
	新型数字基础设施	数据中心数量	个
		是否5G试点城市	是记1，否记0
产业指标	产业规模	2019年电子信息制造业收入	亿元
		2019年文化产业增加值	亿元
		2019年文化产业增加值GDP占比	%
		2019年互联网从业人数	万人
	产业主体	2019年互联网企业数量	家
		2019年高新技术企业数量	家
		2019年瞪羚企业数	家
		2019年互联网百强企业数量	家
		2019年中国软件业务收入百强企业	家
融合指标	服务业数字化	2019年互联网零售销售额	亿元
	农业数字化	2019年农业农村信息化示范基地数量	个
	工业数字化	上云企业数量	万个
环境指标	政府网上服务	2019年行政许可事项网上办理率	%
		2019年市政务服务系统共完成各类办件	万件
	政务新媒体	政府机构微博数量	个
	政府数据资源	政府数据可共享目录数	个

5.3.2　指标测量方法

为消除各指标单位不同的问题，首先对数据进行无量纲化处理。根据指标数据类型的不同选择不同的无量纲方式。记各评估指标的原始值为 X_{ij}（i 为指标对象，j 为指标编号），无量纲化后的值为 Z_{ij}，指标 j 的计算基值为 $\overline{X}_j$。为避免原始值差异过大造成指标区分度不均衡，采用取对数的方法对指标进行无量纲化。其中：

$$Z_{ij} = \left[\ln\left(1 + \frac{X_{ij}}{\overline{X}_j}\right) \right] \times 50 \tag{5-1}$$

指数指标的处理：该类指标只需将数据归一化处理即可：

$$Z_{ij} = X_{ij} / \overline{X}_j \times 50 \tag{5-2}$$

基值的计算：指标体系基值选取 31 个省份的平均值：

$$\overline{X}_j = \frac{\sum_{i=1}^{13} X_{ij}}{n} \tag{5-3}$$

5.3.3　指标权重确定与指数计算

指标权重的确定采取专家打分法。由专家组对评估指标体系内三级指标的权重进行打分，各级指标体系权重总分为 100。指标的最终权重为专家打分的平均值 λ_j。每个对象的各级指标指数的计算均采用加权平均法，即：

$$Z_i = \sum \lambda_j Z_{ij} / \sum \lambda_j \tag{5-4}$$

5.3.4　江苏省数字经济指标总体现状

本章通过选取 21 个三级指标，计算出单个指标得分及综合得分，来对 2019 年江苏省 13 个城市的数字经济发展水平现状及差异进行分析。

如图 5-1 所示，江苏省数字经济发展最好的城市是南京市，以 62.1 分位居全省第一，占据了江苏省近三成的数字经济规模。苏州省以 56 分紧随其后，占据了江苏省两成的数字经济规模。南京市和苏州市的数字经济规模总量超过了全省的半数，是当之无愧的数字经济中心。然而 2019 年苏州市 GDP 总量为 1.9 万亿元，高于南京市的 1.4 万亿元，但是数字经济发展规模却不如南京市。这说明最令苏州市骄傲的制造业迫切需要进行数字化转型，也能反映出南京市作为全省高新技术研发高地，数字经济发展蓬勃旺盛。无锡市以 41.6 分位居全省第三，跻身于数字经济高水平发展城市。常州市以 35.8 分位居全省第四。江苏省数字经济发展水平按得分来看，仅有四座城市在平均分以上，这在极大程度上反映出了江苏省数字经济发展严重不平衡。整体来看苏北五市发展水平落后于江苏其他城市,原因有以下几点:苏北整体经济实力薄弱;政府对于数字经济发展还不够重视,政策的实施力度有待提高;现代化基础设施还未完善,不能为数字经济发展提供基础保障;人才资源结构性缺失,缺少发展数字经济的动力;数字经济龙头企业较少,很难带动地区数字经济快速发展。

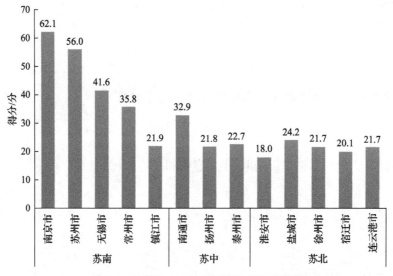

图 5-1　江苏省 13 个城市的数字经济指数

5.3.5　江苏省数字经济分指标现状

1. 基础设施指标现状

如图 5-2 所示,江苏省基础设施指数排名第一的是苏州市,基础设施指数达到 54.9 分。在传统数字基础设施方面,苏州市在 2019 年的 5G 基站数量是全省第一,在新型数字基础设施方面,苏州市基本和南京市持平,处于全省领先的位置。南京市的基础设施指数为 52.7 分,在江苏省排名第二。南京市相比于苏州市,在传统数字基础设施方面的建设会弱一些,因此,南京市需要在传统数字基础设施的建设上加大力度。排名位于第三、第四和第五的城市为无锡市、常州市和南通市,这 3 个城市的基础设施指数较为相近。无锡市、常州市和南通市在传统数字基础设施和新型数字基础设施方面都与南京市、苏州市存在差距,具体表现在 5G 基站数量方面和数据中心数量方面。苏南五市排名大多在前列,苏北五市的排名较为靠后,这反映出江苏省的基础设施建设是有差异的,导致各地区的数字经济发展是不平衡的。传统数字基础设施和新型数字基础设施的建设规模是影响各地区基础设施指数的重要因素,其中的 5G 基站数量和数据中心数量更是关键因素,因此,在发展基础设施的过程中,像 5G 基站数量和数据中心数量这样的指标要得到更多的关注,这样,江苏省各地的数字经济才能更加有效地发展。

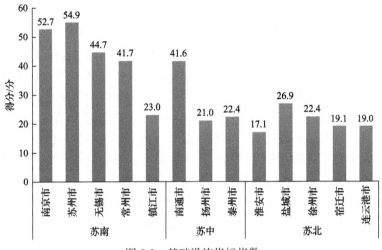

图 5-2　基础设施指标指数

2. 产业指标现状

南京市的产业指标指数遥遥领先，高达 80.0 分(图 5-3)。在 2019 年，南京市的互联网从业人数有 14.3 万人，中国软件业务收入百强企业的江苏省有 9 个，其中南京市占 8 个，这反映出南京市是江苏省人才集中地和高新技术企业发展基地。苏州市和无锡市的产业指标指数分别为 58.2 分和 44.3 分，在江苏省占据第二和第三的位置，和位居第一的南京市属于 13 个地级市中的领先者。苏州市和无锡市可以说是江苏省发展数字经济的高水平城市，苏州市 2019 年的电子信息制造业收入是全省第一，除了南京市，仅无锡市有软件业务收入百强企业。各市产业指标指数的极大差异反映出江苏省的数字经济发展是不平衡的，整体来看，苏北五市的经济发展水平是落后于其他城市的，发展数字经济的力度也不强，相较于数字经济发展高水平城市，互联网企业在苏北五市的数量偏少，缺少引领型企业。带动苏北五市的发展，推动产业规模和产业主体的发展还需要打造经济龙头企业。

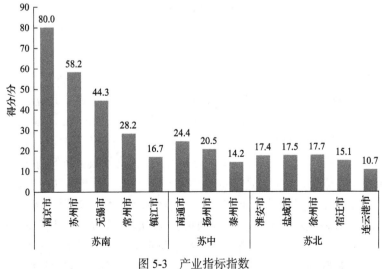

图 5-3　产业指标指数

3. 融合指标现状

融合指标是评价江苏省数字经济的重要指标之一(图 5-4)。这里主要包括服务业数字化指标和农业数字化指标,其中服务业数字化指标以互联网零售销售额为代表,农业数字化指标以农业农村信息化示范基地数量为代表。南京市和苏州市的互联网零售销售额占据整个江苏省的 64.81%,可见南京市和苏州市居民的互联网消费能力普遍比较高,数字经济发展能力较强,对江苏省整体经济发展具有一定的指导和借鉴意义。对比整个江苏省的互联网零售销售额指标,苏南占比 80%以上,苏中、苏北地区占比较少,南北差异比较明显。从服务业数字化指标可以看出,江苏省电商平台发展迅速,逐渐成为市场发展的"主力军",推进了江苏省的整体经济结构改革,拉动了社会消费需求,刺激了经济增长。数字经济越来越成为江苏省发展的重要目标,这背后无疑得益于数字互联网技术的新革命。

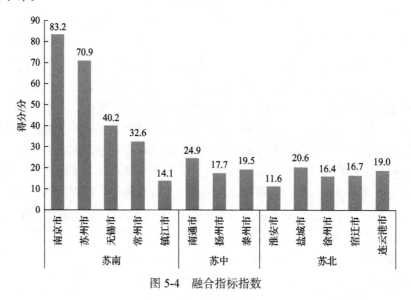

图 5-4　融合指标指数

4. 环境指标现状

环境指标中以政务网上服务为代表,一定程度上有利于经济的发展。2019 年江苏省的行政许可事项网上办理率平均为 97.8%,市政务服务系统共完成各类办件平均为495 万件,总体相差不大。江苏政务服务网用户注册量达 3730 万,访问量超 10 亿次。2020 年江苏省网上政务能力位居全国第三,"互联网+政务服务"整体实力较强,成为"全国一体化平台建设的典型标杆"之一(图 5-5)。江苏省政务服务管理办公室以 APP、小程序、微信服务号为依托,全力打造"屏幕上的政务服务",网上事项办理效率显著提高,"不见面审批"取得的成效成为江苏省人民政府的名片。疫情期间,网上政务服务更是为江苏省复工复产和恢复经济打开了快速通道,"苏康码"让企业、居民不被政府放慢脚步,让数据"多跑路","快、好、省"地解决实际问题,全力推进经济向上发展。江苏省通过不断深化"互联网+政务服务"改革,全力推进"一网通办""数据共享",让政务办理转型升级，协调网上各地域、各层级、各部门、各业务的办理流程，用数字互联网技术打通江苏省网上政务服务的"最后一公里"，让网上事项办理更加高效，让互联网监管更有保障，让实体政务平台和线上平台更加融合，让政务系统更加健全，成为"放管服"的一大突破，为江苏省数字经济发展提供有力保障。

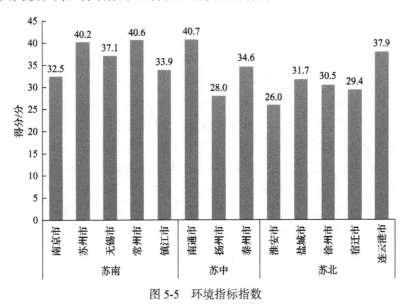

图 5-5　环境指标指数

5.4　江苏省数字经济发展政策路线图

5.4.1　省人民政府出台文件梳理

为全面深入贯彻落实国家战略，加快推进江苏省经济社会数字化转型，赋能江苏省率先构建新发展格局，助推"强富美高"新江苏建设再出发，江苏省人民政府办公厅印发了《省政府办公厅关于深入推进数字经济发展的意见》（以下简称《意见》）。《意见》指出，江苏省数字经济发展目标是全力打造"四个高地"：具有世界影响力的数字技术创新高地、国际竞争力的数字产业发展高地、未来引领力的数字社会建设高地和全球吸引力的数字开放合作高地。

《意见》指出，江苏省数字经济发展的主要任务是实施六大工程。

第一，数字设施升级工程：加快建设信息基础设施，全面升级传统基础设施。第二，数字创新引领工程：释放数据资源新动能，增强关键核心技术创新能力，提升数字产业新能级。第三，数字产业融合工程：推进制造业智能化转型，发展数字化生活和服务业，加快农业数字化融合发展。第四，数字社会共享工程：提升政务服务数字化水平，深化民生领域数字化服务。第五，数字监管治理工程：构建多方共治监管机制，提升政府治理数字化水平，压实互联网企业主体责任。第六，数字化开放合作工程：推进省内区域协调发展，深度融入国家区域发展战略，提升国际交流合作水平。

为了江苏省数字经济顺利发展,《意见》给出了六大保障措施:加强组织领导,强化政策支撑,完善法规标准,加大网络安全保障力度,加强人才队伍建设,加强统计监测。

5.4.2 各地级市出台文件梳理

江苏省各地对于数字经济非常重视,对于数字经济发展涉及了各个方面(表5-2),包括技术、产业、政府三个维度。首先是政府层面,各地政府希望能够打造云政府平台,提高政府处理政务的效率和便捷度,实现信息在政府内部的有序流动和有序存储,利用"一窗受理""一网通办""一号申请"等形式推动政务服务模式的创新,并且还可以融合政务数据、社会数据,支撑数据对外开放共享。其次是技术层面,"5G的应用""区块链""量子信息""人工智能""云计算和大数据""虚拟现实"等。加快发展数字经济技术,结合各地的优势做出特色技术设备。在未来数字经济发展中,强硬的技术支撑能够为其发展作出巨大的贡献和支持。最后是产业层面,各地需要加快产业数字化转型,做强数字经济核心先导产业,壮大数字经济前沿新兴产业,培育数字经济龙头骨干企业。为了保障数字经济的平稳顺利发展,必须做好信息安全,加固防火墙,加大对于偷盗信息的处罚力度,支持"信息安全风险评估""安全集成""安全加固""安全审计"等信息安全服务发展,形成一批自主可控的软件服务和解决方案。

表5-2 江苏省主要地级市关于数字经济的文件

政策文件	主要目标内容
《南京市数字经济发展三年行动计划(2020—2022年)》	到2022年,全市数字经济增加值达到10000亿元,占GDP比重达到56%以上。培育产业数字化转型重点示范企业200家以上
《苏州市大数据产业发展规划(2016—2020年)》	力争到2020年末,将苏州建设成具有较高知名度的国家级大数据综合应用试验区和较大影响力的特色大数据产业集聚区,实现大数据产业与传统产业的深度融合
《关于加快推进数字经济高质量发展的实施意见》	到2022年,无锡市数字经济快速增长,信息技术产业规模优势更加明显,制造业数字化、网络化、智能化转型升级和工业互联网发展步伐不断加快,服务业数字化升级潜能进一步释放,以数字产业化、制造业数字化、服务业数字化、融合新业态新模式为核心的数字经济发展格局基本形成。到2025年,无锡数字经济全面扩展。数据资源集聚、治理、应用水平明显提升,数字经济技术创新能力大幅增强,新型数字基础设施体系基本建成,信息技术产业实现从大到强的跨越,制造业数字化、服务业数字化和政府数字化转型取得显著成效,以数据资源丰富、基础设施完善、龙头企业集聚、产业实力雄厚、创新能力突出、人民获得感大幅提升为特征的数字经济发展体系基本形成
《南通市大数据发展规划(2019—2025年)》	到2025年将南通打造成为华东地区重要信息港和长三角大数据产业发展高地,大数据发展达到全国一流水平的愿景目标
《关于支持全市工业企业数字化转型发展的若干政策》	加快发展工业互联网,促进制造业数字化、网络化、智能化转型升级,进一步降本提质增效
《连云港市加快数字政府建设的实施意见》	紧紧围绕"高质发展、后发先至"主题主线,以构建数据驱动的政府治理模式为核心,围绕提升数据的"采、存、管、用"全链条能力,以构建智能化支撑体系、打造一体化政务数据体系、完善便捷化服务体系、建设协同化运行体系与建立精准化治理体系为着力点,加快推动政府组织优化与智能决策,努力把连云港市打造成为数字政府典范和大数据治理应用示范区,引领全市经济社会高质量发展

5.5　江北新区数字经济发展的政策启示

江北新区要发展好数字经济，实现高质量发展，就要研究新路径、新对策。面对日新月异的新科技、新产业，顺应大数据时代发展潮流是必然的。以下就关于江北新区数字经济发展的新路径和对策作简要阐述。

5.5.1　加强顶层设计，加速数字化技术层面建设

5G 是未来发展的趋势，5G 是加快江北新区数字经济发展的必由之路。完善 5G 基础设施建设覆盖城乡，推动通信技术与企业融合，让 5G 成为企业发展的强大引擎。同时，数字网络发展的背后也存在安全隐患，要加强网络安全建设，防止因安全问题造成不必要的经济损失，让 5G 成为江苏省经济发展的助推器。同时也必须加快在区块链、量子信息、人工智能、云计算和大数据、虚拟现实等方面的发展。政府联合当地的高新技术产业园，共同投资研发这些高新技术。

5.5.2　打造新型数字平台，实现数据开放共享

以网络信息技术为载体，打造全新的数字管理平台，让各种类型、各种体量的企业与新型数字平台接入，使消费者能直接获得企业基于平台提供的服务。这样可以省去许多中间环节，让市场供需更高效地匹配，及时了解消费者的生理和心理需求。同时，企业可以将新型数字平台从原来的垂直化管理向扁平化管理转型，企业之间实现跨界融合，企业与消费者快速对接，加快数字经济与实体经济相融合，让数字化平台发挥最大作用。

5.5.3　整合数字化生态圈，让数字技术发展智能化

如今，新型技术如量子计算、北斗卫星、虚拟现实技术、人工智能等可以帮助企业打造数字化生态圈，通过整合数字化生态圈实现真正的万物互联。数字化生态圈可以利用各自互补的优势，让资源利用率得到有效提高，让废弃物的产出最小化，使得数字经济符合绿色发展理念。同时，在生态圈内实现开源战略，让企业在生态圈内实现跨界融合、深度交流，通过创新让数字技术更加智能化，服务于人民群众。

5.5.4　建立信息安全系统，保护隐私和信息安全

面对数字化的飞速发展，用户的隐私和数据也暴露在危险的环境下，因此信息安全系统的建立是保障数字经济发展的重要举措。首先，需要提高民众、企业和政府对于信息安全重要性的认识。其次，确保网络设备的安全运行，提供有效的网络服务，确保在网上传输数据的保密性、完整性和可用性等。由于网络环境是抵御外部攻击的第一道防线，因此必须进行各方面的防护。加固防火墙，加大对于偷盗信息的处罚力度，支持"信息安全风险评估""安全集成""安全加固""安全审计"等信息安全服务发展，并形成一批自主可控的软件服务和解决方案。

第6章 江苏省推动江北新区制造业数字化转型的驱动机制研究

6.1 引　言

随着新一轮科技革命与产业变革的孕育兴起，以数据资源为重要生产要素、全要素数字化转型为重要推动力的数字经济日益成为经济发展的新模式。数据显示，2020年中国数字经济规模已达39.2万亿元，占GDP比重达38.6%，成为国民经济高质量发展的重要支撑。党的十九大报告指出，要"推动互联网、大数据、人工智能和实体经济深度融合""加快建设制造强国""支持传统产业优化升级"。因而推动新一代互联网信息技术与制造业的深度融合，加速产业转型升级成为当前经济发展的重要方式。

江苏省作为制造业大省，经过多年发展，江苏省制造业形成了雄厚的基础实力、完善的配套体系和部分领域的领先优势，但"大而不强"的特征依然明显，发展不平衡不充分的问题仍然突出，产业链、价值链和创新链总体处于中低端，自主创新水平亟待提高，部分关键核心技术受制于人，制造业资源能源消耗较高，制造业的增加值率偏低，部分地区企业数字化水平较低。以工业互联网建设为抓手，加快数字化赋能，既是江苏省制造业转型升级的必然选项，也是当前全球产业链深度调整的客观需要。本研究利用江苏省的制造业数据，对企业数字化转型问题进行探究，同时全面深刻阐述影响数字化转型的驱动因素，为解释其对于企业数字化转型的影响路径提供理论依据。基于对问题和驱动因素的研究，提供了适合江北新区制造业数字化转型的优化路径，帮助企业明确战略认知，优化组织架构及运营流程，为制造业如何深入推动数字化转型提供参考路径，对提高数字化转型的成功率具有一定的现实贡献。

6.2 江苏省制造业企业数字化转型的时空演化分析

6.2.1 研究设计

1. 研究方法与数据来源

本节使用核密度估计法(kernel density estimation，KDE)对江苏省制造业上市企业的数字化技术投入与数字化技术应用进行分析。

$$f(x) = \frac{1}{Nh}\sum_{i=1}^{N}K\left(\frac{X_i - x}{h}\right) \tag{6-1}$$

式中，N 为样本量；h 为带宽(band width)；K 为加权或者平滑转换函数；X_i 为独立同分布的观测值；x 为观测值的均值。本节选用高适用性的高斯核密度估计函数，对江苏省制造业上市企业技术投入与技术应用的动态演进特征进行研究，具体见式(6-2)：

$$K(x) = \frac{1}{\sqrt{2\pi}} \exp\left(-\frac{x^2}{2}\right) \tag{6-2}$$

为进一步揭示江苏省制造业上市企业数字化转型程度的空间差异及其来源，本节采用基尼系数及分解方法对其数字化转型水平的相对差异进行测算和分解。根据联合国开发计划署等组织规定：基尼系数若低于 0.20 表示指数等级极低（高度平均）；在 0.20～0.29 表示指数等级低（比较平均）；在 0.30～0.39 表示指数等级中（相对合理）；在 0.40～0.59 表示指数等级高（差距较大）；若高于 0.60 表示指数等级极高（差距悬殊）。

本研究选取国泰安数据库中 2000—2020 年沪深 A 股上市公司的基本信息，筛选出 422 家江苏省制造业上市企业的数字化转型关键词词频数据，并运用主成分分析法对词频数据进行等权重加总，得到数字化转型程度的代理指标。

2. 数字化转型测度

本研究搜索整理了 2000—2020 年沪深 A 股上市公司年报中有关人工智能、云计算、区块链、大数据、数字运用五个关键维度上的词频数据，最后进行加总得到数字化转型程度的代理指标。将数字化技术投入分为人工智能技术、大数据技术、云计算技术、区块链技术共 4 个二级代理变量，并根据"特征词"的词频进行测度。对于数字化技术应用采用搜索有关"移动互联网、工业互联网、智能制造"等关键词词频进行测度。

6.2.2　基本事实特征：江苏省制造业数字化转型的测度结果分析

本研究绘制了江苏省整体层面技术投入与技术应用均值的柱状变化趋势（图 6-1）。同

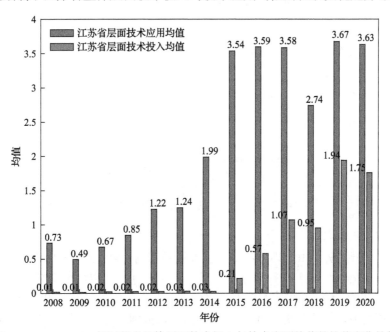

图 6-1　2008—2020 年江苏省整体层面技术投入与技术应用均值的柱状变化趋势

时刻画了江苏省整体及三大区域数字化技术投入和技术应用均值的折线图(图 6-2、图 6-3)。从江苏省整体层面看,数字化技术投入水平在不断提高,但在 2020 年略有下降趋势;数字化技术应用水平在前期显著改善,但中后期发展缓慢。在 2008—2014 年江苏省技术投入均值较低,这并不代表初期江苏省制造业企业实际投入水平较低。随着中后期技术投入均值不断提高,企业数字化技术应用也基本保持稳定。

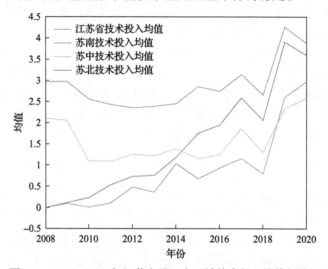

图 6-2   2008—2020 年江苏省及三大区域技术投入均值折线图

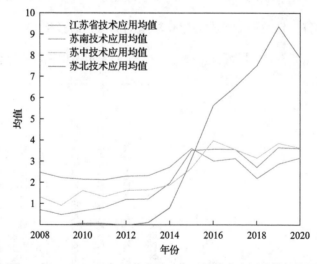

图 6-3   2008—2020 年江苏省及三大区域技术应用均值折线图

从区域层面看,首先,苏南、苏北数字化技术投入均值的演变趋势基本与全省保持一致,呈波动上升趋势。由于地区经济水平发展不均衡,自 2008—2020 年,苏南地区数字化技术投入均值始终高于全省和苏中、苏北地区。2015 年以前苏中技术投入均值显著高于苏北,但 2015 年后苏北技术投入显著增加。此外苏中地区在 2008—2018 年数字化技术投入均值呈波动下降趋势,2018 年后与全省及苏南、苏北地区呈相反变动趋势转而上升,其次,苏南、苏中数字化技术应用均值演变趋势也与全省保持一致,呈缓慢上升趋势。而苏北地区技术应用均值在 2014 年以前呈下降趋势，与其他区域相反，2014 年后均值大幅上升。这表明随着苏北技术投入不断增加，企业数字化技术应用趋势逐渐显现，综合实力显著提高，其均值在 2015 年明显超出苏中地区，这也说明了数字化技术投入到应用具有一定的反应时间。

6.2.3　江苏省制造业企业数字化转型的动态演变分析

本节使用核密度估计法对江苏省制造业上市企业的数字化技术投入与数字化技术应用进行分析，并从分布曲线的分布位置、形态、延展性和多极化现象等 4 个方面具体阐述。

1. 整体层面

图 6-4 展示了江苏省整体层面制造业企业数字化技术投入的动态演变趋势。首先，从分布位置看，江苏省制造业企业数字化技术投入水平整体呈上升趋势，但速度较慢。其次，从分布态势来看，随着江苏省整体层面制造业企业数字化水平的提升，区域间数字化技术投入的绝对差异在不断扩大。最后，从分布延展性和波峰数量看，各区域间数字化技术投入具有差异化发展趋势，呈现多极化特征。

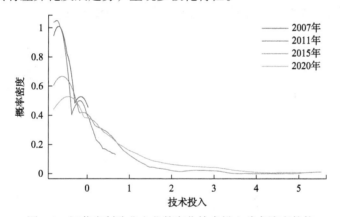

图 6-4　江苏省制造业企业数字化技术投入动态演变趋势

图 6-5 展示了江苏省整体层面制造业企业数字化技术应用的动态演变趋势。首先，

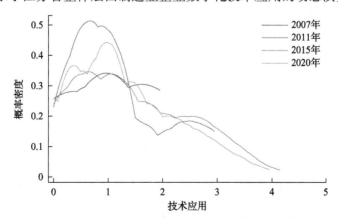

图 6-5　江苏省制造业企业数字化技术应用动态演变趋势

从分布位置看,江苏省制造业企业数字化技术应用水平整体呈上升趋势,但发展迟缓。其次,从分布态势来看,在 2007—2020 年江苏省制造业企业数字化技术应用水平的绝对差异出现先缩小后扩大的趋势。最后,从分布延展性看,江苏省各区域间数字化技术应用水平差异在逐步增大。此外,分布曲线"多峰"现象明显,表明江苏省区域间数字化技术应用水平存在明显的梯度效应。

2. 不同区域层面

图 6-6 和图 6-7 分别刻画了 2007—2020 年苏南地区和苏中及苏北地区制造业企业数字化技术投入的动态演变趋势。首先,从核密度估计曲线分布位置看,苏南地区、苏中及苏北地区数字化技术投入水平总体呈上升态势。其次,从分布形态看,苏南地区波峰高度大致经历了先逐步下降后上升的过程,表明苏南地区企业间技术投入水平绝对差异先扩大后缩小。随着苏南地区不断受到政府重点扶持补助,许多转型难的中小型企业也开始加大转型力度,进而改善了区域内绝对差异现象。相比苏南地区,苏中及苏北地区波峰高度呈现"停滞—极速下降—缓慢下落"的趋势,这说明苏中及苏北地区内部企业数字化投入水平差异始终在不断扩大。最后,从分布曲线的延展性看,苏南地区和苏中

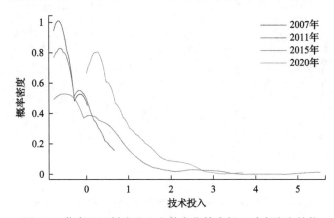

图 6-6　苏南地区制造业企业数字化技术投入动态演变趋势

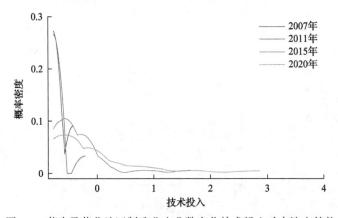

图 6-7　苏中及苏北地区制造业企业数字化技术投入动态演变趋势

及苏北地区与全省整体趋势相似,分布曲线均存在显著的右拖尾特征。不同的是,苏南地区分布曲线覆盖宽度先增加后减小,苏中及苏北地区分布曲线宽度不断增加。这表明苏南地区企业间数字化技术投入水平已经开始呈均衡化趋势,离散程度趋于收敛,而苏中及苏北地区的区域内绝对差异仍在不断扩大。

　　图 6-8 和图 6-9 分别刻画了 2007—2020 年苏南地区和苏中及苏北地区制造业企业数字化技术应用的动态演变趋势。首先,从曲线分布位置看,苏南地区和苏中及苏北地区核密度估计曲线均缓慢右移,移动趋势与江苏省整体分布曲线趋同。表明两区域数字化技术应用总体水平提升,但提升速度较慢。其次,从分布形态看,苏南地区波峰高度表现出先上升后逐步回落的趋势,同时波峰宽度经历了"缩窄—扩宽"的变化过程,与江苏省整体层面演变趋势一致。这意味着苏南地区在数字化转型初期,区域内制造业企业数字化技术应用水平均显著提升,差异缩小。但随着数字化转型发展到中后期,转型难度增加,企业间技术应用水平绝对差异明显扩大。而苏中及苏北地区除 2011 年明显下降外,波峰高度趋于稳定态势,波峰宽度轻微变宽。说明苏中及苏北地区企业在样本初期技术应用水平差异明显扩大,之后差距保持缓慢增加。最后,从分布曲线的延展性和波峰数量看,苏南地区和苏中及苏北地区都具有明显的右拖尾现象,且"多峰"特征显著,

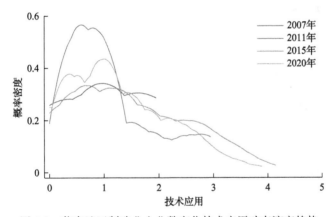

图 6-8　苏南地区制造业企业数字化技术应用动态演变趋势

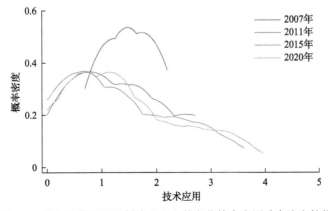

图 6-9　苏中及苏北地区制造业企业数字化技术应用动态演变趋势

表明两区域制造业企业数字化技术应用水平呈两极化或多极化趋势。

6.2.4　江苏省制造业企业数字化转型的区域差异及来源

本节将测算 Dagum 基尼系数及其分解并展开分析。

1. 总体差异

如图 6-10 和图 6-11 所示，样本期内企业数字化技术投入和技术应用整体呈波动下降趋势，大致经历"加速下降—上升—极速下降"的变化过程，其中 2018 年上升趋势明显。从具体数值看，江苏省制造业企业数字化技术投入的总体基尼系数始终高于 0.8，说明江苏省整体数字化技术投入差距悬殊。同时数字化技术应用与投入具有相同趋势，具有较大差距。但总体上二者的基尼系数都在下降，也意味着江苏省整体数字化转型差异

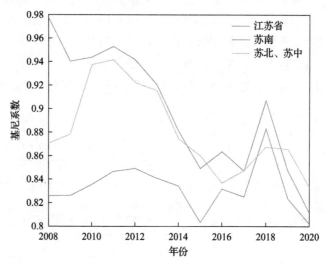

图 6-10　江苏省及各区域数字化技术投入的基尼系数演变趋势

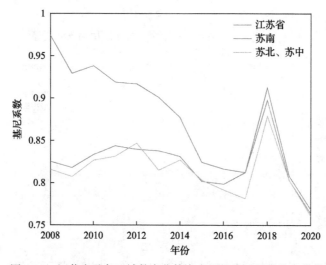

图 6-11　江苏省及各区域数字化技术应用的基尼系数演变趋势

现象正在改善。

2. 区域内差异

与江苏省整体相比，区域内部差异的演变特征也具有相似性。首先，对于企业数字化技术应用投入，苏南、苏中和苏北地区内部差异均呈现先上升后波动下降的趋势，这表明在企业数字化转型的初期，区域内差异不断扩大，后随着政府政策扶持和地区经济的不断发展，区域内差异又逐渐缩小。对于技术应用来说，苏南、苏中和苏北地区内部差异均呈现波动上升趋势，并且在 2018 年显著上升后又下降。

3. 区域间差异

如图 6-12 和图 6-13 所示，对于技术投入，苏南—苏北、苏南—苏中、苏北—苏中

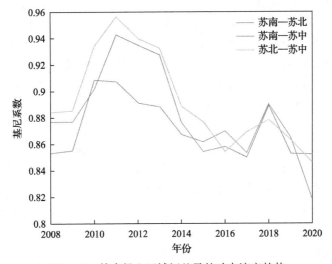

图 6-12　技术投入区域间差异的动态演变趋势

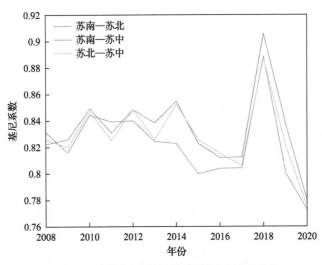

图 6-13　技术应用区域间差异的动态演变趋势

区域间的差异演变趋势基本一致,经历了先上升后波动下降的趋势,说明江苏省区域间技术投入差异在初期不断增大,后又逐渐缩小。对于技术应用,苏南—苏北、苏南—苏中、苏北—苏中区域间的差异演变趋势基本一致,经历了波动下降又急速上升的趋势,说明江苏省区域间技术应用差异在初期较为稳定,后期差距又进一步扩大。

6.3 江苏省制造业企业数字化转型的实证分析

6.3.1 理论分析

本节从政府和市场两个维度来解释和研究对企业数字化转型的影响,主要包括信息基础设施建设、产业扶持政策、产业产权保护以及市场化程度。

信息基础设施建设为企业实施信息化发展创造良好的环境,促进知识在区域间、企业间无意识和非主动的扩散和渗透,提高企业进行信息化投资的动机;推动生产要素和产品交易模式的改变,为了享受产业链中信息化平台带来的便利以及应对多元化的消费模式需求,企业会有强烈的动机扩大信息化投资,促进企业进行数字化转型。知识产权保护对于企业进行数字化转型这样的创新性行为影响主要通过减少经济损失和缓解外部的融资约束。通过减少信息不对称,外部投资者预期企业进行创新转型所获得的专利成果可以得到较好的法律保护,不至于被侵权而造成过大的投资损失,因此投资意愿更强烈,会极大地缓解企业在进行数字化转型过程中所面临的融资约束难题,从而促进企业进行数字化转型。全面深化市场化改革有利于降低政府对制造业科技创新活动的干预,发挥市场机制的决定性作用;增加市场的多样性,降低行政垄断与地区市场分割程度,强化市场竞争,促使企业数字化转型。产业政策的扶持对于企业进行数字化转型的作用机制可以归纳为"资源效应"和"竞争效应"。企业受到产业政策扶持时,可以得到大量的补贴和税收优惠等,从而为企业的创新提供必要的资金支持;政府扶持政策可以营造良好的企业竞争环境,加快潜在企业的进入和在位企业的推出,在这样的竞争环境下,倒逼企业进行创新行为,进行数字化转型。

6.3.2 研究设计

1. 研究方法

为考察江苏省制造业企业数字化转型的驱动机制,本节构建如下模型就不同因素对江苏省制造业企业数字化转型的影响效果进行考察,模型具体构建如下:

$$DCG_{it} = \alpha_0 + \alpha_1 Factors_{it} + \sum_{i=1}^{n} \omega_i Control_{it} + \mu_i + \lambda_t + \gamma_{it} \qquad (6-3)$$

式中,DCG_{it} 为企业 i 在第 t 年的数字化转型强度,用数字化转型程度的代理指标来衡量;α_0 为常数;$Factors_{it}$ 为数字化转型的驱动因素,包括基础设施、产权保护、市场化水平和政府补助;$Control_{it}$ 为一系列控制变量;μ_i 为企业个体固定效应,控制所有企业层面不随时间变化的因素对企业数字化转型的影响；λ_t 为时间固定效应，控制时间趋势的影响；γ_{it} 为随机扰动项。在以上估计式中，本节着重关注 $Factors_{it}$ 的回归系数 α_1，若系数表现显著为正，则说明基础设施、产权保护、市场化和政府补助等驱动因素能促进江苏省制造业企业进行数字化转型。

2. 变量选择与数据来源

被解释变量为企业数字化转型程度，解释变量包括：信息基础设施建设水平（station）、产权保护（protect）、市场化水平（market）和政府补助（lnsub）。其中，选用人均 4G 基站数量的对数值来衡量城市信息基础设施建设水平。产权保护水平采用地级市中级人民法院专利权权属侵权纠纷案件及专利合同纠纷案件的受理数之和的对数值进行测度。市场化水平依据樊纲等编制的市场化指数来衡量。政府补助由企业所获得政府补助的对数值测度，进一步纳入企业层面与地区层面的控制变量。企业层面包括：资产负债率、规模、董事会规模、独董比例及高管薪酬总额。地区层面包括：当年实际使用外资金额、政府财政支出金额、行政区划面积、人口规模及政府科学经费支出。

选取 2015—2019 年作为研究样本期，地级市数据来自《中国城市统计年鉴》，企业层面的数据来源于国泰安数据库。通过对部分缺失变量的增补，我们共得到了 2015—2019 年 327 家江苏省制造业企业 1207 个样本（表 6-1）。

表 6-1　变量描述性统计

类型	变量		缩写	指标描述	N	均值	最小值	最大值
因变量	数字化转型		digital		1207	5.752	0.000	120.000
自变量	信息化基础设施建设		station	对数值	1207	14.010	7.809	17.559
	产权保护		protect	对数值	1207	3.744	0.000	6.475
	市场化程度		market		1207	14.679	10.950	18.450
	政府补助		subsidy	对数值	1207	9.713	0.000	20.292
控制变量	企业层面	资产负债率	lev	%	1207	0.293	0.001	3.613
		规模	size	对数值	1207	21.582	19.430	24.426
		董事会规模	top1	%	1207	14.358	12.785	16.850
		独董比例	direct	%	1207	0.377	0.250	0.600
		高管薪酬总额	size	对数值	1207	2.187	1.609	2.639
	地区层面	当年实际使用外资金额	fdi	对数值	1207	12.617	10.916	13.305
		政府财政支出金额	gov	对数值	1207	16.152	15.065	16.879
		行政区划面积	area	km²/万人	1207	11.792	9.199	20.622
		人口规模	lnpop	对数值	1207	1.395	0.484	1.800
		政府科学经费支出	lnk	对数值	1207	6.372	5.602	6.953

6.3.3 基准回归结果

依据表 6-2 可以发现,信息化基础设施建设能够在 5%的水平上正向影响江苏省制造业企业数字化转型,意味着各城市信息化基础设施建设情况越好越能够对江苏省制造业企业数字化转型产生正向影响。而知识产权保护水平对江苏省制造业企业数字化转型的正向影响在 10%水平上显著,说明江苏省各地级市知识产权保护力度越强,越能够对本地企业数字化转型产生正向影响。同时,市场化水平对江苏省制造业企业数字化转型具有 1%水平的负向影响,意味着更高的市场化水平会抑制江苏省制造业企业数字化转型发展。政府补贴能够对江苏省制造业企业数字化转型在 1%水平上发挥显著正向影响,说明政府补贴能够对江苏省制造业企业数字化转型发挥有效激励作用。上述结果表明,基础设施、产权保护和政府补助等驱动因素均能够推进江苏省制造业企业数字化转型进程,而更高的市场化水平对江苏省制造业企业的数字化转型产生负向影响。

表 6-2 基准回归结果

项目	(1)	(2)	(3)	(4)
	数字化转型			
信息化基础设施建设	3.031**			
	(1.536)			
产权保护		0.0125*		
		(0.00746)		
市场化程度			−2.757***	
			(1.039)	
政府补助				0.313***
				(0.121)
控制变量	是	是	是	是
常数项	−134.2	186.9	172.9	51.23
	(209.4)	(245.5)	(226.4)	(355.0)
企业固定效应	是	是	是	是
时间固定效应	是	是	是	是
样本量 N	1007	1007	1007	1007
修正系数 R^2	0.755	0.754	0.755	0.756

注:***、**和*分别表示在 1%、5%和 10%水平上显著;括号内为稳健标准误差。

6.3.4 进一步分析

为进一步探究驱动因素对江苏省制造业企业数字化转型的影响,是否在省内不同地域具有差异,我们将样本企业分为苏南地区与非苏南地区两类进行回归。其中苏南城市包括南京市、苏州市、无锡市、常州市及镇江市五个地级市。回归结果见表 6-3。

表 6-3　苏南地区制造业企业

项目	(1)	(2)	(3)	(4)
	数字化转型			
信息化基础设施建设	1.678*			
	(0.396)			
产权保护		0.222**		
		(0.0981)		
市场化程度			−2.014***	
			(1.160)	
政府补助				0.564**
				(0.168)
控制变量	是	是	是	是
常数项	−1051.5	−1046.8	−2044.5	−2326.9
	(1623.5)	(1629.4)	(1491.6)	(1967.6)
企业固定效应	是	是	是	是
时间固定效应	是	是	是	是
样本量 N	746	746	746	746
修正系数 R^2	0.755	0.754	0.753	0.718

注：***、**和*分别表示在 1%、5%和 10%水平上显著；括号内为稳健标准误差。

　　表 6-3 汇报了基础设施、产权保护、市场化和政府补助等驱动因素对苏南地区制造业企业数字化转型的影响。可以发现，地区信息基础建设、知识产权保护力度及政府补贴均能够作为苏南地区制造业企业数字化转型发展的驱动因素。但市场化水平更高的地区反而不利于当地制造业企业数字化进程的推行。

　　表 6-4 中汇报了基础设施、产权保护、市场化和政府补助等驱动因素对非苏南地区制造业企业数字化转型的影响。结果表明，知识产权保护力度越强越能够对非苏南地区制造业企业数字化转型发挥促进作用，而地区基础设施建设、市场化水平及政府补助对非苏南地区制造业企业的数字化转型发展并未产生显著影响，即基础设施建设、市场化程度及政府补贴并不是非苏南地区制造业企业数字化转型发展的驱动因素。

表 6-4　非苏南地区制造业企业

项目	(1)	(2)	(3)	(4)
	数字化转型			
信息化基础设施建设	−2.490			
	(2.680)			
产权保护		0.278*		
		(0.186)		

续表

项目	(1)	(2)	(3)	(4)
	数字化转型			
市场化程度			1.306	
			(1.565)	
政府补助				0.152
				(0.311)
控制变量	是	是	是	是
常数项	−681.2*	−531.1*	−600.2**	−601.1**
	(362.5)	(315.4)	(296.1)	(272.7)
企业固定效应	是	是	是	是
时间固定效应	是	是	是	是
样本量 N	261	261	261	261
修正系数 R^2	0.657	0.646	0.646	0.632

注:***、**和*分别表示在 1%、5% 和 10% 水平上显著;括号内为稳健标准误差。

此外,通过对比可以发现,虽地方知识产权保护力度对苏南地区与非苏南地区制造业企业的数字化转型发展均产生了一定的推动作用,但影响表现具有一定差异。protect 对苏南地区制造业企业数字化转型 digital 的影响,明显更为显著。这可能是由于与非苏南地区比较,苏南地区经济较为发达,信息技术发展水平更高,同时具有更丰富的人力资本资源。因此,苏南地区的知识产权保护能够对发明人产生激励,有效维护地区内创新环境并保护制造业企业数字化转型过程中的一系列创新产出成果,为企业经营带来裨益。因此,苏南地区知识产权保护对制造业企业数字化转型的驱动效果更优。

6.4 江北新区制造业企业数字化转型的政策启示

在市场化程度更高的地区,企业往往面临着更大的竞争压力。而当企业所处的市场环境具有较高的不确定性风险,经营者往往倾向于选择依赖原有传统经营模式,难以作出具有创新型变革的决策,如数字化转型。基于上述研究结论,我们对江北新区应使用何种手段激励企业数字化转型提出如下建议。

首先,政府需在继续推进地方信息基础设施建设的过程中,进一步扩大信息基础建设规划地区范围。在关注重点城市信息化建设的同时,需将视角投向其他地区,以调节区域间信息基础建设失衡的问题。这样才能有效缓解为寻求更优良的经营环境而产生的企业集聚现象,从而降低了部分中小企业的经营风险与竞争压力,并使企业管理者更有可能作出数字化转型发展的战略决策。

其次,政府须加强对地区内知识产权的保护力度。因为,在企业数字化转型发展过程中,新型经营模式的转变需以各类先进技术为依托。然而,技术溢出效应及技术传播效应的存在不仅缩减了企业数字化转型可获得的潜在利润规模，还进一步加剧了企业间数字化转型竞争的激烈程度。政府通过加强知识产权保护的执法力度，能够凭借有效的惩戒手段规范地区内的创新环境。这不仅能够激起管理者运用新技术开展数字化转型的意愿，也在一定程度上保护了企业数字化转型过程中创新产出的经济收益。

最后，政府应当发挥引导作用，通过财政补助或税收优惠鼓励并扶持企业进行数字化转型。对企业而言，数字化转型是一种全方位、多层级的整体经营改革模式，耗费时间长，投入需求大，因此缺乏足够的资金流是阻碍企业迈出数字化转型步伐的最大限制。而政府的资金扶持不仅能够有效缓解这部分企业的经营窘境，还能够发挥一定的声誉效应，为企业参与资本市场竞争发挥助力。基于政府财政资源的补给，以及自身高效融资活动的开展，企业更有底气开展数字化转型发展模式。

第二篇 协 调 篇

第7章　长三角文化和旅游区域协同发展机制研究
——以江北新区为例

长江三角洲区域一体化发展是习近平总书记部署推动的重大国家战略[①]，2019 年 12 月中共中央 国务院印发《长江三角洲区域一体化发展规划纲要》，明确提出，推动文化旅游合作发展，共筑文化发展高地，加强文化政策互惠互享，推动文化资源优化配置，全面提升区域文化创造力、竞争力和影响力。因此，全面落实新发展理念，以更高的一体化水平引领长三角文旅产业高质量发展。

7.1　长三角文化和旅游产业发展的现状

7.1.1　长三角文旅产业资源优势得天独厚，分布相得益彰

长三角地区的旅游资源极为丰富，自然和人文景观皆备，徽派文化、淮扬文化、吴越文化、海派文化、楚汉文化交汇融合，汇聚成了绚丽丰富的长三角文化，是我国重要的文化旅游资源集中分布区，具有文化旅游一体化发展的先天优势。目前长三角城市群作为世界六大城市圈之一，是国内经济最发达、开放程度最高、文化底蕴最丰富以及旅游资源项目最广泛的地区。随着长三角区域文旅产业的不断融合，该区域交通经济愈发完善，再加上长三角地区已有的地缘相近、人缘相亲的特点，文旅产业的一体化发展势必成为长三角经济社会高质量发展不可或缺的一环。长三角地区种类众多、形式多样的文旅资源，以及沪苏浙皖骨子里所蕴含的江南文化基因，使得三省一市通过资源整合、线路串联、产品和服务组合，打造长三角一体化文化旅游产品体系，构建长三角系统化、整体化的文旅产业发展格局成为可能。

7.1.2　长三角文旅产业基础雄厚，发展空间巨大

长三角地区一直以来都是我国重要的经济区域，2019 年该地区生产总值达 23.7 万亿元，约占全国 1/4，同比增长 6.4%，高于全国增速 0.3 个百分点。得益于自身得天独厚的地理优势和深厚的文化积淀，长三角地区目前旅游年收入已占全球旅游市场的比重接近9%。2019 年，江浙沪皖四个地区的国内旅游收入分别为 13902.2 亿元、10726.7 亿元、4789.30 亿元、8291.5 亿元，分别比上年同期增长 8.2%、9.1%、7.0%和 17.9%，三省一市 2019 年国内旅游总收入占据了全国当年总量的半壁江山。2019 年，江浙沪皖四个地区的文化产业增加值分别达到 4215 亿元、3979.29 亿元、2276.33 亿元、1088.3 亿元，分

---

① 中国经济网. 袁家军: 勇当长三角一体化发展开路先锋。

别比上年同期增长 4.5%、0.3%、3.8%和 6.8%，三省一市 2019 年文化产业增加值合计占全国当年总量的比重超过 26%。

7.1.3　长三角文旅产业合作框架初步建立，一体化发展初见成效

2019 年 5 月，长三角三省一市文旅部门在上海市签署了《长三角文化和旅游高质量发展战略合作框架协议》，进一步深化长三角文化和旅游合作与协同发展。在《长江三角洲区域一体化发展规划纲要》的基础上，三省一市均根据自身的实际发布了更为具体的实施方案或行动计划。2020 年 5 月，三省一市的文旅部门联合制定了《2020 年长三角文化和旅游联盟重点工作计划》，明确围绕"共筑文化发展高地、共建世界知名旅游目的地"，进一步深化协作机制，携手促进产业发展。在实践方面，上海市以重大项目为载体，从深化长三角合作体制机制、建设长三角一体化旅游示范区、打造文化旅游精品、提升区域文化协同发展能级等方面，推进长三角地区文化旅游一体化发展；江苏省着力构建全域旅游体系，打造高水平服务业集聚区和"慢生活"旅游新模式；浙江省着力建设长三角生态文化旅游圈，推出"美丽乡村"等一揽子政策，全面践行"两山"理念；安徽省积极打造绿色发展样板区，深度开发红色、生态、文化等旅游资源，打造长三角高品质红色旅游示范基地和康养基地。

7.2　长三角文化和旅游区域协同发展现状的实证研究

采用空间结构分析模型和产业耦合度模型，以长三角三省一市共 27 个城市为研究对象，搜集 2014—2018 年的第三产业产值、文化和旅游产业增加值、城市间空间距离、相关产业从业人员、相关产业资源情况等数据，对长三角文化和旅游区域协同发展现状进行实证研究。

7.2.1　长三角文化和旅游区域协同发展现状的空间结构研究

1. 研究模型的构建

1) 断裂点模型

断裂点模型是研究城市之间相互影响力的一种模型，该模型认为，一个城市对其他周围地区的吸引力，与该城市的发展规模成正比，与距它的间隔的平方成反比。故两两城市之间影响区域发展的分界点即断裂点(breaking point)。表达式如下：

$$B_i = \frac{d_{ij}}{1 + \sqrt{P_j / P_i}} \tag{7-1}$$

式中，B_i 为 i、j 两城市之间断裂点到 i 城市的距离；P_i、P_j 为两城市规模，可以是城市人口或产值等方面的资料；d_{ij} 为两城市的距离。

本研究的目的在于探究长三角文化和旅游区域协同发展机制，因此，在借鉴已有研

究的基础上，结合本研究指标的可获得性，我们选取人口规模、地区生产总值、国内外旅游收入、文化产业增加值等指标来衡量长三角城市的文化和旅游发展水平。

2) 空间结构形态模型

空间结构形态模型计量的是城市间的联系强度，城市联系强度是城市间空间相互作用力大小的表征，遵循距离衰减规律，可借用引力模型来衡量。引力模型是基于牛顿万有引力定律提出的以衡量区域间联系强度的理论模型，被广泛用于距离衰减效应和空间相互作用的研究中。本研究基于相关研究，采用以下结构形态模型测算城市联系强度（R_{ij}），并在此基础上测算各城市与其他所有城市的联系强度，其表达式如下：

$$R_{ij} = \frac{\left(\sqrt{P_i G_i} \times \sqrt{P_j G_j}\right)}{D_{ij}^2} \tag{7-2}$$

式中，R_{ij} 为两个城市间的城市联系强度；P_i 和 P_j 分别为两城市的第三产业人口数；G_i 和 G_j 分别为两城市的文化和旅游产业规模；D_{ij} 为两城市的距离。

2. 数据分析

1) 断裂点法确定长三角文化和旅游区域的范围

依据人口、经济（主要 GDP 总量）、旅游和文化产业规模，遵循行政区划的完整性原则，以上海市为中心城市，对长三角文化和旅游区域范围内的 27 个城市进行断裂点计算，得到的结果见表 7-1。

表 7-1　长三角文化和旅游区域范围内的 27 个城市断裂点计算结果

城市	到上海市空间距离/km	人口断裂点		GDP 断裂点		旅游产业断裂点		文化产业断裂点		平均	
		到上海市距离/km	占总距离百分比/%	到上海市距离/km	占总距离百分比/%	到上海市距离/km	占总距离百分比/%	到上海市距离/km	占总距离百分比/%	平均断裂点距离	平均断裂点占总距离百分比/%
南京	269.8	162.97	60.40	155.59	57.67	177.48	65.78	104.81	38.85	150.21	55.68
无锡	114.4	72.48	63.35	67.13	58.68	81.49	71.23	48.47	42.37	67.39	58.91
常州	156.1	103.18	66.10	98.09	62.84	118.22	75.73	68.99	44.19	97.12	62.22
苏州	84.1	49.49	58.84	46.17	54.90	52.84	62.83	33.47	39.80	45.49	54.09
南通	99.5	62.67	62.98	62.54	62.86	76.07	76.45	43.70	43.92	61.25	61.55
盐城	265.9	167.65	63.05	180.19	67.76	215.04	80.87	120.91	45.47	170.95	64.29
扬州	233.7	156.05	66.77	153.64	65.74	181.58	77.70	108.38	46.37	149.91	64.15
镇江	221.4	152.21	68.75	149.22	67.40	173.92	78.55	101.74	45.95	144.27	65.16
泰州	199.9	133.27	66.67	133.11	66.59	164.83	82.46	93.00	46.52	131.05	65.56
杭州	164.9	95.47	57.89	94.72	57.44	94.02	57.01	62.54	37.93	86.69	52.57
宁波	151.4	91.79	60.63	91.62	60.51	100.71	66.52	60.79	40.15	86.23	56.95

续表

城市	到上海市空间距离/km	人口断裂点		GDP断裂点		旅游产业断裂点		文化产业断裂点		平均	
		到上海市距离/km	占总距离百分比/%	到上海市距离/km	占总距离百分比/%	到上海市距离/km	占总距离百分比/%	到上海市距离/km	占总距离百分比/%	平均断裂点距离	平均断裂点占总距离百分比/%
温州	367.7	222.07	60.40	246.19	66.95	260.45	70.83	152.91	41.59	220.41	59.94
嘉兴	87.4	57.38	65.65	58.75	67.21	63.41	72.55	38.98	44.60	54.63	62.50
绍兴	158.8	103.85	65.40	105.17	66.23	120.00	75.56	61.06	38.45	97.52	61.41
舟山	155.4	116.47	74.95	114.44	73.64	119.74	77.05	76.99	49.54	106.91	68.80
台州	286.6	183.55	64.04	194.99	68.04	214.20	74.74	123.24	43.00	178.99	62.45
湖州	137.6	95.83	69.64	97.48	70.85	98.53	71.60	64.05	46.54	88.97	64.66
金华	296.9	193.35	65.12	205.07	69.07	210.90	71.04	129.40	43.58	184.68	62.20
合肥	407.9	245.81	60.26	260.90	63.96	288.21	70.66	181.41	44.47	244.08	59.84
滁州	318.2	214.14	67.30	244.16	76.73	267.89	84.19	147.41	46.33	218.40	68.64
马鞍山	285.5	202.40	70.89	210.13	73.60	233.62	81.83	140.54	49.23	196.67	68.89
芜湖	283.9	192.44	67.78	199.88	70.41	218.16	76.84	136.79	48.18	186.82	65.80
宣城	260.5	182.39	70.01	201.54	77.37	210.51	80.81	127.40	48.91	180.46	69.27
铜陵	350.3	256.88	73.33	266.89	76.19	307.33	87.73	182.79	52.18	253.48	72.36
池州	385	284.79	73.97	307.60	79.90	286.85	74.51	198.29	51.50	269.38	69.97
安庆	428.9	286.47	66.79	328.12	76.50	329.80	76.89	196.94	45.92	285.33	66.53
平均	237.37	157.12	65.81	164.36	67.66	179.45	74.69	107.88	44.83	152.20	63.25

由计算结果可知,上海市与长三角文化和旅游区域范围内的27个城市的空间断裂点距离均极度偏向上海市,各城市平均断裂点距上海市的距离占总直线距离的百分比超过了60%,表现出上海市对周边城市有强吸引作用。26个城市与上海市的直线距离平均为237.37km,其中按人口计算的断裂点,其断裂点距上海市的平均距离为157.12km,占平均直线距离的65.81%,即上海市接近2/3处。这一占比最大的舟山市达到74.95%,最小的为杭州市,为57.89%。按GDP计算的断裂点,距上海市的平均距离为164.36km,占平均直线距离的67.66%,比按人口计算的这一数值高出2个百分点,其中绝大多数城市的这一占比都在60%以上,可见作为中心城市的上海市对各城市的经济吸引作用比人口要强一些。其中,这一占比最小的为苏州市,为54.90%,杭州市和南京市的这一占比也只有57.44%和57.67%,三座城市本身经济发展较好,自然弱化了上海市对其的吸引作用。

从旅游产业计算的断裂点来看,其断裂点距上海市的平均距离为179.45km,占平均直线距离的74.69%,这说明上海市旅游产业对长三角其余26个城市的影响力远高于人口和GDP的影响力,高出了约8个百分点,除杭州市断裂点距上海市的距离占平均直线距离的百分比只有 57.01%，苏州市、南京市和宁波市的这一数值处于 65%左右，其余城市断裂点距上海市的距离占平均直线距离的百分比都超过了 70%。从文化产业计算的断裂点来看，其断裂点距上海市的平均距离为 107.88km，占平均直线距离的百分比仅44.83%，与旅游产业形成较大的反差，表明上海市文化产业对长三角其余 26 个城市的影响力远远不及人口、经济和旅游产业的影响力。

2) 结构形态法确定长三角文化和旅游区域经济联系量

依据旅游和文化产业规模，遵循行政区划的完整性原则，以上海市为中心城市，分别将结构形态法确定的长三角文化和旅游区域内的每一个城市与中心城市（上海市）的经济联系量和该城市与长三角文化和旅游区域内其余 26 个城市的经济联系量相比较，得到的百分比则可以反映上海市对这一城市吸引强度的相对大小。

(1) 旅游产业经济联系量。依据各城市国内外旅游总收入，通过结构形态法，计算长三角文化和旅游区域其余 26 个城市与上海市的旅游产业经济联系量和上海对这一城市的吸引强度，其结果见表 7-2。

表 7-2　长三角文化和旅游区域内 26 个城市与核心城市上海市的旅游联系强度

城市	到上海市空间距离/km	与上海市旅游产业联系量/(万人·亿元/km²)	与长三角其余 26 个城市旅游产业联系量/(万人·亿元/km²)	中心城市（上海市）的集聚吸引强度/%
上海	0	—	409.7181	—
南京	269.8	23.4443	173.1559	13.54
无锡	114.4	90.4206	122.3322	73.91
常州	156.1	30.9232	79.2564	39.02
苏州	84.1	249.6279	178.6461	139.73
南通	99.5	72.1443	75.1783	95.96
盐城	265.9	7.7459	57.8057	13.40
扬州	233.7	12.2013	70.3283	17.35
镇江	221.4	12.4302	64.4203	19.30
泰州	199.9	10.7240	45.5724	23.53
杭州	164.9	92.9993	248.3669	37.44
宁波	151.4	66.4127	155.5771	42.69
温州	367.7	8.8924	124.3153	7.15
嘉兴	87.4	111.0878	88.9343	121
绍兴	158.8	32.7905	86.7372	37.80
舟山	155.4	16.2102	41.6063	38.96
台州	286.6	11.7107	100.4072	11.66

城市	到上海市空间距离 /km	与上海市旅游产业联系量 /(万人·亿元/km²)	与长三角其余 26 个城市旅游产业联系量 /(万人·亿元/km²)	中心城市(上海市) 的集聚吸引强度/%
湖州	137.6	36.0537	71.8077	50.21
金华	296.9	9.7778	90.2487	10.83
合肥	407.9	8.9981	153.1119	5.88
滁州	318.2	3.4051	36.7323	9.27
马鞍山	285.5	3.7996	33.1065	11.48
芜湖	283.9	7.4521	63.5446	11.73
宣城	260.5	5.1195	37.0745	13.81
铜陵	350.3	1.6807	22.1257	7.60
池州	385.0	2.5082	39.6279	6.33
安庆	428.9	3.3524	65.1977	5.14

　　由表 7-2 可以看出,从旅游产业视角来看,上海市与长三角区域其余 26 个城市的旅游产业联系的总量很大,尤其对苏州市、嘉兴市的旅游产业联系量超过其与长三角区域其余城市的旅游产业联系量总量。在吸引强度方面,虽然南京市、杭州市、台州市、合肥市与周边地市经济联系的总量很大,但上海市对南京市、杭州市、台州市、合肥市的吸引强度却不大。中心城市(上海市)对苏州市的集聚吸引最强,对安徽省各市以及温州市、盐城市、南京市等城市的集聚吸引强度较低,很大程度上也是由于地理因素的影响,这些城市在地理位置上距离上海市相对较远,均超过了 250km,最远的安庆市距离上海市达到 428km。总体上看,上海市对江苏省各城市的聚集吸引强度大于浙江省各城市和安徽省各城市,具体来说,上海市对常州市、宁波市、绍兴市、舟山市等城市的吸引强度也超过了 30%,前景较为看好。

　　(2)文化产业经济联系量。依据各城市文化产业增加值,通过结构形态法,计算长三角文化和旅游区域其余 26 个城市与上海市的文化产业联系量和上海市对这一城市的吸引强度,其结果见表 7-3。

表 7-3　长三角文化和旅游区域内 26 个城市与核心城市上海市的文化联系强度

城市	到上海市空间距离 /km	与上海市文化产业联系量 /(万人·亿元/km²)	与长三角其余 26 个城市文化产业 联系量/(万人·亿元/km²)	中心城市(上海市)的 集聚吸引强度/%
上海	0	—	146.2395	—
南京	269.8	9.4221	58.0961	16.22
无锡	114.4	30.8266	35.1944	87.59
常州	156.1	13.4493	28.7880	46.72

续表

城市	到上海市空间距离/km	与上海市文化产业联系量/(万人·亿元/km²)	与长三角其余 26 个城市文化产业联系量/(万人·亿元/km²)	中心城市(上海市)的集聚吸引强度/%
苏州	84.1	113.5642	66.8918	169.77
南通	99.5	35.7352	31.0365	115.14
盐城	265.9	4.1771	26.0356	16.04
扬州	233.7	4.3448	21.0625	20.63
镇江	221.4	4.2283	18.4505	22.92
泰州	199.9	5.1820	18.4330	28.11
杭州	164.9	31.4883	71.2970	44.16
宁波	151.4	26.6999	52.2660	51.08
温州	367.7	3.1153	36.6674	8.50
嘉兴	87.4	37.2458	25.1342	148.19
绍兴	158.8	10.9107	24.3294	44.85
舟山	155.4	2.8228	6.1527	45.88
台州	286.6	3.3370	24.2252	13.77
湖州	137.6	8.5352	14.4527	59.06
金华	296.9	2.9235	22.8277	12.81
合肥	407.9	3.0877	44.3045	6.97
滁州	318.2	1.8731	16.9073	11.08
马鞍山	285.5	1.2497	9.1578	13.65
芜湖	283.9	1.9712	14.1953	13.89
宣城	260.5	1.3855	8.4486	16.40
铜陵	350.3	0.3931	4.3546	9.03
池州	385	0.3819	5.1111	7.47
安庆	428.9	0.7572	12.4527	6.08

由表 7-3 可以看出，总体上来看，上海市与长三角区域其余 26 个城市的文化产业联系与旅游产业的联系量相似，上海市与长三角区域其余 26 个城市的文化产业联系的总量很大，尤其对苏州市、南通市、嘉兴市的文化产业联系量超过其与长三角区域其余城市的文化产业联系量总量，无锡市、宁波市、湖州市等城市文化产业联系量也超过其与长三角区域其余 26 个城市的文化产业联系量总量一半。而温州市、合肥市、安庆市等城市也由于地理位置上距离上海市较远而引起中心城市(上海市)对其集聚吸引强度较低。上海市对江苏省和浙江省多数城市的吸引强度也超过了 20%，有着较好的前景，但是，上

海市对安徽省各城市的吸引强度大多不超过 15%，集聚效应不强。

7.2.2　长三角文化和旅游区域协同发展现状的产业耦合度研究

1. 指标体系构建

基于《国民经济行业分类》(GB/T 4754—2017)和《国家旅游及相关产业统计分类》，结合长三角城市群文化产业、旅游产业的发展情况，考虑到数据的准确性和可获得性，本研究构建文化与旅游产业发展水平测度指标体系，见表 7-4。

表 7-4　文化与旅游产业发展水平测度指标体系

产业	一级指标	二级指标
文化产业发展水平测度指标	总体情况	人均文化事业费(元)
		图书馆藏书量(万册)
		文物藏品数(万件)
		文化站支出(万元)
	发展水平	公共图书馆总流通人次数(万人次)
		文化站举办活动数(次)
		艺术表演团体演出次数(次)
	机构数量	公共图书馆数(个)
		群众文化服务机构数(个)
		艺术表演团体数(个)
	从业人员	公共图书馆从业人员数(人)
		群众文化服务业从业人员数(人)
		文化市场从业人员数(人)
	经营收益	文化产业增加值(亿元)
		规模以上文化制造业企业营业收入(亿元)
		限额以上文化批零业企业营业收入(亿元)
		规模以上文化服务业企业营业收入(亿元)
旅游产业发展水平测度指标	总体情况	国内旅游人数(万人次)
		入境旅游人数(人次)
	机构数量	旅行社数(个)
		星级饭店数(个)
		旅游景区数(个)
	经营收益	国内旅游收入(亿元)
		旅游外汇收入(万美元)

2. 产业耦合度模型的建立

基于系统耦合的视角研究各产业之间的融合发展水平，可通过建立耦合度模型来进行初步测算，由于本研究仅涉及文化、旅游两个产业，因此，耦合度公式可以简化如下：

$$C(\mu_1, \mu_2) = \sqrt{\mu_1 \times \mu_2} / (\mu_1 + \mu_2) \tag{7-3}$$

式中，μ_1 和 μ_2 分别为长三角城市群文化产业发展水平和旅游产业发展水平。

在此基础上，构建产业间融合发展的耦合协调度测算模型：

$$\begin{cases} D(\mu_1, \mu_2) = \sqrt{C(\mu_1, \mu_2) \times T(\mu_1, \mu_2)} \\ T(\mu_1, \mu_2) = \alpha \mu_1 + \beta \mu_2 \end{cases} \tag{7-4}$$

式中，C 为文化与旅游产业的耦合度；D 为产业间的耦合协调度，D 值越大，表示文化与旅游产业的耦合协调水平越高；T 为综合协调指数，用以衡量各产业的发展水平对于耦合协调度的贡献，在参考以往文献研究的基础上，本研究认为文化产业与旅游产业的重要性程度相同，因此，对 α 和 β 均赋值为 0.5。产业间耦合协调程度及划分标准见表 7-5。

表 7-5　产业间耦合协调程度及划分标准

类型	耦合协调等级	耦合协调度区间	耦合协调程度
失调	1	0.000~0.099	极度失调
	2	0.100~0.199	严重失调
	3	0.200~0.299	中度失调
	4	0.300~0.399	轻度失调
	5	0.400~0.499	濒临失调
协调	6	0.500~0.599	勉强协调
	7	0.600~0.699	初级协调
	8	0.700~0.799	中级协调
	9	0.800~0.899	良好协调
	10	0.900~0.999	优质协调

3. 长三角地区文化与旅游产业综合发展水平评价

本研究根据上述确定的指标体系对相关数据进行检索和整理。为保证数据来源的权威性与准确性，数据主要检索自《中国文化和旅游统计年鉴》(2014—2018 年)、《中国文化及相关产业统计年鉴》(2014—2018 年)，以及各省市统计年鉴与公报，部分数据来源于江苏省、安徽省、浙江省、上海市的文化和旅游厅和统计局官方网站。在此过程中，对不同城市数据的统计口径进行了统一，以更公允地反映和比较各地区文化与旅游产业发展水平情况。

利用熵值法进行指标权重的确定：对数据进行无量纲化处理，计算出各二级评价指标的权重，从而得出 2014—2018 年 27 个城市的文化产业与旅游产业的综合发展水平评价指数。

2014—2018 年长三角地区 27 个城市的文化产业综合发展水平如图 7-1 所示。从中可以看出，2014 年，各市文化产业综合发展水平较低，在 5 年间基本保持持续的增长，整体增长速度缓慢，但以杭州市、宁波市为代表的浙江省部分地区和上海市出现了较高速的增长。此外，就每年横向对比来看，各市的文化产业综合发展水平差距较大。其中，上海市的总体情况与发展态势最佳，综合发展水平评价指数从 0.75 增长到了 0.84，其次是南京市、苏州市、杭州市、宁波市等城市，而安徽省各城市文化产业发展水平普遍较低，尤其是处于最低层次的铜陵市和池州市，5 年间评价指数仅围绕 0.04 上下波动。

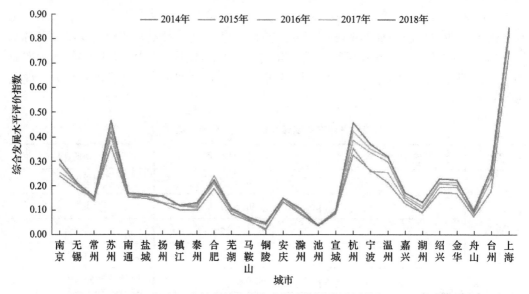

图 7-1　长三角地区 27 个城市的文化产业综合发展水平评价(2014—2018 年)

2014—2018 年长三角地区 27 个城市的旅游产业综合发展水平如图 7-2 所示。从中可以看出，相较于 2014 年，经过 5 年的发展，各城市 2018 年的旅游产业综合发展水平均呈现一定程度的提升，其中杭州市的增长幅度最大，评价指数从 0.29 提高到 0.60。而从每年横向对比来看，各城市的综合发展水平也存在参差不齐的现象，评价指数达到 0.5 及以上水平的城市只有上海市和杭州市，而一些处于较低水平的城市，如马鞍山市、铜陵市、舟山市的评价指数却鲜少超过 0.1。因此，长三角地区 27 个城市的旅游产业综合发展水平呈现两极分化的趋势，这也印证了区域协同发展的必要性。

4. 长三角区域文化与旅游产业耦合协调水平分析

利用产业耦合度模型进一步测算 27 个城市的文化与旅游产业耦合协调水平，并依据表 7-5 对耦合协调程度进行划分，结果见表 7-6。我们发现，尽管大多数城市的产业耦

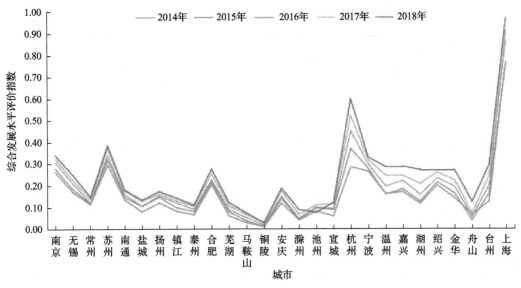

图 7-2　长三角地区 27 个城市的旅游产业综合发展水平评价（2014—2018 年）

表 7-6　长三角区域文化与旅游产业耦合协调等级（2014—2018 年）

城市	2014 年	2015 年	2016 年	2017 年	2018 年
南京	轻度失调	轻度失调	轻度失调	轻度失调	濒临失调
无锡	轻度失调	轻度失调	轻度失调	轻度失调	轻度失调
常州	中度失调	中度失调	中度失调	中度失调	中度失调
苏州	濒临失调	濒临失调	濒临失调	濒临失调	濒临失调
南通	中度失调	中度失调	中度失调	中度失调	轻度失调
盐城	中度失调	中度失调	中度失调	中度失调	中度失调
扬州	中度失调	中度失调	中度失调	中度失调	中度失调
镇江	中度失调	中度失调	中度失调	中度失调	中度失调
泰州	中度失调	中度失调	中度失调	中度失调	中度失调
合肥	轻度失调	轻度失调	轻度失调	轻度失调	轻度失调
芜湖	严重失调	中度失调	中度失调	中度失调	中度失调
马鞍山	严重失调	严重失调	严重失调	严重失调	严重失调
铜陵	极度失调	极度失调	严重失调	严重失调	严重失调
安庆	中度失调	中度失调	中度失调	中度失调	中度失调
滁州	严重失调	严重失调	严重失调	中度失调	中度失调
池州	严重失调	严重失调	严重失调	严重失调	严重失调
宣城	严重失调	中度失调	中度失调	中度失调	中度失调

续表

城市	2014 年	2015 年	2016 年	2017 年	2018 年
杭州	轻度失调	濒临失调	濒临失调	濒临失调	勉强协调
宁波	轻度失调	轻度失调	濒临失调	濒临失调	濒临失调
温州	轻度失调	轻度失调	轻度失调	轻度失调	轻度失调
嘉兴	中度失调	中度失调	轻度失调	轻度失调	轻度失调
湖州	中度失调	中度失调	中度失调	中度失调	轻度失调
绍兴	轻度失调	轻度失调	轻度失调	轻度失调	轻度失调
金华	中度失调	轻度失调	轻度失调	轻度失调	轻度失调
舟山	严重失调	严重失调	严重失调	中度失调	中度失调
台州	中度失调	轻度失调	轻度失调	轻度失调	轻度失调
上海	初级协调	初级协调	初级协调	初级协调	初级协调

合协调程度处于失调状态，但耦合协调水平整体呈现上升的趋势。其中，上海市的耦合协调水平远远高于其他地区，达到了初级协调，杭州市发展迅速，在 2018 年也达到了勉强协调。若从相对宏观的地区发展角度来看，浙江省各城市的产业耦合协调水平优于江苏省，而安徽省的产业耦合协调发展相对落后，多个城市出现严重失调甚至极度失调的情况。

根据产业综合发展水平测算结果与产业耦合协调分析模型，我们能够进一步判断耦合协调发展的类型。已知文化与旅游产业的综合发展水平评价指数分别为 μ_1、μ_2，若 $\mu_1 > \mu_2$，则旅游产业发展相对滞后；若 $\mu_1 = \mu_2$，则文化产业与旅游产业保持同步发展；若 $\mu_1 < \mu_2$，则文化产业发展相对滞后。分析计算结果，在 2014—2015 年，划分为旅游滞后类型的城市数量更多，而在 2016—2018 年，划分为文化滞后类型的城市数量更多。该结果说明随着旅游景区的开发与旅游服务的不断完善，旅游产业的发展速度越来越快，而文化产业的现有规模和发展速度无法充分满足旅游产业的发展需要。因此，长三角地区文化与旅游产业的融合发展将是必然趋势。如何充分整合文化与旅游资源，促进两者的深度融合并获得长足发展，是尚待思考的问题。

7.3　长三角文化和旅游区域协同发展存在的问题

7.3.1　上海市的引领与集聚带动作用有待加强

依据人口规模、经济总量、文旅产业规模、空间距离等指标，以上海市为中心城市，对长三角地区 27 个城市进行断裂点模型计算结果显示，虽然长三角文化和旅游区域范围内其余 26 个城市的空间断裂点距离均极度偏向上海市，各城市平均断裂点距上海市的距离占总直线距离的百分比超过了 60%，表现出上海市对周边城市在文旅产业方面较强的集聚吸引作用。但从文化产业计算的断裂点来看，其断裂点距上海市的平均距离为107.88km，占平均直线距离的百分比仅为 44.83%，与旅游产业形成较大的反差，表明上海市文化产业对长三角其余 26 个城市的集聚影响力远不及人口、经济和旅游产业的影响力，特别是上海市对安徽省相关城市在文化产业方面的吸引强度大多不超过 15%，集聚带动效应明显偏弱。此外，上海市对三大省会城市南京市、杭州市、合肥市的文旅产业吸引强度不高，特别是对合肥市的文旅产业吸引强度不足 10%。

7.3.2　长三角文旅产业一体化发展不均衡的局面有待改观

依据旅游和文化产业规模，遵循行政区划完整性原则，运用结构形态法模型确定长三角地区 26 个城市与中心城市（上海市）的经济联系量，得到可以反映上海市对相关城市文旅产业联系强度的百分比。相关数据结果表明，长三角文旅产业一体化发展存在不均衡的现象，主要体现在核心城市文旅产业经济联系"过密"而边缘城市联系"过疏"。结合上海市文旅产业的经济联系总量可知，上海市旅游经济发展水平较高，且与其他城市之间的旅游和文化经济联系极为密切，在长三角城市群中处于核心地位，但对于一些边缘城市，如安庆市、池州市、芜湖市、温州市、盐城市等，则表现出不充分的发展和"长尾"现象。此外，在"旅游产业断裂点百分比"方面，江苏省 9 个城市平均为 74.62，浙江省 9 个城市平均为 70.77，安徽省 8 个城市平均为 79.18，可见，浙江省在旅游产业方面的长三角一体化水平有待提升。

7.3.3　长三角文旅产业的融合发展有待深化

通过对长三角地区 27 个城市 2014—2018 年文旅产业相关数据的收集和整理，构建文化与旅游产业发展水平测度的指标体系和产业耦合度模型，并运用熵值法确定相关指标的权重，对各城市文化与旅游产业融合发展情况进行测算。测算结果表明，尽管大多数城市的文化与旅游产业耦合协调程度处于失调状态，但耦合协调水平整体呈现出上升趋势。其中，上海市文旅产业耦合协调水平远远高于其他城市，达到了初级协调水平，杭州市发展迅速，在 2018 年也达到了勉强协调。总体上看，浙江省各城市文旅产业耦合协调水平优于江苏省各城市，安徽省文旅产业耦合协调发展相对落后，多个城市出现严重失调甚至极度失调的情况。此外，研究发现，在 2014—2015 年，划分为旅游滞后类型的城市数量更多，而在 2016—2018 年，划分为文化滞后类型的城市数量更多。该研究结果说明，近年来随着旅游景区的开发与旅游服务的不断完善，旅游产业的发展速度越来越快，而文化产业的现有规模和发展速度却无法充分满足旅游产业的发展需要。因此，如何充分整合文化与旅游资源，促进两者的深度融合并实现高质量发展，是尚待进一步思考的问题。

7.3.4　长三角文旅产业的整体影响力有待提升

近年来,长三角三省一市各城市根据各自区域的文化旅游资源特点,相继推出了如乐游上海、水韵江南、诗画浙江、锦绣安徽等个性化的文化旅游品牌,但地域文化特色的彰显不够突出,也未能形成合力,因而市场影响力有限;对于国内市场而言,长三角旅游目的地因其既是客源地又是目的地而极具吸引力,但长三角区域缺少像上海迪士尼乐园那样的大型知名文旅产业品牌,国际市场的影响力和吸引力相对不足;长三角三省一市在文旅产业新业态、新产品、新服务的培育和打造方面需要进一步加大投资与合作力度,融入"互联网+"和地方特色文化元素,提升科技含量,进一步扩大长三角区域文旅产业在国内外市场的影响力和引领作用;此外,长三角文旅产业整体影响力的提升,还需进一步打破行政体制方面的壁垒,以及"人员缺乏、专业不专"的瓶颈制约。

7.4　长三角文化和旅游区域协同发展策略探讨

7.4.1　加强顶层设计,完善长三角文旅产业协同发展体制机制

打破长三角区域行政体制藩篱,加强三省一市相关管理部门之间的紧密配合,在标准规划、政策激励、智慧网络、金融支持、人才培养、公共服务、产品创意、产业开发、营销推广、市场监管等方面,共同建立目标统一、行动协同的文化旅游合作协调长效体制机制;结合长三角各地区的产业特色与发展规划,构建产业布局合理、结构高效的文旅产业区域协同发展体系,以合作促发展,更以发展促合作,进一步提升长三角城市群文化与旅游产业的综合发展水平;完善人才保障机制,建立灵活的人才引进机制,加快建设旅游和文化人才发展联盟,优化文旅产业人才评价和培养机制,探索长三角区域文旅产业人才共享共育新机制,为长三角文旅产业的高质量发展提供人才支持。

7.4.2　突出核心地位,强化上海产业融合发展的引领作用

要突出上海市作为长三角城市群核心城市的地位与作用,充分发挥上海市作为国际经济、金融、贸易、航运、科技创新的中心,以及文化大都市、国家历史文化名城的特色优势,在长三角文旅产业一体化中发挥引领带动作用,促进区域间文旅资源与空间的优化整合;上海市应注重长三角地区优秀传统文旅资源的挖掘、继承与融合,打造具有上海特色的文旅形象标识,提高上海国际艺术节、上海旅游节等的国际影响力和标识度,提升城市的吸引力、影响力,促进长三角地区乃至国内外文旅产业的沟通与交流,兼收并蓄地发展长三角文旅产业;提升上海市对长三角三大省会城市南京市、杭州市、合肥市的文旅产业集聚吸引强度,进而辐射并带动周边城市的发展,促进长三角文旅产业一体化均衡发展。同时应重点关注距上海地理位置较远的城市,增强区域文旅产业的合作,

加强对其集聚吸引强度，更好地推动长三角文旅产业的一体化进程。

7.4.3　引导错位发展，形成长三角文旅产业互利共赢局面

发挥江浙沪皖在文旅产业方面的比较优势，进一步加强跨区域合作以及长三角中心城市间的合作联动，探索省际毗邻区域文旅产业协同发展新机制，强化分工合作、错位发展，提升长三角区域文旅产业发展的整体水平和效率，实现互利共赢。其中，上海市围绕全球影视创制中心、艺术品交易中心、亚洲演艺之都、全球电竞之都"两中心两之都"的建设目标，积极培育新型业态，带动长三角文旅产业更高质量发展；江苏省进一步扩大健康养老、旅游休闲、体育健身及教育培训等社会服务有效供给；浙江省持续放大越剧、婺剧等优秀传统文化和中国国际动漫节等文化活动品牌效应，构建国内一流古镇集群，深入挖掘"吴根越角"历史人文内涵；安徽省大力推进徽州文化生态保护实验区建设，加强楚汉文化、淮河文化、老庄文化等研究，推动制定区域性旅游服务标准、规范，建立统一认证体系。

7.4.4　加强品牌构建，整合长三角区域文旅产业品牌资源

明确"世界知名旅游目的地"的目标定位，整合、归纳长三角文化，提炼"文化长三角"的核心要素和标志性特质，策划、打造长三角旅游目的地整体品牌形象，使长三角通过一个整体的文旅产业品牌形象走向世界；长三角三省一市要结合自身旅游和文化特色，精心设计长三角区域文化旅游品牌形象，加强区域文旅品牌整合传播与推广，加快形成长三角高质量文旅品牌形象；在整合长三角区域文旅资源的基础上，以世界遗产标志性文旅产品为核心，打造长三角一体化的文旅产品体系，构建长三角系统化、整体化的文旅产业发展格局，夯实长三角世界知名旅游目的地的产业基础；发挥长三角历史文化底蕴和绿色山水优势，建设环太湖生态文化旅游圈，推进大运河文化带建设，推出"高铁+景区门票""高铁+酒店"等快捷旅游线路和产品，构筑长三角文旅品牌高地，吸引更多游客走进长三角。

7.5　南京江北新区文化和旅游区域协同发展的对策

南京市是一个历史悠久的城市，有着丰富的文化产业资源，但南京市的旅游开发不够均衡，呈南强北弱的态势，长江以南的文化资源开发得较为成熟，以江北新区为代表的长江以北地区文化旅游产业建设处于相对滞后的状态。基于这种现状，南京江北新区出台文件《南京江北新区关于进一步加快文化和旅游产业发展若干政策》，积极推进文化产业转型升级，推动文化产业与旅游融合发展。

7.5.1　重新整合江北新区文化资源

当前，由于江北新区行政区域分散导致文化资源处于一种无序、混乱的局面。解决

这一棘手的问题，需整合江北文化资源，实行开放式发展，以政府为导向引入专业文化旅游开发公司，吸引社会资金投入，以适应当代社会产业发展潮流。江北拥有良好的自然环境与文化资源，自然资源以老山森林、长江水岸为代表，文化资源以民国文化、书法文化、养生文化等为代表，但这些自然及文化资源目前呈分散的状态，应放眼整体，以点带面，将这些资源重新组合，协同发展。整合旅游资源，努力实现江北新区全域旅游。目前，江北旅游主要在东北部的老山区域，呈现发展不均衡的问题，应统筹城乡一体化发展。这有利于新区内的各类资源高效发展，按照旅游者的需求构建创新型旅游服务体系。

7.5.2　加强宣传彰显优质品牌形象

江北新区目前的旅游人群以本地及周边游客为主，省外及国外游客非常少，这与当前宣传力度不够有很大关系。新区在宣传形式方面应采用多种形式并举、内外兼施的方法。例如，利用互联网平台、电视广告等线上平台进行宣传；定期举办文化旅游博览会、文化产业论坛等，并邀请国内外旅游宣传机构进行线下活动宣传；委派专人参加国内外大型旅游活动、展会等，充分展示江北新区的文化及风貌。这一系列的宣传措施，可大力提升江北新区文化旅游的曝光度和知名度。通过优化文化旅游产业结构，牢固树立江北新区旅游品牌形象，但目前对应的旅游文化产品及产业配套不足，导致品牌形象不清晰，如近期江北新区着重打造"乐游老山"品牌，并以老山为中心点，向四周发散多个旅游区，如水墨大埝、不老村、西埂莲乡等。以点带面相互串联，以特色化、情景化、主题化的景区，搭配多个精彩的节庆活动，多维度支撑江北文化旅游品牌，构建特色鲜明且国内外知名的文化旅游目的地。

7.5.3　资源挖掘纳入新区整体规划

文化资源是一种特殊的资源，在本质上与自然资源不同，既包含可触摸到的历史遗产，又包含可切身体验到的异域风俗。它具有社会性和公共性，对其挖掘利用不能孤立化、单一化。城市发展离不开文化的支撑，文化渗透到城市的"脉络"中，与城市建设的各个领域均有密切的关系，能推动城市的整体发展，提升城市的内涵、品位及气质，是区域繁荣的重要因素。江北新区应将文化资源开发利用融入新区整体规划中，并在政府的扶持指导下，动员社会各方力量，将江北文化资源重新整合调配，促进文化产业资源开发利用。

7.5.4　规范及健全文化资源管理

历史文化资源的管理是一个漫长而复杂的过程，其相互的隶属关系也在不断变化。1949 年后，我国规定建设部管理全国范围内风景区，对其进行行政管理及发展指导。改革开放之后，风景区的行政管理权、人事任免权、经费使用权等重要管理权限逐步划归地方政府所有，国家级部门对地方景区只有表面上的指导作用。这种体制变化具有一定的弊端，会导致众多文化产业资源的管理工作一直以地方政府的决定为主，某些地方政府会以牺牲资源为代价拉动地方经济发展，如一些本该保护的建筑资源被拆毁。因此，在现有文化资源管理体系下，资源开发和保护之间存在着一定的矛盾，这十分不利于文化产业资源的保护。江北新区成立之后经济发展迅速，但在文化资源管理及利用方面，没有进入正轨，众多文化产业资源被闲置、浪费甚至因缺乏保护而消失。如围绕浦口火车站改造的民国风情小镇项目，一直是"雷声大，雨点小"，进展十分缓慢。这与文化资源管理部门存在很大关系。江北新区现只有新区管委会管理整个新区，没有专门管理文化资源的部门，在项目管理上没有责任到人，导致文化资源保护和开发进展缓慢。在管理体制方面，可以考虑引入独立的项目开发企业，政府与其签订管理合同，并赋予企业相对独立的财务权、人事权等重要职能权限，实现责任到人，设立奖惩机制，进一步规范文化资源的管理体制，这可在一定程度上改善目前江北新区文化资源的保护与开发的现状。

第8章 分级诊疗体系下江北新区医疗资源配置机制研究

8.1 研究背景

随着全球经济水平的不断提高,人们对生活质量和健康的要求也不断提高,对医疗服务的要求也越来越高,这既给医疗服务业带来很多机遇,同时也对医疗服务业的服务能力和质量提出了巨大挑战。但是几乎所有国家都面临着医疗服务资源短缺但又得不到有效利用的问题,世界卫生组织指出,据估计20%~40%的卫生费用由于效率低下而被浪费,因此,如何为国民提供最有效的医疗服务成为各国政府和医疗服务机构必须解决的问题。从国际趋势看,医疗卫生总费用占GDP的比重不断增高,2018年低收入国家卫生总费用占GDP的平均比重约为6.5%,高收入国家该比重平均约为8.7%。在我国,占世界22%的人口,但医疗投入总量却只占世界总投入的5%。此外,现阶段我国医疗资源分布不均衡。据统计,全国80%优质医疗服务资源集中在大城市,而城市医疗资源80%又集中在大医院,导致医疗资源分布呈现出“倒三角”状态,同时诊疗模式也呈现倒金字塔状态:三级医院门庭若市,社区医院乏人问津,造成患者经历漫长的挂号、短暂的诊疗、医患沟通严重缺失、痛苦的就诊体验,从而也成为潜在的医患冲突直接诱因。为了缓解这一现象,在新一轮医改启动以来,国家提出了实行基层首诊、双向转诊、急慢分治、上下联动的“分级诊疗”模式以促进优化医疗资源配置、健全医疗服务体系、优化医疗服务模式、提高优质资源的利用效率,打破医院之间的资源和信息隔膜的格局,具有解决民生“看病难、看病贵”问题的社会意义。

8.2 医疗资源与分级诊疗现状

8.2.1 我国医疗资源的现状

医疗公正关乎每个社会成员,也是确保社会安定的重要因素。只有以公正的利益和权利划分为前提,才能形成和谐的社会关系。《中华人民共和国宪法》第四十五条规定,中华人民共和国公民在年老、疾病或者丧失劳动能力的情况下,有从国家和社会获得物质帮助的权利。国家发展为公民享受这些权利所需要的社会保险、社会救济和医疗卫生事业。公民平等的生命健康权和医疗保健权必然首先要求资源配置的公正,只有保证了资源配置公正才有实现平等医疗保健的可能性。

随着市场经济的不断发展,人民生活水平和保健意识日益提高,医疗需求也相应地不断增长。其中以农村居民的医疗保健需求增长最快,由原来的“拖病”开始转变为积极地治病、防病。自原来的农村合作医疗制度瓦解之后,覆盖率由原来90%以上直线下降到 10%以下，各级政府并未同步研究推进农村地区的医疗保障制度。随着新型农村合作医疗制度的实施，农村基层的医疗水平有所改善，但离满足人民群众的医疗需求尚有差距。现在农村居民看病处于两难境地：他们想在基层医院看病，却受制于基层医院的技术水平；去大医院看病，就医成本又大幅提高，超出他们的经济承受能力。不仅农村居民处于这种尴尬，社区医疗和城市中的低收入阶层也面临同样的窘境。

随着我国市场经济的不断完善，政府对医疗卫生事业的投入减少，医疗机构只有更多地依靠市场，通过提高业务收入来维持生存和发展，从而导致部分医院出现竞相购买大型医疗设备，乱收费和开大处方等现象。这使得医疗费用明显增加，药物费用居高不下，加重了老百姓"看病难，看病贵"问题。市场的自发调节导致各级医院在医疗资源的占有上存在很大差距，城乡之间的差距尤为显著。市场经济条件下的趋利性和城乡经济条件差异的共同作用，加剧了城乡卫生资源分配中的"马太效应"。医疗资源配置公正关系到国民生命和生活质量的水平，关系到人民生活的稳定，同时也是我国建设和谐社会的一个重要步骤。政府财政投入不足并非医疗资源配置不公正的必然成因。政府财政投入虽然有逐年增加的趋势，但问题改善的进程缓慢。在这样的前提下，医疗资源的公正配置就显得尤为重要。

8.2.2　我国分级诊疗制度改革的现状

《"十三五"深化医药卫生体制改革规划》提出了分级诊疗制度建设五项要求，包括健全完善医疗卫生服务体系、提升基层医疗卫生服务能力、引导公立医院参与分级诊疗、推进形成诊疗—康复—长期护理连续服务模式、科学合理引导群众就医需求。在新冠疫情防控中，进一步体现出加快分级诊疗体系建设步伐的紧迫性。由于医疗资源分布不均，基层医院和大医院的差距越来越大，医改以来，全国总体门诊量几乎实现翻番，但主要增量还是在三甲医院。分级诊疗可以让患者合理"分流"，不仅能在疫情等特殊时期提升医疗体系的承载力，也能在日常运转中提高医疗资源的利用效率。由于基层医疗能力薄弱、诊疗范围窄、专业人才难留、医疗设备配置不足等客观现实，分级诊疗一直难以全面落地。因此，必须以更大力度推进分级诊疗体系建设，推动公立医院门诊制度改革，在不同等级医院间建立分工协作关系，减少无序竞争，提升基层医疗机构在防控、治疗、健康管理等方面的"属地化管理"水平。还要加强对全科医生和家庭医生的培养，发挥健康"守门人"的作用。长期来看，实现分级诊疗关键在于提升基层医疗机构诊疗能力，除了要加强人才引进、完善医疗设备、保障医疗质量，还可以通过医疗共同体建设、升级远程诊疗、提高信息化水平等手段承担更多医疗需求。如依托居民电子健康档案推进"互联网+诊疗"服务，实现网上慢病随诊随访、线上配药和线上支付，显著提升基层医疗服务可及度。目前，多地已开始筹备建设重大疫情救治基地，完善分级、分层、分流等重大疫情救治机制。

8.3　南京市及江北新区医疗资源状况

8.3.1　南京市医疗资源状况

　　优质医疗资源布局过度集中在主城，曾是南京民生领域"不平衡"的痛点之一。南京市设置三级医院 31 所，其中综合医院 9 所，江北新区只有南京江北医院 1 所。在南京市东南地区和江北地区，医疗资源尤其是优质医疗资源相对缺乏。相关数据显示，南京江宁、浦口、六合、溧水、高淳新五区常住人口占全市总常住人口的 45.22%，但医疗机构床位数仅占全市总床位数的 28.86%；新五区每千常住人口床位数仅为 3.96 张，远低于 6.2 张的全市平均水平。因此，推动优质医疗资源向新城、新区拓展，是南京卫生事业发展的重中之重。《南京市"十三五"医疗资源设置规划》明确，须按照"走出城门、跨过长江"的发展导向，严格控制明城墙以内现有医疗机构的数量和规模，引导优质基本医疗资源向城市新区和资源薄弱区集聚。随着越来越多优质医疗资源不断跳出主城优化布局，江北新区等地区的居民就医路径在不断改变。优质医疗资源跳出主城区不仅仅是解决民生需求，也是医院自身发展的需要。

8.3.2　江北新区医疗资源状况

　　江北新区于 2015 年 6 月 27 日由国务院批复设立，是全国第 13 个、江苏省首个国家级新区。根据国务院批复，新区战略定位是"三区一平台"，即逐步建设成为自主创新先导区、新型城镇化示范区、长三角地区现代产业集聚区、长江经济带对外开放合作重要平台。新区位于江苏省南京市长江以北，包括浦口区、六合区和栖霞区八卦洲街道，总人口约 250 万人，规划面积 788km^2；其中，直管区管辖 7 个街道，共 386km^2。截至 2021 年 11 月，江北新区直管区有各级各类医疗卫生机构共 327 家。其中，二级及以上医疗机构 12 家，社区卫生服务中心 10 家，社区卫生服务站 29 家，公共卫生服务中心 1 家，其中内含卫生监督所、疾病控制所、妇幼保健所。新区现有执业(助理)医师 2798 人，注册护士 3829 人；床位 4450 张，其中医院床位 4206 张(含精神病院 80 张床位)，基层医疗机构 244 张。

8.4　建议和对策

8.4.1　江北新区医疗资源配置优化的建议

　　(1)建立科学、合理的医疗服务体系。在江北新区内合理布局各级各类医疗机构，引导医疗资源合理配置，避免医疗卫生资源配置重复、盲目扩大规模，逐步缩小社区、乡镇差别，充分合理利用医疗资源，满足区域内居民的日益增长的医疗服务需求。建立适应江北新区经济社会发展需要、功能和结构更趋合理的医疗服务体系，更好地为居民提供符合成本效益的医疗、预防、保健和康复等医疗卫生服务，实现医疗事业与经济社会的协调发展。

(2)加大资金投入，坚持公立医疗机构的公益性质。公立医疗机构在医疗服务体系中应占主导地位，政府对发展基本医疗服务负有重要责任。各级卫生计生行政部门要积极争取政府财政逐步加大对医疗事业的投入，建立健全财政保障体系，完善并落实对政府举办医疗机构补助政策，支持医疗机构履行基本医疗服务和公共卫生职能。

(3)坚持多元办医，鼓励民间资本参与医疗事业发展。根据新增医疗机构依靠民资的原则，除公益性强的三级医疗机构(传染病医院、精神病医院、妇幼保健院、儿童医院)外，重点积极鼓励、引进社会资本举办三级医疗机构，形成医疗服务市场公平有序的竞争格局。

(4)加强监管，坚持依法办医、有序发展。各级卫健部门要依据《医疗机构管理条例》及其实施细则等法律法规的规定，对辖区内所有医疗机构统一管理，严把医疗机构的机构、人员、技术、设备等医疗服务要素的准入关，优化医疗资源配置，提高医疗资源利用效率，保证医疗服务市场依法、有序，确保医疗卫生事业科学、健康、持续、协调发展。

8.4.2　江北新区医疗资源配置优化的具体举措

(1)调整和整合有限的医疗资源，最大限度地达到"人尽其才，物尽其用"。看病难、看病贵的实质是医疗资源的浪费。中国具有世界上最为庞大的医疗体系，然而，重复建设和多头管辖使现有的医疗资源浪费严重。好的更好、差的更差是目前区内医院的现状，其结果是导致人才、资源、患者越来越集中。要最大限度地利用好现有的区内医疗资源，必须在区政府统一调控下，有目标、有重点地调整医疗资源布局，自上而下地建立起层次分明的医疗网络。具体来说，需要做到：①大力加强城乡镇基层医院建设，让基层医院不仅拥有先进的医疗设备，也拥有一批技术精湛的医护人员；②将南京市内综合性大医院引入辖区共建分支医疗机构并联盟新区内基层医院，形成小病小医院诊治，大病向大医院汇集的有序流动；③通过大医院医生有组织、有秩序轮流坐诊基层医院或者远程联合会诊等方式，分散病人过度集中大医院的拥挤现象；④建立起医疗互助绿色通道，请专家会诊或向上转送危重病人并实现医患信息共享，让层层机构有所专攻，以使人尽其才，物尽其用。

(2)加强新区医疗保障体系的完善和发展，以实现全区内居民医疗保障为目标，全面扩大医疗保险的覆盖范围，不但要提供就业人口，同时也要覆盖非就业人口，这是实现公平的需要。从供给方来讲，将社区医院和农村基层医院都纳入定点医疗保险，让医疗保险为更多的人提供有效的保障。医疗保险从控制病人的报销费用转化为与医疗机构直接对面，从而来控制医院的费用。强化社会保险机构的作用，起到对医院收费的监督作用，与医疗机构形成一种制约关系。

(3)加强社区尤其是村镇基层医院人才的培养和输送。要发展农村基层和社区医院，加大基层人才扶持力度，建立人才长效机制是关键。其中，提高人才待遇和素质，培养人才、引进人才、留住人才是行之有效的措施。首先，政府在基层人才扶持方面设立专项资金，保证资金落实，真正用到人才培养方面。其次，鼓励医药相关专业的大学生下基层，提供更多的优惠政策，保证其福利待遇，解决后顾之忧。最后，建立完善的交流模式，加强大医院与基层医院人员的互动，即基层医院人员到大医院进修，大医院定期组织医疗队下基层指导工作，逐步提高基层医务人员的业务水平。

(4)合理协调供需双方利益关系，取得互利双赢的效果。作为服务供给方，医生自身利益的最大化与需求方少花钱、治好病的期望是互不相容的，医务人员受利益驱动，往往诱导患者过度消费，渐渐民众对医生产生了信任危机，医疗纠纷不断。医院作为一个实体在市场中存在、发展，必然要有一定的管理效率，需要一定的机制激励员工提高效率，争取社会效益、经济效益的最大化。所以，在重视患者利益的同时，找出一种新的机制维护医生的利益，如建立患者评价制度，加强医生的奖罚力度，把患者的评价作为医生奖罚的一项重要因素，最终会使双方利益取得双赢效果。

第9章　江北新区与南京主城交通一体化研究

《南京市城市总体规划(2011—2020年)》等政策文件提出，要把江北新区建设摆在南京改革发展战略全局的突出位置，同时推动城市建设由跨江发展全面转向拥江发展。可见，江北新区的发展将进入快车道。由于长江阻隔，迫切需要面对江北新区的发展诉求，探究江北新区与南京主城的一体化发展模式。其中，交通是非常重要的发展困境之一。随着城市沿江两岸用地的不断开发，大城市中心城区沿江两岸的交通联系愈加紧密，机动车跨江交通量也发生了突飞猛进的增长。目前，南京市主城区的过江通道均已呈现饱和或接近饱和的状态，跨江交通供需不平衡的问题日益凸显。过江通道作为城市骨干路网的重要组成部分，也是城市骨干路网的关键衔接通道，过江通道系统的规划合理与否，将影响城市的整体运行效率。本章将从设施、管理、政策等层面就江北新区与南京主城区的交通一体化问题展开详细研究。

9.1　江北新区对接南京主城的过江通道数量与布局研究

南京地处长江中下游平原，市域范围内被长江穿境而过。南京市境内的长江岸线总长195.55km，占江苏省长江岸线总长的24%。随着江苏省沿江开发战略的实施，南京城市建设也迎来了高速发展的时期。南京城市建设将抓住沿江开发契机，实现跨江跨越式发展。江北地区离南京最近，最有条件接受南京辐射，实现一体化发展，但受长江阻隔，一体化发展的局面迟迟未能形成。2015年6月国务院正式批复设立江北新区，明确对江北新区的战略定位为"三区一平台"，即逐步建设成为自主创新先导区、新型城镇化示范区、长三角地区现代产业集聚区、长江经济带对外开放合作重要平台。江北新区在区域承担着承东启西，向中西部地区辐射的重要战略支撑作用。随着区域重大交通设施的完善，跨江与越山障碍逐步消除，江北新区将迎来跨越发展：功能定位提升、城市规模扩大，交通结构与需求能级也将发生较大转变。江北新区对外构筑便捷的高速铁路、高速公路通道，内外部衔接构筑发达的城市轨道和快速路网是提升江北新区广域辐射能力的关键。坚持交通基础设施引领城市建设发展。在未来相当长时期，将交通基础设施建设作为江北新区城市建设的重点，保持交通设施建设适度超前，以交通设施建设引导城市空间拓展。

9.1.1　过江通道布局

1. 过江通道建设目标

国家发展改革委印发的《长江干线过江通道布局规划(2020—2035年)》结合长江经济带综合交通运输体系发展，提出过江通道布局的两个阶段性目标。

(1)到 2025 年，基本形成规模适度、资源节约的长江干线过江通道系统，建成过江通道 180 座左右，远距离绕行过江、横向渡运干扰航运、特大城市和主要城镇化地区过江通道拥堵等问题得到进一步缓解，过江通道与生态环境保护、防洪安全、航运安全等日趋协调，总体适应长江经济带高质量发展要求。

(2)到 2035 年，全面形成布局合理、功能完善、保障充分、集约高效的长江干线过江通道系统，建成过江通道 240 座左右，沿线地区跨江出行更加便捷、物流效率显著提升，过江通道与综合交通运输体系一体衔接，与通信、能源等其他基础设施有效统筹，与生态环境保护、防洪安全、航运安全等协调发展，有力支撑长江经济带高质量发展。

2. 过江通道布局原则

过江通道的建设必须考虑如何促进城市发展目标的实现，如何选择通道跨江形式及其功能发挥，如何协调通道两端的接路、出入口和用地规划；如何合理科学利用宝贵的长江过江通道资源等等问题。因此，须确立如下 5 个原则。

(1)有利于促进江北新区的发展，促进江南和江北跨江发展。

(2)应与江南主城、六合区总体规划相协调。两端连接道路应与城市快速道路系统相衔接。

(3)能最便捷地满足江南主城与江北新区之间的交通需求。

(4)合理利用过江通道的宝贵资源，带动江北新区的规划发展；处理好城市轨道交通协同跨江问题。

(5)解决交通问题的同时，处理好与城市生态环境、城市景观的关系。

3. 过江通道形式选择

1)桥梁和隧道形式

为满足日益增长的过江交通需求，沿江城市修建了各种形式的过江通道。过江通道在建设形式选择上，不仅要考虑过江通道的位置选择、建设条件、景观限制、自然资源的保护，同时也要考虑土地利用开发、建筑风格、建设规模、经济效益等。通过多种形式过江通道的建设，配合城市道路网布局，构建功能合理、各等级路网各司其职的路网体系，保障城市的正常运转。

从已有的过江通道的建设形式来看，主要有桥梁、隧道两种，由于其服务对象、通行能力、功能定位、建设成本、经济效益各不相同，不同形式的过江通道的适用性也有所不同。梳理发现，桥梁是最常见的过江通道形式，主要是由于桥梁建造技术较为成熟，与隧道相比造价、施工难度、工期相对较低；隧道形式的过江通道由于建设难度大、建设成本高、施工周期长、养护成本高、建设条件要求高等特点，在沿江城市中使用的频率低于桥梁式过江通道。

2)主导交通的过江通道形式

道路跨江通道往往以小汽车行驶为主。近 20 年来，轨道跨江通道这种新型跨江交通发展模式，以其大运量的通行能力、安全高效的运输方式，成为主城区内跨江通道建设的重要形式之一。

公共交通作为缓解城市交通压力的有效途径，也是目前最为高效、集约、绿色的出行方式。路权优先是公共交通优先中的重要方面。建设轨道跨江通道有利于城市建设发达的公交网络，实现两岸居民 30min 内完成通勤出行，公交优先发展目标实现也有利于新城的开发建设。

9.1.2　江北新区对接南京主城的过江通道概况

1. 南京市过江通道规划

《南京市城市总体规划(2018—2035)》(草案)中提出，远景规划铁路、公路、城市轨道、城市道路等过江通道 25 处共 28 条。

在通道功能设计方面，28 条通道中跨江公路与城市道路共 15 条，跨江铁路与城市轨道交通共 13 条。在通道复合利用方面，25 处通道中道路与铁路复合通道 2 处，铁路与城市轨道复合通道 1 处。至 2035 年，南京市主城区八卦洲长江大桥与大胜关长江大桥之间的 29km 长江干线上共布局 16 处过江通道，平均通道间隔为 1.9km。

《南京市城市总体规划(2018—2035)》(草案)中提出的 28 条过江通道中，道路过江通道有 15 条，分别为长江大桥、八卦洲长江大桥(二桥)、大胜关长江大桥(三桥)、栖霞山长江大桥(四桥)、应天大街长江隧道、定淮门长江隧道、长江五桥(江心洲长江大桥)、和燕路、仙新路、建宁西路、龙潭、锦文路、七乡河、汉中西路、上坝路过江通道。

铁路过江通道有 4 条，分别为长江大桥铁路桥、大胜关铁路桥、上元门隧道、七乡河铁路桥。和城市轨道相关的过江通道有 9 条，分别为地铁 3 号线、10 号线、4 号线、13 号线、14 号线、17 号线、18 号线(机场快线)、S3 宁和城际、S5 宁仪扬城际过江通道。

2. 江北新区过江通道布局

2022 年 12 月 28 日下午，南京和燕路过江通道(燕子矶长江隧道)正式通车。至此，江北新区已经建成 11 条过江通道，分别是：南京长江大桥、南京长江二桥、长江三桥、南京长江四桥、长江五桥、扬子江隧道、长江隧道、大胜关铁路大桥、地铁 3 号线过江隧道、地铁 10 号线过江隧道和和燕路过江通道。根据《江北新区国土空间总体规划(2021—2035 年)》直管区草案，直管区过江通道规划 18 处 19 条，涵盖过江公路、城市道路 10 条，过江铁路 2 条，轨道交通 7 条。其中不仅包括在建的建宁西路过江通道，仙新路过江通道，龙潭长江大桥，地铁 14 号线、17 号线、18 号线也正式出现在过江通道统计中。

所有过江通道中，南京长江二桥、长江三桥、长江四桥主要承担过境交通和对外交通。长江大桥连接的都是城市发展核心区，承担的交通量最大，已经处于过饱和状态。应天大街隧道开通后，方便了浦口区和主城区的连通，从浦口区到河西城区仅需 10min，目前隧道的交通量也已经到了饱和状态。由于应天大街隧道和跨江轨道交通夜间都不开放，因此城区夜间跨江交通也全部依赖长江大桥。规划建议需要增加主城过江通道，通过合适的方式解决跨江交通收费的问题，这样长江两岸关系才能更紧密，以推动江北新区发展。

南京长江段宽度为 1300～2400m，14 条跨江道路交通横跨其上，平均间距 5～6km，根据相关规划显示，八卦洲长江大桥和长江五桥之间是江北新区中心区，在这个区域里，过江通道数量最多。八卦洲长江大桥和长江五桥之间的过江通道有：应天大街、定淮门、南京长江大桥、汉中西路、建宁西路、和燕路 6 条，平均间距 3～4km，未来间距最短的是汉中西路和应天大街过江通道，间距不到 2km，这样的密度在国内跨江发展城市中，处于较为领先水平。

9.2 江北新区对接南京主城的过江通道周边交通衔接分析

9.2.1 与道路过江通道衔接的主要道路及衔接方式

1. 衔接方式

过江通道与周边路网衔接时主要考虑交通需求以及道路等级两方面因素。一方面结合现状及未来预测的交通需求情况，与需求较大的道路进行衔接；另一方面以道路等级为衔接依据，分情况考虑衔接方式。城市道路主要分为快速路、主干路、次干路和支路四类，四类城市道路的功能定位不同，服务对象也不同。城市快速路主要承担长距离、快速化出行的交通流，在城市快速路规划建设过程中，快速路可以与快速路或主干路相连，避免跨级衔接。城市主干路与次干路主要承担城市交通的集散功能，可以与快速路相连，其连接方式需要根据实际情况进行论证。城市支路主要承担城市居民的服务功能，原则上避免跨级道路衔接，影响上级道路主线交通流运行效率。

以道路等级为区分依据，过江通道与周边路网衔接方式共有三类(图 9-1)。

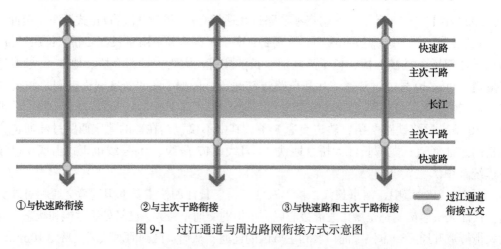

图 9-1 过江通道与周边路网衔接方式示意图

(1)两侧均与快速路衔接。过江通道通过水域两侧的集散路网集中在快速路上，过江通道以快速路或高速公路的形式跨越水域。这类过江通道的服务对象主要是长距离的快速过江交通，且距离越长，过江通道以较高的集散速度越具吸引力。

（2）两侧均与主次干路衔接。过江通道与 2 条或 2 条以上的主次干路衔接。这类通道的过江交通通过地面道路集散，通行能力和集散速度较弱，通常以在交叉口沿通道集散的方向设置立交的方式来提高通行能力和集散速度。若过江通道两侧的集散路网等级结构不匹配或者交通组织管理方式不完善，过江通道功能就不能完全发挥。

（3）一侧与快速路衔接，一侧与主次干路衔接。过江通道的一侧与快速路相连，另一端与交通性主次干路相连。这类通道由于两端衔接道路的等级不同，较易出现拥堵。

过江通道一般作为沿江城市道路网的主骨架，为保证过交通量能够快速疏散，实现过境交通与出入交通的分离，过江通道连接线基本不以平交的形式与相交道路衔接，主要以互通立交的形式与周边路网连接。与过江通道相连的道路需要具备较高的通行能力，承载从过江通道上下的车辆，承担疏散过江通道车流的作用，过江通道上的车流能否快速疏散到城市主干道上，其通行能力起决定性作用。因此，为保证车流快速疏散，与过江通道连接线相连的道路需要具备较高的通行能力。互通匝道作为辅路、城市主干道过江通道连接的纽带，其通行效率直接决定着过江通道与城市主干道交通的转换效率，如果匝道通行能力不足，将导致车辆在匝道滞留，最终形成交通"瓶颈"。

江北新区对接南京主城的过江通道与周边路网衔接的立交形式主要有苜蓿叶式立交、部分苜蓿叶式立交、双喇叭形立交、菱形立交以及组合式立交几种（图 9-2）。其中苜蓿叶式立交由于其能消除所有冲突点的优势，应用最为广泛。同时在立交形式的选择上，也需要考虑到是否方便设置收费站等问题。

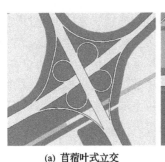
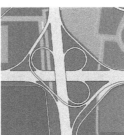
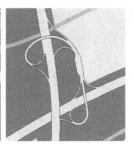

(a) 苜蓿叶式立交　　　　　(b) 部分苜蓿叶式立交　　　　　(c) 双喇叭形立交

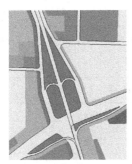
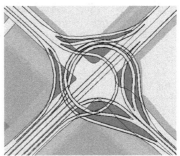

(d) 菱形立交　　　　　(e) 组合式立交

图 9-2　各类立交形式分类

2. 与道路过江通道衔接的主要道路

江北新区对接南京主城过江通道周边路网中,与道路过江通道衔接的主要地面道路多为主干道和沿江快速路,以双向四、六车道居多。江北新区侧过江通道主要通过与江北沿江高等级公路、浦珠北路、浦珠中路的立交实现与地面路网的衔接。南京主城侧道路过江通道主要通过与智谷大道、玄武大道、栖霞大道、扬子江大道、天后大桥的立交实现与地面路网的衔接。

9.2.2 过江通道与周边路网交通衔接分析

1. 道路过江通道

1)东部

道路过江通道主要通过与江北沿江高等级公路、浦珠北路、浦珠中路的立交实现与地面路网的衔接。

东部五条过江通道连接线在江北新区侧与地面路网衔接点均集中在江北沿江快速路上,这种方式便于过境交通等有快速过江需求的交通,但不利于与城市道路的联系。并且未来随着龙袍等地区的发展,与江南的生活性交通将有一定程度的增加,建议过江通道与城市主次干道相衔接(表9-1,图9-3)。

2)中部

中部道路过江通道主要通过与江北沿江高等级公路、浦珠北路、浦珠中路的立交实现与地面路网的衔接(表9-2,图9-4)。

应天大街过江通道、汉中西路过江通道、定淮门过江通道和建宁西路过江通道在与江北新区侧路网联系时,均越过了快速路江北沿江高等级公路,与主干道浦珠中路相衔接,不利于快速过江。同时,多条过江通道连接线与地面路网衔接点均集中在一条城市道路上,将导致该道路交通量过大而阻塞交通。建议相邻过江通道根据实际过江需求考虑快速过江。南京长江大桥与建宁西路过江通道在南京主城侧与地面道路衔接点均为大桥南路与建宁路交叉口处立交,可能导致该处交通量过大,需要采取信号灯等手段加以调控。

表 9-1　东部道路过江通道与周边路网衔接

道路过江通道	过江通道	通道等级	江北新区与之衔接地面道路	主城区与之衔接地面道路
已建道路过江通道	八卦洲大桥	高速	江北沿江路	玄武大道
	栖霞山大桥	高速	江北沿江路	智谷大道
未建道路过江通道	和燕路过江通道	快速路	江北沿江路	栖霞大道
	仙新路过江通道	城市/公路	江北沿江路	智谷大道
	七乡河过江通道	公路	江北沿江路	智谷大道

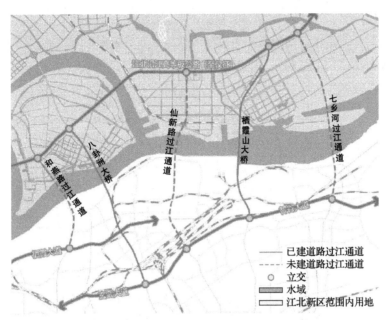

图 9-3 东部道路过江通道与周边路网衔接

表 9-2 中部道路过江通道与周边路网衔接

道路过江通道	过江通道	通道等级	江北新区与之衔接地面道路	主城区与之衔接地面道路
已建道路过江通道	南京长江大桥	快速路	浦珠北路	建宁路
	定淮门过江通道	快速路	浦珠中路	扬子江大道
	应天大街过江通道	快速路	浦珠中路	扬子江大道
未建道路过江通道	建宁西路过江通道	主干路	泰西路	建宁路
	汉中西路过江通道	—	浦珠中路	扬子江大道

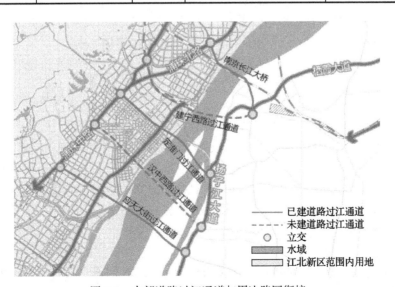

图 9-4 中部道路过江通道与周边路网衔接

3）西部

西部道路过江通道主要通过与江北沿江高等级公路、浦珠北路、浦珠中路的立交实现
与地面路网的衔接。西部道路过江通道之间距离较远，且锦文路过江通道两侧人口较分散，
生活性过江需求较低，与快速路衔接保证快速过江这一设置较为合理（表9-3）。

表9-3　西部道路过江通道与周边路网衔接

道路过江通道	过江通道	通道等级	江北新区与之衔接地面道路	主城区与之衔接地面道路
已建道路过江通道	南京大胜关大桥	高速	浦珠北路	建宁路
未建道路过江通道	南京长江五桥	公路	泰西路	建宁路
	锦文路过江通道	公路	浦珠中路	扬子江大道

2. 轨道过江通道

轨道过江通道有3处已建通道、2处未建通道，分别为3号线、10号线、S3号线、
14号线和5号线。过江通道过江后最近距离的地铁站点分布在城市主、次、支路上，避
免布置在快速路上。但部分站点，如S3号线在江北新区侧的地铁站，由于附近道路密度
较低，为避开快速路，将站点设置于人流量较少的低等级道路上，降低了站点服务范围。

轨道交通为大运量公共交通，过江通道与周边路网的衔接应综合考虑人群需求，结
合居住区、产业园区等人口密集区的空间分布，尽可能做到高效、便捷，提升服务水平。
建议14号线江北侧站点南移至龙袍街道人口相对密集处，S3号线江北侧站点西移，扩
大服务人群范围。

9.3　江北新区与南京主城交通一体化的规划设计

临江城市的发展必然经历"沿江—跨江—拥江"三个阶段，过江通道建设是城市跨
江发展的前提条件。随着江北新区的设立，江北与江南的联系也将日益加强，两岸一体
化发展对过江通道建设提出了更高的要求。在借鉴其他城市的基础上，从通道布局、路
网衔接、政策管理三个方面进行规划设计。

9.3.1　通道布局

过江通道布局应以布局合理、功能完善、保障充分、集约高效的过江通道系统建设
为目标，综合考虑用地布局、各片区人口分布、过江需求及自然地理条件等多方面因素，
与南京主城和江北新区规划相协调，在满足两岸交通需求的同时，促进其一体化共同发
展。着重考虑不同功能通道空间上的配合、过江通道间的距离，以及不同过江交通方式
之间的协调，以达到资源节约、方便快捷的过江目的。

9.3.2　路网衔接

过江通道是城市道路网系统内的重要组成部分，与其他道路共同构成完整的城市路

网系统，因此过江通道建设除了关注通道本身，更应该注重与周边路网的交通衔接。通道周边路网应与整个城市的道路网规划相协调，根据通道功能、位置及需求确定与其相连接的道路等级，并注重长江两侧衔接道路交通量的一致性。根据人群过江后的主要流向明确通道流量疏散方向，避免大量交通量集中于一条道路上而导致交通拥堵，做到安全、高效、便捷过江。

9.3.3　政策管理

过江通道建设作为交通硬件，其建设目标的实现还需要一系列软性政策辅助实行。其中，公共交通优先政策占据重要地位。公共交通作为大运量交通方式，可以有效提升过江效率，通过完善公共交通线路网络和换乘体系、用 HOV 车道和公交专用道保证公交路权，辅以优质服务的提供，引导更多居民使用公共交通出行。此外，不同过江通道应根据具体实际情况确定不同的收费政策和货运车辆管控政策，对交通量和货运方向进行调控，缓解拥堵，加强两岸联动发展。

城市过江通道的交通状况直接影响整个城市道路交通网络的运行以及两岸城市的社会经济发展。其科学的规划建设及合理的管理调控有助于构建合理的城市结构，提升城市交通的健康运行，促进资源的高效利用，从而实现城市的可持续发展。南京过江通道的建设管理对于江北新区和南京主城一体化发展有着重要意义，需要加以重视。

第10章 新发展格局下提升江北新区物流运输效率研究

10.1 研 究 背 景

江苏省作为全国的经济大省，全年实现地区生产总值占全国的 10% 左右，是国民经济发展的重要力量，而物流业作为推动经济发展的基础，物流行业发展水平的高低会在一定程度上影响经济水平的发展。效率可以体现出各区域之间的竞争力，也是体现社会可持续发展的重要指标，物流发展的高效率不仅可以提高经济发展速度，也可以优化资源配置，降低企业运作成本，增加企业盈利额，促进企业发展壮大。

新发展格局为江苏省现代物流体系建设明确新方位。构建新发展格局是应对新发展阶段机遇和挑战、贯彻新发展理念的战略选择。新发展格局下，扩大内需特别是消费需求成为基本立足点，国内超大规模市场的供需高效对接，产品面向国内国际市场进行辐射，均需要物流进行有机串接和高效协同，将推动物流辐射范围、流量流向、网络布局、服务组织的变革重构。物流流向由外循环单环流动为主转向内循环—外循环双向流动，物流服务网络更多面向服务强大国内市场进行布局，对物流通道和枢纽布局提出新的要求。货物规模扩张增速放缓，物流需求结构向个性化、品质化、精益化转变，对物流服务供给结构和质量提出更高要求。江苏省作为国内众多产业循环发起点、联结点和融入国际循环的重要通道有力支点，要顺应国家产业布局、内需消费和物流空间融合重构发展态势，优化物流空间布局和服务组织方式，加快构建内外联通、高效运作的"通道+枢纽+网络"现代物流运行体系，扩大高质量物流服务供给，增强需求适配性，推动物流体系向以服务国内大循环为主体、国内国际双循环相互促进的海陆统筹方向转变。

多重国家战略叠加实施为南京江北新区物流业开放协同发展创造新机遇。"一带一路"倡议、长江经济带发展、国家级新区等多重国家战略叠加交汇，为南京江北新区参与全球合作竞争、加强区域协作和创新协同发展拓展了新空间，经济集聚度、区域连通性、政策协同效率进一步提升，将推动物流形成跨区域联通、一体化协作的发展格局。因此，在新发展格局下研究如何提升江北新区物流运输效率，对于推动江北新区乃至江苏省经济高质量发展具有重要的现实意义。

10.2 江北新区物流行业的现状

"十三五"期间，江北新区以供给侧结构性改革为主线，全面推进物流降本增效，物流业高质量发展成效显著，物流业对国民经济的支撑保障作用显著增强。

1. 物流供需结构加快调整

内需驱动的民生物流提速发展。"十三五"期间单位与居民物品物流总额年均增速51.7%，比社会物流总额增速高 44.3 个百分点。2020 年全省快递业务量达 69.8 亿件，"十三五"期间年均增速 25%。运输结构调整成效显现。2020 年，全省水路货运周转量占比达到 62%，居全国前列。江苏省新亚欧大陆桥集装箱多式联运示范工程等 4 个项目成功创建国家级多式联运示范工程项目。南京、苏州、常州、无锡、海安等相继开通海铁联运班列，无接触配送、统仓共配等新业态、新模式加速崛起，仓储结构持续加快优化，高标准仓储设施比例明显上升。

2. 平台主体建设成效显著

枢纽建设取得新突破，成功创建南京港口型（生产服务型）国家物流枢纽、苏州（太仓）港口型国家物流枢纽、苏州国家骨干冷链物流基地，6 个城市入选国家物流枢纽承载城市。连云港海港、徐州淮海国际陆港、淮安空港互为支撑的现代物流"金三角"建设加快。持续推进示范物流园区创建工作，省级示范物流园区达 60 家，其中，6 家入选国家级示范物流园区。大型骨干物流企业服务供给能力不断增强，全省 4A 级及以上物流企业达 274 家，居全国第一位。在统筹推进疫情防控和复工复产中，物流主体在保障全国防疫救援物资运输、生产生活物资流通等方面发挥了巨大作用。

3. 智慧绿色态势加速形成

移动互联网、物联网、云计算、大数据等新一代信息技术在物流领域加快应用。智慧物流园区、智慧港口、数字仓库、大数据中心等一批物流新基建投入使用。传统物流业务向线上线下融合转变，物流全程数字化、在线化和可视化渐成趋势。平台经济创新发展，2020 年全省网络货运平台达 83 家，整合车辆 59.8 万辆，运输货物达 1.7 亿 t，交易额达 202 亿元，处于全国领先地位。绿色物流取得新进展，全省 5 个城市入选国家绿色货运配送示范工程，居全国第一位；托盘循环共用、挂车交换共享、仓库太阳能屋顶日益普及，快递企业探索使用可回收包装和可循环材料，电子面单普及率达 99%以上。

4. 国际服务能力不断增强

国际航运、航空能力逐步提升，全省开辟集装箱近远洋航线 72 条，国际及地区通航城市达 52 个。"十三五"以来，"江苏号"中欧班列开通 25 条线路，累计开行 5254 列。"连新亚""苏满欧""宁新亚"成为具有较大影响力的国际班列品牌线路。国际物流服务功能不断完善，拥有 10 个国家级跨境电商综合试验区、20 个综合保税区，数量均居全国前列。南京中国邮政国际货邮综合核心口岸、中哈（连云港）物流合作基地等标志性工程取得积极进展，东西双向开放大通道正递进形成。

5. 行业营商环境持续改善

物流政策环境持续优化，全面推进国家赋予的降本增效综合改革试点任务，推动以智慧物流发展促进物流降本增效。围绕物流高质量发展、降本增效、冷链物流、物流园区创新等出台了一系列政策文件。国家和省各项降本增效改革措施加速落地，物流企业获得感显著提升，减税降费取得实效，"十三五"期间全省累计优惠公路水路通行费达147亿元，形成了可复制、可推广的"江苏经验"和"江苏模式"。

10.3　江北新区物流运输存在的问题

本节通过访谈调研的方式挖掘制约江北新区物流运输效率提高的痛点问题。本书的访谈对象主要包括江苏省交通运输厅工作人员、江苏省现代物流协会工作人员、物流港口工作人员、江北新区部分物流企业、江北新区高校物流专业科研人员以及部分群众，采用半结构化的方式进行访谈。本次访谈采用面对面访谈的方式，对每位受访者的访问时间不低于半小时，访谈过程全程录音。在访谈过程中，充分尊重受访者的态度，给予一定的问题引导，但是对于受访者内容的回答不做干涉，充分获取第一手的资料，保证研究的科学性和真实性。访谈问卷见本章附录。通过对访谈结果归纳整理，存在以下制约江北新区物流运输效率的问题。

1. 用户体验度低

低程度物流运作。江北新区物流企业不但普遍有经营规模小，所占市场份额少，服务项目单一，信息化程度较低，高素质管理人才大量缺失等现象，而且物流企业整体运行水平低，缺乏高科技的管理模式。除此之外，因为以低水平运行的物流企业，物流运输时间得不到保障，致使企业可以用来流动的资金很少，甚至物流运输交通事故层出不穷，更是导致物流企业入不敷出，严重匮乏周转金。因为江北新区物流业相对于欧美国家及先进城市而言还在低级发展水平，物流管理还在较为粗放的经营布局，多数物流运输企业管理机制仍不够先进，甚至还是较为低端的机制，服务机制依然低端化。首先是物流设施配备整体低端化，基本凭借廉价人力资源作为劳动力来做成各项物流活动。其次是较为落后的物流信息系统功能，没有办法来实现现代物流所需的信息一体化的需求。再次是统一的物流管理机制缺少，延迟了物流活动各个环节的交接和物流信息的传递，导致物流运输的管理效率和物流管理水平低下。

2. 竞争优势不明显

物流经营主体众多，个体竞争力不强。江北新区第三方物流企业普遍经营规模较小，布局分散，水平良莠不齐。还有数量相当多的拥有一两辆车的个体货运业主，物流供给能力被极大地分散化，严重削弱了物流市场竞争力和规模效益。这种发展现状导致的结果就是物流市场"散、乱、弱、杂"，单个企业服务功能单一、经营管理水平落后、竞争力不强等问题十分严重，现代物流所包含的信息化、库存管理、物流方案设计、业务流程再造等高端业务涉及很少。物流场站设施水平偏低，功能单一化。江北新区目前缺乏上规模、上档次的货运站场，更缺乏现代化的物流园区、物流中心与配送中心，货运场站普遍规模偏小，服务功能简单，设施装备陈旧，经营方式落后，进场经营的货运业户相对较少。货运场站货源主要来源于社会散乱物资，远未发挥其全市货源集聚的功能，没有形成"集聚"效应。物流运输成本高。在物流业急速发展的当今时代，物流运输支出要占到总成本支出的 1/3。多数情况下，江北新区的物流支出达物流总成本的 50% 以上。因而，江北新区很多企业要比发达国家的先进城市企业多花费 40%～50% 的物流运输成本。

3. 未来趋势衔接断层

物流专业人才匮乏，培养机制不健全。江北新区目前各物流企业、物流基地等物流操作人员大部分文化层次较低，专业技术水平不高，对物流的认识和理解远远不足。特别是真正懂物流理论和技术，又能进行物流整合策划的经营管理者寥寥无几，缺乏一批成熟的高水平的现代物流管理人才。在物流人才培养机制方面存在以下一些问题：①缺乏物流人才培养规划，物流职业教育尚处于空白时期；②企业层面的研究和投入更微乎其微，企业的短期培训仍然是目前物流培训的主要方式；③由于教育落后，符合实用要求的物流人才稀少，物流管理和信息技术方面的综合性人才严重缺乏。信息化水平较低，缺乏公共信息平台。目前，江北新区乃至江苏省尚未建立宽领域、高水准的公共物流信息平台，物流信息的交流存在障碍，难以实现现代物流"一体化、实时化、便捷化、个性化"的需求。虽然目前江苏省物流行业中已有一些企业运用"天下通""全国货运车辆管理系统""车管家"等商用物流软件，但大部分货运配载业户均靠电话联系业务，有车无货、有货无车的现象时有发生。即便使用物流软件的企业，也仅能满足基本需求，不能满足"公铁水"多种运输方式的衔接互通、制造业和运输业之间物流信息转换以及区域间的互通等，导致物流运作效率低下，物流成本仍然居高。

4. 区域覆盖度窄

江北新区商业物流"最后一公里"存在的主要问题，一是消费者数量大，需求不确定性高，分布范围广，城市与农村差距悬殊；二是不同区域对配送模式的需求不一致，消费理念发生改变；三是承担"最后一公里"配送业务的主体众多，配送服务质量不高；四是配送时效性差，取货便捷程度较低，二次配送成本高；五是配送车辆不规范。针对以上问题，各大电商、物流企业和第三方企业纷纷加大物流"最后一公里"建设，在考虑消费者个性化需求与综合利用社会资源的前提下设立自提点，期望化解末端物流配送"瓶颈"。与商业物流相比，人道物流具有弱经济性，以救援时间、效益最大化、灾害损失最小化为目标。人道物流的目的是迅速提供适当的应急物资给灾区的灾民，尽量减少受灾者的苦难和死亡。人道物流"最后一公里"遇到的主要挑战是运输资源和应急物资缺乏、基础设施损坏导致运输困难以及救援行动者之间缺乏协调机制。无论商业物流还是人道物流，其"最后一公里"问题都不仅仅局限于末端配送问题，还包括上下游衔接问题等，这在多式联运及利益主体协调问题上表现得尤为明显。

10.4　江北新区物流运输效率提升的主要影响因素

1. 经济发展水平

经济发展水平对物流运输产业效率的影响具体体现在三个方面，一是规模效应。经济总量的增长必将带动产业持续增加生产要素投入以扩大生产规模，物流运输产业作为连接行业间物资运输的流通性行业，势必受到关联行业影响需要增加资本投入以扩大产出；二是结构效应。经济的增长能够促进产业结构升级，单纯依靠资源投入换取经济增长的局面将有所改变，行业间联合经营与深入合作对效率的改善具有促进作用；三是技术效应。经济的发展将提升科技研发投入，新的生产技术及先进的管理经验能够促进物流产业效率的提升。

2. 政府支持

政府影响产业发展的手段包括两个方面，一是政府指令性行政管制，包括推行行业发展的公共标准、颁布规范行业行为的指令性条文、实施促进行业发展的优惠政策；二是财政预算支持，通过增加财政支出比重来支持行业在关键领域的突破或者创新性发展。江北新区物流运输业急需政府通过指令性行政管制来规范其发展。另外，与物流运输业效率提升息息相关的物流园区规划、基础设施建设及交通道路的修建更加需要政府的财政预算支持。

3. 基础设施

江北新区物流运输需求业务量的增长迫切需要增加基础设施建设。基础设施能够促进物流运输业效率的提升体现在两个方面。一是规模效应。物流设施数量的增加及规模的扩大易于实现区域内物流运输服务全覆盖，从而形成更为经济的仓储与运输等作业的批量操作，降低物流运输产出的单位成本。二是模式效应。种类更为丰富的基础设施能够改变传统单一的物流运输作业模式，如车站、港口、航空货运中心支持多式联运的物流运输作业模式，为提升物流运输运作效率创造了更多选择机会。

4. 科技水平

物流运输业的业务环节较多，无论是仓储运输，还是装卸搬运都依赖先进的科学技术以提高运营效率，尤其面对商品种类众多、行业对物流操作要求个性化的市场环境，致使业务操作产生风险的因素增多，严重影响物流运输作业整体效率。此外，随着科学与技术的不断进步，如今，90后、00后的年轻人成为劳动力主力，他们希望工作场所的设施能够采用智能手机或是车辆已使用的各项移动技术。他们自信满满、愿意接受任务挑战、崇尚技术，也希望得到及时的认可。未来10年，企业将面临劳动力需求和能力的巨变。而上述文中也讨论过，由于省内部分物流运输企业仍集中于传统的运输和仓储业务，缺乏新时代新物流运输发展所需要的业务能力以及创新能力，尤其是在当今互联网盛行的信息时代，对于信息处理以及物流运输数据库系统的要求越来越高，这一定程度上影响了对相关高技术人员和技术化劳动力的吸引程度。江苏省物流运输行业相关的技术化劳动力和高技术人才的配备程度是影响物流运输行业发展的关键因素。

5. 消费者的消费习惯和物流运输速度

随着电商的发展，物流运输供应链也随着消费模式的改变而变化。虽然目前仍有 67% 的消费者选择较慢但是最便宜的递送方式，但是物流运输处理方式也必须满足消费者多样化的递送需求，如"最后一公里"、同日或次日达等服务。消费者的更高愿望促使江苏省需要不断提升其物流运输速度，而随之增长的物流运输成本也不断增加。这需要江苏省物流运输行业对之进行技术和服务改进。

10.5 　江北新区提升物流运输效率的对策建议

1. 加大物流运输政策支持

一是加强物流运输用地支持。完善物流运输设施用地规划，促进物流运输规划与国土空间规划的衔接，重点保障国家物流运输枢纽、骨干冷链物流运输基地、示范物流运输园区等重大物流运输基础设施项目用地。二是加强财税扶持。巩固减税降费成果，严格落实物流运输行业税费优惠政策，加大物流运输领域收费行为监管力度。深化收费公路制度改革，推广高速公路差异化收费，降低通行成本。发挥中央和省专项资金作用，支持物流运输枢纽、智慧物流运输、冷链物流运输、供应链管理、应急物流运输等领域建设，优先支持列入"十四五"物流运输业规划的重大项目。加大物流运输标准制定支持力度，对符合要求的国际标准、国家标准和地方标准项目编制单位予以一定财政补助。三是加大金融支持力度。鼓励符合条件的金融机构、大型物流运输企业集团设立物流运输产业发展投资基金。发挥政策性金融机构作用，加大对物流运输领军企业信贷支持力度，引导和支持资金流向创新型物流运输企业。引导金融机构开发更多符合物流运输企业融资特点和融资需求的金融产品，用好人民银行普惠小微信用贷款专项政策。开展物流运输基础设施领域不动产投资信托基金试点。支持符合条件的物流运输企业发行各类债务融资工具，拓展市场化主动融资渠道，稳定企业融资链条。

2. 优化物流运输营商环境

一是发挥政府公共服务职能，完善物流信息采集、交换、共享、开放机制，搭建现代化的物流业政务交流管理平台。二是依据江苏省物流产业现状和国家的物流发展规划要求，从江苏省沿海大开发、长江经济带和国家"一带一路"倡议建设视角下，做好江苏省物流产业发展规划。三是充分发挥物流、仓储、交通运输、港口和国际货代等协会的桥梁和纽带作用，加强在调查研究、提供政策建议、做好服务企业、规范市场行为、开展合作交流、人才培训咨询等方面的中介服务。要进一步发挥行业组织的功能和作用，从物流产业标准制定、定价权、运营流程、技术管理认证等方面放权于民，还权于企业，充分调动市场机制，参与行业管理。

3. 加强专业人才队伍建设

一是重视完善高校对物流运输专业人才的培养，合理增加相关专业的人数比例，提高对实践教育的重视。注重物流运输企业和高校以及科研机构间的项目合作，形成产学研良性循环的人才培养的运行机制，同时从国外引进技术人才，为我国的物流运输业发展提供人才保障。二是坚持产才融合、以产聚才、以才兴产，优化物流运输人才培养开发体系。综合采取专业培训、校企协同等模式，引育一批掌握现代物流运输技术、熟悉物流运输业务管理、具备国际化视野的创新型物流运输人才。三是加大职业人才教育投入，强化继续教育制度，开展物流运输管理"1+X"证书制度试点。加大对海外高端物流运输人才引进力度，改革完善人才培养、使用、评价机制。四是借鉴国际经验，由行业社团组织来执行现代物流运输产业从业人员执业资格制度，逐步建立我国物流运输行业从业人员职业教育、培训和从业资格认证制度及相应的认知体系。我国已批准国家职业资格物流运输师培训标准，现在中国物流与采购联合会已建立全国培训网络，并且制定了健全的管理制度，以这个体系为主力大力推行物流运输人才的在职教育。

4. 大力发展第三方物流运输服务，培育社会化的物流运输市场

第三方物流运输也称合同物流运输，是第三方物流运输提供者在特定的时间段内按照特定的价格向使用者提供个性化的系列物流运输服务。在现代电子信息技术的支持下，第三方物流运输正在逐步形成新的理论体系和运作方式，它可以看作是物流运输发展到高级阶段的理论和实践。第三方物流运输的发展将有利于物流运输的专业化、规模化、合理化，从而提高物流运输系统的效率和降低物流运输成本。发展第三方物流运输的途径是：省政府通过鼓励合资、合作、兼并等整合措施，扩大现有第三方物流运输企业的经济规模；通过建立现代物流运输行业规范，促使小于规模经济的物流运输企业转型；通过修订和完善各种法规和政府行为，打破现有各种市场条块分割的制约，促使第三方物流运输企业跨地区、跨行业发展；以提高服务质量、降低物流运输成本为核心，推动物流运输企业的管理和技术创新。要使第三方物流运输企业能够提供优于第一方和第二方物流运输的服务，同时要鼓励生产企业和流通企业更多地使用第三方物流运输。发展第三方物流运输的同时必须充分注意企业物流运输的合理化问题，每一个生产企业都是社会物流运输网络的一个节点，企业物流运输合理化蕴藏着巨大的经济潜力，是社会物流运输合理化的基础。

5. 创建现代智能物流体系

一是紧跟大数据时代物流产业的创新和创意，构建多级互通信息网络，增进物流服务精准化与智能化。二是选择以物联网和电子商务为载体，搭建 P2P、O2O、O2P 等形式的虚拟和实体物流平台，大力发展"互联网＋现代物流"，使得江苏省物流搭上互联网发展的快车。三是分步骤、分区域、分层次建设现代智能物流平台和信息化体系，全面提升现代物流业的总体水平及综合服务能力，逐步完善互联互通、服务世界的国际型物

流信息服务平台。四是鼓励和支持企业广泛应用条码、射频技术、全球定位系统、订货系统及数据仓库技术等物流自动化技术和现代物流管理软件,实现物流作业的自动化和信息化、物流管理的专业化和高效化,拓展信息技术在企业应用的深度和广度。

6. 推进多元物流产业平台,加快培育新型物流产业链

现代产业体系迈向价值链中高端对江苏省物流供应链优势重塑提出新要求。江苏省拥有较为完整的产业体系和全国规模最大的制造业集群,在全球产业链、供应链、价值链中的位势和能级不断提升。物流是提升产业运行效率和价值创造能力的保障环节。现代产业体系迈向价值链中高端,将推动生产物流和城乡消费物流服务体系重构,推动供应链管理、精益物流以及快递快运、即时物流、冷链物流等细分领域快速发展。要充分发挥物流在塑造供应链竞争优势上的关键作用,深化与实体经济链条的高效协同,按照现代产业体系建设要求,加快构建创新引领、要素协同、安全高效、竞争力强的现代供应链,提升供应链服务水平和价值创造能力。妥善应对错综复杂的国际环境带来的新矛盾、新挑战,加强供应链安全国际合作,增强产业链、供应链安全韧性。进一步增强物流业在制造、商贸、农业等产业体系重构中的战略引领能力,实现江苏省产业基础高级化、产业链现代化、价值链高端化。

附录　访问提纲

1. 请问您对江苏省物流运输发展现状满意吗?
2. 请问您觉得江苏省物流运输行业发展现状存在什么特别之处?
3. 请问您觉得在双循环背景下,江苏省物流运输效率的提升存在哪些改善点?
4. 请问您觉得政府对江苏省物流运输产业发展的管制措施存在哪些不足和改善点?
5. 请问您觉得目前江苏省物流运输产业存在哪些技术瓶颈?
6. 请问您希望江苏省物流运输产业的发展做出哪些改善之处?
7. 请问您觉得江苏省物流运输产业如何更好地融入国家发展战略?

第 11 章 江北新区夜间经济发展策略研究

11.1 研究背景

夜间经济最初是英国为了缓解城市夜晚空巢现象，为实现城市复兴提出的经济学名词。20 世纪 90 年代，城市去工业化及零售业去中心化发展导致市中心活力日渐丧失，于是英国政府推出一系列政策措施以期实现城市复兴。据英国经济和社会研究委员会（Economic and Social Research Council, ESRC）一项调查报告显示，伦敦的夜间经济是伦敦居民和到伦敦旅游的游客们所享受的一系列活动，商家不仅包括酒店和餐馆、艺术和娱乐业，还包括物流、管理支持服务、科技、零售、修理以及信息通信等各个行业。

我国夜间经济起步于 1990 年初，经历延长营业时间阶段、多业态的粗放经营阶段和集约化经营阶段，目前的夜间经济已经被视为衡量一座城市生活质量、消费水平、开放度、活跃度、投资软环境及经济与文化发展活力的重要指标。2019 年 12 月，"夜经济"一词入选国家语言资源监测与研究中心发布的"2019 年中国媒体十大新词语"，足以证明这一经济行为已越来越成为推动消费的"主力军"。据人民日报消息，我国夜间经济市场规模到 2018 年达到 228592.2 亿元；商务部城市居民消费习惯调查报告也显示，60%的居民消费发生在夜间，大型购物中心每天晚上 18～22 时消费额占比超过全天的一半。而据前瞻产业研究院预测，2020 年我国夜间经济市场规模将突破 30 万亿元，并将在 2022年突破 40 万亿元。这些实实在在的数据，让夜食、夜游、夜娱、夜观、夜览等主题的夜间经济，被认为是"激发新一轮消费升级潜力"的重要举措，拉动国民经济提升城市魅力的重要一环。夜间经济发展正当其时，是一座城市文化氛围和经济活力的重要表征。随着消费的全面复苏，作为长三角经济增长极的重要支撑——江北新区的夜间经济也在满血复活，成为带动江北新区城市经济快速发展的新动力，也使得本课题研究具有一定的现实意义。

11.2 夜间经济的概念界定

夜间经济一词是舶来品，经济活动按 LiiMedia Research 的总结，可以分为六大类：文化艺术，电影院、书店画廊、音乐会；酒吧，酒吧、夜店；餐饮，餐厅、休闲快餐、饮品店、小吃店；体育休闲，现场比赛、运动体验；聚会，KTV、桌游、私人影院、其他私密场所；购物，商圈、购物中心。活动时段为夜间时段，按照阿里研究院的界定一般指 18 时至次日 6 时，其中 18～21 时的 3 小时为傍晚时段；21～24 时的 3 小时为深夜时段，0～5 时为午夜时段，以休闲、旅游观光、购物、健身、文化、餐饮等为主要形式的现代城市消费经济。

在我国，"国营夜市"可以看作是夜间经济的雏形。1956 年 6 月 1 日，人民日报第二版发表《农村夜市》一文。到 1979 年 11 月，人民日报刊登的有"夜市"关键词的报道共 11 篇，这些报道的核心主旨都是鼓励各地供销单位开办"夜市"以满足农民、工人一天的劳作之后的消费需求。由此可见，即便是在计划经济时代，我国已产生重视夜间经济发展的萌芽。这些夜市集聚着形形色色的个体户，实惠的大排档、廉价的衣物和生活用品应有尽有，满足广大市民的消费需求。在当时，夜市摆摊也成为很多人的"第二职业"。2000 年左右，夜市的发展达到一个顶峰。然而，这些"野蛮生长"的夜市存在许多共性的问题：卫生条件相对较差、占道经营阻塞交通、规划杂乱影响市容、安全隐患难以消除等，这些弊端阻碍夜间经济品质的提升。此后一些大城市迎来夜市关闭潮，如 2013 年 10 月 21 日南京市关闭运行 15 年的三牌楼夜市。此后，出现"商圈"，如南京的新街口成为夜间经济发展的主力。

从计划经济时代的"国营夜市"到市场经济大潮涌动催生的个体户集聚的"夜市"，再到大型"商圈"的出现，以及当下各地政府倡导的"夜间经济聚集区"（我国夜间经济 3.0 版本），夜间经济是我国经济社会不断发展繁荣的一面镜子。

11.3　江北新区夜间经济的发展基础

11.3.1　江北新区人文基础深厚支撑夜间经济的发展

2015 年 6 月 27 日，国务院发布《国务院关于同意设立南京江北新区的批复》。从此南京江北新区成为江苏省第一个国家级新区。它是华东对内陆腹地的一个战略级支点，水陆空交通便捷，通达度高，长江与沿江经济带在此交汇；被定位为产业转型升级、新型城镇化和开放式合作示范区，环宁城市和苏南地区的新增长极；其职能是我国重要的科技创新和先进工业基地，是南京都市圈的综合交通枢纽和北部服务中心，是南京生态宜居、相对独立的城市分中心。主要范围包含六合区和浦口区，两区历史悠久、底蕴深厚。六合区城古称棠邑，在距今一万多年前就有原始氏族村落，西周灵王元年（公元前571 年）置邑，是我国最早建城的城邑之一，素有"京畿之屏障、冀鲁之通道、军事之要地、江北之巨镇"之称，是"天赐国宝、中华一绝"雨花石的故乡，是我国民歌《茉莉花》的发源地。

浦口区元代为浦子市，也称浦子口，明洪武四年建浦子口城（原浦口区内东门、南门范围），是捍卫明都的驻军重镇。老浦口在历史上的名称沿革变化频繁，老浦口由三镇组成，即浦口镇、东门镇、南门镇，三镇相互联系。1928 年，老浦口改名为浦镇区，是当时南京的第一大镇和南京江北的经济与行政文化中心。1949 年后，江浦县（现浦口区）所属的浦镇、东门镇划归南京市，与原浦口并建为南京市两浦区。1955 年改名浦口区，由于老浦口历史上曾为浦镇区，因此如今浦口的东门镇、南门镇也常被当地居民称为浦镇东门和浦镇南门。创立于 20 世纪初的浦镇车辆厂就在浦镇南门，是我国著名的制造铁路客车、城市轨道交通车辆的大型骨干企业。浦镇东门是南京现存建制最完整，面积最大，保存古建筑最多，历史遗迹最丰富的古镇。江北新区文化资源丰富，并且具有一定的历史延续性。现状不仅保留有六合老城、浦子口城、江浦老城等传统老城格局，外围村镇如竹镇镇、东王村、八百桥青龙街、龙袍老街、瓜埠镇、汤泉镇、桥林镇等还留存重要的历史街区和古镇古村。

此外，江北新区涵盖不同时代的文化特色，既有古代的城池街区、古镇古村，也有近现代的民族工业、民国遗风。每个城市都有自己的历史，每个地区都有自己的记忆，空间规划与设计应加强对场所历史的尊重，延续城市的记忆，让生活在这片土地上的人们能感知到地域的历史文化魅力，增强地域认同感。

11.3.2　江北新区良好的人口基础促进夜间经济的发展

江北新区户籍人口比例较大，城镇化率较高。以 2012 年为例，江北新区户籍人口 151.96 万人，占全市户籍人口的 23.80%；常住人口 168.70 万人，占全市常住人口的 20.67%；城镇人口 98.44 万人，占全市城镇人口的 15.11%人；城镇化水平为 58.35%，低于全市平均水平(80.23%)。其中，浦口区户籍人口 59.49 万人，常住人口 72.49 万人，城镇人口 48.92 万人，城镇化水平 67.49%；六合区户籍人口 89.25 万人，常住人口 92.50 万人，城镇人口 49.29 万人，城镇化水平 53.29%；八卦洲街道户籍人口 3.22 万人，常住人口 3.71 万人，城镇人口 0.22 万人，城镇化水平 6.05%。2017 年常住人口 180 万人，占南京全市人口的 21.6%。从人口增长速度和增长量来看，人口总体增长较慢，对外来人口的吸引能力不足。2006—2013 年南京各个地区历年常住人口变化表明，位于主城区和江南郊区的常住人口均高于江北地区，且 2009 年后人口增量多发生在江南郊区，江北地区虽有小幅上升，但是 2010 年之后基本保持稳定，2019—2021 年没有太大的变化。如果把江北新区与其他国家级新区进行比较的话，可以发现江北新区在 2007—2013 年的年均增长只有 2.3 万人，远远低于其他国家级新区，如浦东新区在 2006—2013 年的年均增长达 12.5 万人，天津滨海新区年均增长量为 17.4 万人，而两江新区自 2010 年成立至今基本以每年 22.3 万人的速度在增长。江北新区的人口增长速度稳定，对周边人口有一定吸引力。

11.3.3　江北新区便利交通推动夜间经济的发展

1. 南京北站枢纽，加速推进相关衔接铁路建设

目前江北新区有 1 条高速铁路、1 条城际铁路、2 条普速铁路及若干条铁路专用线过境，铁路站等级普遍不高，以铁路货运功能为主，客运功能薄弱，在对外运输中承担的功能有限。未来随着南京铁路环形枢纽的建设形成，江北新区铁路设施的发展潜力较为巨大，新区将形成由 5 条铁路客运专线、5 条普速铁路、6 座铁路客运站及 12 座铁路货运站构成的铁路网络格局，而南京北站作为南京三大客运站之一，将是重塑江北新区宏观区位、引导城市空间结构性调整和提升城市活力的战略性设施。因此近期应着力打造南京北站枢纽，加速推进相关衔接铁路建设。

2. 浦口机场建设，优化至禄口机场间的交通联系通道

江北新区未来将拥有浦口机场和六合马鞍机场两座机场。其中，六合马鞍机场位于

雄州组团西北部,近期为军用机场,远期规划为 4E 级军民合用机场,目前该机场已投入运营。浦口军用直升机场由南京江宁搬迁至江北新区桥林片区,经多次协调后该机场选址于桥林组团西北。因此江北新区机场枢纽发展策略应注重近远期差别,近期应着重优化江北新区至禄口机场间的交通联系通道、保障基本的民用航空需求,远期应预留六合马鞍机场军民合用、功能转型的可能性。规划近期应有序推进浦口机场建设计划。

3. 强有力的公路网系统

江北新区内部公路网建设,强化江北新区与滁州、和县方向对外联系通道。"两横"为六合北部干线和六合中部干线;"两纵"为六合东部干线和六合西部干线;"八射"为江北沿江高等级公路(扬州方向)、扬滁公路 G328(扬州方向)、金江公路 S247、宁淮公路 G205、宁滁公路 G104(S422)、宁滁公路浦合复线、宁乌公路 S124 和江北沿江高等级公路(乌江方向)。

4. 江南江北的轨道逐渐被打通

江北新区城市轨道交通的功能定位为南京整体轨道线网的组成部分,主要承担江北与江南之间的快速联系和沟通,以及江北内部组团即桥林、浦口、高新—大厂、雄州之间快速联系,支撑城市空间的拓展和承载主要客流走廊交通。江北新区轨道交通线网结构应从目前的"轨道末端组织模式"向"轨道枢纽组织模式"转变,并遵循两个规划原则,即构建江北新区主要城市中心与江南主要中心间的直达线路,江北新区内部各片区中心间 1 次轨道换乘可达。规划远期江北新区轨道交通线网由 12 条线路组成,线路总长 220km,线网密度达到 0.57km/km² 。近期一方面继续强化江南和江北的轨道联系,另一方面争取形成江北内部贯通的轨道线路。

11.3.4 江北新区城市管理水平提升保障夜间经济的发展

在《南京江北新区智慧城市 2025 规划》中,新区将着力推动城市发展向智能化高级形态迈进,力争到 2025 年率先建设"全国数字孪生第一城"。同期出台的还有《南京江北新区高校创新集聚带规划》,精准设计环高校创新圈,利用区内高校的创新资源,培育创新部落。围绕推动大数据、物联网、云计算、人工智能等现代信息技术与城市管理服务有机融合,新区系统推进建设"智慧之城"。瞄准打造"全国最好的政务服务和便民服务体系"、建设"全国最智慧的城市样板"目标,围绕政府、企业、市民三大主体,新区进一步强化政府投资信息化项目的建设支撑,大力实施信息化建设项目达 50 个,其中包括政务信息基础设施方面的"政务云数据中心""电子政务外网"、推进提升城市管理水平的"智慧工地""防汛预警监测系统""渣土车智慧管理平台"、让"数据多跑路、群众少跑路"的"我的江北 APP"、智慧医疗、智慧教育项目等,共同推动新区智慧化水平不断提升。这些系统的运行,将有力保障夜间经济的发展。

此外夜间经济的发展也倒逼城市管理水平的提升。夜间经济是实现城市经济"翻倍"的机会,通过延长经济活动时间、提高设施使用率、激发文化创造、促进旅游产业发展、增加社会就业、提高城市活力和魅力、吸引投资与人才,成为城市经济发展动能转换的全新着力点,对城市的经济结构和产业结构调整有巨大的推动作用。

11.3.5　江北新区互联网唤醒夜间经济的发展

相比于欧美夜间经济对线下消费(尤其是酒吧、餐饮、娱乐等)的倚重,江北新区夜间经济近年来的发展离不开移动互联网相关产业的异军突起。互联网扩展夜间经济消费的空间。一些互联网企业的数据显示:21 点到 22 点,是淘宝成交的最高峰,夜间消费占全天消费的比例超过 36%;21 点到 23 点,是抖音、快手等短视频网站的访问高峰,各大视频网站流量猛增;在外卖餐饮方面,22 点到第二天凌晨 1 点 3 个小时的订单量出现明显增长。此外,移动直播类 APP 的兴起,让许多原本默默无闻的商场、餐饮店等成为"网红打卡地",每到夜间便人潮涌动。

此外,公共卫生危机期间一些商家还利用互联网开辟"云逛街"。如弘阳广场还将"直播带货"升级成"云逛街",为线上消费者提供更好的购物体验。2 月底,弘阳广场成为全国第一家入驻抖音的商业综合体,并选取"95 后商场导购"组成主播团队,拓展消费新业态。如今,弘阳广场每周都会进行直播,主播们采取移步易景的直播方式,让消费者感受真正的"云逛街"。

11.4　先锋城市发展夜间经济的经验与启示

11.4.1　纽约

纽约作为全球最具活力的经济文化中心和以 24 小时地铁著称的"不夜城",从文化切入,发展出时代广场、百老汇、布鲁克林等夜间生活模式。纽约为了推动夜间经济发展,在 2017 年 9 月专门设立首个"夜生活"部门,并于 2018 年 1 月发布首份夜生活经济报告。报告指出,纽约夜间经济发展带来就业增长 5%,平均薪资增长 8%,因此,夜生活不仅是纽约形象的核心部分,更是经济的重要推动力。纽约的具体举措如下。

一是多层次完善组织架构。2017 年,纽约成立"夜生活办公室",负责充当政府机构、夜间场所经营者、顾客和居民之间的联络机构。2018 年设立了夜间市长,负责处理消费者投诉,与场地经营者、酒吧和餐馆工作人员、夜间消费者等对话,听取各方意见,平衡相关群体的利益诉求。此外,还组建了由 14 名志愿者组成的"夜生活咨询委员会",负责向市长和市议会就如何改善影响夜生活场所的法规和政策提供咨询和独立建议。

二是大力繁荣文化演艺行业。纽约致力于繁荣文化演出行业,在纽约夜经济酒吧、餐饮、演出场地、艺术文化和体育休闲五大组成部分中,与文化演出密切相关的有两大部分,其中艺术文化虽仅占了夜间工作岗位中的 9%,但贡献了 16%的经济收入;演出场地这一项就贡献了 1.9 万个工作岗位、3.73 亿美元的薪酬以及 12 亿美元的经济产值。百老汇是纽约夜经济中最为耀眼的明珠,2018—2019 年圣诞节和新年的一周假期内,百老汇共卖出 37.8 万多张演出票,带来 5780 万美元的巨额收入。

三是行业专家协同大数据献策。纽约于 2017 年通过立法成立了夜生活办公室,并于

2018 年任命第一位夜市长。夜生活办公室在 2018 年推出了第一份关于纽约夜生活的报告,通过科学的统计体系和研究方式,了解纽约夜生活参与者各方的痛点与需求。

四是业态内容创新。纽约的夜生活业态之丰沛,涵盖了各类从酒吧、餐饮,到演出及艺术文化、体育休闲乃至生活配套相关业态和服务,不仅如此,纽约夜间生活着实是站在世界时代尖端的"弄潮儿",在世界范围内首屈一指。2018 年,纽约自然历史博物馆推出了一系列"One Step Beyond"活动,博物馆开启"夜间模式"直至凌晨 1 点,民众以 silent disco 形式(戴上耳机摇摆)在横跨 70 年代到 90 年代的电子舞曲声中摇摆。

11.4.2　新加坡

在全球宜居城市新加坡,先天的气候条件适合常年开展夜间娱乐活动,传统商业中心乌节路吸引了大批旅游购物人群在夜间消费,而新中心滨海湾则定位为 24 小时商业、生活、工作与娱乐中心,以满足都市人群的多方位需求。政企合作开发运营。滨海湾地区秉承公共项目政府主导、商业开发政府引导、文化与娱乐项目政府与商业运营结合的思路建设 24 小时不间断活力的地区。

业态内容一应俱全。驰名的新加坡动物园推出了以"幻光雨林之夜"为主题的夜游产品,巧妙运用动物园雨林里的自然风景,以雨林为载体靠光影技术投放出奇幻多彩的影像,营造出神秘的雨林幻境。艺术活动方面,从 2007 年起,新加坡在每年 8 月的最后两个星期举办主题各异的新加坡仲夏夜(Singapore night festival)艺术活动,其中既有免费的剧团表演、灯光秀,也有收费的特殊活动。

新加坡在政府支持下,搭建起了丰富的夜间经济内容体系,美丽的风景、丰富的业态带、配合完善的公共设施,为这里带来了巨大客流,仅 2018 年灯光节吸引了超过 200 万人参与,带来巨大的商业机会,酒吧、驻场秀、豪华酒店应运而生。

11.4.3　东京

东京作为"夜经济"发展的先驱,传统夜生活中心新宿和银座、新区代表六本木和台场等服务差异化人群,官民一体推进"24 小时日本"。日本政府、企业和民众联合,不断创新业态和内容。夜间经济保持活力并对交通、法规、管理和安保等基础支撑点进行推进。东京针对目标人群的需求,企业不断打造多元业态,把握市场机遇。日本"夜间经济议员联盟"在成立之初,便提出延长电车和地铁的运营时间、周末实行 24 小时公共交通的举措,积极借鉴世界成功经验;在安全方面,建立日本版的安全街区认证机制,增设监控设施,发动民间安防志愿者,确保环境安全;同时,定期发布报告,改变人们对夜生活负面印象的舆论环境,由政府引导发展夜间经济。

11.4.4　首尔

为进一步扩大消费市场,2015 年起,首尔市政府在汝矣岛汉江公园、盘浦汉江公园、东大门、清溪川等地举办"夜猫子夜市"。据统计,2018 年"夜猫子夜市"共计接待近430 万人次,总销售额达到 117 亿韩元(约合人民币 7044 万元)。在汝矣岛夜市激励下,首尔相继开设了东大门设计广场、清溪广场、木洞运动场三大夜市。

首尔的具体举措有：一是充分赋予夜市以个性化"文化概念"。汝矣岛夜市主打边看汉江，边品美食的"汉江一夜行"，宣传口号是"只在夜晚开启一扇特殊的门：'夜猫子'与您共创首尔新文化"。东大门设计广场侧重聚合青年艺术家，搞商品创意设计、时装秀等，打造"潮文化市场"；清溪广场沿着清溪川展开"最具韩味夜市"；首尔盘浦夜市(又名"浪漫月光夜市")主打"浪漫"主题，让人们置身于美丽的月色下，欣赏曼妙的音乐。通过不断赋予夜市文化内涵，打造独特文化景观，夜市已经升级为韩国全新的城市品牌。二是创新夜市管理规范。与传统夜市相比，韩国夜市进入门槛较高，进入前要经过严格审查，每个入驻商户都要经资料审查和现场品评会才能放行。现场品评会根据专家评价(占比 80%)和市民评价(占比 20%)，最终对夜市上销售商品的适合性、市场性、品质度、差别性作出评价。

11.5　江北新区发展与繁荣夜间经济的对策与建议

"夜间经济"是一项系统工程，需要精耕细作，调配好各种资源，包括完善的基础设施、便捷的公共交通、高效的公共服务、丰富的文化空间等。做好配套支持，"夜间经济"才能激发出更大的活力。本章结合江北新区现有的文旅资源以及先锋城市夜间经济的一些发展实践，提出如下建议。

11.5.1　洞察夜间经济趋势，推动江北新区消费大发展

根据阿里研究院的数据，未来夜间消费趋势主要有：健康消费，"无接触外卖""分餐""禁食野味"等健康消费新方式逐渐养成，带来我国餐饮消费、餐桌文化大变革；融合消费，"食、购、娱、游、体、展、演"等融合消费成为夜间经济消费新场景，数字化加速不同消费场景的打通；全天候消费，24 小时"外卖""到家服务"成为城市生活场景，疫情过后，短期或将呈现"到店爆发、到家平稳"趋势；内容消费，数字化内容付费越来越被消费者接受，文娱消费的品质化、个性化、多样化、体验化成为消费新诉求；年轻消费，随着出生于 1995—2009 年的 Z 世代加入购物大军，夜间网络购物占比还将进一步提升；品质消费与下沉消费，一、二线城市的本地生活服务将朝着需求更加多元化、品质化、个性化的方向演进迭代。企鹅智酷的调研也指出，夜经济通常从 18 点开始，消费者会进行餐饮消费等，消费高峰通常持续到 21 点左右。20 点开始是酒吧/KTV 活动，持续到午夜及以后。18 点到午夜之间，健身活动、逛街购物和看电影等其他线下活动也会展开。夜间消费中，支出最多的是逛街购物，人均消费约为每月 681.97 元，频次最高的是健身，人均每月 11.96 次。工作日和周末存在差异，通常逛街购物、看电影、去 KTV 和酒吧等活动周末消费频率高于工作日，唯有运动健身活动的频率保持相同。

因此，江北新区基于自身拥有的历史资源与文化特色，大力发展"非接触经济"，鼓励商家拓展外卖、外送等服务，拓展"餐饮外卖"为"万物外卖"；培育"露天消费"场景，打造夜市、夜游、美食街等露天消费场所；激发"小店"活力，依托饿了么、支付宝等平台，发放"小店"夜间时段优惠券，通过线上、线下结合方式，帮助小店

渡过难关。

11.5.2　加强顶层设计，实现多元、融合、专业和联动发展

夜间经济的打造需要进行系统性考量，从夜间经济的实际功能出发，从业态和内容的差异化设计，持续运营推广及所必需的基础支撑方面进行品牌化、集聚化、系统化、规范化的定位，做好顶层设计，培育好重点商圈、重点区域，突出文化味、创新度、体验感和带动力。结合实际，江北夜间经济定位体现出三大特点：业态多元、场景融合、专品质业。

一是业态多元。过去夜晚基本无人的文化类活动场所也逐渐成为承接城市夜间活动的载体，形成夜市、酒吧街、深夜食堂、深夜书店等特色产品。结束白天的工作后，人们需要到书店、影院补充精神食粮，需要到体育场地挥洒汗水，甚至需要来一场夜游放松身心。有些需求是商圈难以满足的，这就需要公园、景点、体育场馆、影剧院等商圈内外诸多业态在政府相关部门引领下同步协作，让夜间经济的业态更加多元。Roberts 和 Eldridge(2007)在 2005 年 11 月至 2006 年 2 月间，采用焦点小组(focus group)的研究方法，在英国 5 个城市组织 20 个焦点小组进行调查，分析夜晚多样性对夜间经济的影响。结果表明，不同人群偏好不同的业态形式，丰富多元的供给业态有助于吸引不同群体参与夜间经济，提高城市的活跃度。

二是场景融合。由于未来碎片化的工作方式，工作人群希望在办公和生活空间周边尽可能集成吃、住、行、游、娱、购、学、健等功能，保证生态与空间对于日常工作的包容性，同时满足个人对社交、休闲、锻炼身体、知识提升等需求。如江北新区美利广场"激情啤酒节"，不断发生新变化，文艺表演、古典和潮流音乐、创意创作、沉浸式体验等形式在占据越发重要位置，个性化、文艺范、潮流风等主题呈现商旅文体多业态加快融合，主题活动满足不同群体，以浓郁的"市井气、烟火气"带来最直接的感官享受，成为点燃夜间经济最具代表性的活动项目。

三是品质专业。未来人们在消费时更看重高品质的硬件和服务，获得令人愉悦的消费体验，在舒适放松的环境中得到精神生活的提升，找到情绪出口。

四是多方联动。夜间经济发展不能局限于一两座城市的夜游品牌、一座城市的夜游不能墨守于某一片区的繁荣。如与弘阳广场、印象汇、大洋百货等商业综合体联手推动，创新夜间经济业态模式、丰富夜间消费场景、优化夜间营商消费环境、点亮夜间经济地图，共同开启"夜购""夜娱""夜食""夜游""夜读""夜健"全方位融合的夜经济 3.0 时代。

11.5.3　打造高质量的产品—经营者—环境体系，提升夜间经济的魅力

第一，所有参与夜间经济活动的产品销售者、服务提供者，都要保证他们提供的产品、服务是健康的、卫生的。任何消费交易在产生纠纷的时候，政府都能及时找到相应的人员，做到产品服务有据可查、有源可溯且有人负责。为做到这一点，可借鉴电子商务、电子政务中的一些做法。比如，从事夜间经济的经营者、服务提供者，必须实行注

册备案。这种注册备案可以是电子注册备案,扫一扫二维码就能迅速完成,而不需要长时间的申请、登记与注册。

第二,夜间经济的经营者必须遵守诚信、友善、合法、守序的良好职业规范。新时代的夜间经济,要有新时代的气象。江北新区政府可以为每一位经营者建立电子档案,针对经营时间长短、顾客是否投诉、提供的产品服务质量好坏、服务的态度等,建立商家诚信档案。每个月,在相关的显著位置,以电子显示屏的形式,将文明、诚信、守法、优秀的商家、摊位信息以及不诚信、不友善、不合法、不守序的摊位信息向社会公布。对诚信记录严重不良者,应及时取消其经营资格。

第三,夜间经济的经营环境,要成为干净、卫生、健康、有秩序、有规范、有品位的经营场所。在夜市经营的每一位商家,都应该负有保持经营环境干净、整洁、卫生、健康的责任。建议每 10 个摊位或 20 个商家,可设置一位组长或者轮流组长,其职责就是保持所在经营场所的干净、卫生、整洁与健康。与之对应,政府应为夜间经济经营场所配备足够的垃圾收集员,提供环境清扫、消防防疫等基本公共服务。

第四,夜间经济经营、交易或者服务提供过程中,相关管理部门不能只注重前期监管而疏于中后期与过程监管。相关部门要做好监管服务,随机抽查公共卫生、食品安全等情况,做好防疫和及时处理投诉等工作。在经营场所的显著位置,顾客、消费者都应该能够及时方便地发现相关投诉电话、微信公众号等。经营场所应该配备相应的电子监测、监控设备,使得经营过程中的行为、交易能够有据可查。同时,维护公共安全的部门也需对夜间经济经营场所加强巡查。

11.5.4　强化科技引领,实现线上线下同步发展

科学技术的普遍应用助力夜间经济快速发展。在互联网、人工智能、大数据等技术的推动下,夜间经济的发展将具有更加旺盛的生命力和宽广的发展空间。要注重运用信息技术拓展夜间经济的发展空间,对夜间线上消费的发展给予与线下消费同样的重视,注重培育信息技术推动下夜间经济出现的新业态、新模式,采取宽容慎重的监管方式,引导其健康发展。

一要注重运用高科技提高夜间经济的品质和内涵,借助 AR(增强现实)或 VR(虚拟现实)技术,发展沉浸式文化体验项目,打造多维度的场景环境,提高消费者的体验效果。要注重线上消费与线下消费之间的协同,鼓励商家拓展线上销售渠道,促进线上与线下交易的互动发展。

二要提高技术支撑保障。加强前瞻性基础研究,增加源头技术供给,鼓励支持 5G、云计算、大数据等技术在夜间经济落地应用,形成基于云的低成本数字化夜间经济治理能力。提供有力的财税支持,精准解决中小企业或个人资金短缺难题,完善税收优惠政策。开设线上线下结合课程,提高夜间经济从业人员的技能。

11.5.5　建立夜间经济统计指标体系,定期发布夜间经济报告

一是建立夜间经济统计指标体系。积极争取文化和旅游部重点实验室的旅游数据与检测系统的技术支持,与阿里巴巴、腾讯、美团等合作,充分利用大数据手段,研究建

立符合江北新区实际的夜间经济统计指标体系，成立夜间经济数据检测中心，为城区夜间经济发展提供可靠的数据支撑。

二是定期发布夜间经济发展报告。与相关研究机构合作，定期发布夜间经济发展报告，在研判未来发展趋势，总结国内外先进经验的基础上，总结江北新区夜间经济发展现状，并指出存在的问题，为夜间经济相关从业人员提供丰富、及时的资讯。

11.5.6 挖掘文化脉络，培育文化 IP

一是充分挖掘历史文化脉络。要充分挖掘区域历史文化资源，梳理文化脉络，找准文化特色，发展与区域文化气质相符合的夜间经济。注重城市水系文化的开发，结合江北新区发展规划，打造沿江沿河夜间经济带。结合夜间经济品牌打造计划，在发展夜间经济时将文化贯穿始终，打造有品质、有情调、有烟火气的夜间经济。

二是积极培育文化 IP（知识产权）。发展夜间经济必须牢牢抓住文化这个核心，结合江北新区文创产业整体发展规划，打造符合区域特色的文化 IP，如夜经济发展集聚区充分利用"盘城葡萄"品牌，挖掘景点的历史文化内涵，打造农家集聚区，培育一批经济型酒店；充分利用杜圩湿地公园、马汊河沿岸等资源，合力在葛塘街道建设集观光、休闲、娱乐、健身于一体的特色生态农业观光休闲新景点；参照曼哈顿和伦敦西区，在文化交流区打造"城市之心"、剧场综合体等，可与阅文集团、喜马拉雅、B 站等文化龙头企业合作打造特色 IP，吸引粉丝，积聚人流，将夜间经济打造成为彰显城市形象的文化名片。

第12章 后疫情时代南京高质量发展研究

我国经济已由高速增长阶段转向高质量发展阶段，正处在转变发展方式、优化经济结构、转换增长动力的跨越关口。江北新区作为全国第 13 个、江苏省首个国家级新区，发展定位是"两城一中心"，即芯片之城、基因之城和新金融中心。在后疫情时代，省委提出了新时代江苏省要实现"六个高质量"；市委明确了聚力推进"创新名城、美丽古都"建设，以高质量发展、高能级城市、高品质生活和高效能治理，谱写高水平全面建成小康社会的"南京篇章"；区委明确提出了江北新区要锚定"三区一平台"战略定位，紧扣"两城一中心"产业方向，逐步形成特色鲜明、链条完备的"3+3"产业体系，努力走出一条创新驱动、开放合作、绿色发展的"现代化新主城"建设路径。因此，现阶段贯彻落实高质量发展的新要求，推动后疫情时代江北新区乃至南京高质量发展，需要从理论上对高质量发展的内涵、特征、支撑要素等一些基础问题进行分析，从实践上对标找差，找准江北新区高质量发展的战略方向和实现路径。

12.1 后疫情时代江北新区高质量发展的现实基础

后疫情时代，面对错综复杂的国际国内形势，江北新区乃至南京高质量发展面临着更多的挑战。从国际形势看，新冠疫情对全球经济造成巨大的冲击。一些发达国家的利率已经是零利率或是负利率，美国和其他发达国家出现经济衰退已经是必然。发达国家基于经济复苏而进行的宏观经济政策调整导致新兴经济体面临资本外流、货币贬值压力，经济下行压力加大。江苏省是外贸大省，美国作为江苏省重要的出口市场，中美贸易战势必会影响江苏省的出口贸易，尤其影响外贸转型发展。目前江苏省正处于攀升全球价值链中高端的关键发展阶段，中美贸易战也对于江苏省攀升产业链高端产生严重冲击。从国内形势看，在后疫情时代，我国经济发展面临较大下行压力。新时代新作为，江北新区乃至南京必须紧紧围绕高质量发展这一主线，加快转变发展方式、优化经济结构、转换增长动力，推动经济发展从量的扩张转向质的提升，促进经济持续健康发展。

1. 经济基础

2020 年上半年南京经济运行实现稳中向好的态势，高质量发展取得明显成效。一是地区生产总值总量持续增长。初步核算，2020 年上半年，南京实现地区生产总值 6612.35 亿元，按可比价格计算，同比增长 2.2%；二是工业生产增速回升。上半年，南京实现规模以上工业增加值 1386.24 亿元，同比增长 1.8%，连续 4 个月保持正增长，高于全省增速 0.7 个百分点；三是服务业平稳复苏。1～5 月规模以上服务业企业实现营业收入 1957.35 亿元，同比下降 4.5%，较 1～2 月降幅收窄 3.2 个百分点。金融业增加值增长 5.4%，信息传输、软件和信息技术服务业增加值增长 14.5%；四是市场零售额平稳增长。实施消费金融服务行动，发放消费券，发展夜间经济，消费市场加快回暖。2020 年上半年，南京全市实现消费品零售总额 3260.84 亿元，同比增长 7.3%。五是一般公共预算收入平稳增长。2020 年上半年南京市全市一般公共预算收入 897.08 亿元，同比增长 0.5%，较一季度提高 9.9 个百分点，增幅位列全省首位。六是固定资产投资增势稳定。2020 年上半年固定资产投资 2650.31 亿元，同比增长 4.8%，连续 3 个月保持正增长，较一季度增速提高 8.7 个百分点。亿元以上项目投资 1222.08 亿元，增长 10.4%，较一季度增速加快 4.8 个百分点。

2. 产业基础

近年来，江北新区聚焦"两城一中心"产业地标，集成电路、生命健康产业规模分别突破 500 亿元、1000 亿元，2021 年 1～9 月产值分别保持 50%、30% 以上快速增长。集成电路产业已汇聚上下游企业超过 500 家，芯片设计十强企业半数以上落户新区，生物医药领域汇聚上市企业 7 家、中国医药百强企业 5 家。今年以来新签约亿元以上项目 320 个，签约项目投资总额达 2023 亿元，新落地万向区块链等 20 个总部项目。提升产业核心竞争力，芯华章发布 EDA2.0 第一阶段研究成果，30 余项创新药物进入临床阶段，中科"麒麟刀"达到量产条件。以金融资本赋能产业发展，集聚各类金融企业近 1000 家，其中今年新增 138 家。500 亿元规模的国家先进制造业大基金、21.2 亿元规模的国家中小企业发展基金落地新区。

3. 科教基础

一是教育资源丰富。南京作为科教资源高地，高校、科研院所以及科技型企业众多，共聚集了 53 所高校、600 多家科研院所，在校大学生 83 万多人，80 多位两院院士，有 120 多个国家级研发平台和一批大院大所。从"双一流"大学全国分布情况来看，南京仅次于北京（29 所）和上海（13 所），以 12 所排名全国第三。二是重视研发投入。2017 年，南京全社会研发经费支出占地区生产总值比重、每万人发明专利拥有量均保持全省第一，跻身全国前列。2020 年上半年南京市财政科学技术支出同比增长 10.6%。25 家重点监测工业企业数据显示，上半年企业内部日常研发经费支出，委托外单位开展研发的经费支出同比分别增长 10.1%、34.1%，企业申请专利数量同比增长 11.7%。三是注重科技成果转化。南京高新技术产业开发区、南京经济技术开发区、江宁经济技术开发区等三个国家级开发区以及在宁的省市科技软件园、高校科技软件园、南京珠江路科技园区，已经成为南京科技成果转化、形成强大生产力的重要基地。2017 年南京市启动实施了"两落地一融合"工程，至今已累计签约新型研发机构 168 家，孵化引进科技企业项目 386 个，科技人员的积极性得到充分调动，高校院所的相关利益得到有力保障，有效打通了科技成果转化"最后一公里"，科技与经济"两张皮"的问题正在逐步破解。

4. 开放基础

一是深化对外开放方面的合作。在参与"一带一路"国际合作方面，南京市通过全面落实国家"一带一路"建设总体部署，以文化沟通促进"民心相通"，至今南京共组织

24 批次、350 余人次与"一带一路"沿线 20 个国家和地区进行文化交流互访活动,进一步拓展与"一带一路"沿线国家和地区的交流合作。近年来,南京市积极推动"一带一路"建设文化先行,利用南京丰富的历史文化资源,通过文艺演出、书法绘画、非遗展演、文物修复、图书版权等多元形式,不断深化与"一带一路"沿线国家和地区的文化交流。二是持续提高对外开放水平。南京综合保税区、南京空港跨境电子商务产业园等一批开放平台获批运行,16 条国际航线、南京的中欧集装箱货运班列开通运行,新加坡南京生态科技岛、南京空港经济开发区获批为省级开发区。三是更加优化对外贸易结构。2019 年南京服务外包综合排名全国第一,国际经济技术合作迈上新台阶。2020 年上半年,南京市进出口总额 2298.93 亿美元,同比增长 6.9%,较一季度增速提升 8.2 个百分点。其中,出口 1393.66 亿元,增长 8.5%;进口 905.27 亿元,增长 4.6%。

5. 公共服务基础

一是社保覆盖率较高。2019 年南京城乡基本养老保险、医疗保险和失业保险覆盖率均保持在 98% 以上,企业退休人员月人均养老金水平提高到 2908 元。2020 年上半年,新增缴纳社保的大学生就业人数同比净增 5.56 万人,增幅创历史新高。二是住房保障进一步加大。累计完成棚户区改造 1696 万 km²,竣工各类保障性住房 2058 万 km²,受益居民 18.8 万户,既有住宅增设电梯取得突破性进展,为 3.87 万名高校毕业生发放租房补贴。三是公共医疗保障进一步加大。2020 年上半年南京市基本公共卫生服务项目补助标准提高至 90 元/人,城镇居民基本医疗保险和新型农村合作医疗财政补助标准分别提高至 570～650 元/人、740 元/人。

12.2　构建后疫情时代江北新区高质量发展的政策体系

在新时代背景下,南京将不遗余力地加速推动高质量发展,在全面开展建设社会主义现代化新征程的"江苏方案"中贡献"南京样本""江北样本"。推动后疫情时代江北新区乃至南京的高质量发展应瞄准现实中的发展不平衡、不充分问题,建设创新名城,激发创新动力;积极打造产业地标,构建四位协同的现代产业体系;高水平发展枢纽经济,提升南京城市首位度;推进城市国际化,形成开放新格局;优化营商环境,提高城市吸引力。为此,需要构建后疫情时代南京高质量发展的政策体系。

12.2.1　精准发力实施有效的产业政策

1. 加强现代产业协同发展

健全产业政策与创新、财政、金融、人才、土地政策的统筹协调机制,加快建设实体经济、科技创新、现代金融、人力资源协同发展的产业体系。要聚焦新一代信息技术、智能电网、节能环保、高端装备制造、新材料、生物医药和医疗器械、新能源汽车等战略性新兴产业,《南京市打造千亿级智能制造装备创新型产业集群行动计划》出台实施数字经济、"三新"经济发展规划,编制新一代人工智能发展专项规划,推动新一代信息技术产业发展。加强产业发展战略规划研究,建立新技术新产业跟进研究机制,提升新技术新产业战略布局能力。

2. 加快新旧动能转换

完善去产能刚性约束机制。制定实施产业退出目录清单,关停和淘汰能耗、环保、质量、安全、技术达不到标准的产业和企业。强化司法、工商、税务等部门配合,完善"僵尸企业"出清重组机制。建立传统产业发展监测预警机制,防止形成新的落后、过剩产能。加快制造业转型升级,打造产业地标,加快发展先进制造业产业集群。制定实施 3 年技改行动计划,实施普惠性政策支持,持续推动企业智能化、网络化、绿色化改造和扩能增效。开展服务型制造示范工作,重点在供应链、产品全生命周期等领域遴选一批服务型制造示范企业项目和平台。积极发展生产性服务业,加强互联网、人工智能、大数据与实体经济深度融合,开展工业互联网标杆示范应用推广,支持企业"上云上平台"。在重点行业加快实施"机器换人"。

3. 着力建设"芯片"之城,打造生命健康产业发展高地

江北新区将着力推进强链补链,重点确保集成电路、生命健康产业产值保持 50%、30%增速。做大"两城"规模。推动 63 个产业链重大项目加快落地,高标准办好生命健康科技大会等推介活动,确保全年新增"两城"企业 200 家,规上企业 180 家。依托光电子重大平台和生物医药龙头企业,加速壮大信创、精准医疗、创新药物等优势产业。做强金融支撑。聚焦科技金融新业态,力争年内集聚各类基金超过 200 家,资本管理规模超 6000 亿元。完善绿色金融政策体系,探索碳金融发展路径,加快"数贸之都"建设。做优传统产业。引导新材料科技园完成 10 家低端低效化工企业关闭退出,着力提升园区本质安全和绿色发展水平。

12.2.2　努力将科教资源转化为创新资源的创新政策

1. 深化科技体制改革

南京科教资源非常丰富,要深入推进全面创新改革试验,在科技管理体制、科技成果转化等领域先行先试,形成一批可复制可推广的经验。深化科研项目管理体制改革,赋予科研人员更大的人财物支配权、技术路线决策权,加快出台相关政策,解决科研人员课题申报、经费管理、人才评价、成果收益分配等方面的问题。完善产学研协同创新机制,明确企业、高校、科研院所在创新链不同环节的功能定位,改革政府科研投入模式,整合科技创新规划和资源,努力向主要由市场决定技术创新项目和经费分配、评价成果的目标迈进。深化经营性领域技术入股改革,组建南京市重大科技成果产业化和重大科技专项创业投资的母基金。完善政府采购支持创新产品政策。

　　2. 加强高层次人才培养吸收利用

　　强化人才第一资源对支撑高质量发展的作用。加大高端人才引进力度，制定人才发展促进条例，落实博士和博士后人才创新发展政策措施，实施高层次人才安居工程，完善子女入学和医疗保健服务政策。提升人力资本素质，促进高等教育补短板、强特色，加强职业技能培训。完善人才评价激励和服务机制，弘扬劳模精神和工匠精神，在荣誉称号、物质奖励、薪资体系等方面加强改进，让工人技师也有地位及崇高的身价。

　　3. 鼓励开展科技创新国际合作

　　制定实施高技术企业提质计划，出台新一轮支持企业研发机构建设的激励性政策。出台加强基础研究与应用基础研究的意见，建立财政支持的稳定支持机制。贯彻落实苏南国家自主创新示范区建设方案，优化科研基础设施，推动科技创新人才往来、财政科研资金使用、科研仪器通关等便利。制定关键核心技术基础研究攻关行动方案，建立企业主导的共性技术创新平台，聚焦新一代信息技术等战略性新兴产业领域，攻克若干关键共性和前沿引领技术。统筹利用全球科技创新资源，大力吸引国际高端创新机构、跨国公司研发中心在南京落户，支持企业建设海外人才工作站、境外研发中心。

12.2.3　更高水平的对外开放政策

　　1. 打造国际一流营商环境

　　深化"放管服"改革，扩大商事制度改革效应，优化营商环境，降低企业制度性成本，增强投资吸引力和竞争力。推进行政审批制度改革：制定行政审批事项标准规范，在投资项目审批领域实行"容缺受理"制度，试行信任审批模式，打造建设工程项目审批"高速公路"，实施并联办事、集成办理，构建科学的监管职责体系，强化信用监管，搭建统一信用信息平台，将企业信用纳入信贷审批、政府采购、工程招投标、国有土地出让等工作的审批程序。提高营商便利化水平：对标国内外一流营商环境，促进南京政府服务标准化、规范化、透明化，推进审批服务向"马上办、网上办、一次办"完善，优化外商投资企业登记备案流程，减少备案时间，为企业开办、成长和退出提供"一条龙"和"一站式"服务。打造"数字政府"：应用大数据、云平台、人工智能等先进技术，建设"智慧南京"，建立统一安全的政务云平台、一体化网上政务服务平台及大数据中心，提高服务效率。

　　2. 构建资源高效配置的市场机制

　　建立金融服务实体经济的长效机制：发展利用多层次资本市场，推动各类优质企业规范改制和发行股票上市。深化政府投资，运作市场化改革，完善担保、风险补偿等扶持政策。加快绿色金融创新发展，逐步提高制造业融资、工业转型升级项目融资、中长期技术改造项目融资占比。完善主要由市场决定要素价格机制，强化竞争政策基础性地位：分类实施国有企业等垄断行业改革，推进水、电、气、流通等重点领域改革，破除各种形式的垄断和市场壁垒，完善市场决定价格机制。推进农村集体产权制度改革，引导土地经营权有序流转，促进土地资源高效配置。

3. 加快外经贸转型升级

创新参与"一带一路"交汇点建设，强化完善企业"走出去"服务保障和风险防控体系，设立一站式服务平台，构建完善信息、法律、知识产权等专业咨询服务体系。创新境外经贸合作区发展模式，推进龙头企业等牵头建设境外经贸合作区，制定合作区认定考核和扶持办法。提升枢纽经济能级，申报国家临空经济示范区，拓展航空、高铁、水运网络，构建全方位国际物流大通道。培育外贸新业态、新模式，加快建设国家跨境电商综合试验区，支持建设一批进口商品集散地和分销中心。进一步支持转口贸易、离岸贸易、维修检测、研发设计等国际业务规范快速发展。提升利用外资结构和水平，引进一批高质量、强带动的外资项目。推动江北新区申报自由贸易试验区，对接国际高标准投资贸易规则体系，简化外商投资负面清单，打造国际贸易"单一窗口"。

12.2.4　优化城乡区域协调发展的区域发展政策

1. 全面提升城镇化发展质量和城乡区域协调发展水平

持续推动农业转移人口市民化。进一步放宽户口迁移条件，深入实施居住证制度，提升常住人口基本公共服务水平，全面落实支持农业转移人口市民化财政政策，制定实施城镇建设用地增加规模与吸纳农业转移人口落户数量挂钩政策，加大"人、地、钱"挂钩配套政策力度。

南京接下来除了全面完成国家新型城镇化综合试点任务，还应加快提升新型城镇化和城乡发展一体化质量，让城市空间格局和生产力布局更加合理，历史文化名城保护更加科学，现代基础设施体系更加完备，城市管理科学化水平显著提升。同时，应当优化发展空间布局，推进南北区域优势互补，融合互动，提高城镇化质量和城乡一体化水平。南京作为省会城市，在强化首位度的同时，也应与江苏各地市互补、互动、融合发展，并进一步提升城乡一体化发展水平。

2. 提高城市群质量和核心城市竞争力

加快行政区经济向城市群经济转型，将都市圈作为城市群建设突破口，研究布局一批中心城市。提高城市发展质量和治理水平。加快建立多主体供给、多渠道保障、租购并举的住房制度，实施棚户区改造攻坚行动。

南京作为扬子江城市群的核心城市，处于对外开放前沿，是高端生产要素跨境流动的门户。应当创造良好的创新环境，培育开放、包容、多元的创新文化以及完善的产学研创新体系。营造高度开放的社会氛围、实现高端要素的集聚更有利于孵化创新型企业。在大力提升城市首位度的同时，不断增强南京作为扬子江城市群核心城市、长三角区域中心城市的扩散效应和辐射带动能力，通过示范作用、外溢效应带动周边中小城市发展，进一步健全长江经济带门户城市功能。

3. 分类有序推进乡村振兴

推动农村土地制度改革尽快取得实效,健全适合农业农村特点的农村金融体系,加快建立以"绿箱"政策为主的新型农业支持保护政策体系。加快清除阻碍要素下乡的各类障碍,完善各类新型农业经营主体扶持政策。

南京应当坚持把基础设施和社会事业发展的重点放在农村,分类推进村庄规划建设,推进小城镇环境改善,大力保护历史文化名镇名村,培育一批美丽宜居村庄。通过发挥特大城市、中心城市功能带动中小城镇发展。加快构建都市型现代农业体系。重点抓好优化现代农业产业结构,提升现代农业综合生产能力,推动农业科技强农兴农,完善现代农业经营体系,加强农产品品牌和质量安全建设,推进农业生态保护和修复等工作,加快打造全国都市现代农业示范区、全省农业现代化先行区、长三角地区农业科技创新中心,当好全省现代农业发展排头兵。

12.3　后疫情时代江北新区高质量发展的制度保障

推动后疫情时代江北新区高质量发展,要坚持顶层设计和整体推进,以统计体系及时准确反映高质量发展进展情况,以绩效评价和政绩考核形成有效激励约束;要突出重点工作,牢牢把握高质量发展的"牛鼻子",按轻重缓急、分阶段动态实施;要坚持因地制宜和从实际出发,结合不同区县、不同领域、不同部门、不同主体的实际情况,合理规划差异化的发展路径。

12.3.1　形成高质量发展统计体系

江北新区相关部门应该对照国家、省推动高质量发展指标体系,完善统计分类、监测、调查实施和执法监督,进一步提高统计数据质量,全面准确反映高质量发展情况。进一步完善统计分类,抓紧研究制定修订战略性新兴产业、新产业新业态新商业模式、生产性服务业、高技术产业、清洁生产产业等统计分类标准。加快推进现代化统计调查体系建设,完善统计体制机制,研究制定部门间统计数据共享办法,建立以常规统计调查为主、大数据应用为补充的统计调查新机制,加快统计云建设。健全统计监测制度,健全"三去一补一降"统计监测,完善产品产能利用率、库存等统计,完善"三新经济"统计监测,健全新兴服务业统计,完善科技创新链各环节的统计。

12.3.2　开展高质量发展的绩效评价

坚持客观公正,注重公开透明,进一步完善干部考核评价机制,把推动高质量发展相关绩效考核评价作为地方各级党政领导班子和领导干部政绩考核的重要组成部分,更好发挥对推动高质量发展的激励导向作用。进一步明确考核导向和考核内容,基于国家、江苏省高质量发展指标体系,江北新区商务局牵头制定高质量发展考核内容和评价办法。南京市委组织部完善干部考核评价机制,改进考核方式,将推动高质量发展情况作为评价干部政绩的重要内容,激励干部担当作为,树立鲜明的用人导向。实施差异化考核,根据不同区县、不同层次、不同类型的领导班子和领导干部的职责要求，参照高质量发展指标体系，设置各有侧重、各有特色的考核内容和指标。

12.3.3　推动高质量发展的制度环境

进一步形成有利于促进高速增长转向高质量发展的制度环境。处理好政府与市场的关系，进一步转变政府职能，减少对经济活动特别是产业升级方向、方式以及产业优胜劣汰与重组等的直接干预，进一步采取措施改善市场秩序，为优质优价、优胜劣汰创造有利的市场环境，进一步深化重点领域的改革，包括土地制度、国企改革、金融改革、干部制度改革等。营造有利于体制机制创新的环境，建立容错纠错机制，把握"三个区分开来"的要求，激励干部敢闯敢试。江北新区宣传和统战部要及时总结推广、宣传先进标杆，营造良好舆论氛围。形成狠抓落实的工作机制，江北新区管委会督查办要定期组织专项督查，对完成情况较好的区县和部门予以通报表扬，对工作落实不到位的，按有关规定处理。

12.3.4　落实高质量发展的组织保障

围绕提高政治站位、建强基层组织、树立鲜明用人导向、提供人才支撑，构筑推动后疫情时代南京高质量发展的组织保障。强化党委领导、政府负责，成立南京江北新区高质量发展领导小组，全市及各区县各部门主要负责同志担负推动后疫情时代南京江北新区高质量发展走在全国前列的第一责任。各牵头单位要统筹推进、跟踪总结工作落实情况，每年 12 月底前向高质量发展领导小组及市委、市政府归口部门报送当年工作完成情况。各参与单位要全力配合，加强信息共享，形成部门联动工作格局和强大合力。

第三篇　绿　色　篇

第13章　江北新区建设新金融中心先行先试的思路研究

13.1　江北新区建设新金融中心背景

为吸引各类金融机构集聚，全力打造全国一流的新金融中心，江北新区于2018年出台《南京江北新区加快建设扬子江新金融集聚区的若干意见(试行)》，从金融企业落户奖励、办公用房支持、经济贡献奖励，到金融高端人才引进、金融项目创新支持、投资风险补偿都明确了支持政策，形成全链条的扶持政策体系。

从定下建设"两城一中心"目标开始，江北新区就明确要以资本为支点，撬动产业发展，以新金融中心助推"两城"建设。自批复以来，落地江北新区的各类金融机构937家，基金管理公司517家，管理规模5000亿元。2021年5月，江北新区宣布投入200亿元成立母基金，整个"十四五"期间计划投入500亿元打造新金融中心，以带动新区产业发展。江北新区正充分利用国家级新区、自由贸易试验区双叠加的特殊优势，聚力打造新金融中心，构建金融与实体经济相互促进的良性循环局面。

13.2　国内外金融中心建设的经验启示

13.2.1　上海国际金融中心建设

上海金融市场要素完备度居全国第一，金融市场改革大多在上海先行先试，在新金融中心建设方面有很强的参考意义。近年来，上海国际金融中心建设取得重大进展，创造了全球国际金融中心建设的一个奇迹。以我国经济实力为支撑，以长三角和国内为腹地，以服务"两个一百年"奋斗目标和新发展格局为己任，以人民币资产配置为特色，面向全球的上海国际金融中心正悄然崛起。按照全球金融中心指数(GFCI)的排名，上海从2009年3月的第35名一路上升到2020年9月的第3名。2005年中国人民银行上海总部成立，接着中国人民银行又陆续把银行间市场清算所、票据交易所、跨境银行间支付清算有限责任公司等机构设在上海，加上原有的中国外汇交易中心、中国银联、上海黄金交易所、中国人民银行征信中心等金融基础设施，促使全国金融要素市场进一步向上海集聚，推动上海股票、债券、同业拆借、票据、黄金等市场发展。

13.2.2　雄安新区金融中心建设

作为2017年设立的国家级新区，雄安新区开发建设的初心是成为北京非首都功能疏解集中承载地，金融机构是重点承接的非首都功能，并形成实体经济、科技创新、现代金融和人力资源协同发展的现代产业体系；而江北新区地处长江经济带和上海国际金融中心的辐射区，两者在区位优势上有相似之处。

　　自设立以来,雄安新区城市发展加速,逐步承接京津企业,产业结构向高端迈进;区块链开始应用于城市建设,基础设施数字化、项目工程信息化付诸实践;京雄高铁开通在即,交通一体化初见规模。雄安新区作为构建京津冀世界级城市群的切入点,正在逐步发挥调整区域空间结构、拉动经济高质量发展的重要作用。区域发展和崛起离不开强大的金融作为支撑,金融协同是区域协同的高级阶段。《京津冀协同发展规划纲要》对三地金融产业布局和功能定位作出了顶层设计,明确要强化北京金融管理、天津金融创新运营、河北金融后台服务功能。与京津相比,河北省高端金融资源缺乏、金融发展程度落后的现状,影响着京津冀协同发展的进程。雄安新区要建设成为京津冀世界级城市群的重要一极,首先要在金融领域发力,确立金融先行的理念,补齐金融资源、发展能力等短板,建成与京津错位发展、功能互补的国际金融中心,进而打造京津雄国际金融中心圈,以服务京津冀协同发展,提升京津冀区域的整体实力和竞争力。

13.2.3　伦敦国际科技创新与金融双中心的建设经验

　　在现阶段三大国际金融中心的伦敦国际大都市发展历史是最为悠久的。17世纪末伦敦还只是英国的贸易中心,并没有成为国际性的科技创新与金融中心。而在英法战争结束之后伦敦对世界贸易进行融资,采用国际汇票的机制来使其成为一个资本融合的中心。之后工业革命的诞生为英国的发展与进步提供了极为重要的科技创新基础,而在此之上为其积累了十分雄厚的经济基础,因而伦敦逐渐成为当时的世界科技与金融中心。伦敦的科技创新以及对相关金融市场进行的大改革,解除了金融相关方面的管制,为其发展提供了必要的支持。为加强伦敦国际科技创新与金融中心的地位,伦敦市场在欧洲的货币市场以及债券市场等方方面面进行相关性的金融创新,同时还积极号召当地的技术研发机构与相关研究所进行不断的科技创新、自主创造,以科技产品带动经济的发展,从而推动证券市场的进步。在相关科技创新与金融政策实行后,伦敦的投资银行以及相关的经纪公司的构成以及所有权发生了巨大的变化。在科技创新方面,尤其重视人才的培养与相关激励政策的实施,这从教育及相关的研发机构数量等方面就能体现出来。科技创新与金融两个行业都对知识密度有很高的要求,因此人力资本方面则是现代科技与金融行业的关键要素。伦敦作为国际化大都市,对于多样化的专业型人才及灵活的劳动力市场有着较强的需求,这一需求也为科技创新奠定了基础。

13.3　江北新区建设新金融中心的科学定位

13.3.1　与上海金融中心对接,实现区域协调发展

　　从圈式金融中心形成的理论路径来看,经历了集聚—扩散—分工—整合后,金融资源沿着网络体系流动和配置,每个节点(金融中心)的优势都得以发挥,而且节点(金融中心)间的联系和互动越来越密切,这种发展模式既有利于提升领袖型金融中心的竞争力,也有利于带动支撑型和支点型金融中心的成长,从而促进区域整体竞争力的大幅提升。

在这一趋势下，金融中心的圈层发展模式在金融集聚方面将产生网络效应，即在原有基础上每增加一个节点，节点间联系都会出现成倍增加的情况，参与到网络中的成员数量越多，关系越密切，金融网络集聚效应就越明显。同时，网络体系会增强网络成员的相互依存性，提高其个体效率与存在价值，从而提升整个网络的效率和价值。伦敦的金丝雀码头是"新金融城"的典范，在金融城地价高涨的情况下，许多金融机构纷纷迁入新开发的金丝雀码头；随着"金融大爆炸"改革和金融城权力下放，伦敦城外的克罗伊登、布罗姆利和赖盖特三个卫星城市也出现了比较明显的金融集聚现象，形成与内伦敦城合理分工、业务垂直关系的次级金融中心。

南京江北新区建设要坚持规划先行、改革先行、法治先行和生态先行，积极参与长江经济带和"一带一路"建设，更加注重自主创新，推进新型城镇化建设等。长三角一体化进程加快，有利于江北新区更好地承载上海国际金融中心的溢出效应，有利于通过区域金融政策协同、改革协同和创新协同提升金融发展水平。在扩大对外开放合作方面，江北新区应与上海浦东新区、浙江舟山群岛新区、中国（上海）自由贸易试验区等联动发展，逐步建设成为自主创新先导区、新型城镇化示范区、长三角地区现代产业集聚区、长江经济带对外开放合作重要平台，而南京江北新区的发展将自此全面提速。

13.3.2　聚焦两城一中心建设，与金融高地错位发展

不同类型的国家级新区在经济发展、人口集聚、土地利用变化等方面存在显著差异。经济发展包括经济总量和产业结构的变化，经济总量的增加引起经济实力的增强，产业结构的调整则带来城市产业布局的变化。上海浦东新区与南京江北新区在发展水平、阶段、历史、区位、行政职权等方面都有很大差异，但两大国家级新区在不同时代背景下承载着相同的使命，也就是在特定领域开展改革创新的试点，将新区打造成为全方位扩大对外开放的重要窗口、创新体制机制的重要平台、辐射带动区域发展的重要增长极、产城融合发展的重要示范区。与发展较为成熟的浦东新区相比，江北新区在尚未得到国务院批复之前，已经沿着国家级新区的发展路径做了大量的前期工作，但江北新区在改革创新、辐射带动、产城融合等方面仍处于起步阶段。

江北新区通过对产业发展趋势的研究，确立了芯片之城、基因之城和新金融中心的"两城一中心"产业定位，占据产业发展的制高点。成立五年来，江北新区坚持以实体产业为基础，不断提升基础设施建设水平，加强产业培育引导，加速聚集创新资源，行政审批更加高效，高端人才不断涌入，经济实现了快速增长，产业体系加速形成。在生命健康、集成电路产业已经开始形成行业影响力，新金融中心建设也在不断推进。当前发展形势下，与江北新区一江之隔的南京河西金融城正如火如荼地建设，几百公里外的上海浦东新区更是有着天然金融资源优势。因此，要充分发挥国家级新区的政策和体制优势，集中全省力量，在江北新区建设与上海金融中心错位发展的扬子江新金融集聚区，努力打造具有强大资本吸纳能力、产融结合能力和创新转化能力的全国一流新金融中心。在布局传统金融的同时，江北新区还应该重点发展新金融业态，形成完整的产业生态。

13.3.3 发展新金融业态

在人工智能、大数据、区块链、云计算等科技高速发展的阶段,新金融越来越显出重要性。而江北新区应该抓住契机,在省市支持创新创业的政策基础上,打造成为新金融高地、创建金融机构集聚区,集聚长江经济带城市群经济圈财富资本,并通过发展股权投资、民间资本管理、互联网金融、股权众筹等新金融业态,投向实体经济重要领域,实现金融与实体经济良性互动,形成在长江经济带城市群经济圈具有一定影响力的特色金融产业集聚区。

1. 发展普惠金融,助力中小微企业

金融机构应当创新服务理念,采用差异化的方式推进普惠金融。结合不同的服务主体和对象,制订有针对性的服务策略,例如在对中小微企业提供贷款业务时,应将中小微企业未来的经营状况、资金流动列入考察范围,适当放宽还款期限,根据企业经营周期灵活地调整不同时期的贷款利率;针对"三农"问题,应当对抵押贷款时抵押标的物创新,根据实际价值,扩大相应的抵押物范围,降低贷款利率,切实减轻农民负担。当然,企业发展的关键还在于自身。从长远发展来看,金融机构不仅要为企业"输血",还要协助企业实现自主"造血"。一方面,需要完善授信审批绿色通道,优化信贷业务办理条件和流程,扩大适用范围,增加限时承诺,帮助企业资金良性循环;另一方面,也需要提升企业自身融资能力,研发定制化信贷产品,让金融活水畅流产业链供应链,助力企业培育内生动能。

2. 发展绿色金融,实现可持续发展

为实现江北新区向绿色、一流的方向发展,有必要积极发展绿色金融,丰富新区绿色金融工具,通过政策激励、财政补贴手段发展绿色金融,江北新区作为建设初期的"一张白纸","一张白纸好画图"正是区域实现绿色发展、创新发展的机遇,虽然建设初期经济薄弱,但作为我国经济改革中的"千年大计",其初始的发展方向是符合绿色的指标,即使初期发展速度缓慢,但正如唯物辩证法发展观:事物的发展是一个过程。"罗马不是一天建成的",为了江北新区长远发展,必须调动当地发展绿色金融的内在动力,从多渠道发展绿色金融。现有的主要金融机构为银行业,而资金流向是制约当地经济发展的风向标,从这个角度来看,当前开展绿色信贷业务是建设绿色江北的最佳选择。当地的"土著"企业多以"小散乱污"为主,银行开展绿色信贷业务,完善绿色信贷评价指标,对重污染、高排放企业严格限制放贷,倒逼企业改革,实现外部成本内部化,以制约污染企业扩大化。

3. 发展数字金融,保障基础设施建设

江北新区应加快推进数字金融基础设施建设,增强网络扩容和网络通信能力,让新区范围内实现网络通信的全覆盖,进一步拓宽数字金融服务新区的范围。加强数字加密技术、支付技术等金融信息技术研究与应用推广。完善支付清算体系建设，保障数字金融服务的安全性、广泛性和可靠性；健全金融消费权益保护机制，高效解决金融消费者的投诉问题，确保数字金融服务的可持续性。促进各职能部门信息资源公开化，在保证绝对数据安全的前提下，整合信息资源构建可以共享的大数据库，打破"信息孤岛"的壁垒。特别是要搭建新区政府与银行数据信息共享平台，提高数字金融服务新区的准确性和便利性。积极推动新区内证券公司、小额贷款公司等非银行金融机构对接国家金融信用信息基础数据库，参与全国统一信用信息平台的搭建，促进新区金融信用体系建设。

13.4　江北新区建设新金融中心先试先行的政策建议

13.4.1　普惠金融发展政策建议

江北新区是中国(江苏)自由贸易试验区之一，作为中国经济改革的重要先行试验区，其产业结构和中小企业发展与普惠金融定位具有一致性。小微企业是经济发展的重要推动者，然而现实中却普遍面临严重的金融排斥，这严重阻碍了企业的优化升级。因此，需要多措并举推进普惠金融业务发展。

1. 科技助力普惠金融发展

近年来，随着互联网技术和其他辅助技术(如区块链技术、大数据技术等)的发展，金融领域也迎来了变革。这一现象拉近了"弱势群体"与金融服务的距离，降低了金融服务的门槛，同时为探索金融产品与服务的更多可能奠定了基础。以大数据技术在普惠金融领域的应用为例，大数据平台能够实现有效信息收集的多样化，有助于拓展客户信息的多元分析，使得提供服务的金融机构能够在原来的基础上更好地利用数据，充分发挥信息筛选和风险识别作用。此外，大数据科技能够高效率地挖掘和收集客户的征信数据，全方位、多角度地了解中小微企业的经营现状和信用等级，从而提升普惠金融资金的配置效率和服务质量。例如，可运用大数据和征信数据库进行金融风险管理，随着手机客户端越来越受欢迎，手机移动支付在我国的普及率较高，普惠金融业务也应大力推进手机客户端的功能开发与完善，获得更广阔的发展平台。

2. 改善普惠金融支持创业的外部环境

一方面，提升居民金融素养。为提高居民及企业对网络骗局辨识能力，减少对数字普惠金融的自我排斥，金融机构可联合高校或其他社会组织，成立普惠金融的专业技能培训组织，实现对普惠金融基础知识的民间普及和相应技能培训；另一方面，持续加强普惠金融对企业科技创新活动的支持力度。对于企业的科技创新活动，实施专门的财政资金补贴及免抵押等金融服务。如果企业本身属于高技术企业，则可将优惠范围进一步扩展到其产品的生产投入、市场销售等环节，为企业创新营造良好氛围。政府、金融机构以及相关部门要完善关于普惠金融的法律法规、监管体系，加强支持力度、执行力度、监管力度，为普惠金融的发展营造良好的外部环境。

3. 发挥政府财政支持的作用

普惠金融作为金融制度的创新，可以增加中小微企业实际获得资金的机会，这与我国进一步缓解相对贫困事业目标是相契合的。财政资金在发展普惠金融过程中的导向性功能不可忽视，要充分运用财政资金撬动、引导多元化金融资本帮扶中小微企业。同时还应该创新财政支持方式，将财政支持深入直接融资、信用担保、数字普惠金融等领域，实现金融资金供给由传统金融向多层次数字普惠金融体系可持续性"造血"转变。结合政府政策，积极推进政府与普惠金融项目，各个普惠金融项目之间联动与合作，参考其他国家的相关办法，建立以政府部门为主体的信用担保，有效解决相关个体、中小微企业融资困难、物品抵押困难等常见问题，扩大普惠金融的服务对象，真正意义上使弱势群体享受到普惠金融带来的利益。

13.4.2　绿色金融发展政策建议

江北新区地处长江经济带和长三角经济圈的交汇处，坚持以绿色金融和绿色产业共谋绿色发展为主线，着力打造绿色、智慧、宜居的新区，助推长江经济带和长三角地区高质量发展。高质量发展迫切需要绿色金融支持，江北新区作为我国人口最多的国家级战略发展新区，走绿色高质量发展的道路，是江北新区的必然选择，这也迫切需要绿色金融的大力支持。

1. 实施绿色发展战略

在法治建设上，江北新区应将生态建设和绿色发展提升到战略高度，制定和完善适合江北新区绿色金融发展的有关法律法规，同时，明确规定环境参与者应承担的责任，强化激励和约束政策，使金融机构主动承担起保护环境和推行绿色金融责任。在绩效考核上，江北新区要创新和完善绿色绩效考核体系，增加生态环境保护考核权重，摒弃片面追求经济总量和增长速度的思维模式，强化生态环境污染追责制度。在宣传教育上，要对开展绿色发展宣传和绿色金融教育提出明确目标和工作要求，金融机构要主动配合向社会公众和市场主体广泛宣传绿色发展理念和绿色金融等政策法规和优惠措施，扩大绿色金融的社会影响力和市场接受度。

2. 建立绿色金融衍生品市场

江北新区要进一步借鉴国际经验和方法，探索建立绿色金融衍生品交易市场，如发展各种碳金融衍生品，开发推出绿色股票指数衍生品，引导社会资金投入绿色金融衍生品交易。目前，中国发行的绿色债券量占同期绿色债券发行量的 40%，已经成为全球最大的绿色债券市场。在国际上，绿色债券发展也是极为迅猛的，2013 年 11 月，法国电力公司（EDF）发行了 19 亿欧元的绿色债券；2014 年 3 月，联合利华和丰田汽车分别发行了 2.5 亿欧元和 17.5 亿美元的绿色债券；2014 年 5 月，法国苏伊士运河集团发行了 25 亿欧元的绿色债券。江北新区在地铁、新能源等方面发展绿色债券的市场潜力很大，应积极利用我国绿色债券市场，大力发展芯片、基因、新能源等绿色企业债券。此外，还应该建立强制性绿色保险制度。发达国家在环境方面的法律法规比较健全，环境执法力度比较强，企业和股东为了避免未来可能面临的法律责任，往往自愿到保险公司购买环境责任险。江北新区存在一定的污染企业，且距离居民区较近，有必要建立绿色保险制度，特别是在环境高风险领域。因此，江北新区需要建立绿色金融衍生品市场，深化绿色金融示范区的建设。

3. 积极推动产业转型升级

江北新区要坚持绿色发展战略，逐步淘汰落后产能，积极推动传统制造业转型升级。结合重点产业发展，江北新区可积极推动云计算、大数据、移动互联网和物联网等与现有产业结合，探索绿色金融新模式，引导和优化社会投资，推动产业升级。基于南京"两城一中心"的特殊规划，即将江北新区打造成"芯片之城""基因之城""新金融中心"，江北新区已然是未来城市发展的重中之重，江北新主城与江南主城将共同辐射周围地区，带动周边经济的发展。同时，江北新区还出台一系列文件突出生态保护工作绿色发展，生态保护的理念符合江北新区自身的定位要求。以金融创新推动绿色产品市场发展，有助于传统农业、制造业等进行转型升级，从而在保证经济快速平稳发展的同时，有助于实现经济增长向高质量靠齐。为了切实履行中国政府对《巴黎协定》的承诺，贯彻落实新的绿色发展理念，我国应该加快创新绿色金融体制机制，提高对生态环境的改善力度，支持对资源更节约高效的利用。绿色金融服务产业的转型升级，不但能够促进生态文明建设，还对促进经济结构调整，转变经济发展方式具有重大而深远的意义。

13.4.3　数字金融发展政策建议

近年来，数字金融在江北新区已经得到了蓬勃发展，但仍处于初创和先期探索阶段，从数量和层次上仍无法满足企业融合的迫切需求，导致很多企业特别是一些传统行业企业在进行转型升级、融合促进方面存在融资难问题，在数字金融与实体经济融合发展方面还有较大差距。因此，继续探索数字金融的创新发展势在必行。

1. 推动企业创新，构建现代产业体系

把创新摆在更加突出位置，通过智能改造、培育试点和融合发展，采用多种手段和方式，推动经济实体形式创新、产业模式创新和发展方式创新。积极推动江北新区有条件的企业开展智能化改造，对于能够由机器完成的进行替换，加大财政扶持资金，推动有基础的企业实现工业技术改造，引导企业改造或购买新型流水线设备，引进新型工业机器人，有效实现传统制造业转型升级。同时积极推进产业空间布局调整，加快推动高新区、化工园、海峡两岸科工园以及浦口、六合开发区等重点园区产业转型和功能提升，促进主导产业在空间、资源等方面的有效集聚。进一步聚焦主导产业，结合江北新区产

业基础及资源禀赋，构建以大数据、人工智能为支撑的现代产业体系，即大力发展智能制造、生命健康、智能装备制造等先进制造业，以及现代物流、科技服务等生产性服务业，全力培育壮大集成电路、智能芯片、生物医药、大数据产业园等千亿级产业集群。

2. 建立人才培养机制，健全智力支撑体系

按照国家对江北新区的定位和要求，围绕转变政府职能，把人才工作立足点转到促进自主创新、促进重点行业发展上来，把人才政策聚焦到核心企业、核心人才上来，以大数据、人工智能产业集群增强人才集聚力，以制度创新激发人才创造力，提升人才竞争力。一是建立人才培养机制，针对大数据、人工智能与实体经济融合发展的实际需要，江北新区要对区域内人力资源的需求和供给进行科学预测，并根据大数据、人工智能与实体经济融合战略发展的变动以及区域内外部环境变化编制科学规划。二是建立校企合作的人才培养制度，强化企业人才开发的主体地位，由政府相关部门、企业行业和高校联合成立人才合作培养协调指导委员会，通过整合高校、社会培训机构和专业咨询服务公司等资源，建立政府、学校、培训机构、企业之间联动的人才培养培训平台，宏观把握相关产业方向，聚焦核心产业和核心企业，提高培训与市场需求的匹配度。

3. 优化金融服务政策，保障数字金融和实体经济融合发展

江北新区应更加重视知识产权保护并鼓励创新创业企业进行知识产权质押，进而可以使企业利用自身成果解决资金问题，实现稳步发展。一方面，江北新区可以借鉴深圳市的一些做法，通过金融创新相关奖项的评比来收集可用的新型政策工具，进而通过试点等方式付诸实践，以不断探索促进融合的有效方式；另一方面，由于我国金融市场发展不成熟，江北新区也可以适当提高对外开放程度，借鉴国外相关经验，通过政策工具来促进数字金融与实体经济融合。在此基础上，对现有的数字金融交易法规体系进行补充、完善，最大限度地约束数字金融服务商的虚假行为，保护数字金融交易的安全性，避免发生道德风险。监管部门要明确网贷平台、众筹平台、保险理财平台等数字金融平台的责任划分，把数字金融监管纳入整体金融监管框架，保障金融消费者和投资人的合法权益。基于中国实践的数字金融新规律，不宜脱离与实体经济深度融合的研究内涵。江北新区应通过智能改造等多种手段，推动产业模式创新、发展方式创新以及数字金融与实体经济融合发展。

第14章　南京江北新区总部经济发展研究报告

14.1　引　　言

2020年9月28日，南京市发展和改革委员会发布《关于认定南京市2020年度首批市级总部企业的通知》，经南京市促进总部经济发展联席会议审议通过，认定华能江苏能源开发有限公司等36家企业为南京市2020年度首批市级总部企业。2019—2020年，南京市已完成新增总部企业91家，距离完成"2019—2020年新增100家总部企业行动计划"仅一步之遥。其中，江北新区应按计划完成新增总部企业26家，2019—2020年共新增总部企业32家，占全市总部企业总数持续攀升。

大力发展总部经济是提升城市首位度、打造城市名片的重要抓手，是推动产业提档升级、破解资源约束、提升城市发展质量效益的重要支点。南京江北新区是江苏省唯一的国家级新区，肩负着建设国家扩大对外开放重要窗口、创新体制机制重要平台、辐射带动区域发展重要增长极、产城融合发展重要示范区的重大责任，承载着新时代引领区域高质量发展的重要使命。后疫情时代江北新区应把握优势，加强规划引导，不断提升总部经济的"乘数效应"，为南京高质量发展提供更加强大的动力。

14.2　南京总部经济发展概述

14.2.1　南京总部经济发展历程

早在2012年，南京市就出台了《关于加快发展总部经济的意见》等促进总部经济发展的一系列文件。至2017年底，南京市已经累计认定5批、115家市级总部企业，总部经济集聚效应初显。2018年8月31日，南京市政府召开会议专题研究总部经济发展工作。南京市原市长蓝绍敏强调，要深入学习贯彻习近平新时代中国特色社会主义思想和党的十九大精神，落实高质量发展要求，树高标杆、对标找差，聚焦重点，精准发力，优化发展布局、狠抓重点区域，加快提升江北新区、河西新城、南部新城等重点区域对总部经济的承载能力，高标准规划、高质量建设、高效能管理，切实打造一批功能品质高端化、形象品牌国际化的总部经济发展集聚区，不断提升总部经济发展能级。

2019年4月，南京市政府印发了《2019—2020年新增100家总部企业行动计划》（以下简称《行动计划》）。《行动计划》提出，到2020年，全市新增总部企业100家以上，新建总部楼宇50幢以上，江北、河西、南部新城三大总部经济集聚区基本形成，初步建成全国有影响力的总部基地城市。其中，江北总部经济集聚区位于江北核心区中心区，包括产业技术研创园和新材料产业园，约 7555hm^2，重点打造新金融、高端商业和产业总部基地。2019 年，全市新增 55 家总部企业，江北新区新增 14 家，均超额完成年度目标任务。

2020 年 6 月 10 日，中国(江苏)自由贸易试验区(南京片区)召开新闻发布会，对外发布《中国(江苏)自由贸易试验区南京片区促进总部经济高质量发展暂行办法》(以下简称《办法》)。《办法》分为五章 16 条举措，包括新增投资奖励、办公用房奖励、人才激励奖励、发展贡献奖励、并购重组奖励等 5 条扶持政策和为总部企业提供融资便利等两条服务保障措施，在加快高端要素集聚、助力创新发展、优化营商环境等方面持续发力。

14.2.2　南京总部经济发展面临的问题

南京总部经济发展虽然取得了明显成效，但与先进地区、先进城市相比，仍存在不小差距，主要体现在缺少"四个度"上。

一是缺"热度"，总部集聚的氛围不够"热"。截至 2020 年 9 月底，在南京市已认定的 200 余家总部企业中，历史存量企业占据主导地位，新增企业占比不足。相较于北京、上海、深圳等城市，总部企业数量远远落后。

二是缺"密度"，没有形成总部资源、总部功能高度集聚的发展格局。上海浦东新区已有 500 余家各类总部，其中跨国公司地区总部接近全市总量的一半，深圳福田区集聚了全市 70%以上的持牌金融总部机构，而南京总部经济布局相对零散。

三是缺"高度"，总部经济整体发展水平和层次有待进一步提升。南京跨国公司全球总部、区域性总部以及国内大企业全国性总部或全国功能性总部等"高端"总部还比较少，多为南京市或者江苏省内的本土企业，以功能性总部或区域性总部居多，尚未形成一批具有国际知名度和影响力的总部企业集团。

四是缺"精度"，工作落实的精准性、主动性、有效性还需进一步提高。各相关部门掌握的总部企业信息，主要来自企业自主申报，科学规范的统计监测、动态管理、跟踪推进体系还没有完全建立，市区联动、跟踪服务、督查考核也不够到位。

14.3　南京总部经济评价实证分析

14.3.1　指标选取

国内外学者对影响总部企业选址和总部经济发展的因素进行了丰富的研究。总体来看，影响总部企业迁移决策的因素包括市场因素、城市基础设施因素、人力资本、产业聚集、政府服务水平等因素。参考已有研究，考虑数据的可得性，本章拟选取市场规模、市场容量、市场地位、医疗资源、科教资源、服务业发展水平、聚集效应、对外贸易、外资使用、政府财力水平、企均资产、企均营收、企均纳税额、政策支持等 14 个指标构成南京市各区总部经济发展水平。具体指标及其含义见表 14-1。

表 14-1 评价指标体系

变量	影响因素	指标
X1	市场规模	GDP
X2	市场容量	社会消费品零售总额
X3	市场地位	GDP 占南京市总量的比重
X4	医疗资源	三甲医院数量
X5	科教资源	省级以上重点科研院所数量
X6	服务业发展水平	第三产业占比
X7	聚集效应	规上工业企业数量
X8	对外贸易	进出口总额
X9	外资使用	实际使用外资总额
X10	政府财力水平	一般公共预算收入占 GDP 比重
X11	企均资产	规上工业企业平均资产
X12	企均营收	规上工业企业平均主营业务收入
X13	企均纳税额	规上工业企业平均纳税金额
X14	政策支持	政府政策支持力度

14.3.2 数据处理

数据主要来源于《中国城市统计年鉴》《南京市统计年鉴》和南京市各区政府网页。由于评价指标较多,考虑到各指标之间存在一定的相关性,本章采用因子分析法进行降维处理,提炼影响总部经济发展的主要因素,并以此测算各区的总部经济发展水平。采用 SPSS24.0 进行统计分析。

14.3.3 实证分析

由于可观测变量的计量单位不同,需要将原始数据进行标准化处理,采用因子分析法计算出旋转后的因子载荷矩阵,各成分的方差贡献率见表 14-2。根据表 14-2,前三个主因子累计贡献率达 83.923%。故选取前三个主因子可较充分代表总部经济发展水平。

旋转后的因子载荷矩阵见表 14-3,市场地位、市场容量、医疗资源、科教资源、服务业发展水平在成分 1 中有较大的载荷和解释能力,命名为市场及配套因子;市场规模、聚集效应、外资使用、对外贸易和政策支持在成分 2 中有较大的载荷和解释能力,命名为营商环境因子;政府财力水平、企均营收、企业资产、企均税金在成分 3 中有较大的载荷和解释能力,命名为经济效率因子。

表 14-2　总方差解释

成分	初始特征值			提取载荷平方和			旋转载荷平方和		
	总计	方差百分比/%	累积/%	总计	方差百分比/%	累积/%	总计	方差百分比/%	累积/%
1	4.611	32.936	32.936	4.611	32.936	32.936	4.173	29.807	29.807
2	3.966	28.325	61.261	3.966	28.325	61.261	4.079	29.135	58.942
3	3.174	22.671	83.932	3.174	22.671	83.932	3.499	24.990	83.932
4	0.705	5.037	88.969						
5	0.637	4.552	93.521						
6	0.411	2.935	96.456						
7	0.261	1.865	98.321						
8	0.178	1.269	99.589						
9	0.044	0.312	99.901						
10	0.013	0.092	99.993						
11	0.001	0.007	100.000						
12	0.000	0.001	100.000						
13	0.000	0.000	100.000						
14	0.000	0.000	100.000						

表 14-3　旋转后的因子载荷矩阵

因子命名	项目	主成分		
		成分 1	成分 2	成分 3
市场及配套	市场地位	0.908	0.400	0.056
	市场容量	0.851	0.408	−0.150
	医疗资源	0.855	−0.036	−0.063
	科教资源	0.748	−0.089	0.400
	服务业发展水平	0.864	−0.389	0.043
营商环境	市场规模	0.368	0.909	0.074
	聚集效应	−0.468	0.768	−0.272
	外资使用	−0.188	0.904	0.074
	对外贸易	0.337	0.838	−0.126
	政策支持	−0.015	0.787	0.249
经济效率	政府财力水平	−0.122	0.147	0.641
	企均营收	0.088	0.059	0.967
	企业资产	−0.024	−0.116	0.953
	企均税金	0.247	−0.005	0.943

由于以上 3 个主成分因子所能解释的变异能力不一样,它们对各区总部经济发展的

贡献也存在差异，为求得一个较准确地反映各区总部经济发展的综合情况，构造如下的计分模型：

$$F_i = \omega_1 f_{1i} + \omega_2 f_{2i} + \omega_3 f_{3i} \qquad (14\text{-}1)$$

式中，F_i($i=1,2,\cdots,12$，分别代表南京市 12 个区)为第 i 区的总部经济实力综合得分；ω_1、ω_2、ω_3 分别为 3 个主成分的方差贡献率；f_{1i}、f_{2i}、f_{3i} 分别为第 i 区的 3 个主成分因子得分。根据式(14-1)可计算得出南京市 12 个区的总部经济发展因子得分，计算结果见表 14-4。

表 14-4　南京市各区总部经济发展因子得分

区域	营商环境	市场及配套	经济效率	综合得分	排名
玄武区	1.1697	−0.5812	−0.4451	0.1426	6
秦淮区	1.1821	0.0034	−0.1868	0.4145	4
建邺区	−0.0588	−0.4129	3.0035	0.6488	2
鼓楼区	2.0275	−0.1838	−0.3763	0.6319	3
浦口区	−1.0444	−0.6623	0.0674	−0.6151	9
栖霞区	−0.4146	0.6707	0.2636	0.1349	7
雨花台区	0.4144	−0.6750	−0.0861	−0.0885	8
江宁区	−0.1632	2.4377	−0.3055	0.6762	1
六合区	−0.9116	−0.8168	−0.6292	−0.8033	11
溧水区	−0.9299	−0.3039	−0.7137	−0.6602	10
高淳区	−0.9144	−0.8043	−0.7139	−0.8231	12
江北新区	−0.3570	1.3286	0.1221	0.3413	5

　　根据表 14-4 的计算结果，营商环境因子得分前三分别为鼓楼区、玄武区、秦淮区；从市场及配套看，江宁区、江北新区、栖霞区分列前三；从经济效率因子来看，建邺区遥遥领先其他各区，江北新区位居第二。其中，江北新区总部经济发展水平在南京市 12 个区中排名第五，其中，市场及配套因子得分 1.3286(分项排名第六)，营商环境因子得分−0.3570(分项排名第二)，经济效率因子得分 0.1221(分项排名第三)。

14.4　江北新区总部经济发展对策

14.4.1　江北新区总部经济发展现状

　　江北新区作为江苏省唯一的国家级新区，不断深入贯彻习近平新时代中国特色社会主义思想，自觉践行新发展理念，以使命必达的责任担当，抢抓机遇、改革创新，对标找差、奋力开拓，实现了经济转型和民生改善的蝶变，正成长为南京市经济发展的新引擎、江苏省高质量发展的强劲活跃增长极。5 年来，地区生产总值净增 1300 亿元，一般公共预算净增 153 亿元，人口净增 80 余万人。到 2019 年底，地区生产总值 2780 亿元，规上工业总产值 4037 亿元，外贸进出口总额 469.68 亿元，实际利用外资 13.5 亿美元，新增固定资产投资 1489.4 亿元，社会消费品零售总额 827 亿元，经济增速连续 9 个季度领跑全省全市，保持了经济持续快速发展的良好势头。

2019 年，南京市发布了《2019—2020 年新增 100 家总部企业行动计划》。其中，江北新区作为南京市发展总部经济的最重要载体，按要求需要在 2019—2020 年实际完成新增总部企业 26 家(详细任务分解见表 14-5)。截至 2020 年 9 月 28 日，根据南京市发展和改革委员会公布的数据，江北新区已累计完成新增总部企业 24 家(具体名录见表 14-6)，距完成既定目标仅差 2 家。整体来看，江北新区总部经济发展取得了阶段性的成果，但是距离打造超级总部基地还任重道远。

表 14-5　2019—2020 年南京市新增总部企业目标任务分解表

区域	储备(300 家)			2019 年实际新增(50 家)	至 2020 年实际新增(100 家)
	引进	升级	嫁接		
江北新区	52	15	11	10	26
玄武区	8	4	3	3	5
秦淮区	22	5	3	5	10
建邺区	26	10	9	8	15
鼓楼区	8	4	3	3	5
雨花台区	8	4	3	3	5
栖霞区	15	6	3	5	8
江宁区	29	7	6	7	14
浦口区	6	4	2	2	4
六合区	3	2	1	1	2
溧水区	6	4	2	2	4
高淳区	4	2		1	2

资料来源：南京市发展和改革委员会。

表 14-6　2019—2020 年江北新区新增总部企业名单

序号	企业名称	所属行业
1	南京康佳智能科技有限公司	科技研发
2	中铁十四局集团大盾构工程有限公司	建筑
3	紫光云数科技有限公司	科技研发
4	南京博郡新能源汽车有限公司	新能源汽车
5	南微医学科技股份有限公司	生物医药
6	博瑞德环境集团股份有限公司	节能环保
7	宏大建设集团有限公司	建筑
8	江苏千年珠宝有限公司	零售

续表

序号	企业名称	所属行业
9	江苏永辉超市有限公司	零售
10	南京绿叶沃德制药有限公司	生物医药
11	航天科工微系统技术有限公司	科技研发
12	航天信息江苏有限公司	科技研发
13	南京电研电力自动化股份有限公司	科技研发
14	工银金融资产投资有限公司	金融
15	基蛋生物科技股份有限公司	生物医药
16	南京药石科技股份有限公司	生物医药
17	南京聚隆科技股份有限公司	科技研发
18	龙芯中科(南京)技术有限公司	科技研发
19	中交投资南京有限公司	金融
20	南京金域医学检验所有限公司	生物医药
21	江苏新奥清洁能源有限公司	节能环保
22	江苏苏宁商业保理有限公司	金融
23	南京新奥环保技术有限公司	节能环保
24	江苏威凯尔医药科技有限公司	生物医药

14.4.2 江北新区总部经济发展策略

当前,发展总部经济的内外环境更加复杂。国际政治经济形势发生深刻变革,国际资本流动的速度进一步放缓,部分行业和地区存在资本回流或转移的现象;随着我国营商环境不断优化,国内各大城市和新区纷纷掀起新一轮招商引资的热潮,其中总部企业更是招商的重点,各地纷纷出台优惠和奖励政策,区域竞争更加激烈。

总体来看,江北新区总部经济发展正处于初级阶段,已具备较好的营商环境(全市排名第二),但还存在缺乏强有力的政策集成支持、总部企业能级略显不足、国际化水平仍不够高等问题,还需加大力度提升市场及基础设施配套(全市排名第六),尤其要重视科教资源和医疗配套等资源的完善。未来,江北新区应从以下方面持续推进总部经济高质量发展。

1. 明确发展定位,加快优质总部企业集聚

按照南京市"4+4+1"主导产业发展定位、紧扣"两城一中心"建设,扎实推进供给侧结构性改革,做大做强集成电路、生命健康、现代金融等主导产业,塑造产业发展新地标,增创产业发展新优势。各板块要提出具有自身特色和辨识度的总部招商理念和

品牌,服务好现有总部企业,大力培育一批独角兽企业,形成差异化发展、协调发展的比较优势,打造产业特色鲜明的总部集聚区。引进总部时应当更加注重企业与城市之间的双边匹配,引进契合新区产业布局的总部企业和潜力企业。坚持产业链、创新链、金融链融合发展,加快推进"科技+产业+金融"协同发展,以金融资产管理、VC/PE 股权投资基金等产融结合的新型金融发展路线,助推"芯片之城"和"基因之城"建设。

2. 坚持引进与培育相结合多元发展策略

一是坚持培育壮大区域内总部企业,尤其要注重围绕区域内总部企业的发展,提升金融、保险、法律、会计、管理咨询等生产性服务企业的产业链层级,积极引导企业"走出去",把南京企业发展为全球企业。二是提高总部规模能级,加大外资总部企业引进力度,优先引进处于价值链和产业链高端的企业总部和新兴信息技术创新型企业,提升产业转移集聚区硬件设施和软件服务水平,重点引进欧美和亚太地区金融保险、研发创新、航空航天、专业服务、高端装备和新一代信息技术企业(轩会永和苏红键,2019)。三是拓展总部经济的发展思路,积极吸引非企业型总部,尤其是国际上的非营利组织、专业团体、行业协会的总部、区域性分支机构。

3. 优化公共服务,完善基础设施配套

当前,江北新区的科教资源和医疗资源以及交通基础设施建设还存在诸多不足,制约了总部经济发展能力的提升。未来,一是要面向高素质国际化的管理、研发服务人才,建立国际化城市服务体系,配套完善的文化教育、体育休闲服务设施,高品质、国际化的教育和医疗资源,高端的文化娱乐活动等,加快机场、高铁、高速公路等交通基础设施立体化建设,为吸引大型总部集聚提供重要保障。二是加快总部载体建设,特别是提升商务办公楼宇的品质,鼓励楼宇开发商打造绿色生态、智能化、人性化的建筑和空间设计,提高楼宇物业精细化管理和服务水平。针对科技型和文化创意型企业总部,选择市区一些旧工业厂房进行改造,建设低密度、独栋式、个性化的商务楼宇。三是进一步建设智慧城市,推进社会治理精细化。打造智慧城市示范区,把总部集聚区作为建邺打造智慧城市示范区的先行区域和样板工程。布局"信息高速公路",提前谋划 5G 网络、物联网等新一代信息化和智能化基础设施。率先打破数据壁垒与信息孤岛,建成智慧城市示范区的"城市大脑"。

4. 打造国际一流营商环境,加快高端要素聚集

一是坚持高标准规划和顶层设计。顶层设计是总部经济高质量发展的"路线图"和"施工表",江北新区应认真借鉴浦东新区等国家级新区经验,从顶层上推动总部经济发展的"多规合一";要树立城市与企业总部共发展、共辉煌的服务理念,围绕总部集聚区打造综合配套服务,实施服务升级计划,优先发展科技咨询、成果转化、技术转移、知识产权运营、人力资源服务等中介服务业,打造法律服务产业园、会计师产业园、新媒体产业园、知识产权产业园、投融资服务产业园等一批现代服务业的特色产业园,通过优质服务吸引、留住更多总部企业。二是持续深化"放管服"改革,着力破除体制机制

障碍，提高政府服务效率，降低企业各种成本，不断优化提升营商环境。围绕"效率最高、质量最优、成本最低"要求，推进总部经济政策细化、扶持及落实，拓宽服务范围。进一步简化行政审批手续和程序，提高服务效率，营造亲商氛围。积极构建政府与总部企业的交流和服务平台，在税收优惠、融资便利、公共服务、土地政策、人才扶持等方面不断创新，为总部企业发展开辟"绿色通道"，降低总部企业运营成本，增强其核心竞争力。加快推进"互联网+政务服务"，完善"服务清单"，加强绩效管理，提高政府运行透明度和办事效率。推进政务数据资源跨层级、跨部门归集、开放和应用。三是加快高端要素聚集，发展总部经济的关键在于一个区域或城市所拥有的人才、信息、技术、知识等高级生产要素的竞争优势，以及创新服务环境和创新平台载体等基础。在长三角一体化发展的大背景下，产业、资本、人才集聚功能日趋完善，各种资源特别是创新性资源加快集聚、深度融合。江北新区应紧紧把握全球新一轮科技革命和产业变革重大机遇，集聚国际国内高端创新资源要素，不断增强产业创新力和竞争力，赋能总部经济高质量发展。

5. 坚持依靠创新激发动力活力，完善政策支撑体系

创新是引领发展的第一动力。江北新区建设超级总部基地必须坚持创新驱动，形成有利于高端产业集聚的科技生态圈，包括知识产权的保护和激励，企业家、科学家等创新主体的稳定预期，各种创新要素的自由流动和优化组合，创新不同阶段金融产品的有效服务，产业配套条件和创新基础设施的支撑，等等，加快从劳动力数量红利向质量红利的转换，从以要素驱动、投资规模驱动为主向以创新驱动为主的转变。要不断完善政策支撑体系，持续推动政策体系。建议设立总部经济促进中心，统筹目前分散在市发改委和市商务局的有关职能，针对不同类型、行业和职能的总部企业，制定差别化、更加精准的支持奖励措施。

第 15 章　江北新区推进可持续发展的路径研究

15.1　江北新区面向 2030 年可持续发展目标的背景

　　可持续发展战略是当前世界各国共同奉行的发展战略。20 世纪初，传统工业的迅猛发展，带来全球性的资源短缺、环境污染和生态破坏等一系列负面影响，严重危及人类的生存和发展。早在 1962 年，蕾切尔·卡逊出版的《寂静的春天》就警示人们传统工业会带来环境危害。1987 年，世界环境与发展委员会出版的《我们共同的未来》报告，首次系统定义并阐述了可持续发展的内涵和思想。2000 年，联合国千年首脑会议上 189 个国家签署《联合国千年宣言》，承诺实现包括发展和消除贫穷、保护我们共同的环境等在内的联合国千年发展目标，致力于实现全球可持续发展。2015 年，联合国在可持续发展峰会上正式通过《变革我们的世界：2030 年可持续发展议程》，发布联合国可持续发展目标(sustainable development goals，SDGs)以替代千年发展目标，主要涵盖社会、经济、环境领域 17 个可持续发展目标和 169 个具体目标，旨在引领各国政府积极寻求合作伙伴关系，制定政策、相互促进，通过协同行动消除贫困，到 2030 年解决全球可持续发展问题，保护地球并确保人类享有和平与繁荣。

　　江北新区地处我国东部沿海经济带与长江经济带"T"字形交会处，凭借"多区叠加"优势和"一带一路"倡议、长江经济带发展、长三角一体化发展等多重机遇的叠加，江北新区积极推动开放协同，建设展示社会主义现代化建设成果的"重要窗口"。获批 6 年来，江北新区地区生产总值、一般公共预算收入、固定资产投资等主要经济指标实现翻番。2020 年，地区生产总值突破 3000 亿元，占南京比重较成立前提高 5 个百分点，直管区增速更是连续 3 年高于南京 5 个百分点，持续领跑全省，综合实力居国家级新区前列，探索出了一条具有时代特征、新区特点、彰显"强富美高"内涵的高质量发展之路。然而，在江北新区高质量发展、可持续发展过程中依然存在一些问题。区域发展不平衡不充分问题仍然突出，创新能力不适应高质量发展要求，农业基础还不稳固，城乡区域发展和收入分配差距较大，生态环保任重道远，民生保障存在短板，社会治理还有弱项。2020 年 11 月，习近平总书记在江苏考察时强调，要坚决贯彻新发展理念，转变发展方式，优化发展思路，实现生态效益和经济社会效益相统一，走出一条生态优先、绿色发展的新路子，为长江经济带高质量发展、可持续发展提供有力支撑。[①]奋力实现可持续发展目标、推动社会经济高质量发展将是江北新区助力长江经济带建设的不二选择。

---

①　新华社.习近平在江苏考察时强调 贯彻新发展理念构建新发展格局 推动经济社会高质量发展可持续发展.(2020-11-15).http://www.cppcc.gov.cn/zxww/2020/11/16/ARTI1605489143045134.shtml。

15.2　江北新区可持续发展目标现状评估框架构建

15.2.1　联合国可持续发展目标体系

2015 年，联合国可持续发展峰会正式通过《变革我们的世界：2030 可持续发展目标》，从社会、经济和环境三个维度入手，遵循系统性原则，对此前提出的千年发展目标的八方面目标做了进一步归纳和延伸，确立了 17 个可持续发展目标和 169 个具体目标，较为全面地涵盖了当今社会可持续发展面临的急需解决的问题，有利于更加准确地评估全球可持续发展情况，为全球提供了一张旨在让世界每一个角落永远消除贫困、使所有人获得美好生活的战略路线图，以达到全球转向可持续发展道路的目标。

SDGs 评估框架的基本思路是，首先基于 SDGs 框架选取各考量因素的表征指标，然后确定各项指标的上限和下限，从而对 SDGs 单项指标进行评分。在各项指标权重相同的基础上，通过计算算术平均值得到各维度的 SDGs 得分和总得分，该指标体系可以实现不同国家地区之间的可持续发展评估，且该方法更加重视评估发展过程而非评估结果。

15.2.2　江北新区可持续发展目标指标体系构建

2017 年 3 月，SDGs 跨机构专家组向联合国统计委员会提交了包含 232 个指标的全球监测统计指标体系，旨在为全球各国可持续发展评估提供统一的衡量体系。然而，由于该指标体系框架主要面向全球尺度的可持续发展评估，对于具体国家内部的可持续发展评估和相关政策的制定有一定指导作用，但不宜直接完全套用。因此，联合国鼓励各国基于自身特征进行本土化处理，以形成符合国情和区域特色的 SDGs 指标体系。基于此，为更有效探究江苏省可持续发展目标相关实现情况，迫切需要根据省情构建江苏省可持续发展目标指标体系。

1. 江苏省可持续发展评估指标体系构建

以联合国可持续发展目标体系为基准，结合《2018 年可持续发展目标指数和指示板报告》，考虑江苏省区域特征，本研究对联合国 SDGs 17 个 SDGs 子目标（可持续发展目标）进行针对性选取。在所有 17 个子目标中，SDGs 13（采取紧急行动应对气候变化及其影响）往往使用区域碳排放量进行测度。然而，由于区域发展阶段的差异，特别是我国的主要省市碳排放基本均未达峰，且目前省级层面碳排放量及相关数据并未有官方权威数据支撑，仅仅针对排放量进行测度可比性相对较差。另外，我国当前的区域碳减排依然是基于碳排放强度目标，并且和能源强度目标基本保持一致，一定程度上单位 GDP 能耗变化指标能有效表征该项目标的完成情况。因此，本研究未直接将该项目标纳入考量，而是在 SDGs 12（可持续消费和生产模式）中通过单位 GDP 能耗变化予以刻画。SDGs 14（水下生物）重点评估水下生物的可持续发展情况，由于江苏省水下生物相关数据限制,本研究暂未将其纳入考量。SDGs16(和平,正义与强大机构)重点评估不同国家的司法制度的公平性差异。在我国,区域司法制度和体系基本一致,差异性相对较小,因此本研究暂未纳入考量。综上所述,本研究最终选取 17 个 SDGs 子目标中的 14 个子目标(表 15-1),并从经济发展、社会包容、环境保护三方面出发,从14 个子目标中进一步选取 28 项指标,构建符合江苏省省情的可持续发展评估指标体系。基于所构建的江苏省可持续发展评估指标体系,本研究对 2013—2018 年江苏省可持续发展现状进行评估,从而针对性提出建设性意见和对策。各项关键指标测度所需数据主要来源于《中国统计年鉴》《江苏统计年鉴》等官方数据(各项指标解释和具体数据来源详见附录)。

表 15-1　江苏省可持续发展评估指标体系

类别	SDGs 子目标		子指标	子指标单位
社会可持续	SDGs1:消除贫困	1	城镇常住居民人均可支配收入	元
		2	农村常住居民人均可支配收入	元
	SDGs2:消除饥饿及可持续农业	3	单位面积粮食产量	kg/ha
		4	农用化肥施用折纯量	万 t
	SDGs3:良好健康与福祉	5	每万人拥有执业(助理)医师数	位
		6	每万人医疗机构床位数	张
	SDGs4:公平教育	7	每十万人口高等学校平均在校生数	人
		8	地方财政教育支出占一般公共预算支出比例	%
	SDGs5:性别平等	9	城镇单位从业人员女性比例	%
	SDGs7:现代能源的使用	10	城市燃气普及率	%
		11	人均电力消费量	kw·h
	SDGs10:减少不平等	12	城乡收入比	
	SDGs11:可持续城市和社区	13	每万人拥有公共交通车辆	标台
		14	人均公园绿地面积	m²
		15	人均城市道路面积	m²
经济可持续	SDGs8:经济增长和充分就业	16	人均 GDP	万元
		17	城镇登记失业率	%
	SDGs9:工业创新	18	规模以上工业企业 R&D 经费占 GDP 比例	%
		19	国内专利申请授权量	件
	SDGs12:可持续消费和生产模式	20	万元 GDP 能耗变化	
	SDGs17:促进目标实现的全球伙伴关系	21	对外贸易依存度	%
		22	实际利用外资	万元

续表

类别	SDGs 子目标		子指标	子指标单位
环境可持续	SDGs6：清洁饮水和环境卫生	23	城市用水普及率	%
		24	城市污水处理率	%
		25	生活垃圾无害化处理率	%
		26	每万人拥有公共厕所数	座
	SDGs15：陆地生态系统	27	森林覆盖率	%
		28	自然保护区面积占辖区面积比例	%

2. SDGs 得分计算

基于构建的符合江苏省省情的可持续发展评估指标体系，研究遵循《2018 年可持续发展目标指数和仪表盘报告》提供的 SDGs 计算方法，针对每项 SDGs 对应的指标值进行标准化处理（分值为 0～100），指标分数越低代表江苏省在实现某项目标方面的表现越差，指标分数越高代表江苏省在实现某项目标方面的表现越好。为有效对各项 SDGs 对应指标进行标准化处理，需要针对各 SDGs 对应指标确定上限值和下限值，以往研究往往使用指标未来预期目标或理想水平作为标准化上限值，而使用理论上最低水平作为标准化下限值。在本研究中，为发挥所构建的省级层面可持续发展评估指标体系的可拓展性，并展现江苏省可持续发展在全国各区域间的表现水平，以全国范围内某项可持续发展目标表现最好的省份指标值作为标准化上限值，以该指标理论上的最低水平作为标准化下限值。

总体得分由各 SDGs 子目标得分和权重计算得到，各项 SDGs 子指标得分由其对应的各子指标得分和权重计算得到。考虑到不同可持续发展目标的公平性以及新数据和新指标加入的可行性，本研究在计算 SDGs 总体得分和各项子目标得分时，均采用目前国际通用的等权重算术平均方式进行处理，如式(15-1)所示。其中，SDGs 为区域可持续发展总体得分，x'_k 为 SDGs 子目标 j 对应子指标 k 的得分。

$$SDGs = \sum_{j=1}^{m} \frac{1}{m} \sum_{k=1}^{n} \frac{1}{n} x'_k \tag{15-1}$$

对于各项 SDGs 子目标 j 而言，其对应的子指标 k 得分计算如式(15-2)所示。其中，x_k 为江苏省该目标对应指标的原始数据值，$x_{k,\max}$ 和 $x_{k,\min}$ 分别为全国各省份该子目标对应指标的最优表现值和最差表现值。

$$x'_k = \frac{x_k - x_{k,\min}}{x_{k,\max} - x_{k,\min}} \times 100 \tag{15-2}$$

15.3　江苏省可持续发展目标落实现状

15.3.1　江苏省可持续发展总体现状

2013—2018 年，江苏省可持续发展目标进展总体呈上升趋势。江苏省综合 SDGs 得分从 2013 年的 57.4 提升至 2018 年的 60.9，年均增长约 1.17%，保持上升趋势，意味着江苏省在实现可持续发展目标方面平稳向好。其中，社会维度可持续发展目标进展较快，得分显著高于经济维度和环境维度图(15-1)。同时，社会维度的 SDGs 得分上升幅度最大，从 2013 年的 61.6 提升至 2018 年的 70.0，年均增长约 2.58%。经济维度的 SDGs 得分在 2013—2018 年仅次于社会维度，从 2013 年的 58.0 提升至 2018 年的 60.5，年均增长 0.85%。江苏省环境维度的 SDGs 得分最低，低于全国环境维度 SDGs 得分平均水平。此外，2013—2016 年，江苏省环境维度的 SDGs 得分从 52.7 上升至 56.2，此后下降至 52.1(2018 年)。环境维度 SDGs 得分的降低并不意味着环境维度子目标对应的各项指标值呈现显著降低趋势，而是相对于全国其他地区，其与表现最优者之间的差距有所扩大。

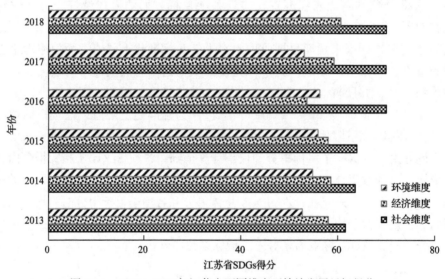

图 15-1　2013—2018 年江苏省不同维度可持续发展目标得分

江苏省可持续发展目标得分总体在全国处于领先水平。如表 15-2 所示，2013—2018 年，江苏省综合 SDGs 得分全国排名基本保持第四(除 2014 年排名第三外)，较全国其他地区综合 SDGs 得分平均水平高 15% 左右。从不同维度 SDGs 得分来看，2013—2018 年，江苏省经济维度 SDGs 得分和其他地区相比优势明显，比全国其他地区经济维度 SDGs 得分平均水平高 70% 以上；江苏省社会维度 SDGs 得分较全国其他地区社会维度 SDGs 得分平均水平高 10% 以上。然而江苏省环境维度 SDGs 目标进展在全国表现不尽如人意，2013—2018 年，江苏省环境维度 SDGs 得分较全国其他地区环境维度 SDGs 得分平均水平低 10% 以上。

表 15-2　2013—2018 年中国 31 个省份 SDGs 综合得分

省份	2013 年	2014 年	2015 年	2016 年	2017 年	2018 年
北京	61.8	62.0	62.1	62.8	65.2	65.5
天津	55.2	55.4	55.3	56.7	54.9	51.6
河北	47.4	48.1	47.5	48.0	49.4	51.4
山西	43.6	43.8	44.2	44.6	44.8	46.4
内蒙古	46.9	47.5	48.3	49.9	50.9	47.0
辽宁	53.1	53.4	50.1	48.6	52.2	52.5
吉林	49.2	50.0	52.3	53.1	50.5	50.4
黑龙江	47.1	49.2	49.5	51.0	51.4	51.5
上海	55.7	57.0	55.0	56.4	58.6	59.1
江苏	57.4	59.0	59.3	59.9	60.7	60.9
浙江	61.7	63.3	61.8	63.3	64.0	64.4
安徽	45.6	47.1	47.1	49.3	51.0	51.9
福建	50.7	51.8	56.1	56.7	57.0	57.9
江西	47.4	48.3	49.4	52.3	55.1	55.7
山东	50.0	51.2	50.9	53.2	55.2	53.8
河南	42.9	44.4	46.6	49.8	51.0	51.0
湖北	47.2	49.2	51.3	52.0	53.1	53.4
湖南	47.0	49.0	49.6	51.0	52.4	54.3
广东	57.4	58.9	60.6	61.3	62.6	63.5
广西	43.6	45.3	46.5	47.0	49.8	50.9
海南	45.6	46.0	45.8	49.2	50.5	51.1
重庆	47.0	48.4	50.3	52.9	53.1	53.8
四川	48.2	48.5	50.2	50.4	52.5	53.7
贵州	41.0	42.5	44.2	45.7	47.6	49.0
云南	42.5	43.3	46.8	46.9	49.2	51.1
陕西	46.2	47.4	48.0	49.7	51.2	52.2
甘肃	39.4	42.7	44.6	48.3	45.2	46.8
青海	44.2	45.5	45.6	50.8	49.9	50.1
宁夏	43.0	44.5	40.6	45.8	42.8	46.1
新疆	40.4	41.5	44.2	45.0	45.5	48.1

15.3.2　江苏省可持续发展目标不同维度现状

1. 社会维度可持续发展现状分析

2013—2018 年，社会维度可持续发展总体有所提升，该维度指标主要是由消除饥饿及可持续农业(SDGs2)等五项指标主导。2018 年，消除饥饿及可持续农业(SDGs2)、良好健康与福祉(SDGs3)、公平教育(SDGs4)、性别平等(SDGs5)、可持续城市和社区(SDGs11)等五项可持续发展子目标得分较 2013 年有 4.51%~117.36%的提升(图 15-2 实线)，其中性别平等(SDGs5)子目标得分增长最快。

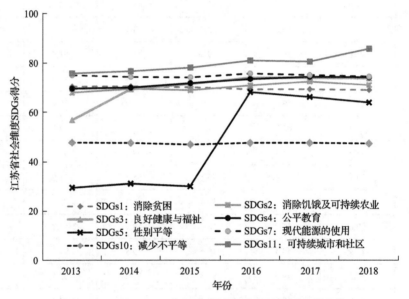

图 15-2　2013—2018 年江苏省社会维度子目标进展现状

消除饥饿及可持续农业(SDGs2)得分年均增长 0.87%，这主要归功于农用化肥施用的不断下降。近年来，作为化肥生产和施用大省，江苏省通过综合施策，使得化肥使用总量与单位面积使用强度呈现显著的"双减"态势。2013—2018 年，江苏省农用化肥施用量年均下降 2.20%，从 2013 年的 326.83 万 t 下降至 2018 年的 292.50 万 t。在此期间，江苏省不断创新测土配方施肥工作方案，基于大数据技术整合全省土地信息，通过短信、手机客户端和微信公众号等渠道向农民推荐合理施肥方案，逐步实现化肥施用的减量增效。2018 年 12 月，江苏省农业农村厅制定了《江苏省化肥减量增效行动实施方案(2018—2022 年)》，以"精(精准施肥)、调(调优施肥结构)、改(改进施肥方式)、替(有机肥部分替代化肥)、轮(轮作休耕)"为路径，以期到 2022 年主要农作物测土配方施肥技术覆盖率达 92%以上，化肥使用总量较 2018 年削减 3%以上。

良好健康与福祉(SDGs3)得分显著提升。2013—2018 年，江苏省良好健康与福祉(SDGs3)得分年均增长 5.35%。其中，每万人口医疗卫生机构床位由 2013 年的 46.39 张增加到 2018 年的 61.1 张，万人拥有执业(助理)医师数由 2014 年的 22 人增加到 2018 年的 29 人，年均增长分别约 5.68%和 5.65%。虽然江苏省在良好健康与福祉方面取得了显著进展,但在全国并未达到先进水平。2018 年,江苏省万人拥有执业(助理)医师数仅为北京的 6 成左右,每万人医疗卫生机构床位也不到辽宁的 8 成。

2013—2018 年,公平教育(SDGs4)子目标得分有 6.68%的增长。从每十万人口高等学校平均在校生数和地方财政教育支出占一般公共预算支出比例两项子指标表现来看,公平教育子目标的显著增长由每十万人口高等学校平均在校生数的显著增长主导。2013—2018 年,江苏省接受高等教育增长显著,从 2013 年的 2814 人/十万人增长到 2018年的 3143 人/十万人。然而,该项指标得分相对于全国先进水平差距较大。2018 年,北京市每十万人口高等学校平均在校生数达到 5268 人。另外,江苏省财政教育支出占一般公共预算支出比例自 2013 年的 18.40%下降至 2018 年的 17.63%,然而这并不意味着江苏省对教育的重视有所下降,主要原因在于一般公共预算支出的增长幅度超过教育支出的增长幅度。

可持续城市和社区(SDGs11)子目标呈现持续上升趋势。这主要得益于近年来江苏省对城市公共基础设施建设的持续投入。2014 年,江苏省人民政府办公厅发布《省政府办公厅关于加强城市基础设施建设的实施意见》,经过 4 年左右努力,全省城市道路、供排水、供气、污水垃圾处理、电力、通信、公共交通、社区商业等民生基础设施基本满足人民群众生活和经济社会发展需要并适度超前,城市各类设施水平和统筹城乡基础设施建设走在全国前列。由此,江苏省该项指标的得分不仅在全国位于前列,且有约 13.20%的增长。

虽然江苏省社会维度可持续发展取得了积极进展,但消除贫困(SDGs1)等三项子目标的波动下降主要是由于相较于其他区域江苏省进展较差。2018 年,消除贫困(SDGs1)、现代能源的使用(SDGs7)、减少不平等(SDGs10)等三项可持续发展子目标分别较 2013年有约 1.97%、0.62%和 0.74%的下降(图 15-2 虚线),但这并非意味着江苏省在这三方面有绝对的退步。在消除贫困方面,江苏省 2015 年 11 月发布《江苏省农村扶贫开发条例》以来,大力重视脱贫攻坚工作。2013—2018 年,江苏省城镇和农村居民人均可支配收入分别年均增长 8.37%和 9.04%,增长显著。然而,江苏省城镇和农村居民人均可支配收入不仅总量上不足上海的七成,且此期间增速也稍稍落后于上海,使得该项子目标得分有所降低。同样,虽然现代能源的使用(SDGs7)和减少不平等(SDGs10)对应各项子指标都有不同程度的进展,但均与全国先进水平存在一定差距,使得对应指标得分有小幅降低。以表征减少不平等(SDGs10)子目标的城乡收入比为例,2013 年,江苏省和天津市的城乡收入比分别为 2.34 和 1.89,江苏省收入差距明显较大。到 2018 年,江苏省城乡收入比降低为 2.26,而天津市的城乡收入差距依然仅有 1.86,虽然江苏省在降低城乡收入差距方面不断突破,但依然和全国先进水平存在差距,使得减少不平等(SDGs10)子目标得分有小幅降低。

2. 经济维度可持续发展现状分析

2013—2018 年,经济维度可持续发展有小幅提升,主要归功于可持续消费和生产模式(SDGs12)的快速增长(图 15-3 实线)。2013—2018 年,可持续消费和生产模式(SDGs12)

子目标得分增长约 47.61%。作为表征可持续消费和生产模式（SDGs12）子目标的唯一指标，江苏省万元 GDP 能耗变化程度表现持续向好。在此期间，随着《江苏省"十二五"节能减排综合性工作方案》和《江苏省"十三五"节能减排综合实施方案》的不断实施，江苏省万元 GDP 能耗变化水平持续降低，各年度万元 GDP 能耗变化程度也呈下降趋势。2018 年，江苏省万元 GDP 能耗变化较上一年降低 6.18%，仅次于贵州（6.5%）。此外，促进目标实现的全球伙伴关系（SDGs17）子目标得分在 2013—2018 年也有 2.71%的小幅提升。然而，作为刻画促进目标实现的全球伙伴关系（SDGs17）的对外贸易依存度和实际利用外资水平两项指标，在 2013—2018 年期间年均降低约 3.68%和 3.84%，而该两项子指标的得分变化不大。一方面，随着我国逐渐加强国内消费对经济发展的重视程度，各省份的对外贸易依存度均有不同程度的降低，江苏省作为外贸大省，对外贸易依存度降低相对较慢，这也使得该子指标得分有小幅提升；另一方面，虽然江苏省利用外资水平有所下降，但该项子指标得分基本保持在全国首位。

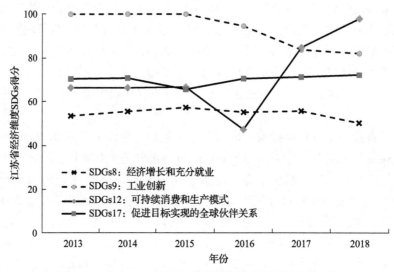

图 15-3　2013—2018 年江苏省经济维度子目标进展现状

经济增长和充分就业（SDGs8）和工业创新（SDGs9）两项子目标得分有不同程度降低（图 15-3 虚线）。其中，2018 年，工业创新（SDGs9）子目标得分下降较多，较 2013 年降低约 17.83%。近年来，江苏省大力推进科技创新工作。自 2016 年江苏省出台《关于加快推进产业科技创新中心和创新型省份建设若干政策措施》以来，江苏省不断推进科技创新工作，大力实施创新驱动发展战略，成效显著。2016—2018 年，江苏省规模以上工业企业 R&D 经费占 GDP 比例以及国内专利申请授权量年均增长分别约为 0.92%和 5.08%，这表明江苏省在科技创新方面取得了显著进展。然而，2013—2018 年，江苏省的国内专利申请授权量被广东省快速赶超。2013 年，江苏省国内专利申请授权量达到 23.96 万件，为广东省的 1.4 倍，位居全国第一。2018 年，江苏省国内专利申请授权量虽然增长到 30.70 万件，但仅为广东省的 64.2%，位居全国第二。这也使得工业创新（SDGs9）子目标得分有显著下降。此外，经济增长和充分就业（SDGs8）子目标得分约有 5.95%的下降。

3. 环境维度可持续发展现状分析

江苏省环境维度子目标得分均有所降低。其中，陆地生态系统(SDGs15)子目标得分在所有各项指标中得分最低。如图 15-4 所示，2013—2018 年，该项子目标得分降低了约 4.16%，森林覆盖率和自然保护区面积占辖区面积比例两项子指标得分均逐年下降。作为以平原为主的省份，江苏省的森林覆盖率较低。2013—2018 年，江苏省森林覆盖率从 2013 年的 15.8%下降到 2018 年的 15.2%，显著低于全国平均水平，仅列全国倒数第六。这在一定程度上解释了陆地生态系统子目标的得分低的原因，同时这也是江苏省要努力实现的全面建成小康社会的指标之一。此外，自然保护区面积占辖区面积比例也不断下降，2013—2018 年，江苏省自然保护区面积占辖区面积比例从 3.9%降至 3.8%，远低于 15%的全国平均水平。森林资源的相对匮乏和不够完善的自然资源保护使得江苏省陆地生态系统子目标得分不断降低。

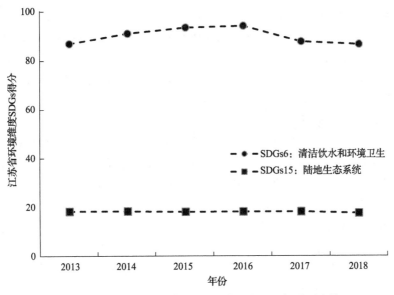

图 15-4　2013—2018 年江苏省环境维度子目标进展现状

清洁饮水和环境卫生(SDGs6)子目标得分小幅下降 0.39%左右。2013—2018 年，由于江苏省较好的城市基础设施和持续加大建设投入，江苏省城市用水普及率、城市污水处理率和生活垃圾无害化处理率三项指标值在全国均居前列，且年均增长 0.06%、4.73%和 0.53%，这也使得该三项指标对应的得分有不同程度上升。然而，每万人拥有公厕数量虽然年均增长 2.67%，但与全国表现最优地区内蒙古相比，江苏省每万人拥有公厕数量与之差距不断扩大。2013 年，江苏省每万人拥有公厕数量为内蒙古的 75%；2018 年，该比例降至约 50%。江苏省该项子指标与表现最优者差距的不断扩大使其得分大幅下降，也进一步导致了清洁饮水和环境卫生(SDGs6)子目标得分的降低。

15.4 江北新区可持续发展目标达成的路径和对策

鉴于数据的可得性以及江北新区与江苏省可持续发展目标的一致性,这里以江苏省为例,通过构建江苏省可持续发展目标现状评估框架,对其近年来的可持续发展目标进展现状进行评估。结果发现,2013—2018 年,江苏省可持续发展目标进展在全国位居前列,且保持持续上升趋势。总体而言,社会维度和经济维度可持续发展进展显著优于环境维度,且环境维度可持续发展得分甚至有所降低。虽然社会维度和经济维度部分子目标对应指标值不断提升,但由于和全国表现最优地区间的差距不断扩大,从而使得该项子目标得分有不同程度的下降。江北新区作为江苏省经济增长的增长极和主战场,要进一步推进江北新区可持续发展目标的达成,一方面要切实增创优势,在可持续发展优势领域,如工业创新、公平教育、可持续城市和社区等方面拉长长板;另一方面要找准问题,逐步做强可持续发展弱项领域,如可持续农业、陆地生态系统等,补齐短板。

着力推进化肥减量增效,引领可持续农业发展。2017 年,全省化肥使用总量 303.85 万 t(折纯),仍位居全国第 6;单位播种面积化肥使用强度 26.65kg/亩[1],仍比全国平均水平高约 14%,位居全国第 11。因此,为进一步促进江北新区可持续农业发展,需要深化测土配方施肥,推进精准高效施肥;优化调整肥料结构,推进新肥料新技术应用;改善施肥设施装备,推进施肥方式转变;实行有机肥替代化肥,推进农业绿色发展;有序有力轮作休耕,推进化肥使用强度降低。

强化创新引领驱动,推进江北新区经济高质量发展。创新作为建设现代化经济体系的战略支撑,是引领发展的第一动力。2018 年,习近平在深入推动长江经济带发展座谈会上指出,要着力实施创新驱动发展战略,把长江经济带得天独厚的科研优势、人才优势转化为发展优势。[2]江北新区地处"一带一路"倡议和长江经济带的交汇地,要紧抓苏南自创区一体化发展契机,着力打造高水平"创新矩阵",提升区域协同创新能力;大力推进统筹集成,推动国家技术创新中心建设,引导企业增加研发投入,提升关键领域自主创新能力;进一步发挥区域外向型经济活跃优势,更广范围深化国际科技创新合作,深度融入长三角创新一体化,在更高平台上提高科技创新水平;充分发挥区域科教资源优势,建立以企业为主体,以市场为主导,政府、高校、科研机构参与的产学研一体的创新机制,促进各类创新主体协同互动、深度融合,创新要素顺畅流动、高效配置,推进科技治理体系和能力现代化。

推进生态系统保护修复,牢固构筑生态安全屏障。江北新区近年来经济发展迅速,但生态环境仍然制约江北新区高质量发展和全面小康的突出短板。为有效缓解人民日益增长的优美生态环境需要与优质生态产品供给不足的突出矛盾,切实推进可持续发展,

---

[1] 1 亩 ≈ 666.7m²。

[2] 新华网.习近平:在深入推动长江经济带发展座谈会上的讲话.(2018-06-13) [2020-12-20]. http://www.xinhuanet.com/politics/leaders/2018-06/13/c_1122981323.htm。

需要加强自然生态的整体性、系统性及其内在规律的认识，统筹考虑自然生态各要素以及山上山下、地上地下、陆地海洋、流域上下游，以改善生态系统质量为核心，以保障和维护生态功能为主线，按照"山水林田湖草"系统保护的要求，严守生态保护红线，健全自然保护地管护体系，加强自然保护区和生态系统保护。实施生态保护修复工程，增强水源涵养能力和环境容量，筑牢生物多样性网络，增强生态产品生产供给和服务能力，扩大森林、湖泊、湿地等绿色生态空间比重，打造生态环境"生命共同体"。

第16章 江北新区收入增长、气候变化与居住能耗结构优化升级研究

16.1 引　言

中国人口数量超过 14 亿人，近 20 年来随着城镇化进程加快，城镇居民收入水平不断提高，中国居民住宅能耗总量持续上涨，从 1999 年的 14552 万 t 标准煤增长至 2017 年的 57620 万 t 标准煤，年均增长率为 7.95%，占全国能源消费总量的 10%。住宅能源供需矛盾一直是我国经济社会发展中的焦点问题，一旦能源供应产生问题，将会直接或间接地影响到局部甚至整个地区的居民住宅能源消费。另外，作为世界上最大的二氧化碳排放国，中国电力生产碳排放是温室气体 (GHG) 主要排放源，2018 年排放量高达 54%；同时还伴随着其他污染物排放，住宅能耗的任何变化都会对气候环境产生直接影响。面对化石能源的使用过程中日益突出的废气污染、光化学烟雾、水污染、酸雨及全球气候变化等环境问题，以低能耗、低污染为基础的"低碳经济"已成为全球热点。对此，中国积极参与全球碳减排和能源治理行动，"十一五""十二五""十三五"期间相继提出了约束性的能源强度和碳排放强度控制目标，并于 2014 年和 2017 年分别在全国范围内实施超低排放 (ULE) 标准政策以及基于市场的气候缓解工具——排放交易机制 (ETS)。

然而，全球气候变暖伴随着高频率和高强度的极端天气气候事件，无疑给居民住宅能源节能减排带来了严重挑战。极热或极冷天气的频繁发生与变换，增加了居民对室内冷却或升温的需求，也增加了居民通过调节室内温度以应对极端天气事件的概率。据联合国政府间气候变化专门委员会（IPCC）预测，到 21 世纪末，全球气候变暖与极端天气气候事件还将同步增加，全球平均地表温度将上升 $1 \sim 3.7 \, ℃ \, (33.8 \sim 38.66 \, ℉)$。随着居民收入水平的持续上升，在高收入的驱动下，居民为了获得更好的健康和更舒适的生活，可能会有更大的温度调节需求。居民收入增长是单纯地增加了居民住宅电力消耗，还是通过使用天然气替代能源调整家庭住宅能源结构？在这种情况下，本章审视城镇居民生活用电和生活用天然气如何响应于收入增长和气候变化，考虑城镇居民收入的调节作用，探究收入增长、气候变化与居民住宅能耗的关系。

现有研究表明，不同气候区域居民用电对温度的响应存在明显差异 (Auffhammer and Mansur，2014；Sanquist et al.，2012)。已有研究皆侧重于利用截面数据 (Mansur et al.，2008；Sanquist et al.，2012；Vaage，2000) 或时间序列数据 (Considine，2000；Franco and Sanstad，2008；Lam，1998；Papakostas et al.，2010) 研究应对气候变化的居民能源消费行为。但 Auffhammer 和 Mansur(2014) 指出截面数据和时间序列数据由于存在明显的遗漏变量问题，使其不太可能成为研究电力消耗对天气冲击响应的最优方法。面板数据允许控制不可观测数据的差异，包括随时间变化的常见冲击，以及不随时间变化的家庭层

面的组内差异。然而，现有研究主要基于个体层面、省或州层面、国家层面的面板数据探讨气候变化对欧美等工业化国家居民用电的影响。除了 Asadoorian 等(2008)、罗光华和牛叔文(2012)外，鲜有学者利用面板数据研究气候变化对中国居民用电的影响，且鲜有研究关注城市层面。关于气候变化的衡量，除个别学者(Considine，2000)采用相对降温度日(cooling degree days，CDD)和相对采暖度日(heating degree days，HDD)等指数外，美国与欧洲学者主要采用州或城市的日平均温度，而中国学者由于缺乏气象数据，主要采用省份或城市的年平均温度。

与已有文献相比，本文加入收入的调节作用，研究气候变化对居民住宅能源消费的影响。具体而言，以中国长三角地级城市为研究对象，利用城市级面板数据模型，运用中国气象局(CMA)和国家气象信息中心(NMIC)发布的中国地面气候资料日值数据集(2001—2015 年)，研究通过收入的调节作用，气候变化对居民住宅能源消费行为会产生何种影响。如果居民面对气温变化的反应显著增加电力需求，其直接后果是加剧了能源稀缺性，影响经济的可持续发展，并将形成"能源消耗—气候环境"两个系统之间的恶性循环。研究结果探索了气候变化对居民住宅能源消费行为的影响，为政府部门制定可持续的能源规划和战略提供决策依据，具有重要的理论和实践意义。

16.2　江北新区收入增长、气候变化与能耗结构关系的识别策略

16.2.1　数据来源

为了开展实证分析，本章收集了长三角城市群城镇居民用电量及天然气消费量、可支配收入、区域气候和其他因素的数据。

长江三角洲城市群，简称长三角城市群。根据《长江三角洲区域一体化发展规划纲要》，范围定为苏浙皖沪三省一市全部区域；以上海市，江苏省南京、无锡、常州、苏州、南通、扬州、镇江、盐城、泰州，浙江省杭州、宁波、温州、湖州、嘉兴、绍兴、金华、舟山、台州，安徽省合肥、芜湖、马鞍山、铜陵、安庆、滁州、池州、宣城 27 个城市为中心区，面积 22.5 万 km^2。长三角城市群经济腹地广阔，是"一带一路"与长江经济带的重要交汇地带，拥有现代化江海港口群和机场群，高速公路网比较健全，公铁交通干线密度全国领先，立体综合交通网络基本形成。《长江三角洲城市群发展规划》指明，长三角城市群要建设面向全球、辐射亚太、引领全国的世界级城市群。建成最具经济活力的资源配置中心、具有全球影响力的科技创新高地、全球重要的现代服务业和先进制造业中心、亚太地区重要国际门户。

长三角城市群是中国经济最发达、城市化水平最高的区域。长三角地区仅占中国 2.1%的国土面积，集中了中国 23.6%的经济总量和 1/4 的第二产业增加值。2018 年地区生产总值超过 21.15 万亿元，超过全球第五大经济体英国。截至 2018 年末，长三角地区常住人口约为 2.25 亿人，人口密度超过 628.49 人/km^2，约是美国加利福尼亚州人口密度的 2.47 倍；该地区也是中国外来人口最大的集群地和少数民族散居的地区，56 个民族齐全。2001 年以来，长三角经济的快速发展带动了城镇居民收入水平的持续增长，上海、江苏、浙江和安徽城镇居民人均可支配收入年均增长率分别为 6.04%、5.83%、5.86%、6.08%。在高收入的驱动下，城镇居

民可能会对温度调节表现出较高的需求,家庭住宅能耗对气候变化的响应也将变得更加敏感。

长三角城市群位于长江入海之前的冲积平原,属于亚热带季风气候区,近年来年均气温、年均最高和最低气温均呈现极为显著的增加趋势,增温率在冬季和春季较高,夏季最低。城市化效应对大城市气温基本上都是增温作用,其中对年均最低气温的增温率及贡献率最大,对年均最高气温最小。长江三角洲气温变化趋势和增温率、城市化效应的增温率及增温贡献率与其他地区具有较好的一致性。城市群内部气候存在一定的差异性,电能和天然气是该区域城镇居民采暖和制冷的主要家庭能源。根据国家统计年鉴(2019 年)数据,2018 年,上海市、江苏省、浙江省和安徽省居民用电量 14363 亿 kW·h,同比增长 6.8%,超过全国用电量的 20.9%;家庭天然气消耗 510.44 亿 m³,同比增长 22%,超过全国天然气消费总量的 18.21%。

1. 城镇居民生活用电以及家庭天然气消耗

为揭示城镇家庭住宅能耗结构变动,本研究选取城镇居民生活用电及生活用天然气消耗两个变量反映城镇家庭住宅能耗强度。城镇居民生活用电及家庭天然气消耗数据来源于城市统计年鉴,如《上海市统计年鉴》《南京市统计年鉴》等。考虑到数据的可获取性,城镇居民生活用电响应研究选取 2004—2015 年长三角城市群中的 24 个城市作为样本,包括上海市,江苏省 9 个城市,浙江省 9 个城市,安徽省合肥、芜湖、安庆、滁州、宣城等 5 个城市。城镇居民生活用天然气消耗响应研究选取 2004—2015 年上海、南京、扬州等 9 个城市作为样本。

2. 气候变化数据:降温度日、采暖度日及降水

地表气温序列和降水量是反映气候系统变化的最重要指标(何金海和卢楚翰等,2012),其中温度是所有气象因素中影响电力消耗的主要因素(Fan et al., 2015)。本研究采用相对采暖度日(HDD)和相对降温度日(CDD)两个指标衡量地表气温序列变化,前者用于反映居民采暖需求,后者用于反映居民制冷需求。这两个指标测度的具体设计如下:

$$\mathrm{HDD}_t = \sum_{d=1}^{n} (T_{\mathrm{base}} - T_d)$$
$$\mathrm{CDD}_t = \sum_{d=1}^{m} (T_d - T_{\mathrm{base}})$$

(16-1)

式中, t 为年份; T_d 为某个城市第 d 天的日平均地表气温,其数值等于每日 4 个时间(2点、8 点、14 点、20 点)的地表气温的算数平均值; T_{base} 为基准温度,气候变化研究领域的学者通常将基准温度设定为 18℃(Hasegawa et al., 2013; Petri and Caldeira, 2015); n 和 m 分别为一年中日均气温低于和高于基准温度的天数。

为了测算相对降温度日和相对采暖度日,本章利用中国气象局和国家气象信息中心发布的《中国地面气候资料日值数据集》。该数据集包含了 1951 年以来中国 753 个基本、基准地面气象观测站及自动站的每日观测气象数据,包括日平均气压、最高气压、最低气压、平均气温、最高气温、最低气温、平均相对湿度、最小相对湿度、平均风速、最

大风速及风向、极大风速及风向、日照时数、降水量等气象数据。

　　鉴于城镇居民生活用电及家庭天然气消耗数据的可获取性，本研究从样本城市基准地面气象观测站及自动站 2004—2015 年地面气候资料日值数据集中整理获取相应气象数据，包括日平均地面气温和日降水量。考虑到气候数据对城市的地理覆盖水平，本研究根据以下原则选择气象站点。第一，如果在某市管辖范围内只有一个气象台站，则将此气象台数据分配给该市。若拥有多个气象台站，遵循就近原则（即市政中心与气象站的距离），将最近的气象台站的数据分配给该市。第二，若某市管辖区域内没有气象台站，同样遵循就近原则，将最近的气象台站数据分配给该市。第三，个别气象台站由于变迁导致大量的气象数据缺失，遵循就近原则使用离该市中心地理距离最近的气象台站的数据进行代替。基于以上原则，本研究基本实现了对 23 个样本城市气象数据的地理覆盖，最终获取 23 个城市 2004—2015 年日均地表气温和降水量的面板数据。

　　3. 其他数据

　　其他变量包括城镇居民家庭人均可支配收入和城镇常住人口，以上数据均来源于城市统计年鉴。由于统计年鉴中提供的城镇居民家庭人均可支配收入为名义值，本研究根据各城市消费者物价指数（CPI）环比指数测算定基指数，然后通过价格指数对名义收入作调整，测算城镇居民人均可支配收入的实际值。城市城镇常住人口等于城市常住人口乘以该市的城镇化率。少数城市城镇常住人口部分年份数据缺失，只有户籍人口数据可用。统计年鉴的数据显示，由于城市间存在人口大规模的自由流动，发达城市通常是人口净流入城市，常住人口明显大于户籍人口[①]，而欠发达城市正好相反。因此，年末户籍人口并不是常住人口的一个理想代替变量。鉴于此，本研究利用的是一个非平衡面板数据，安徽安庆、芜湖、滁州和宣城的城镇化率数据只有 2009—2015 年，其余城市的城镇化率为 2004—2015 年。

16.2.2　计量模型

　　本研究选取的所有变量中，除了城市控制变量，其他变量均为连续性变量，且数值变异较大，为了减缓数据的变异程度，通常对连续性变量取对数（Auffhammer et al.，2011，2012，2014）。

　　式（16-2）是城镇居民用电对收入增长和气候变化的响应模型：

$$\ln(EC_{it}) = \theta^{HDD} \ln HDD_{it} + \theta^{CDD} \ln CDD_{it} + \beta^{income} \ln income_{it}$$
$$+ \theta^{HDD\_income} \ln HDD_{it} \times \ln income_{it} + \theta^{CDD\_income} \ln CDD_{it} \times \ln income_{it} \quad (16-2)$$
$$+ f(X_{it};\lambda) + \alpha_i + \mu_{it}$$

式中，θ^{HDD}、θ^{CDD}、β^{income} 和 λ 为自变量的待估参数；μ_{it} 为随机扰动项；EC_{it} 为第 i 城市第 t 年的城镇居民用电量；HDD_{it} 和 CDD_{it} 为第 i 城市第 t 年的采暖度日数和降温度日数；$income_{it}$ 为第 i 城市第 t 年的城镇居民人均可支配收入；$\ln HDD_{it} \times \ln income_{it}$ 和

---

　　① 户籍人口是指已在其经常居住地的公安户籍管理机关登记了常住户口的人，而常住人口是指全年经常在家或在家居住 6 个月以上，而且经济和生活与本户连成一体的人口，包括流动人口。

$\ln \mathrm{CDD}_{it} \times \ln \mathrm{income}_{it}$ 分别为采暖度日数、降温度日数和可支配收入的交互项，用以衡量收入增长的调节作用；$f(X_{it}; \lambda)$ 为包含多个控制变量的函数，包括降水量和城镇居民常住人口，这两个变量能够在一定程度上控制不同城市之间城镇居民生活用电量和家庭天然气消耗的差异。Auffhammer(2018)、Fan 等(2019)、Miao(2017)和 Frederiks 等(2015)的研究表明，降水量、常住人口也是影响居民住宅能耗的关键因素。α_i 为城市个体固定效应，用于控制那些不随时间变化的不可观测的城市个体特征，Auffhammer 等(2017)的研究指出采暖度日和降温度日的地区分布差异显著影响电力高峰负荷分布的空间差异。

式(16-3)是城镇居民家庭天然气消耗对收入增长和气候变化的响应模型：

$$\ln(\mathrm{NC}_{it}) = \delta^{\mathrm{HDD}} \ln \mathrm{HDD}_{it} + \delta^{\mathrm{CDD}} \ln \mathrm{CDD}_{it} + \phi^{\mathrm{income}} \ln \mathrm{income}_{it} \\ + f(X_{it}; \kappa) + \alpha_i + \nu_{it} \tag{16-3}$$

式中，δ^{HDD}、δ^{CDD}、ϕ^{income} 和 κ 为自变量的待估参数；ν_{it} 为随机扰动项；NC_{it} 为第 i 城市第 t 期的城镇居民家庭天然气消耗。

各变量的描述性统计见表 16-1。平均值和标准差的统计结果显示，对数化处理后的数据的均值均大于 0，且离散程度较小。最小值和最大值的统计结果显示，本研究选择的样本不存在异常值。

表 16-1　变量定义与说明

	变量	变量测度	样本数量	平均值	标准差	最小值	最大值
因变量	城镇居民生活用电	第 i 个城市第 t 期城镇居民生活用电量(亿 kW·h)的对数	276	2.354	1.076	−0.231	5.323
	城镇居民生活用天然气消耗	第 i 个城市第 t 期城镇居民生活用天然气用量(万 m³)的自然对数	115	8.584	1.430	5.220	11.81
解释变量	采暖度日	第 i 个城市第 t 期采暖度日(℃·d)的自然对数	276	7.370	0.177	6.716	7.972
	降温度日	第 i 个城市第 t 期降温度日(℃·d)的自然对数	276	7.113	0.130	6.136	7.390
	城镇居民可支配收入	第 i 个城市第 t 期城镇居民可支配收入(元)的自然对数	276	9.838	0.386	8.802	10.56
	采暖度日与居民可支配收入的交互项	采暖度日的自然对数乘以居民可支配收入的自然对数	276	72.49	2.994	63.75	80.47
	降温度日与居民可支配收入的交互项	降温度日的自然对数乘以居民可支配收入的自然对数	276	69.98	2.979	61.11	76.20
控制变量	降水量	第 i 个城市第 t 期降水量(mm)的自然对数	276	7.099	0.224	6.316	7.787
	城镇居民常住人口	第 i 个城市第 t 期城镇常住人口(万人)的自然对数	255	10.31	0.715	8.142	12.30

16.3　实证结果分析与讨论

16.3.1　基准回归结果

所有变量的集中趋势和离散程度的统计结果表明，在既定的数据样本情况下，每个变量的观测值均满足非同质性假定。方差膨胀因子(variance inflation factor, VIF)为 1.34(小于 5),表明模型所选取的变量之间不存在严重的多重共线性问题。城镇居民生活用电对收入增长和气候变化的响应模型利用的是非平衡面板数据,包含长三角城市群中 2004—2008 年的 19 个城市和 2009—2015 年的 23 个城市,总计 256 个样本数据。城镇居民生活用天然气消耗对收入增长和气候变化的响应模型利用的是平衡长面板数据,包含长三角城市群中 2004—2015 年的 9 个城市,合计 108 个样本数据。本研究采用聚类稳健标准差方法来估计短面板数据模型;而长面板数据的关注焦点在于设定扰动项相关的具体形式,以提高估计效率,对此需要对组内自相关和组间截面相关进行检验。Wald 检验结果拒绝原假设,即不存在一阶组内自相关;而 Breusch-Pagan LM 检验结果表明模型中存在组间截面相关。因此,本估计放宽随机扰动项为独立同分布的假定,对模型采用同时处理组内自相关和组间同期相关的可行广义最小二乘法(FGLS)方法;并且还列出约束每个个体回归系数相等和允许每个个体回归系数不同的估计结果进行对比(表 16-2)。结果表明约束每个个体回归系数相等和允许每个个体自回归系数不同这两个模型的估计结果具有较好的一致性,但相比之下后者具有更好的拟合优度(拟合优度=0.983)。

表 16-2　长三角城市群城镇居民生活用电和生活用天然气消耗响应模型的估计结果

变量	居民生活用电	居民生活用天然气消耗	
	(固定效应—聚类稳健标准误差)	一阶自回归系数	固定效应一阶自回归系数
城镇居民可支配收入	16.479**	1.913***	2.183***
	(6.499)	(0.193)	(0.153)
采暖度日	11.203**	0.365**	0.340***
	(4.675)	(0.144)	(0.117)
降温度日	10.357*		
	(5.802)		
采暖度日与居民可支配收入交互项	−1.117**		
	(0.474)		
降温度日与居民可支配收入交互项	−1.020*		
	(0.582)		
降水量	0.067	0.002	−0.049
	(0.071)	(0.153)	(0.118)
城镇常住人口	0.527***	0.817***	0.646***
	(0.074)	(0.270)	(0.190)
常数项	−169.521**	−20.984***	−21.113***
	(64.125)	(2.465)	(1.825)
城市固定效应	是	是	是
R^2	0.840	0.850	0.983
样本数	256	108	108
城市数	23	9	9

注: 括号内为标准误差; *** $p<0.01$, ** $p<0.05$, * $p<0.1$。

对于城镇居民生活用电响应模型，变量城镇居民可支配收入、采暖度日数和降温度日数的估计系数分别为 16.479、11.203 和 10.357，且均通过显著性检验。估计结果表明，在其他因素不变的情况下，城镇居民可支配收入每增长 1%，生活用电将增长 16.479%；采暖度日数每增长 1%，生活用电将增长 11.203%；降温度日数每增长 1%，生活用电将增长 10.357%。然而，居民可支配收入、采暖度日数和降温度日数的交互项的估计系数均显著为负，估计结果表明城镇居民收入的增长会弱化采暖度日数和降温度日数对居民生活用电的正向作用。

相比而言，在城镇居民生活用天然气消耗响应模型中，城镇居民可支配收入和采暖度日数的估计系数分别为 2.183 和 0.340，且均通过显著性检验，估计结果表明在其他因素不变的条件下，城镇居民可支配收入每增长 1%，生活用天然气将增长 2.183%；采暖度日数每增长 1%，生活用天然气将增长 0.340%。

此外，城镇常住人口的估计系数均显著为正，估计结果表明在其他因素不变的条件下，城镇常住人口每增长 1%，居民生活用电将增长 0.527%，生活用天然气消耗将增长 0.646%。

16.3.2 稳健性检验

1. 稳健性检验：调整采暖度日数和降温度日数的基准温度

气候变化经济学领域的学者在测算采暖度日数和降温度日数时，通常将基准温度设定为 18℃(Petri and Caldeira, 2015)。为了检验本研究构建的长三角城市群城镇居民住宅能耗对收入增长和气候变化的响应模型的稳健性，本研究分别将基准温度设定为 17℃、18℃和 19℃。3 种模型的估计结果较为一致(图 16-1)，结果表明城镇居民可支配收入、采暖度日数和降温度日数均正向作用于居民生活用电，可支配收入的作用明显高于采暖度日和降温度日的边际作用，可支配收入的增长会弱化采暖度日数和降温度日数对居民

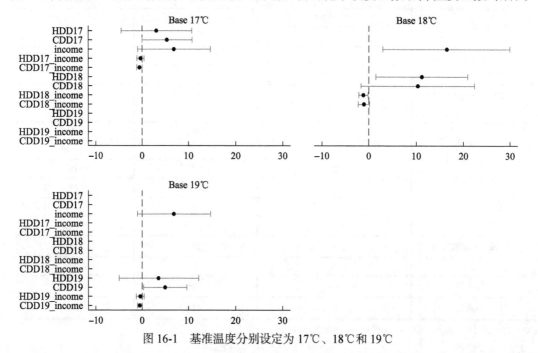

图 16-1　基准温度分别设定为 17℃、18℃和 19℃

生活用电的正向作用。

2. 稳健性检验：控制环境规制，考虑变频空调能效国家标准

表16-3报告了考虑变频空调能效国家标准这一节能减排政策冲击后城镇居民住宅能耗响应模型的估计结果。中国首项变频空调能效国家标准于2008年9月1日起实施，这项标准将变频空调的能效水平分成5个等级，其中1级能效水平最高，2级是达到节能认证所允许的最小值即节能评价值，3、4级代表了我国变频空调的平均能效水平，5级表示能效限定值，即标准实施后市场准入的门槛值。标准还明确将3级能效水平作为超前性能效指标，该指标的实施时间为2011年，届时，标准中的4、5级能效水平的产品将面临淘汰。结果表明，收入增长、采暖度日数、降温度日数以及收入增长与采暖度日数和降温度日数的交互项这些关键变量对城镇居民住宅能耗的作用方向未发生变化，边际影响大小也基本一致。

表 16-3　稳健性检验：控制环境规制（变频空调能效国家标准）的估计结果

变量	居民生活用电	居民生活用天然气消耗
城镇居民可支配收入	16.270**	2.172***
	(6.484)	(0.154)
采暖度日数	10.757**	0.344***
	(4.702)	(0.117)
降温度日数	10.741*	
	(5.727)	
城镇居民可支配收入	16.270**	2.172***
	(6.484)	(0.154)
城镇居民可支配收入*采暖度日数	−1.070**	
	(0.477)	
城镇居民可支配收入*降温度日数	−1.053*	
	(0.576)	
降水量	0.112	−0.069
	(0.083)	(0.119)
城镇常住人口	0.534***	0.706***
	(0.078)	(0.207)
变频空调能效国家标准	0.067	−0.030
	(0.044)	(0.043)
城市固定效应	是	是
常数项	−168.355**	−21.585***
	(63.827)	(2.041)
R^2	0.842	0.985
样本数	256	108
城市数	23	9

注：括号内为标准误差；*** $p<0.01$，** $p<0.05$，* $p<0.1$。

3. 稳健性检验：样本变化

表 16-4 报告了删除上海这一城市后的城镇居民住宅能耗响应模型的估计结果。上海是长三角城市群中唯一的省级行政区，其他城市均为地级城市。为了检验城市行政级别差异是否会对估计结果造成影响，本研究将上海从样本中删除，保留其余地级城市。结果表明，收入增长、采暖度日数、降温度日数以及收入增长与采暖度日数和降温度日数的交互项这些关键变量对城镇居民住宅能耗的作用方向未发生变化。

表 16-4　稳健性检验：删除上海的估计结果

变量	居民生活用电	居民生活用天然气消耗
采暖度日数	13.161**	0.379***
	(4.793)	(0.131)
降温度日数	12.956**	
	(5.678)	
城镇居民可支配收入	19.887***	2.221***
	(6.563)	(0.161)
城镇居民可支配收入*采暖度日数	−1.317**	
	(0.487)	
城镇居民可支配收入*降温度日数	−1.287**	
	(0.569)	
降水量	0.057	−0.040
	(0.074)	(0.125)
城镇常住人口	0.505***	0.628***
	(0.076)	(0.196)
城市固定效应	是	是
常数项	−202.507***	−22.387***
	(64.696)	(1.794)
R^2	0.846	0.983
城市数	22	8

注：括号内为标准误差；*** $p<0.01$，** $p<0.05$，* $p<0.1$。

16.3.3　异质性讨论：按城市规模分组

基准模型(表 16-2)的估计结果显示城镇常住人口对居民生活用电和生活用天然气消耗有显著正向影响。各城市的常住人口数量呈现出较大的差异，根据 2019 年各市统计年鉴中的常住人口数据，上海和苏州为超大城市(城市人口>1000 万人)，南京、无锡、南通、盐城、杭州、宁波、台州、合肥和金华为特大城市(城市人口为 500 万~1000 万人)，常州、镇江、嘉兴、绍兴、扬州、宿迁、芜湖、安庆、滁州为Ⅰ型大城市(城市人口为 300 万~500 万人)，而湖州、舟山、宣城为Ⅱ型大城市(城市人口为 100 万~300 万人)。

本研究将上述城市划分为两组：特大城市及超大城市、Ⅰ型大城市及Ⅱ型大城市。表 16-5 表明，城镇居民可支配收入、采暖度日数和降温度日数显著正向影响特大城市及超大城市城镇居民生活用电，可支配收入与采暖度日数交互项的边际影响为负。这一结果与基准模型(表 16-2)的估计结果较为相似。但上述变量对Ⅰ型大城市及Ⅱ型大城市城镇居民生活用电的作用均未通过显著性检验。

表 16-5　异质性分析：按城市规模分组的居民住宅用电的估计结果

变量	特大城市及超大城市	Ⅰ型大城市及Ⅱ型大城市
采暖度日数	10.231*	18.753
	(4.772)	(10.403)
降温度日数	13.765*	1.682
	(7.452)	(7.861)
城镇居民可支配收入	17.559**	15.896
	(7.687)	(10.684)
城镇居民可支配收入*采暖度日数	−0.982*	−1.906
	(0.477)	(1.057)
城镇居民可支配收入*降温度日数	−1.337	−0.139
	(0.744)	(0.794)
降水量	0.200*	0.089
	(0.109)	(0.122)
城镇常住人口	0.582***	0.586***
	(0.114)	(0.124)
常数项	−186.114**	−163.184
	(77.502)	(103.115)
城市固定效应	是	是
R^2	0.883	0.849
城市数	11	12

注：括号内为标准误差；*** $p<0.01$，** $p<0.05$，* $p<0.1$。

本研究中的基准回归结果和稳健性检验结果均显示采暖度日数和降温度日数显著正向作用于城镇居民生活用电，这表明长三角城市群城镇居民对室内热舒适度和凉舒适度呈现出明显的改善需求。这一结果与已有研究较为相似，如 Hou 等(2014)、Fan 等(2015)。这里可以解释为长三角城市群城镇居民的住宅用电对温度变化敏感，当室外温度升高或降低时，居民将会采取相应措施调节室内温度；为了满足采暖需求和降温需求，冬季和夏季可能是城镇居民住宅能源消费的旺季，导致用电高峰或次高峰，这种现象年复一年周而复始地循环往复；在持续寒冷的冬季和炎热的夏季里，空调的使用会显著增加住宅电力消耗，甚至是在冬春、秋冬季节交替的时节，突发性、长时间连续低温天气导致住宅用电量显著增加。此外，本研究还发现长三角城市群的采暖度日数和降温度日数较相近，这一结果与 Fan 等(2015)的研究结果较为相似。这里可以解释为长三角城市群冷热天气的用电需求比较相似。

家庭收入与能源消费之间的关系一直是学术界研究的焦点和热点问题。本研究结果显示城镇居民生活用电量的收入弹性显著为正,这表明长三角城市群城镇居民生活用电会随着城镇居民可支配收入的增加而不断增加。已有研究得出类似结论,如 Jones 等(2015)、Auffhammer 等(2011)、Miao(2017)。这里可以解释为长三角城市群快速的经济增长意味着更加旺盛的电力需求,城镇家庭较高的富裕程度无疑对家庭能源消费产生了显著的积极影响。在全球气候变化的背景下,伴随着长三角城市群居民收入水平的增加,该区域电力需求的增加趋势已成为必然。收入的持续增长可能促进居民拥有较大面积的住房及以各种各样的电器,并且电气设备的使用率也较高,居民对温度响应也更灵敏,采暖设备和降温设备(如空调)的使用也会更频繁。另外,城镇居民可支配收入的边际作用明显高于采暖度日数和降温度日数的边际作用。上述结果与已有研究较为相似,如Auffhammer 等(2011)。这里可以解释为温度变化引起的电力消耗小于收入变化引起的电力消耗。

虽然大量研究探讨了能源消费与收入增长之间的线性和非线性关系,但是鲜有文献考虑收入增长的调节作用。本研究还表明,收入增长具有重要的调节作用;城镇居民可支配收入的持续增长弱化了采暖度日数对居民生活用电的正向作用。这里可以解释为在高收入的驱动下,长三角城市群城镇居民满足室内采暖需求的方式可能发生了变化,他们可能会采用壁挂式暖气或地暖替代空调。居民采取调整住宅能耗结构措施的原因在于空调主要是为制冷服务,制热效果相对较差,尤其是当室外天气越冷时,空调制热从室外空气环境中吸收热量的难度加大。本研究也印证了这一假设,结果显示城镇居民可支配收入和采暖度日数显著正向作用于居民生活用天然气消耗。这一结果与 De Cian等(2007)的研究结论较为相似。近年来,中国南方部分城市在冬季出现了天然气供给不足的现象也印证了这一结论。此外,由于当前中国电力供应仍以火力发电为主,这种生活用电向生活用天然气转变的住宅能源结构的变化有助于降低碳排放,减缓了对气候环境造成的负面影响,有助于中国政府尽早实现碳减排目标。2015 年 6 月中国政府提出了《强化应对气候变化的行动:中国的国家自主贡献》,文中指出中国二氧化碳排放 2030年左右达到峰值并争取尽早达峰,非化石能源占一次能源消费比重达到 20%左右。

此外,本研究还表明,城镇居民可支配收入的持续增长弱化了降温度日数对居民生活用电的正向作用。这里可以解释为收入与能源消费之间的关系可能会受到高收入家庭对节能技术和设备的投资力度的影响(Fan et al., 2017)。在高收入的驱动下,长三角城市群中越来越多的城镇居民为了满足室内降温需求可能会选择购买能效等级较高的空调。这类能效比越大的空调制冷效果和降噪效果更佳,有利于节约能源(Fan et al., 2019),因此受到越来越多高收入居民的青睐。当然,除了制冷和降噪外,该地区城镇居民环保意识的提升也可能是影响其选择高能效空调的原因之一。这一假设得到了 Fan 等(2019)研究结果的印证,他们发现在夏季极端炎热天气更加频繁发生且持续时间更长的气候变化背景下,居民集中使用空调用于住宅制冷。然而,我们尚未发现文献集中讨论居民对不同等级能效空调的选择行为。本研究鉴于国内宏观层面空调购买数据的局限性,也未做相关检验。

此外，异质性分析发现城镇居民生活用电对收入增长和气候变化的响应显示出明显的区域异质性。城镇居民可支配收入、采暖度日数、降温度日数、可支配收入与采暖度日数交互项显著影响特大城市及超大城市城镇居民生活用电。这里可以解释为相比于Ⅰ型大城市及Ⅱ型大城市，特大城市及超大城市城镇居民生活用电对收入增长、气候变化的响应更加敏感。

综上分析，如果忽略收入增长的调节作用，单纯地声称收入增长会导致居民用电量增加是一种严重误导，会夸大采暖度日数和降温度日数对居民生活用电需求的影响。很明显，采暖度日数需求、降温度日数需求和城镇居民可支配收入对家庭住宅能耗的作用路径并非是单一的，居民可支配收入与采暖度日数需求和降温度日数需求之间的交互作用共同影响城镇居民生活用电，进而影响家庭生活用天然气消耗情况，调整住宅能耗结构。

16.4　结论及政策建议

本研究利用中国长三角城市群 2004—2015 年 23 个城市非平衡面板数据，考虑收入增长的调节作用，构建城镇居民生活用电和生活用天然气消耗对气候变化的响应模型，探究了气候变化、收入增长对城镇居民住宅能耗的影响。利用随机变动的外生变量采暖度日数和降温度日数测度地表气温时序变化；响应模型也估计了居民住宅能耗对年降水量和城镇常住人口变化的敏感程度。

总体而言，江北新区所处的长三角城市群城镇居民住宅能耗对气候变化和收入增长敏感。该地区城镇居民对室内热舒适度和凉舒适度呈现出明显的改善需求，降温需求和采暖需求都显著增加了居民住宅能耗；城镇居民可支配收入的持续增长意味着更高水平的电力需求和天然气需求，且收入的边际作用明显高于采暖度日数和降温度日数的边际作用；城镇居民可支配收入弱化了采暖度日数和降温度日数对生活用电的正向作用，一方面在高收入的驱动下，城镇居民满足室内采暖需求的方式可能发生了变化，他们可能会采用挂壁式暖气或地暖替代空调；另一方面，在高收入的驱动下，越来越多的城镇居民为了满足室内降温需求可能会选择购买能效等级较高的空调。这类能效比越大的空调，制冷效果和降噪效果更佳，节省的电能也越多。

本研究结果具有如下启示：第一，采暖度日数需求、降温度日数需求和城镇居民可支配收入对家庭住宅能耗的作用路径并非是单一的，居民可支配收入与采暖度日数需求和降温度日数需求之间的交互关系共同影响城镇居民生活用电，进而影响家庭生活用天然气消耗情况，调整住宅能耗结构。因此，未来江北新区在统筹规划居民住宅能耗时，需要充分考虑收入增长的调节作用，科学预测生活用电和生活用天然气需求。第二，本研究构建的城镇居民住宅能耗对气候变化和收入增长的响应模型可以推广到与江北新区经济发展水平和气候条件相似的国家或地区，需要满足如下约束条件：冬季气候与江北新区较为相似，冬季气温在-5°至零上，区域内未提供集中供暖；地区经济发展水平和居民可支配收入水平较高；住宅制冷和采暖使用的电力和天然气可获得。

针对长三角城市群住宅能耗响应模型的估计结果，我们提出一些相关政策。由于电力和天然气是一种正常商品，如果江北新区居民收入持续增长，该区域居民用电和生活用天然气等住宅能耗将显著增长。为保障电力供应，政府应综合考虑收入增长、采暖度日数需求、降温度日数需求，以及他们之间的交互作用，科学预测电力需求和天然气需求，采取措施提高电力系统和天然气供应系统适应气候变化的能力，加强减缓和适应气候变化的电力基础设施建设，深化中俄东线天然气管道项目合作。此外，由于居民生活用电对收入增长和气候变化呈现出明显的异质性，江北新区在统筹全区域电力和天然气供给时，需要考虑到特大、超大城市与Ⅰ型、Ⅱ型大城市城镇居民住宅能耗对收入增长、气候变化响应的敏感程度的差异。另外，温度变化适应性策略也可以采取住宅能源保障以外的措施，建议制定旨在提高空调和燃气壁挂锅炉的能效水平的政策和法规，政策采取行为提高节能家电在市场上的份额，使之成为减弱和适应气候变化的有效途径；由于家用电器最终是受居民的使用习惯驱动，因此相应的能效计划实施应该侧重于居民行为改变，包括制定鼓励城镇居民购买高能效的空调、冰箱和其他电器的补贴政策，通过经济激励和行为干预措施来降低住宅能耗；开展节能教育，培养居民养成节能价值观，降低住宅能效。

第17章 碳达峰、碳中和背景下江北新区产业结构优化策略研究

17.1 引　　言

2020年9月22日，国家主席习近平在第75届联合国大会一般性辩论上发表重要讲话，提出二氧化碳排放力争于2030年前达到峰值，努力争取2060年前实现碳中和。这一庄严承诺充分体现了我国作为全球生态文明建设重要参与者、贡献者、引领者的大国担当。这是中国首次提出实现碳达峰与碳中和的目标，引起了国际社会的极大关注。由于中国是世界最大的碳排放国，占世界能源碳排放总量比重的28.8%，对全球碳达峰与碳中和具有至关重要的作用。无论对于整个世界，还是对于中国自身而言，中国探索到21世纪中叶实现净零碳排放的战略路径意义重大。碳达峰指在特定年度在某个国家或者区域内碳排放达到最大值，到达了碳排放由增转降的转折点，碳达峰的核心特点就是经济发展与碳排放脱钩。根据国际经验，区域碳达峰后仍需至少5年的时间检测证明，碳排放至少持续5年处于下降态势，才能标明该地区已碳达峰。

目前，学术界围绕"双碳"目标的预测和实现路径展开大量的研究，主要分为三方面。第一，有关碳排放的影响因素方面的研究，这方面的研究已经很成熟，对于碳排放的影响因素主要有能源消费总量和结构、经济发展和结构以及生产技术因素。第二，有关碳达峰对经济发展的影响研究，王勇等(2017)通过构建CGE(可计算的一般均衡)模型，模拟评估中国在不同年度实现碳排放达峰的经济影响，研究发现碳排放达峰时间越早，对中国造成的经济影响越大。第三，关于"双碳"目标实现路径的研究，其中有代表性的是清华大学的胡鞍钢(2021)研究认为中国要实现2030年前碳达峰核心目标，须建立倒逼机制，分为4个十年阶段、8个五年规划，逐步推动绿色改革、绿色创新，并且提出了20个方面的实现路径和政策建议；此外，有学者对于区域碳达峰实现路径也做了相关研究，如张立等(2020)从碳达峰的定义及判断标准入手，提出了一套适用于中国城市碳达峰的评估体系；李永明和张明(2021)研究了"双碳"背景下江苏省工业面临的挑战、机遇及对策；还有学者从能源转型的角度来研究碳达峰的实现路径，如李世峰和朱国云(2021)研究了在"双碳"背景下我国能源如何转型。

上述研究为"双碳"目标实现提供了大量的理论支持，丰富了低碳经济研究体系。但是，有关江苏省的碳达峰区域性预测以及江苏省碳达峰的影响缺乏系统、深入的研究，尤其是有关在"双碳"目标下江苏省产业结构优化方面的研究还较为鲜见。因此，本章从优化江苏省产业结构的角度来探讨江苏省"双碳"目标的实现路径问题。

17.2　江苏省能源消费现状

17.2.1　江苏省能源消费纵向分析

基于《中国能源统计年鉴》中的江苏能源平衡表，以 2020 年价格为不变价格计算出江苏省 2000—2020 年的能源消费强度，如图 17-1 所示。从图 17-1 中可以看出，江苏省能源消费量在最近 20 年中总体呈缓慢上升趋势，但是自 2014 年小幅回落之后能源消费量上升的幅度极小，而且能源消费量在全国各地区中依然属于较高水平(图 17-2)。能源消费强度自 2005 年之后逐年降低，整体呈明显的降低趋势，但是从 2018 年以后降幅趋缓。江苏省 2020 年的能源消费强度比 2015 年降低了 20.56%，远高于江苏省"十三五"规划中规划目标——"十三五"期间江苏省能源消费强度降低 17%，说明江苏省"十三五"期间节能增效工作取得了很大的成绩。但是由于江苏省能源消费量较大，所以在未来很长一段时间内节能减排压力依然很大。

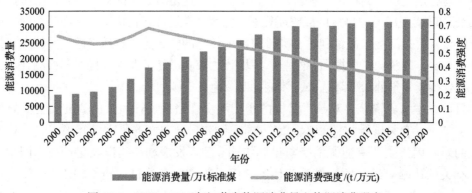

图 17-1　2000—2020 年江苏省能源消费量和能源消费强度

17.2.2　江苏省能源的横向比较

中国地域辽阔，各个省份的能源储备和经济发展以及技术水平均有差异，因此能源消费量和能源消费强度差异也较为明显。从图 17-2 可以看出，2019 年，江苏省能源消费量中排名第 4 位，达到 32526 万 t 标准煤，仅次于山东、广东和河北三省，这三省分别消费了 41390 万 t、34142 万 t 和 32545 万 t 标准煤，远远超过排名第 5 位的内蒙古(25346万 t 标准煤)。2020 年江苏省消费了 32672.49 万 t 标准煤，比 2019 年增加了 146.52 万 t 标准煤。从能源消费强度上来看，江苏省的能源消费强度在全国省域范围内排名靠前，2019 年，江苏省能源消费强度为 0.33t/万元，排名全国第 5。排名前四位的是北京、上海、广东和福建，分别为 0.21t/万元、0.31t/万元、0.32t/万元、0.32t/万元。2020 年江苏省的能源强度为 0.32t/万元，比 2020 年全国能源消费强度 0.49t/万元要低 0.17t/万元，比 2019 年降低了 0.01t/万元。2021 年 8 月 17 日，国家发改委印发《2021 年上半年各地区能耗双控目标完成情况晴雨表》，江苏省在能源消费强度和能源消费量控制两方面，均受到一级预警。

所以江苏省在下一步能源消费量和能源消费强度控制两方面需要加强工作。

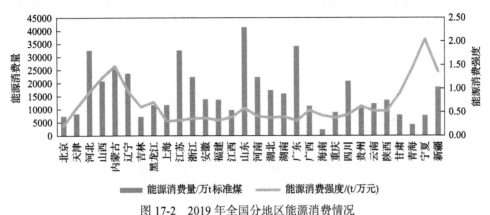

图 17-2　2019 年全国分地区能源消费情况

值得一提的是，广东省和江苏省多年来地区生产总值分别位居全国的第 1 和第 2 位，但是 2019 年广东省的能源消费强度低于江苏省。从经济发展情况来看，广东省的经济结构要优于江苏省（表 17-1），2018—2020 年，广东省的第二产业占比均比江苏省低，而第三产业占比要高于江苏省，尤其是第三产业占比的增速也高于江苏省，2020 年广东省第三产业占比 56.5%，比 2018 年高 2.3%，而江苏省 2020 年的第三产业占比为 52.5%，比 2018 年提高了 1.5%。一般来说，第二产业的单位能耗要高于第三产业，所以这也是广东省能源消费强度低于江苏省的重要原因之一。

表 17-1　2018—2020 年江苏省和广东省产业结构情况表

年份	省份	地区生产总值/亿元	第一产业占比/%	第二产业占比/%	第三产业占比/%
2018	江苏	92595.4	4.5	44.5	51.0
	广东	97277.8	4.0	41.8	54.2
2019	江苏	99631.5	4.3	44.4	51.3
	广东	107671.1	4.0	40.4	55.5
2020	江苏	102719.0	4.4	43.1	52.5
	广东	110760.9	4.3	39.2	56.5

17.2.3　江苏省能源消费结构分析

与中国整体情况类似，江苏省的能源消费结构中，煤炭消费量一直占据"主力"地位，基本都处于 50% 以上（图 17-3）。煤炭是碳排放系数较高的能源，所以江苏省的能源消费结构依然是高碳结构。

从图 17-3 可以看出，2011—2020 年，江苏省能源消费结构中煤炭的消费比例总体在波动中呈下降趋势，尤其是 2016—2019 年持续下降，但是下降幅度不大，而且在 2020 年，江苏省能源消费结构中，煤炭的消费比例还略有上升。

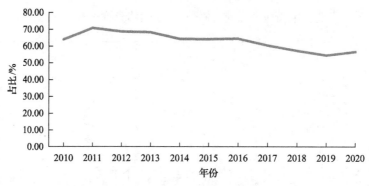

图 17-3　2010—2020 年江苏省煤炭消费占比

17.2.4　江苏省能源消费的行业分析

　　根据中国统计年鉴的分类，我国国民经济主要分为三大产业，其中第一产业主要是指农、林、牧、渔、水利业；第二产业主要是工业和建筑业，第三产业主要是服务业，服务业中消耗能源比较多的是交通运输、仓储及邮电通信业、批发和零售贸易餐饮业。基于江苏省统计年鉴，对这些行业的能源消费进行统计比较，结果如图 17-4 所示。由于行业生产特点和产品性质的不同，不同行业之间的能源消费差异较大，工业耗能一直是能源消费的主体。工业能源消费强度为 0.62t/万元，比江苏省的能源消费强度 0.32t/万元高了近一倍。

图 17-4　2010—2020 年江苏省分行业能源消费量

　　从图 17-5 中可以看出，江苏省工业能源消费比例在 2010—2020 年都在 70%以上，平均达到 75.94%，但是值得欣慰的是整体比例呈波动下降趋势，尤其是 2014 年以后呈

图 17-5　2010—2020 年江苏省工业能源消费占能源消费总量的比例

逐年下降趋势，2020 年江苏省工业能源消费占到能源消费总量的 71.8%。

从江苏省的产业结构上来看，江苏省在 2010—2020 年产业结构保持持续优化状态，第二产业，尤其是第二产业中的耗能大户——工业在地区生产总值的占比持续降低，这与能源消费的趋势总体保持一致（表 17-2）。

表 17-2　江苏省产业结构比例　　　　　　　　（单位：%）

年份	第一产业	第二产业	第三产业	工业	交通运输、仓储及邮电通信业
2010	5.82	52.81	41.37	46.84	4.27
2011	5.96	51.66	42.38	45.69	4.36
2012	6.04	50.56	43.41	44.58	4.38
2013	5.81	49.11	45.08	43.07	4.09
2014	5.56	47.89	46.54	41.89	4.00
2015	5.55	46.83	47.62	40.42	3.80
2016	5.22	45.30	49.48	39.16	3.66
2017	4.71	45.56	49.73	39.34	3.19
2018	4.44	45.20	50.36	38.74	3.18
2019	4.36	44.10	51.54	37.73	3.21
2020	4.42	43.06	52.53	36.75	3.15

根据江苏省统计年鉴，江苏省规模以上工业企业主要能源消费量如图 17-6 所示。从图 17-6 可以看出，江苏省规模以上工业企业的能源消耗依然以高碳能源——煤为主，其原煤的消耗是全省煤消耗的主体。因此，如果通过改变能源结构来实现绿色经济，那么工业领域降低原煤的消耗将成为重要任务。

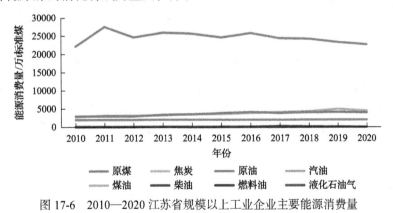

图 17-6　2010—2020 江苏省规模以上工业企业主要能源消费量

17.3　江苏省碳排放现状

17.3.1　江苏省碳排总量分析

依据《IPCC2006 国家温室气体清单指南》中的二氧化碳排放系数 A_j，根据式（17-1）

可计算出中国的能源消费碳排放量:

$$C = \sum_{j} E_j \times \mathrm{NCV}_j \times F_j \times A_j \qquad (17\text{-}1)$$

式中, j=1, 2, 3,…分别为煤、石油、天然气等化石能源; E_j 为能源消费量; NCV_j 为各种能源的平均低位发热量; F_j 为氧化因子,假设所有能源完全氧化,故 F_j=1; A_j 为二氧化碳排放总数。

基于 2011—2020 年江苏省能源平衡表中的各种能源消费数量,采用式(17-1),可计算出江苏省 2010—2019 年的碳排放量,如图 17-7 所示。从图 17-7 可以看出,2010—2016 年,江苏省能源消费产生的碳排放量总体呈缓慢上升趋势,但是在 2017—2019 年,江苏省碳排放量呈微弱下降趋势,这是利好的发展势头,但这并不代表江苏省碳排放量已经达到峰值,具体还要看后续几年的碳排放发展情况。

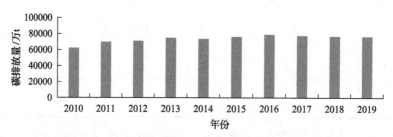

图 17-7　2010—2019 年江苏省能源消费产生的碳排放量

17.3.2　江苏省碳排放强度分析

碳排放强度也称碳强度,是指单位地区生产总值的二氧化碳排放量,即二氧化碳与 GDP 的比值。为了便于比较分析,江苏省的地区生产总值是以 2010 年为基期的不变价地区生产总值,计算出 2010—2019 年江苏省各年度的碳强度如图 17-8 所示。从图 17-8 可以看出,自 2010 年来,江苏省经济保持稳步增长,但是江苏省的碳强度从 2011 年开始呈逐年降低的趋势,从 2011 年的 1.52t/万元降到 2019 年的 0.89t/万元。这说明经济增长与碳强度降低之间不是相互矛盾的。随着经济的增长和科技的发展,通过节能减排以及碳汇技术等来降低碳排放量,从而在不影响经济增长的前提下达到降低碳强度的期望。

图 17-8　2010—2019 年江苏省地区生产总值和碳强度状况

17.3.3 江苏省碳排放的行业分析

基于 2011—2020 年的《中国能源统计年鉴》中江苏省能源平衡表数据，可以算出江苏省六大行业部门的碳排放量，如图 17-9 所示。

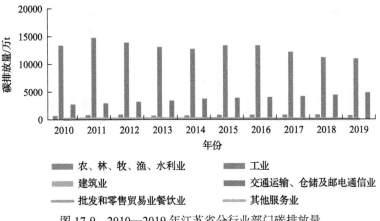

图 17-9   2010—2019 年江苏省分行业部门碳排放量

从图 17-9 可以看出，江苏省行业的碳排放量差异较大。从碳排放总量上来看，农、林、牧、渔、水利业碳排放量最低，工业碳排放量"遥遥领先"，2010—2019 年江苏省工业碳排放量占江苏省第一、第二、第三产业碳排放量的比例平均达到 67.1%。

值得一提的是，工业碳排放量在经过前几年的波动变化后，于 2018 年开始呈下降趋势，这与江苏省的产业结构调整有关系。如表 17-2 所示，江苏省的产业结构中的第二产业以及第二产业中的高耗能行业——工业占 GDP 比重自 2018 年开始都有所下降，这在一定程度上说明产业结构的优化对行业碳减排是有作用的。此外，交通运输、仓储及邮电通信业总体碳排放量仅次于工业碳排放量，而且呈明显上升趋势，是整个第三产业中碳排放量最多的行业。例如在 2020 年，该行业占整个江苏省地区生产总值的 3.15%，但是该行业的碳排放量却占到了三个产业碳排放量的 26%，所以该行业的碳排放情况值得关注。建筑业、批发和零售贸易餐饮业以及其他服务业整个碳排放占比较低，而且近年来呈下降趋势。综上所述，江苏省碳排放的重点行业将是工业和交通运输、仓储及邮电通信业。

17.4 基于"脱钩"理论的江苏省碳排放预测

"经济增长一定会导致碳排放的增加"这一命题并不绝对成立，当经济增长到一定时期时，经济结构较为合理，化石能源消费比例较少、节能减排和碳吸收技术发达，即出现低碳经济或者零碳排放状态，这时经济增长与碳排放就会呈现"脱钩"状态，即经济增长与碳排放没有关系了。

根据经济合作发展组织（OECD）脱钩理论，假设 g 为经济总值的增长速度，h 为碳强度的下降率，则能源需求总量：$C_t = G_0(1+g)^t I_0(1-h)^t$，其中 C_t、G_0 和 I_0 分别为当期碳排放量、基期国内生产总值和基期碳强度，经济增长会导致碳排放量的增长，而碳强度的下降会导致碳排放量的降低,当 $(1+g)(1-h)=1$ 时, $C_t=G_0I_0=C_0$ (基期碳排放量),碳排放总量与经济增长无关联,二者协调发展,经济增长与碳排放"脱钩"。但这里的"脱钩"是指碳排放量在基期碳排放量 C_0 的基础上不发生变化,所以受基期选择的影响。

Tapio(2005)在研究 1970—2001 年欧洲的交通业发展及二氧化碳排放的脱钩时,引入弹性概念构建脱钩指标,对脱钩的定义为碳排放量与经济增长之间弹性值小于 1 的状态,在一个特定时间内,当 GDP 变动一个百分点时,碳排放量变化的百分比程度,如式(17-2):

$$t=\frac{\Delta CO_2/CO_2}{\Delta GDP/GDP} \tag{17-2}$$

Tapio 将脱钩分为联结、脱钩和负脱钩三种状态,并且根据具体的脱钩弹性值细分为八大类,见表 17-3。

表 17-3　Tapio 碳排放弹性系数等级

状态		ΔCO_2	ΔGDP	t
负脱钩	扩张负脱钩	>0	>0	≥1.2
	强负脱钩	>0	<0	<0
	弱负脱钩	<0	<0	0<t<0.8
脱钩	弱脱钩	>0	>0	0<t<0.8
	强脱钩	<0	>0	<0
	衰退脱钩	<0	<0	≥1.2
联结	增长联结	>0	>0	0.8<t<1.2
	衰退联结	<0	>0	0.8<t<1.2

根据脱钩弹性指标,可以分析碳排放与经济增长之间的即期关系。发展低碳经济就是要实现经济发展与碳排放的脱钩,争取经济发展的低碳排放或者零排放。当脱钩弹性表现为强脱钩时,说明实现了经济发展与碳排放的最好状态,经济增长的同时碳排放下降。

为了更明确地区分各种状态,本研究在 Tapio 脱钩状态的基础上将碳排放与经济增长之间的弹性分为六大类,分别为负脱钩的三种状态:扩张负脱钩、强负脱钩、弱负脱钩,以及脱钩的三种状态:弱脱钩、强脱钩、衰退脱钩,见表 17-4。

表 17-4　脱钩类型和意义

状态		ΔCO_2	ΔGDP	t	意义
负脱钩	扩张负脱钩	>0	>0	≥1	经济增长的幅度低于碳排放增长的幅度
	强负脱钩	>0	<0	<0	经济衰退,碳排放增加(最劣状态)
	弱负脱钩	<0	<0	0<t<1	经济衰退的幅度大于碳排放降低的幅度
脱钩	弱脱钩	>0	>0	0<t<1	经济增长的幅度快于碳排放增长的幅度
	强脱钩	<0	>0	<0	经济增长,碳排放下降(最优状态)
	衰退脱钩	<0	<0	≥1	经济衰退的幅度小于碳排放降低的幅度

根据 Tapio 脱钩弹性的计算方法,可以计算出江苏省 2010—2019 年的各年脱钩状态,

见表 17-5。

表 17-5　2010—2019 年江苏省经济增长与碳排放的脱钩状态

年份	t	脱钩状态
2010	0.86	弱脱钩
2011	1.12	扩张负脱钩
2012	0.16	弱脱钩
2013	0.59	弱脱钩
2014	-0.19	强脱钩
2015	0.41	弱脱钩
2016	0.49	弱脱钩
2017	-0.27	强脱钩
2018	-0.16	强脱钩
2019	-0.09	强脱钩

根据 Tapio 脱钩公式(17-2)可以得出碳排放的增速,其中 c 和 g 分别表示碳排放增速和经济增速。

$$c = \frac{\Delta C}{C} = t_{CO_2,GDP} \times g \tag{17-3}$$

根据《江苏省国民经济和社会发展第十四个五年规划和二〇三五年远景目标纲要》中"十四五"经济社会发展主要目标中规划的江苏省在"十四五"期间的地区生产总值年均增速为 5.5%。根据这个增速,再根据表 17-4 得出过去 10 年的平均碳排放弹性系数,然后利用式(17-3)可以计算出江苏省 2020—2025 年中国碳排放增长率。结合前面的分析,可以发现,江苏省在能源结构、碳排放量方面,2015 年前后的变化特点有明显差异,因此,本研究将 2010—2019 年分为两种情境:在情境 1 中,采用 2010—2019 年这 10 年的平均碳排放系数,在估算这 10 年的平均碳排放系数时,为了更加准确,可以剔除最高值和最低值;在情境 2 中,采用 2015—2019 年这 5 年的平均碳排放系数。2020 年江苏省的地区生产总值为 102718.98 亿元,根据江苏省地区生产总值年均 5.5% 的增速,可以估算出 2025 年的江苏省地区生产总值为 134249.60 亿元,最终 2025 年的碳排放量和碳强度的预测结果见表 17-6。从表 17-6 可以看出,情境 1 和情境 2 中的碳排放量分别为 83244.67 万 t 和 78434.31 万 t。其中情境 1 的碳排放量要高于过去江苏省历史上的碳排放量,这说明在情境 1 中江苏省的碳排放量还在增长,这也说明在 2021—2025 年江苏省的碳排放还没有实现碳达峰。情境 2 中的碳排放量低于目前最高值——2016 年的碳排放量 79057.30 万 t,这说明江苏省正处于碳排放的平台期,基本实现了碳达峰。

表 17-6　江苏 2025 年碳排放量及碳强度预测值

预测值	情境 1	情境 2
碳排放量/万 t	83244.67	78434.31
碳强度/(t/万元)	0.62	0.58

从表 17-6 可以看出，情境 1 和情境 2 中的碳强度分别为 0.62t/万元和 0.58t/万元。为了保证数据的一致性，采用 2020 年的现值 GDP 计算出江苏省 2019 年的碳强度为 0.77t/万元。可以发现两个情境下预测的碳强度与 2019 年还是有很大差距的，尤其是在情境 2 下，要实现碳排放下降 24.33%。根据碳排放变化的影响机理，可以发现随着时间的推移，边际减排成本会逐渐增加，碳强度的降低越来越难，因此可以预测，江苏省要想在"十四五"期间实现碳达峰，压力还是很大的。

17.5　结论及政策建议

17.5.1　结论

本研究发现：江苏省的工业和交通运输、仓储及邮电通信业等行业碳排放量较多、煤炭消费量太大；结合《江苏省国民经济和社会发展第十四个五年规划和二〇三五年远景目标纲要》中"十四五"经济社会发展规划目标，采用 Tapio 脱钩理论对江苏省碳排放量和碳强度进行预测，发现江苏省在 2025 年实现碳达峰，在比较理想的情境下，江苏省的碳排放量也需要比 2019 年降低 24.33%。由于能源结构的改变是一项巨大的变革工程，涉及能源开发技术、能源价格、能源安全、能源储备和能源贸易等，所以在短期内通过改变能源消费结构来改变碳排放实有难度。再加之，2010—2020 年间江苏省工业能源消费占总能源消费的比例平均达到 75.94%。因此，根据江苏省的省情，结合江北新区的发展特点，想在 2030 年之前率先实现碳达峰，较为有效的办法是调整产业结构。

17.5.2　政策建议

1. 财政补贴，鼓励低碳行业发展

首先，加强政府相关部门对江北新区发展低碳技术的相关领域，如绿色能源研发、节能技术推广、新能源汽车、碳汇技术等，可以给予优惠贷款扶持，以推进低碳技术的研发和应用。其次，政府相关部门还应该促进技术的交流合作，积极引进低碳技术，如区域智能电力系统的构建等。另外，政府相关部门还应该促进政府采购的低碳化。例如，政府在采购时，在保证品质的前提下，应该优先选择低碳环保型产品。最后，政府相关部门可以采用税收返还的方式来鼓励低碳绿色的新兴产业，如人工智能、虚拟现实、区块链、量子技术、增材制造、商用航空航天、生物技术和生命科学等引领未来的重量级产业，对这些低碳行业的税收以补贴的形式进行一定比例的返还。

2. 优化营商环境，吸引低碳企业的投资

政府相关部门在招商引资方面，要避免高耗能、高污染类的企业，注重高能效、高科技的绿色企业的引进。作为长江经济带上的重要区域，紧邻国际化大都市上海，江北新区要把握好国家政策扶持的大好时机，积极打造最优的营商环境，吸引优质企业入驻，积极推进产业的低碳化转型。江北新区可以在要素环境、法治环境、政务环境、市场环境、创新环境等方面来优化营商环境。首先，对标国际通行规则，如可以深入研究区域全面经

济伙伴关系协定(RCEP)、全面与进步跨太平洋伙伴关系协定(CPTPP)等协定的最新规则。其次,可以对标国内先进地区的营造环境建设经验。例如,学习上海临港、粤港澳大湾区、海南自贸港和其他先进城市最新做法,结合实际推进制度集成创新。另外,可以引导和支持省内高校的低碳技术相关学科和专业发展,升级相关低碳人才政策体系,提高研发成果转化速度。最后,江北新区要继续优化人居环境,加强基础设施绿色化、智慧化和人性化建设,扎实开展交通网络智能化建设,高水平实施城乡绿化提升行动。

3. 发展低碳交通,降低交通运输业碳排放

交通运输、仓储及邮电通信业是区域经济发展的重要支撑和强力保障,随着人民生活水平和各行业生产效率的提高,出行和购物产生的交通需求增加明显。江北新区对交通运输、仓储及邮电通信的需求将越来越高。首先,政府相关部门可以继续大力发展公共交通,公共交通凭借其自身空间、时间、能耗等绝对优势成为交通运输行业节能减排的重要举措。其次,加大宣传,倡导低碳出行,如步行、自行车和公共交通等。最后,加快推进新能源汽车的应用,鼓励公共服务领域采用新能源汽车,鼓励社会资本参与新能源汽车生产和充电运营服务。

第18章　江北新区推进新一代信息技术
与产业深度融合的对策研究

18.1　引　言

　　首先，新一轮科技革命加速演进，颠覆式创新和跨界融合为新一代信息技术与产业融合带来新机遇。互联网、大数据、人工智能、区块链等新一代信息技术是新一轮科技革命中创新最活跃、交叉最密集、渗透性最强的领域，体系架构、产品形态及发展模式深度变革，极大激发新一代信息技术向制造业融合渗透的创新活力和应用潜力。目前，江北新区前沿新材料、物联网、核心信息技术等14个先进制造业集群加速集聚，制造业供给能力由中低端向中高端快速攀升；机械、纺织、汽车等领域与新一代信息技术交叉融合，工业互联网、数字孪生、个性化定制、服务型制造、网络化协同等新模式新业态加速突破，信息化与工业化深度融合迎来新机遇。

　　从现实数据看，"十三五"以来，江苏省大力推进网络强省、数据强省、智造强省和智慧江苏建设，新一代信息技术得到前所未有的快速发展，5G、大数据、物联网、人工智能等新一代信息技术不断取得新突破，并与经济社会各领域融合更加紧密，数字经济成为带动经济增长的核心动力，人民群众的幸福感和获得感不断增强。从宏观层面看，2020年江苏省数字经济规模超过4.4万亿元，占GDP比重超过43%，位居全国第二；在城市层面，苏州、南京数字经济规模分别达到9827亿元、7337亿元，位居全国第五和第九。江苏省信息化发展水平指数达到82.7%(2019年数据)，新一代信息技术的创新发展为江苏省全面建成小康社会发挥了重要作用。依托江苏省整体的制造优势，江北新区也将进入新一代信息技术与产业深度融合发展的新阶段。

　　本章认为，新一代信息技术与产业的深度融合最具有包容性，工业互联网作为基础设施支撑智能制造的发展，实体经济或者制造业作为重要的实施载体之一，新一代人工智能技术等则作为核心技术。新一代信息技术正在与制造业发生深度融合，彻底改变制造产品、过程、装备、模式、业态等，促使制造业发展进入智能化阶段。当前江北新区还存在新一代信息技术与实体经济融合程度不深等问题。从制造业企业来看，企业现有的数字化水平较低，技术发展范式不清晰，创新性投资的回报率较低等；对于新一代信息技术企业而言，企业的底层技术创新不足，新的通用目的技术尚未突破自身行业范畴。这些问题造成新一代信息技术与实体经济发展存在"两张皮"问题，两者融合程度不深(赵剑波，2020)。

　　为此，促进江北新区新一代信息技术与产业融合发展的关键在于以智能制造为主要载体，将新一代人工智能等信息技术应用于制造业所有发展阶段、全生命周期，推动制造业数字化、网络化、智能化并联发展、同步发展。做好五个方面的工作：一是坚持发展先进制造；二是重点实施示范工程，推广各个领域的示范工程；三是夯实产业融合发展基础；四是培育动能，发展壮大新模式新业态；五是优化服务，打造现代产业智能治理体系。

18.2　江苏新一代信息技术与产业融合基础与融合程度测算

"十三五"期间，江苏省深入贯彻落实《关于深化"互联网+先进制造业"发展工业互联网的指导意见》，坚持系统布局、示范引领和模式创新，积极推进两化融合创新发展，持续提升制造业数字化、网络化、智能化水平，助力经济高质量发展。2020 年末，全省两化融合发展水平达 63.2，连续六年保持全国第一。

18.2.1　江苏新一代信息技术与产业融合的基础

第一，企业数字化水平逐步提升。企业数字化转型主动性日益增强，逐步形成以两化融合管理体系引领战略转型、组织变革、管理创新的新机制。全省共推动 25000 余家企业开展两化融合自评估、自诊断、自对标，遴选管理体系贯标试点企业 2055 家，通过贯标评定企业 2564 家；围绕核心业务上云、数据和设备上云、基于"数据+模型"的创新应用等方向推动 30 万家企业上云，重点打造 7366 家星级上云企业；积极推进智能制造，分行业开展智能车间示范推广，累计建成 1307 个示范智能车间。2020 年末，全省企业数字化研发设计工具普及率达 87.1%，关键工序数控化率达 58.0%，均居全国第一（张赟等，2021）。与此同时，企业实力稳健提升。江苏软件企业数量长期居于全国榜首，全省纳入统计的软件企业从 2016 年的 4844 家，增加到 2020 年的 6225 家，年均增长 6.5%。省内重点软件企业发展持续壮大，9 家企业入选中国软件业务收入百强，50 家企业成为国家规划布局内重点软件企业。在境内外主板和科创板上市的软件企业 34 家，新三板上市的软件企业达到 124 家。已入库培育的省规划布局内重点软件企业和专精特新软件企业 201 家。

第二，基础设施体系不断完善。全省"宽带、融合、泛在、共享、安全"的新型信息基础设施建设成效显著，整体发展水平居全国前列。全省产业园区光纤宽带接入能力达到 100G，光网城市基本建成；累计建成 5G 基站 7.1 万座，各设区市主城区基本实现全覆盖；电信运营企业完成无线网络、固定宽带网络、大型数据中心及相关系统的 IPv6 升级。"1+1+40+N"的工业互联网标识解析体系架构不断完善，建成二级节点数量 14 个，累计标识注册量超过 20 亿个。数据中心机架规模超过 26 万架，一批云计算、超算中心投入运营。工业信息安全保障"一网一池一平台"一期工程建成，初步实现对全省联网工业控制设备与系统、工业互联网平台风险隐患的安全监测和态势感知。

第三，产业规模稳步扩大。"十三五"以来，江苏省软件和信息技术服务业发展呈现稳中向好、稳中有进的良好态势。全省软件业务收入由 2016 年的 8166 亿元增长至 2020 年的 1.08 万亿元，产业规模始终位居全国前列。从 2018 年开始，全省信息技术服务收入占软件业务收入比重连续三年超过 50%，产业结构服务化转型成效明显。全行业从业人员保持在 110 万人以上，硕士及以上从业人员占比逐步增加，人员素质不断提高。同时，江苏省工业互联网发展步伐加快。工业互联网创新发展工程稳步推进，工业互联网平台成为企业数字化转型探索的关键抓手。在国内率先制定发布《江苏省工业互联网标杆工厂建设指南》,打造 95 家工业互联网标杆工厂,培树制造业数字化转型样板;面向工程机械、新型电力装备、生物医药和节能环保等产业集群,建设 86 个省重点工业互联网平台;建成国内首个第三方工业 APP 汇聚平台,汇聚全国 1762 个工业 APP(江苏 1528 个),供需对接、应用推广、统计监测等功能逐步完善。两化融合暨工业互联网平台大会、工业信息安全技能大赛等活动成功举办;长三角工业互联网一体化发展示范区取得积极成效。2020 年末,全省工业互联网产业规模约占全国的 12%。

第四,融合发展模式持续创新。云计算、大数据、物联网、人工智能、区块链等新一代信息技术在工业深化应用,形成一批具有代表性的创新模式和新型业态。全省累计签约 5G 融合应用项目达 1100 个,在工业互联网、智慧城市、智慧医疗等领域开展创新场景应用;人工智能在工业机器视觉智能检测系统、智能网联汽车等领域快速应用;区块链技术在金融、政务、物流、大数据、信息安全等领域应用加速,应用生态逐步构建;涌现出 30 家龙头企业建设的国际国内领先的行业 B2B 重点平台,大宗商品类综合交易平台达 25 个,全省工业电子商务普及率达到 75.3%,位居全国第一(张赟等,2021)。

江苏省新一代信息技术创新载体建设初见成效,创新动能持续增强。中国信息通信研究院、国家工业信息安全发展研究中心、中国工业互联网研究院、工业和信息化部电子第五研究所、中国电子信息产业发展研究院、中国电子技术标准化研究院等国家级信息通信领域核心智库机构在省内设立分支机构,聚焦不同领域支撑江苏省两化融合创新发展。南京、苏州建成国家级工业互联网平台应用创新体验中心,东南大学与紫金山实验室、常州天正建成工业互联网公共服务平台,无锡红豆、江苏电力建成国家级工业互联网平台应用创新推广中心。全省拥有中国(南京)软件谷、苏州软件园等 7 个国家级软件园,南京徐庄软件产业园、昆山软件园等 25 个省级软件园。

第五,产业布局特色鲜明。江苏省紧抓制造强省、网络强省、智慧江苏建设和数字经济发展机遇,在部分领域已形成头部效应。工业软件以及电力、通信、交通等行业应用软件竞争优势凸显。2020 年,全省工业软件产业链相关收入 2217 亿元,同比增长 12.2%。产业布局高度集聚,南京、无锡、苏州等地对全省软件产业发展的整体带动作用日益增强,常州、镇江、南通的嵌入式软件,宿迁、扬州的信息技术服务业保持较快增长。

18.2.2　江苏省新一代信息技术与产业融合程度测算

已有关于产业融合的测度方法主要是以产业间的技术融合度来近似产业融合度(徐盈之和孙剑,2009),国外学者使用的方法主要是:赫芬达尔指数测算法(Gambardella and Torrisi,1998)与产业间专利的相关系数(Fai and Von Tunzelmann,2001)。但这两种方法都是通过产业专利数据进行测算。国内学者谢康等(2012)将随机前沿分析方法应用于工业化与信息化融合测度方面,但这种方法需要对竞争条件进行假设,还有研究者采用投入产出方法进行分析(徐盈之和孙剑,2009;李晓钟等,2017)。由于数据的限制,本研究未采用国外的指数方法研究江苏省新一代信息技术与产业融合程度。

本研究借鉴徐盈之和孙剑(2009)对信息业与制造业融合程度的研究,进一步参考初铭畅等(2021)的方法,基于 2020 年发布的 2017 年江苏省投入产出表测算江苏省新一代信息技术与产业融合度（这里主要是以制造业为例进行分析）。具体而言，本研究的测度方法见表 18-1。

表 18-1　新一代信息技术与产业融合度指标体系

指标		计算方法	说明
关联性指标	直接消耗系数	$\alpha_{ij} = x_{ij} / x_j$	x_{ij} 为 j 部门生产经营过程中直接消耗的第 i 部门的产品或服务量；x_j 为 j 部门的总投入
	完全消耗系数	$\beta_{ij} = (I - \alpha_{ij})^{-1} - I$	β_{ij} 为产业间完全消耗系数矩阵；α_{ij} 为产业间直接消耗系数矩阵；I 为单位矩阵
融合指标	投入率 S	$S_{\text{IND}\to\text{NIF}} = \dfrac{\text{NIF中IND的投入}}{\text{NIF的中间投入}}$	表示 NTF 的中间投入来自 IND 的产出，数值越大表示 NIF 对 IND 投入的依赖性越大
		$S_{\text{NIF}\to\text{IND}} = \dfrac{\text{IND中NIF的投入}}{\text{IND的中间投入}}$	表示 IND 的中间投入来自 NIF 的产出，数值越大表示 IND 越依赖于 NIF 的投入
	需求率 F	$F_{\text{IND}\to\text{NIF}} = \dfrac{\text{IND被NIF消耗的部分}}{\text{IND的中间产出}}$	数值越大表示 IND 的发展越依赖于 NIF 对其中间需求
		$F_{\text{NIF}\to\text{IND}} = \dfrac{\text{NIF被IND消耗的部分}}{\text{NIF的中间产出}}$	表示 NIF 被 IND 消耗的需求率，数值越大表明 NIF 的发展越依赖于 IND 对其中间需求
	融合均衡度 B	$B_{\text{投入}} = \dfrac{S_{\text{IND}\to\text{NIF}}}{S_{\text{NIF}\to\text{IND}}}$	融合均衡度接近于 1，表明产业间的融合均衡度也越高
		$B_{\text{消耗}} = \dfrac{F_{\text{IND}\to\text{NIF}}}{F_{\text{NIF}\to\text{IND}}}$	
	总体融合度	$C = \dfrac{C_{\text{IND}\to\text{NIF}} + C_{\text{NIF}\to\text{IND}}}{2}$	数值越大，表明产业间的融合程度越高

注：IND 代指制造业；NIF 代指新一代信息技术产业。

表 18-1 中，总体融合程度的计算方法中，$C_{\text{IND}\to\text{NIF}}$ 和 $C_{\text{NIF}\to\text{IND}}$ 的计算如下：

$$C_{\text{IND}\to\text{NIF}} = \frac{S_{\text{IND}\to\text{NIF}} + F_{\text{NIF}\to\text{IND}}}{2}$$

$$C_{\text{NIF}\to\text{IND}} = \frac{S_{\text{NIF}\to\text{IND}} + F_{\text{IND}\to\text{NIF}}}{2}$$

1. 关联度测算

根据表 18-1 中的计算方法，江苏省新一代信息技术与制造业之间的消耗系数见表 18-2。从表 18-2 可以看出，产业之间的直接消耗系数有所增加。其中 IND 对 NIF 的直接消耗系数由 2012 年的 0.2 增加到 2017 年的 0.32 左右，说明 IND 对 NIF 的依赖程度增加较多；NIF 对 IND 的直接消耗系数增加 0.02，这意味着每生产一单位的 NIF 产品将会多消耗 0.02 个单位的 IND 产品，说明 NIF 对 IND 的依赖程度在增加。

表 18-2 的关联度结果还显示，完全消耗系数也有所增加，但整体变动幅度也不大。2017 年，NIF 对 IND 的完全消耗系数为 0.4198，IND 对 NIF 的完全消耗系数为 0.4825，

反映了 NIF 对 IND 的依赖程度没有 IND 对 NIF 的依赖程度高。这也说明，现阶段 NIF 对 IND 的带动作用远远大于 IND 对 NIF 的拉动，属于 NIF 驱动型。完全消耗系数的整体减少，尤其是 NIF 对 IND 的完全消耗系数减少 0.01，很大程度上是技术创新导致的。

表 18-2　江苏省新一代信息技术与制造业之间的消耗系数

产业		直接消耗系数		完全消耗系数	
		IND	NIF	IND	NIF
IND	2012 年	0.6733	0.3847	1.3678	0.4201
	2017 年	0.7050	0.4365	1.4135	0.4198
NIF	2012 年	0.2063	0.2914	0.3996	0.3653
	2017 年	0.3278	0.3172	0.4825	0.4231

数据来源：江苏省 2012 年、2017 年投入产出表。

2. 融合共生关系测算

表 18-3 测算结果显示，对江苏省新一代信息技术与制造业融合而言，无论是 2012 年还是 2017 年，数值比较大的是 IND 的投入率与 NIF 的需求率，相对比较小的数值是 IND 的需求率和 NIF 的投入率。由此说明，从投入角度，制造业对新一代信息技术投入的依赖不显著，新一代信息技术对制造业投入的依赖较显著；再从消耗角度看，IND 的总产出依赖于 NIF 对其的中间需求不显著，NIF 的总产出明显依赖于 IND 对其的中间需求。

表 18-3　江苏省新一代信息技术与制造业融合水平(2012 年、2017 年)

融合程度	技术方法	2012 年	2017 年
投入率	$S_{\mathrm{IND}\to\mathrm{NIF}}$	0.3356	0.3962
	$S_{\mathrm{NIF}\to\mathrm{IND}}$	0.0863	0.1151
需求率	$F_{\mathrm{IND}\to\mathrm{NIF}}$	0.0769	0.1276
	$F_{\mathrm{NIF}\to\mathrm{IND}}$	0.4285	0.4296
融合均衡度	$B_{投入}$	41.893	11.627
	$B_{消耗}$	46.638	13.753
融合类型	$C_{\mathrm{IND}\to\mathrm{NIF}}$	0.3463	0.3859
	$C_{\mathrm{NIF}\to\mathrm{IND}}$	0.0834	0.1267
总体融合度	C	0.2389	0.2977

数据来源：江苏省 2012 年、2017 年投入产出表。

从融合均衡角度来看，投入和消耗均衡度均大幅度减小，这一结果说明新一代信息技术与制造业之间相对融合的均衡度在增强。比较两种类型的融合度，表现出以制造业为主体，向新一代信息技术渗透延伸的融合水平要高于以新一代信息技术为主体，向制造业渗透延伸的融合水平。2017 年的总体融合度高于 2012 年说明，两大产业的总体融合水平正在增加，这也意味着江苏省新一代信息技术对制造业的转型升级将产生促进作用。

3. 新一代信息技术与制造业细分行业融合测算

借鉴徐盈之和孙剑(2009)的做法，对制造业细分行业与新一代信息技术融合度进行测算。由于缺少新一代信息技术产出的相关数据，本研究以新一代信息技术投入代理，即把产业生产过程中新一代信息技术投入近似地等同于最终产品中的信息技术产出。2017 年江苏省投入产出表中提供了各行业生产过程中的中间投入，将行业 i 中属于新一代信息技术(这里包括"通信设备、计算机和其他电子设备""电气机械和器材""信息传输、软件和信息技术服务")的中间投入求和，进而代替行业 i 生产过程中的信息技术总产出。行业 i 生产过程中信息技术总投入占该行业总产出比重越大，说明新一代信息技术与制造业分行业的融合度就越深。具体的测算指标见表 18-4。

在江苏省 2017 年 42 个部门投入产出表中，除去"通信设备、计算机和其他电子设备""电气机械和器材"，根据相关属性将其整合为表 18-4 中的 16 个部门。由表 18-4 可知，在总体融合度指标中，仪表仪器、金属冶炼和压延加工品、金属制品与新一代信息技术的融合水平最高，都超过了 0.09；而木材加工品和家具，金属制品、机械和设备维修服务，以及其他制造产品和废品废料行业与新一代信息技术的融合程度最低。

表 18-4　江苏省新一代信息技术与制造业细分行业的融合度

细分行业	融合度
食品和烟草	0.0139
纺织品	0.0148
纺织服装鞋帽皮革羽绒及其制品	0.0186
木材加工品和家具	0.0093
造纸印刷和文教体育用品	0.0116
石油、炼焦产品和核燃料加工品	0.0867
化学产品	0.0716
非金属矿物制品	0.0284
金融冶炼和压延加工品	0.0973
金属制品	0.0967
通用设备	0.0382
专用设备	0.0253
交通运输设备	0.0981
仪表仪器	0.1246
其他制造产品和废品废料	0.0087
金属制品、机械和设备修理服务	0.0034

数据来源：基于江苏省 2017 年投入产出表计算。

4. 新一代信息技术在企业经营中的融合度

为进一步分析江苏省新一代信息技术在更为微观层面的融合状况,针对 2013—2020 年江苏省企业电子商务及企业信息化建设状况进行统计分析(使用的数据来源于国泰安数据库)。具体如图 18-1 和图 18-2 所示。

从图 18-1 看,2013 年以来,江苏省有电子商务交易活动的企业数据呈现逐步增长的趋势,电子商务销售额逐年增加,同时企业通过电子商务进行采购的占比也呈现上升趋势。截至 2020 年,江苏省有电子商务交易活动的企业比重超过 10%。

图 18-2 结果表明,2013—2020 年,江苏省企业期末使用计算机数量在逐年增长,已突破 500 万台,江苏省企业每百人使用计算机数也超过 30 台。同时,江苏省企业普遍重视信息化建设,每百家企业拥有网站数接近 90%。

图 18-1　2013—2020 年江苏省企业电子商务应用状况

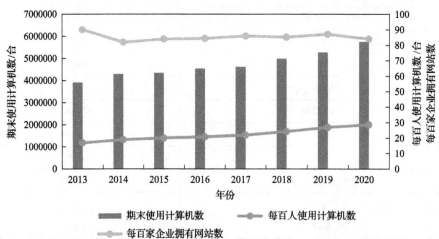

图 18-2　2013—2020 年江苏省企业信息化建设状况

通过对江苏省企业电子商务应用和信息化建设的分析,本研究也进一步发现依托江苏省新一代信息技术与企业融合的良好基础,为江北新区实现新一代信息技术与产业的深度融合奠定了良好的信息基础。

18.3　江北新区新一代信息技术与产业深度融合存在的挑战与问题

18.3.1　江北新区新一代信息技术产业发展挑战

第一，新一代信息技术产业本身的不确定性。一是当前新兴产业发展主要靠政府投资和扶持，导致不良现象的发生和重复建设，扩大了内部发展风险。二是行业创新的不确定性。对于新一代信息技术产业，不能完全实现有效转型和产业化的成果。三是有效需求没有得到充分挖掘。当前工业发展的重要动力是供给侧，需求侧的有效需求没有得到充分挖掘，部分产品的经济价值不高，市场需求的预期存在极大不确定性。

第二，行业的竞争也越来越激烈。近年来，随着江北新区新一代信息技术产业政策支持力度的不断加大，在一些领域取得了先进技术成果，但与欧美等发达国家相比仍有很大差距，特别是在一些重点领域竞争激烈。从宏观角度来看，目前我国新一代信息技术产业高端人才的总体供给严重不足，融合型人才成为我国发展新一代信息技术产业最主要的需求目标。但是，我国目前在高端技术人才培养方面存在需求变化认识不足、缺乏统筹协调、实训基地建设滞后等问题，导致出现千万级高技术人才缺口。在基础设施方面，新一代信息技术对高通量计算中心、高带宽低延时和异构泛在的互联网络要求较高；在政府管理方面，新一代信息技术发展对城市的信息基础设施规划和建设都提出了更高的要求，需要在城市的整体发展规划、跨部门数据共享等方面进行更为前瞻的考虑和布局；在网络安全方面，新一代信息技术将成为整个生产系统、政务系统和管理系统的核心支撑，一旦出现网络安全问题后果将不堪设想，因此需要构建更为强大的网络安全防御体系。

18.3.2　江北新区新一代信息技术与产业融合存在的问题

第一，基础软件和支撑软件短板。一是基础软件的核心技术欠缺，自主安全可控的嵌入式操作系统、实时数据库、办公软件、语言处理系统等基础软件的关键核心技术还有待突破。二是基础软件产品体系发展还不健全，与自主安全可控的硬件系统高性能高适配整体应用的产业生态还不完善。三是相关基础软件产品与服务的市场占有率、核心竞争力还有待提升。

第二，缺少终端、整机企业。企业涉足的领域多为器件、组件、软件等中间产品，难以通过其核心技术和市场竞争优势形成产业垂直化整合和水平化扩张能力，进而引领新一代信息技术产业生态系统发展。

第三，信息安全存在威胁。一是信息安全核心技术受制于人，信息安全产品和技术的研发依赖于网络和信息技术底层，在网络和通信协议方面，江北新区乃至国内较少参与标准制定。二是在"云管端"环境下信息安全产品的研发及核心技术落后于发达国家和北京等地区，在安全测评和认证、安全风险评估及新型信息安全服务方面发展有限，缺乏专业性强、有特色的龙头企业。三是在工业信息安全方面，虽然有面向传统制造业的安全防护类产品和技术，但在工业互联网新环境下数据安全、网络安全、业务连续性保障体系建设的示范案例相对缺乏，尚未形成产业化规模。

第四，产业生态不完善。一是核心技术产业标准体系亟待建立。在区块链、人工智能等领域尚未出台相关标准，相关组织还在筹建中，江北新区参与相关标准研究制定的企业少，缺乏标准制定话语权。二是产业投融资环境有待优化。江北新区核心信息技术产业投融资活跃度与北上广深地相比差距较大，专注于核心信息技术产业的本地基金不够活跃。三是人才供给不足。产业领军人才稀缺，限制了核心信息技术创新和市场拓展；高端复合型人才缺乏，数据科学家、云平台架构师等高端人才数量严重不足，制约产业发展。

第五，信息基础设施建设存在地区差异。信息基础设施是信息化的前提和条件，基础设施指数由居民百户电脑拥有量、每百人拥有电话容量(固定+移动)、每百人拥有宽带接入端口数、每百户家庭电视用户数(含有线、数字、IPTV)、家庭宽带平均带宽等 5 个二级指标构成。目前江苏省信息化发展仍然存在地区差异和城乡差异，部分地区的信息基础设施建设相对滞后，苏南各项指标达标情况普遍高于苏中、苏北地区。评估数据显示，从南中北区域看，苏南地区五市继续领跑全省信息化发展，苏北地区五市的信息化发展指数排名在后，苏中地区三市信息化发展居于全省中游，江苏省信息化发展仍然存在区域间的梯次差距。

18.4　江北新区新一代信息技术与产业深度融合对策建议

一是坚持发展先进制造业。具体而言，就是要加快布局数字"新基建"。第一，持续实施工业互联网创新发展工程，高质量打造多层次、系统性工业互联网平台体系，培育推广基于平台的系统解决方案，加快工业互联网平台应用创新推广中心建设。第二，落实国家软件发展战略，加快软件产业发展，推动工业软件和工业 APP 研发创新和产业化推广。第三，统筹推进国家工业互联网大数据中心建设，引导地方建设分中心，提升工业数据资源的汇聚、应用和共享水平。

二是重点实施示范工程，推广各个领域的示范工程。一方面，积极开展智能制造技术创新应用示范。通过验证智能制造技术的可行性，逐步开展企业试点示范，形成推广条件后，推动人工智能技术应用于智能制造的成果转化、重大产品集成创新和示范应用，形成可复制、可推广的经验，进而探索出一条可操作性强、成功率高的新一代智能制造的实施路径。另一方面，加快培育智能制造产业领军企业。推动智能制造在制造业重点领域的应用深度及广度，在优势领域加快打造智能制造领军企业和品牌，支持领军企业牵头或参与国际标准制定，支持龙头骨干企业形成集聚各类资源的创新生态。

三是夯实产业融合的发展基础。首先，制定相关行业标准。互联网、大数据、人工智能三者相互关联，建立统一科学的数据标准是进行广泛数据分享和实现系统间交互操作的重要前提条件。其次，补齐行业技术短板。推进智能关键零部件与核心软件的自主研发与产业化。重点突破控制器、伺服电机、传感器、控制系统等核心关键部件，突破人工智能基本算法、芯片等底层技术和基础工艺。再次，深化应用，推进制造业数字化转型。加快企业全链条数字化改造，推动工业设备和核心业务上云上平台，提升融合管理、网络协同、数据贯通、软件开发、智能应用和安全防护等能力，形成数据驱动的协同设计、柔性生产、精益管理、智能运维等模式。最后，打造工业互联网体系。构建跨行业、跨领域的工业互联网平台，构建数字经济的行业主导权。支持骨干制造业企业、大型互联网企业、知名科研机构联合建设，建成一批国家级、区域级、行业级、企业级的工业互联网平台。

四是培育动能，发展壮大新模式新业态。第一，加快研发、制造、管理、商务、物流、孵化等资源要素的数字化改造、在线化汇聚和平台化共享，释放数据潜力，整合利用全社会资源要素开展创业创新活动，打造制造业"双创"升级版。第二，推动 5G、大数据、人工智能等新技术与工业互联网平台融合创新应用，培育基于平台的网络化协同、智能化生产、个性化定制、服务化延伸等新模式，促进制造业智能化、精准化、柔性化、绿色化发展。第三，发展壮大共享制造、工业电子商务、现代供应链、产业链金融等新业态，进一步扩大和升级信息消费，拓展产业发展新空间。

第四篇 开 放 篇

第 19 章　江北新区"双区"叠加新机遇与新突破研究

江北新区是唯一在国务院批复文件中明确要求同时参与"一带一路"和长江经济带两大支撑带的国家级新区，同时也是国家批准设立的六个自由贸易试验区之一。江北新区通过体制机制改革和自身实力塑造为未来发展的新突破奠定了坚实基础，未来将通过开展源头创新、促进产业集聚、开拓金融服务、优化创新创业生态系统、招才引智、构建国际化创新网络取得"双区"叠加新机遇下江北发展的新突破。

19.1　江北新区"双区"叠加新机遇的时代背景

19.1.1　国家级新区创新机遇

国家级新区是承担国家重大发展和改革开放战略任务的综合功能平台，要求以实体为本，持续增强竞争优势；刀刃向内，加快完善体制机制；主动对标，全面提升开放水平；尊重规律，合理把握开发节奏。十八大以来，各地国家级新区逐渐担负起经济引擎、体制创新平台、扩大开放窗口、统筹城乡重要载体等多元化使命，成为落实国家重大战略的重要改革载体。作为国家区域发展新空间，新区在行政区划和管理体制上具有特殊性，可以主动协调相关利益主体，积极利用先行先试权力推进制度创新，往往可以形成核心引擎，从而带动区域中心城市、促进区域协调发展。特别是在产业创新方面，可以有效集聚龙头企业和其他创新所需高端要素，从而打造区域特色的创新链。

经过 30 年的发展，国家级新区已经成为带动地区经济发展的重要引擎，江北新区同其他国家级新区相比，它是唯一在国务院批复文件中明确要求同时参与"一带一路"和长江经济带两大支撑带的国家级新区，也是唯一要求和其他国家级新区(上海浦东新区、浙江舟山群岛新区)形成联动发展的国家级新区，体现了国家区域开放空间布局和创新引领服务多重国家战略协同发展的深意。全国范围内，江北新区经济总量位列第 6 位，财政收入列第 5 位，在新旧动能加速转换、发挥消费拉动作用、利用外资、财政聚力增效方法和商事制度改革等方面形成了一定特色，较好地践行了国家赋予的时代任务。

19.1.2　自由贸易试验区开放机遇

2019 年 8 月，国务院印发《中国(江苏)自由贸易试验区总体方案》是继形成"1+3+7+1"试点格局以来，再次批准设立的六个自由贸易试验区之一，全国范围内横贯东西连通南北，侧重点各有不同的自贸试验区布局基本形成。中国(江苏)自由贸易试验区(南京片区)全部落在江北新区范围内，主要包括江北核心区中央商务区和研创园，"自主创新先导区"是南京片区的首要任务，也是对江北新区 2015 年获批为国家级新区后，始终坚持改革创新，优化体制机制，以开放促发展，突出高端资源集聚，努力探索开放创新的"江北路径"的肯定和未来期许。

2019 年 12 月,南京市委市政府发布了支持中国(江苏)自由贸易试验区(南京片区)高质量发展的"1+9"制度文件,即《关于促进中国(江苏)自由贸易试验区南京片区高质量发展的意见》和支持南京片区构建一流创新生态体系、集成电路产业发展、生命健康产业发展、金融创新发展、投资贸易便利化、人才发展、强化规划和自然资源要素保障、加大产业资金引导力度、教育和卫生健康国际化等 9 个配套文件,以及南京片区实施方案的完整政策体系,体现了最大限度促进贸易和投资自由化便利化、最大限度支持创新驱动和主导产业发展、最大限度激励高科技企业和高层次人才等鲜明特点,将江北新区打造为新时代引领高质量发展的创新高地、产业高地、开放高地,成为特色鲜明全国一流的制度创新试验田提供了整体设计。

19.1.3　江北新区自身的特色和优势

1. 科教创新基础资源丰厚

作为一座历史名城,南京是我国的科教重地、人才高地,拥有 53 所大学,高校科研院所数量位居全国第三,每万人研究生数量全国第二,全市拥有大学以上学历常住人口比重高达 26.1%,仅次于北京。在长三角区域一体化发展战略下,江北新区是南京向东接受上海全球科创中心辐射、建设沿沪宁产业创新带(G42)的西部压轴,是次区域发展的领头羊,是联动区域创新资源,强化区域创新功能,织密区域创新网络,加快发展动能转换,构建现代化经济体系,率先走出一条创新驱动发展的路子,推动宁镇扬、南京都市圈、宁杭生态经济带、扬子江城市群整体发展职责使命的重要阵地。

2. 苏南自主创新示范区

位于江北新区直管区的南京高新技术产业开发区(南京国家高新区)是苏南自主创新示范区最早的八个之一。高新区作为产业集成创新高地,是支撑和引领区域经济发展的重要抓手,也是推动全面实施创新驱动发展的试验田,南京国家高新区从诞生起就处在产业发展的前端,如今获批自创区,可谓站在了"前端的前端"。2015 年 6 月,南京国家高新区迅速部署出台了《南京高新区加快苏南自主创新示范区建设若干政策》《南京高新区众创空间认定和管理试行办法》等实施细则,根据企业全生命周期的不同阶段给予不同的政策扶持,其中鼓励引入社会资本参与园区创新全链条成为亮点。几年来,凭借一系列先行先试的激励创新政策,以南京国家高新区起底的新区在激发各类创新主体活力,加快科技成果转移转化,提升区域创新体系整体效能方面作出了许多有益的探索,成就了今天江北新区的区域创新特色。

3. 国家知识产权保护中心

2016 年 12 月,南京市人民政府批准设立南京江北新区仲裁院,行政上隶属于南京仲裁委员会,为新区民商事主体提供仲裁咨询、立案、开庭审理等仲裁法律服务,在知识产权方面,提供全领域仲裁服务。2017 年 3 月,江苏省知识产权局批准设立中国(江苏)知识产权维权援助中心(南京江北新区分中心),中心接收、处理单位或个人对知识产权侵权的举报或投诉,为企业提供知识产权风险诊断等多项服务。2017 年 10 月,国家知识产权局批复同意建设中国(南京)知识产权保护中心并落户江北新区,作为国家级知识产权综合服务平台,保护中心主要承担专利快速审查、确权、维权工作,推进知识产权保护协作,开展专利导航、知识产权运营服务,确定了 71 个 IPC 分类号和 30 个洛迦诺分类号作为预审、确权的业务范围。2018 年 10 月 19 日,中国(南京)知识产权保护中心在南京市江北新区启动运行。该中心面向新一代信息技术产业开展知识产权快速协同保护工作,既是新区知识产权保护工作中的重要里程碑,也是新区优化创新生态的重大举措;既提升了新区知识产权工作的服务效率,又促进了知识产权分析与产业运行决策深度融合。

4. 江苏社会主义现代化建设试点

2013 年 4 月,国家发改委印发了《苏南现代化建设示范区规划》,提出在南京推动建设江北新区,重点推进产业转型升级与新型城市化,打造产业高端、生态宜居的城市新区,成为加快现代化建设和提升国际竞争力的新引擎;2014 年 12 月,习近平总书记视察江苏时明确提出,为全国发展探路是中央对江苏的一贯要求。①江苏省委十三届三次全会深入贯彻习近平新时代中国特色社会主义思想和党的十九大精神,明确提出了推动江苏高质量发展走在前列的目标,同时提出在高水平全面建成小康社会的基础上,探索开启建设社会主义现代化新征程。2019 年 2 月,《关于在苏南部分县(市、区)开展社会主义现代化建设试点工作的实施方案》明确了江北新区作为试点地区,开展试点工作,为江苏省社会主义现代化建设探索路径、建立机制、积累经验。根据《实施方案》,江北新区将成立试点工作领导小组,可根据工作需要成立各专项工作小组,加强省级层面协调指导和政策支持,具体包括:鼓励试点地区在社会主义现代化建设的体制机制、路径举措等方面积极探索,大胆先行先试。同时,在产业转型升级、要素资源配置、社会管理创新、生态环境保护、精神文明建设等方面给予政策支持,针对试点地区现代化探索的不同特色和不同领域,政策支持可以"一地一议",重大创新可以"一事一议",鼓励试点地区充分发挥基层首创精神,探索实践路径。

19.2　在改革和创新中迎接"双区"叠加新机遇

19.2.1　锐意进取的体制机制改革

1. 以政策引领,集聚高端科创资源

江北新区在立足"自主创新先导区""三区一平台"发展定位,在推进"两城一中心"建设过程中,制定了"创新创业十策""创业江北""人才十策""金融十条""集成电路

---

① 央视网.习近平十九大后首次调研选择江苏为全国改革发展探路.(2017-12-14). http://news.cctv.com/2017/12/14/ARTI xU5eviskwee62KqcHCCN171214.shtml。

人才试验区政策"等双创激励政策,打造政策支撑高地,着力在集聚高端创新资源、推进产业与科技深度融合上构建了完善的政策引导机制。

在提升城市首位度上,制定《南京江北新区深化创新名城先导区建设提升创新首位度实施方案》,通过深入贯彻南京市委创新驱动发展"121"战略,聚焦创新的市场化、高端化、国际化、融合化、集群化、法治化,坚持战略引领,率先开展改革试点,深化创新名城先导区建设,将江北新区打造成为长江经济带的创新支点。

在"芯片之城"建设上,围绕产业链布局创新链,集聚集成电路人才,建设南京集成电路设计服务产业创新中心,制定并发布了《南京江北新区集成电路人才试验区政策(试行)》。集成电路人才新政围绕新区"芯片之城"建设,涵盖集成电路产业设计、封装、测试、制造、材料、设备各领域,覆盖从顶尖人才和团队、高层次人才、海外人才、名校优生到在校实习生的全链条人才,从引、育、留、用四个维度给予保障。

2. 在体制机制改革中破除发展障碍

江北新区成立工程建设项目审批制度改革工作领导小组,建立协调联动机制,实质性开展联合预审、联合踏勘,实现信息共享、问题互通;建立"信用承诺制"线上申报系统,推动改革流程规范化、改革范围扩大化;出台审管衔接工作机制,加强事中事后监管,审管同步介入,确保改革进程平稳有序;搭建政企交互平台,建立重大项目挂钩服务机制,及时获取企业需求和服务反馈,有针对性地调整改革举措;建立容错纠错机制,为一线干部解除后顾之忧。优化营商环境,江北新区在这一领域"敢为人先"的革新精神尤为显著。

2017年,江北新区在全国率先实质性开展"信用承诺制"改革试点,对列入改革试点的项目组织相关部局开展联合预审、联合踏勘、信用信息确认、承诺文本签订及公示等流程,符合"方案稳定、风险可控"条件即发放施工登记函先行开工建设,相关行政许可手续可在竣工投产前完成,变项目审批从"先批后建"为"先建后验"。同年8月,江北新区行政审批局(政务服务中心)正式挂牌,创新绿色直通审批模式,加快推动"信用承诺制""区域环评""证照分离""数字化联合图审""不见面审批(服务)"等改革落地见效,改革不断刷新"江北速度"。江北新区深入推动行政管理体制改革,按照"扁平化""大部制"的原则,大幅精简机构设置,高效整合干部队伍,有效优化管理体系,切实提高行政效能,也为创新的高效推进奠定了坚实基础。

3. 推进"去行政化"改革,增强市场活力

近年来,江北新区聚焦"两城一中心"主导产业,各部门都在积极增强服务意识、优化服务方式、完善服务功能,稳步推进"去行政化"改革,力促管理职能系统转变,实现由"管理型"向"服务型"政府转变。随着江北新区"芯片之城"的崛起,一大批国内外知名集成电路企业开始在江北新区集聚。面对企业、产业高速发展带来的服务挑战,江北新区着力打好职能转变主动仗,紧抓载体建设、产业服务、创新引领等核心工作,积极探索产业园的"企业化"管理模式,进一步明确园区管办和运营公司主体责任,

优化资源配置，高效发挥政府和企业"双重"职能。

作为"新区眼中的企业"和"企业眼中的政府"，长期以来，研创园积极推动"行政主导"服务理念向"市场主导"服务理念转变，围绕全面提升企业全方位、便利化的服务体验，聚焦"指导创业、助力创新、招才引智、融资投资、方便办公、安居出行、品质生活"等方面，为入园企业提供"管家式"服务。研创园着力"搭台子""送帖子"，主动将办公场地准备好、把奖励减免落实好，主动将产业政策送上门、把企业困难领回家。由研创园打造的"智汇研创""财聚研创""慧融研创"等服务品牌，现已为企业对接了人才资源 2 万多名，产业基金规模超 30 亿元。企业融资渠道得到进一步拓宽，引才活力得到全面激发。同时，研创园还持续丰富企业互动模式，创新开展"夜间加班就餐半价补贴"、歌咏比赛、运动会、新春企业家年会等系列活动，在园区内营造了宽松灵活、共荣共生的创新创业发展氛围。

19.2.2 励精图治塑造自身实力

1. 围绕集成电路与健康医药两大链条，布局创新产业集群

一是集聚集成电路设计产业基地。以南京软件园为载体，规划面积 6km^2，依托国家"芯火计划"双创平台——南京集成电路产业服务中心(ICisC)的专业化服务，强化招商选才，集聚了中星微电子有限公司、北京华大九天软件有限公司、晶门科技（中国）有限公司、国家专用集成电路系统工程技术研究中心、南京赛宝工业技术研究院有限公司等行业龙头企业。以创建国家集成电路设计服务产业创新中心为核心，加速资源整合，打造全球领先的集成电路设计产业基地。依托台积电、清华紫光存储等集成电路项目，大力发展晶圆制造、封装测试、半导体装备制造、配套材料等产业。以特色集成电路先进工艺制造为切入点，着力建设国际领先的"12 英寸""16 纳米"及更高先进工艺水平规模生产线，加快推进晶圆制造及配套材料的产能扩充，提高封装、测试工艺技术升级，延伸产业链，加速半导体装备制造企业快速集聚，打造国内领先的集成电路及半导体装备先进制造产业基地。

二是做大做强生命健康产业。自江北新区成立以来，围绕生命健康产业聚力发力，不仅吸引了国家健康医疗大数据中心落户，还获批成为新药创新成果转移转化试点示范区。近年来，仿制药一直是我国制药业主流，2017 年国家食品药品监督管理总局加入国际人用药品注册技术协调会，中国药品注册技术要求不断与国际全面接轨，国家坚定推动新药研发、注册和上市改革。由于政策利好，创新药领域一时资本蜂拥而至。在此背景下，江北新区跻身全国三大新药创新成果转移转化试点示范区，生物医药产业势必高速发展提速。

2. 聚焦科技与产业深度融合，增强创新活力

一是加快构建校地融合新格局。与南京大学、东南大学、南京工业大学、南京信息工程大学等院校合作，积极推进"江北新区高校创新集聚带"规划建设。通过校区、园区、社区、景区"四区联动"，推动要素集聚、空间集约，促进科研、生产、商务功能有机组合，使更多高校创新资源在新区集聚转化。近年来，江北新区校地融合工作迈向纵

深，依靠高校院所优势资源，已累计引进落户江苏省产业技术研究院等专业研究所 8 家，签约新型研发机构 6977 家，累计通过备案机构 46 家。

二是着力提升产业科技融合水平。聚焦集成电路、生命科学等重点，加快推进扬子江生态文明创新中心、生物医学大数据重大基础设施等重大科学项目。聚焦人工智能、大数据、物联网等未来产业，积极招引储备一批高科技、高成长创新项目，2019 年新型研发机构新增备案 24 家，新增孵化引进企业 473 家，助推新型研发机构集群化发展。设立"两城一中心"产业发展基金，建立健全"平台+机构+金融+产业"的科技金融服务体系，加速创新产业集聚。

三是不断增强开放协同创新能力。深化与美、英等"创新大国"和北欧"关键小国"科技创新合作，持续加大研究中心和功能性机构招引力度，建设离岸协同创新中心和孵化器，加快吸引聚集高水平海外创新人才，使新区成为江苏省直通全球创新最活跃的地区。剑桥大学—南京科技创新中心长期基地正式奠基，成为剑桥大学建校 800 多年以来首次在英国境外设立合作的研究机构，目前已启动两个主导产业方向的关键核心技术项目研究工作。与美国哈佛大学医学院贝斯以色列女执事医学中心签署战略合作协议，美国哈佛系统的首家海外医院即将落地。此外，围绕海外创新布局，推动在美国波士顿、英国伦敦等地设立的 67 家海外创新中心(离岸孵化器)正式运营，落地国际化项目 50 余个，新区加快融入全球创新网络。

3. 产学研协同创新，提高成果转化效率

江北新区围绕产业链布局创新链，关键是要在产学研深度融合中打通科技创新推动产业发展的通道。确保技术创新上、中、下游的对接与耦合，吸引一流高校与高端科研机构加入江北新区创新链，铆足精神力促产学研协同创新。中国气象谷是南京信息工程大学和江北新区合作共建的气象领域成果孵化和产业转化载体。基于气象技术和行业优势，南京信息工程大学和江北新区将打造成国际气象领域里集"政产学研用"于一体的示范产业园，这将成为中国气象产业自主创新的典范。南京雄厚的科教资源和人才优势是江北新区蓬勃发展的不竭动力，中国气象谷正是江北新区构建高校创新集聚带的缩影。通过运用国内外高校、科研院所在技术、人才方面的优势，江北新区促进了产业链、创新链、人才链的有效衔接，积极打造顶尖科学家团队集聚、成果加速转化、企业快速孵化的新阵地。

江北新区通过打通学术界与产业界的对接渠道，为科研成果的落地转化提供了平台。目前，已签约落户新型研发机构 4777 家，其中 2246 家获南京市备案；累计孵化和引进企业 334827 家，申请专利数 546 件，居全市前列。江北新区还与北京大学、清华大学、南京大学、中国科学院系统研究所、江苏省产业技术研究院等国内众多高校院所开展各类合作。未来，江北新区将高标准规划建设江北新区高校创新集聚带，充分利用现有高校资源布局优势，加快引进国际国内知名高校，通过建设虚拟大学、布局建设高水平大学等，进一步强化高校对新区科技创新的支撑力量。同时，积极推动与南京大学、东南大学、南京工业大学、南京信息工程大学等驻区高校合作建设"环高校知识经济圈"，为江北科技创新高质量发展夯实智力之基。

19.3　"双区"叠加机遇下深化改革开放的六大突破点

19.3.1　依靠源头创新开拓主导产业蓝海

围绕集成电路、生命科学等重点方向和优势领域,聚焦有望引领未来发展的战略制高点,以重大科技任务攻关和大型科技基础设施建设为依托,创立"集成电路研究""生命科学研究"两大专项,筹建跨学科、综合性、多功能的江北新区"江北实验室",建立开放、协同、人才集聚的实验室运行机制,将"江北实验室"建设成为江北新区乃至长三角区域集成电路和生命科学领域科技创新的核心动力源。超前谋划和布局前沿性、颠覆性技术,聚焦新一代信息技术、生物医药、先进制造等科学领域,以龙头企业为牵引,集聚行业创新资源,建设推动颠覆性创新、引领产业技术变革方向的国家技术创新中心、制造业创新中心和产业创新中心,加快建设一批市级技术创新中心、制造业创新中心和产业创新中心。

大力发展高水平新型研发机构,探索试点院所长海内外公开招聘制、组建学术及专业专门委员会、实行员额制管理、市场化薪酬、科研人才双向流动制度、授予高级职称评审权等,引导科研机构形成市场导向的科研体系,将原创性科研活动与国家和地方经济社会发展紧密关联。聚焦经济社会发展需求,紧盯国内外高端创新资源,引进建设一批引领支撑新区经济社会高质量发展的高端研发机构和联合研发基地(中心)。鼓励国内外知名研发机构在新区建立分支机构,大力吸引海内外顶尖实验室、科研机构、跨国公司在新区设立科学实验室和研发中心,搭建科技创新平台,开展应用基础研究和关键共性技术攻关,就地转化科技成果,服务地方经济社会发展。

聚焦基础研究和产业发展需求,加快高校院所学科建设布局调整,强化生命科学、信息、数字经济、人工智能等新兴学科建设。深化与全国知名高校院所的科研教育合作,共建优势学科、实验室和研究中心,联合培养学生,共同开展研究,加强基础研究、技术创新和人才培养相结合,打造特色学科群。建设国际教育示范区,引进世界一流团队、高等学校和科研院所,优化和提升人才结构,加强国际合作与交流。

19.3.2　塑造产业集群高峰优势

立足江北新区产业发展特色和优势,以集成电路、生命健康为抓手,建立关键核心技术攻关体制,实施引领型新兴产业培育工程,突破一批具有全局性、前瞻性、带动性的关键共性技术,打造具有全球影响力的创新型产业集群,推动和引领经济高质量发展。并面向世界技术革命前沿,抓住新技术发展战略机遇,引进、培育和集聚行业龙头企业和研发中心,探索推进应用基础研究和技术创新一体化布局,超前谋划和布局前沿性、颠覆性技术,催生一批引领性新兴产品,打造集成电路、生命科学、生物医药、人工智能等战略性新兴产业集群。

切实发挥新材料、化工等传统产业的先发优势,集中力量突破技术瓶颈,促进数字化、智能化、绿色化、高端化转型。聚焦新材料产业发展,加快产业发展的前瞻与共性关键技术研究，加快高性能树脂、功能性材料等绿色化工产品研发，提高创新资源的集聚能力，引导企业围绕品种开发、质量提升、节能降耗、清洁生产、"两化"融合、安全生产等方面开展科技创新活动，推进企业提质增效。

重点围绕电子信息产业、生命科学、装备制造等优势产业，大力发展科技服务业。加强以标准、计量、检验检测、认证为主要内容的质量技术基础平台建设，建设技术标准创新基地，为设计开发、生产制造、售后服务全过程提供观测、分析、测试、检验、标准、认证等高效服务，支撑优势产业高质量发展。大力发展研究开发、技术转移、创业孵化、知识产权、科技咨询、科技金融、科学技术普及等专业科技服务和综合科技服务，提升科技服务业对科技创新和产业发展的支撑能力。

聚焦主导产业引进具备科技创新龙头带动作用的大项目大企业，聚焦重点产业补链成群的关键环节引进高端创新要素，建立重大战略投资者(公司)集团资源库，绘制全球招商地图，开展靶向招商、以商招商、补链招商，出台专项政策支持大型跨国企业、行业领军企业、具有核心优势的创新型企业、研发机构、创业团队来江北新区设立区域总部、研发中心及结算中心、物流中心、营销中心等功能型总部，培育引进以高技术性企业和高成长性企业为重点的科技型企业，引进和培育一批瞪羚企业、独角兽企业、行业领军企业、隐形冠军企业和科技型中小微企业，力求科技中小企业铺天盖地、"双高"企业顶天立地。

19.3.3　金融服务创新释放企业无限潜力

加快推动金融科技创新，大力发展金融科技产业，推动金融与科技深度融合发展，持续完善金融科技创新创业生态系统，促进金融科技服务于产业发展、城市治理、区域协同等方面取得突破性进展，把江北新区建设成为具有一定影响力的长三角金融科技创新中心。

推动金融科技底层技术创新和应用，加快推动金融科技底层关键技术的发展，加快新技术的应用推广，形成良好的基础技术研发生态，为新技术与新金融的互动融合创造基础条件。重点支持企业联合研究机构为主体，联合研究机构，开展底层关键技术、前沿技术研发，在新技术领域尽快形成一批知识产权和专利，打造金融科技前沿创新高地。

探索科技与金融结合各种方式先行先试，引导银行、天使投资、创业投资、私募股权、保险、知识产权运营公司等金融资源集聚科技创新。进一步推进科技型企业知识价值信用贷款改革，鼓励银行开展以知识产权为核心的知识产权质押贷款、知识价值贷款、商业价值信用贷款等多种金融产品，支持科技创新创业。鼓励银行设立服务科技型中小企业和创业企业的科技支行和科技金融事业部等专营机构。探索推动投贷联动发展的有效模式，推动保险公司研制推广科技保险产品。

加快培育金融科技产业链，发掘培育底层技术创新企业。着力培育和引入底层技术创新型领军企业，支持有潜力的初创企业发展，为其提供健康成长的生态环境，引导企业在金融科技产业园或功能区聚集。重点支持底层技术企业加强面向金融机构的产品与服务创新，鼓励各类底层技术企业开展合作，在合规前提下，共同推动技术研发与创新应用。

深入推动新技术应用于金融服务领域。支持智慧银行建设，支持金融服务场景化建设。重点围绕科技型中小微企业，探索应用大数据、区块链等新技术，建立大数据信息共享与信用评价系统，构建线上线下相结合的担保增信模式，开发有针对性的金融科技类服务产品，满足企业融资需求，降低企业融资成本。鼓励银行、供应链核心企业有效运用新技术，建立供应链金融服务平台，为上下游中小微企业提供高效便捷的融资渠道。

19.3.4　创新创业生态系统激发创客动力

进一步优化创新创业环境，大幅降低创新创业成本，为江北新区加快培育发展新动能、实现经济高质量发展提供坚实保障。以直管区为核心，汇聚创新创业服务机构，形成全链条、全方位、线上线下相结合的创新创业服务体系，营造长三角引领、全国领先、全球一流的创新创业特区。

引进风险投资，在新技术、新产品、新模式、新产业等方面勇于探索，形成不怕失败、敢想敢干的创新创业氛围。探索设立非共识科技项目试点，积极支持非共识性、变革性研究，引导和鼓励研发人员面向重大科学研究方向，勇于攻克最前沿的科学难题，提出更多原创理论，作出更多原创发现。充分利用税收优惠、财政资金引导方式，鼓励天使投资和创业投资发展。设立天使投资引导基金、创业投资引导基金和高新技术产业引导基金，采用联合投资、参股方式吸引民间资本、保险资本等社会资本支持种子期、早期阶段企业发展。

加快培育新型创业载体，培育和引进一批技术转移专业化机构，打造国内外科技创新成果江北集散高地。实施国家级科技企业孵化器和众创空间倍增计划，引进美国斯坦福大学 Start X 孵化器等国际机构。重点加强研发平台类软件、工具类软件以及精密软制造工艺。发挥中小民营企业活跃优势，建立技术测试和验证中心，加强研发与用户的互动，推动中小企业向微型跨国公司升级。

建立支持创新创业政策体系，简化企业研发费用加计扣除等政策落实手续，通过财政补贴方式让企业研发费用税前加计扣除比例达到 100%。进一步发挥"创新券"的引导和促进作用，激励国内科研机构为创新创业团队提供科技创新服务。探索建立创新产品及服务政府采购和推广制度，促进创新产品研发和规模化应用。积极吸引和推动国内知名高校院所在新区设立分支机构，鼓励世界 500 强企业、国内 500 强企业和独角兽企业总部或区域性总部落户江北，在基地建设、人才引进、项目支持、公共服务等方面采用"特事特办、一事一议"方式给予支持。

19.3.5　高水准招才引智汇聚创新核心要素

围绕科技创新和产业发展人才需求，打造"人才特区"，创新人才培养、引进与激励制度，实施更加积极、更加开放的人才政策，营造"近者悦、远者来"的创新生态环境，把江北新区建设成为长三角人才高地。紧密结合江北新区主导产业和战略性新兴产业发展需求，推进"高精尖缺"重点人才引进，积极引进高层次人才和团队，特事特办引进世界级顶尖人才和团队。建立海外人才离岸创新创业基地，探索"区内注册、海外孵化、全球运营"的双向链"柔性引才"机制。创新引智途径，建立并完善江北新区与海外知名企业、高校、科研院所、高端人才中介组织等的长期联系机制，形成稳定的海外人才引进渠道。

实施"江北英才计划",汇聚和培育一批具有国际水平的战略科技人才、科技创新创业创投领军人才和高水平创新团队,加大对创新创业项目的持续稳定支持力度。加强技能型人才的引进和培育,形成一支规模宏大、素质优良的工程技术人才和高技能人才队伍,为江北重点产业领域加速发展提供坚实的人才保障。吸引国际知名人才服务机构来江北发展,为江北人才引进提供国际化和市场化服务。不断优化外籍高层次人才"一站式服务"窗口,简化外籍人才永久居留证、人才签证办理流程。建设集高品质居住、国际化教育、健康医疗服务和多元文化设施等功能于一体的国际人才社区、青年人才社区等各具特色的人才聚集区。吸引国内外的优质教育资源和医疗资源,引进一批一流的国际学校,按照国际医疗机构和国际医疗保险机构"双认证"标准设立国际医院或引进外商独资医疗机构。

实施领先的人才政策,深化出入境、外国人管理服务等领域改革,实施144h过境签证政策,适当放宽外籍人才市场准入的执业限制。支持持有永久居留身份证的外籍人才在江北新区创新创业,担任新型研发机构法定代表人,牵头承担政府科研项目。开放国内网络管制,在新区核心区试点建立"江北互联网特区"。优化人才使用和评价机制,完善基础研究、应用基础研究、应用研究等科研人员分类评价机制,下放高级职称评审权,探索采取"基本条件+选择条件"分类设置评价指标和权重,探索代表作评价制度,实施科技型企业家职称评审直通车制度,推进职称与待遇脱钩改革。建立容错和免责机制,鼓励高校、科研机构领导人员大胆尝试体制机制创新。

19.3.6　构建国际化创新网络、对接一流创新资源

坚持"引进来"与"走出去"并重、引智引技引资并举,加快全球高端创新资源集聚,打造长三角对外开放高地,推动江北新区成为全球创新网络重要节点。加强与国外知名高校、科研院所、企业等开展合作,引进国外优质创新资源。支持有较强国际竞争力的企业、高校、院所通过建立海外研发中心等方式,有效利用当地科技资源。建设海外创新服务平台,促进国内外创新成果高效跨境转移转化。建设长三角国际技术转移中心,完善市场化、国际化、专业化的服务体系,吸引国际高端科技成果落地,形成面向长三角、辐射"一带一路"的技术转移集聚区。

加强在研发合作、技术标准、知识产权、跨国并购等方面的服务,构筑全球互动的技术转移网络,加快国际技术转移中心建设,推动跨国技术转移。推进海外人才离岸创新创业基地建设,为海外人才在江北新区创新创业提供便利和服务。鼓励国内企业在海外设立研发机构,加快海外知识产权布局,参与国际标准研究和制定,抢占国际产业竞争高地,探索建立"离岸创新中心"。

加强区域创新空间布局,强力支撑南京都市圈发展,积极融入长三角城市群协同创新,构建区域协同创新网络。围绕高层次、高标准打造"宁淮特别合作区"的目标,创建宁淮创新共同体,按照"共建共享共赢"原则,探索协作、高效、共赢、可持续的"飞地"科技创新模式,通过共建科研基础设施、核心技术联合攻关等方式,加快建设长三角区域科技创新一体化先行区、宁淮两市协同创新发展引领区。围绕"宁滁跨界一体化

发展示范区"建设,大力开展新能源、生物医药、智能制造等产业的协同创新,推进科技成果转移转化工作和科技孵化器等平台共建合作。

　　加强与长三角区域内主要城市各类科技、人才、产业规划对接,积极参与研究谋划区域科技创新战略。探索联手构建长三角城市群基础性大型数据库,合力推进建设重大科技基础设施集群,加快创新资源的共享利用。选择与长三角城市群重大支柱产业发展关联度大的产业技术领域,联合推进影响产业集群发展的基础性科研和关键性技术。消除市场壁垒和体制机制障碍,通过合作建立科技园区或建立成果转化基地等方式,加强长三角科技成果双向转移转化,推进江北与长三角城市群创新链和产业链深度融合。

第20章　新发展格局下江北新区打造一流营商环境的对策研究

近年来，优化营商环境日益成为各国政府改善经济发展水平的重要手段。在政企分开的当下，政府不再绝对干涉企业单位的日常发展，仅是从宏观层面做出约束和管制。在此前提下，企业营商环境是否良好，直接决定企业单位的发展前景和发展状态。江北新区作为唯一的国家级新区和自由贸易试验区"双区"叠加区域，在打造国际一流营商环境方面，既面临着与南京一致的一般普遍性，又拥有自身"双区"叠加的特殊性。因此，可从南京市企业对营商环境的需求入手，再类推到江北新区打造一流营商环境层面，最后有针对性地提出优化营商环境的对策。

20.1　新发展格局下江北新区打造一流营商环境的必要性

近年来，优化营商环境日益成为各国政府改善经济发展水平的重要手段。2018年，李克强总理提出"优化营商环境就是解放生产力，就是提高综合国力"，进一步使得优化营商环境成为政府和学界的关注重点。在政企分开的当下，政府不再绝对干涉企业单位的日常发展，仅是从宏观层面做出约束和管制。企业营商环境直接决定企业单位的发展前景和发展状态，南京自然也不例外。2018年，南京提出全面打造"客户需求导向、国际惯例标准、落实改革要求"的全国最优营商环境示范市。南京市委市政府高度重视营商环境建设工作，持续深化"放管服"改革，不断出台优化营商环境方面的政策文件，积极发挥法治引导、推动、规范、保障改革的作用，形成一批可操作、可复制的典型创新实践做法，走在全国的前列。

目前，政府部门通过自改革的方式，尽可能降低政府对企业单位的微观干预，实际干预力度已有所降低。南京市政府通过简政放权、放管结合、优化服务的方式，减少政府部门对市场主体过多的行政审批行为，政府与市场处于相对协调的状态。《2019 中国城市营商环境报告》对标世界银行营商环境评价体系标准等，从基础设施、人力资源、金融服务、政务环境、普惠创新等 5 个维度构建中国城市营商环境评价体系。在营商环境综合排名中，北京、上海、深圳、广州这 4 个一线城市包揽前四名，新一线城市中的重庆、南京分别居于第五、第六。可见，南京在打造国际一流营商环境方面作出了巨大努力，取得了较好的成绩，但是还有很大的进步空间。

20.2　南京市优化营商环境的主要做法

南京市营商环境的现状是江北新区打造一流营商环境的重要基础和依据，因此，有必要对近年来南京市优化营商环境的主要做法进行梳理。

20.2.1　优化营商环境的政策文件

1. 出台《南京市优化营商环境 100 条》

第一，具体条例。《南京市优化营商环境 100 条》聚焦企业发展的全生命周期、全流程环节，下大力气解决好企业在发展过程中遇到的一些共性的、迫切需要解决的堵点、痛点、难点，以及在运行过程中遇到的烦心事、操心事，激发市场活力，提升创新动力。目前，形成了特色品牌，取得了显著成效，赢得了各界好评。营商环境 100 条主要包括：开办企业、不动产登记、建设项目审批、跨境贸易、水电气及网络报装、产权保护、金融服务、企业用工保障、企业获得用地、企业纳税及降本、全程兜底服务等 11 个方面的内容。这 100 条政策切实做到了以企业为中心、一切为企业服务，提高了企业在南京经营的效率，获得了企业的一致点赞，企业在南京的满意度大大提高。其中 15 条措施在全国首创，30 条措施处于全国领先，55 条措施是针对企业问题给出的解决路径，受到企业和投资者的普遍欢迎。下力气解决服务群众"最后一公里"问题，竭力提高城市温暖度和居民幸福感。

第二，条例实施举措。在推出营商环境 100 条的同时，南京市发改委着力创建"南京品牌"营商环境，加快推动政府职能转变。为全力打造全国最优营商环境示范城市，加快把营商环境优势转化为高质量发展优势，2020 年 1 月 3 日，南京市政府又发布《南京市优化营商环境政策新 100 条》，"新 100 条"包含政务服务便捷高效、商务环境创新优化、市场监管规范有序、司法保障公平公正、社会环境整体提升、推进机制持续强化等六个方面内容，多项政策措施处于全国先进水平，政策领先性达到 50% 以上，突出体现了用户需求、应用场景、追求卓越、差异特色的政策制定导向。"新 100 条"更加突出"全生命周期服务"理念，围绕企业注册、生产、经营、退出全过程，推出"设立政策兑现窗口""简化跨区域迁移流程"等一批便利化改革措施。

第三，条例的首创性和先进性。在政策标准上，全面接轨国际贸易投资规则，对标国内先进城市做法，更加突出办理流程标准化、规范化。其中，有些措施在全国范围内具有首创性和先进性。7 条举措全国首创，包括："招拍挂"首次用地登记一天办，不动产登记业务掌上联办，拿地即开工，人才房定向优先供应，知识产权维权援助服务全覆盖，知识产权质押融资一站式服务，全要素支持创新创业等；47 条举措全国先进，包括：企业开办全流程网办，放宽市场主体登记条件，提升食品药品和特种设备许可便利度，实施"宁满意"工程，强化优惠政策落实兑现等；46 条举措与"100 条"对比又有明显提升，包括：建立企业开办服务专区，全面推行"证照分离"改革，建设网上"中介超市"平台，推进服务事项清单化标准化建设，积极开展创新产品推广示范，扩大面向中小微企业采购等。

第四，建立健全"三大机制"。在政策落实机制上，"新 100 条"还明确，要建立健全"三大机制"：实施政务服务"好差评"机制，以服务对象、投资主体、市场主体评价结果检验服务水平、推动服务升级；实施典型案例通报机制，正向激励、反向倒逼"双管齐下"推动政策措施落地生根；实施政策评估更新机制，不断推动政策动态更新、优化升级，确保南京市营商环境始终走在全国全省前列。目前，这些举措已获得了阶段性成效。

2. 疫情期间出台应对政策

第一，落实"六保"任务。后疫情时代，我国要将疫情对经济发展的影响降到最低，需要每个省每个市在营商环境上作出努力。疫情发生后，南京市委市政府积极落实减税降费政策，极大缓解了公司资金压力。疫情防控期间，南京税务部门做的"战疫扶企锦囊"，很好很及时，把涉及疫情防控的税收优惠按批次分门别类，让企业一看就知道自己能享受哪些优惠，怎么办理。税费优惠政策能让企业资金"活"起来，也能更有力地推动企业蓬勃发展。《南京市全面落实"六保"任务做好当前重点工作实施方案》的颁布，要求深化落实助企援企政策，加快培育市场主体，大力降低企业生产经营成本，大力支持非公有制经济发展，营造一流营商环境。

第二，出台优惠政策。面对疫情，南京市在营商环境方面出台了一系列政策，一系列惠企措施相继出台。据统计，2020 年一季度，南京累计实现减税降费 130 多亿元，其中 2020 年新增减税降费总额就达到 59 亿元。在疫情影响下仍保持全省第一的新增势头，企业发展的活跃度较高，实现逆势上扬，有力支撑了南京市地区生产总值的增长。2020 年第一季度，南京市共向防疫相关企业发放贷款 167 亿元，其中，优惠利率贷款 114 亿元，涉及企业 3710 家，实际执行的优惠利率为 4.32%，比原有合同约定利率低 63 个基点，进一步降低了企业的财务费用。这两增一减的背后，是坚决执行疫情防控和经济发展两手抓的决心。

3. 推行支持民营经济健康发展 30 条

2018 年南京市出台了《中共南京市委南京市人民政府关于支持民营经济健康发展的若干意见》，涉及"减轻企业税费负担""解决民营企业融资难融资贵问题""营造公平竞争环境""完善政策执行方式""构建亲清新型政商关系""保护企业家人身和财产安全"共六个方面 30 条务实管用、便于操作的举措。这些举措针对民营企业在发展过程中遇到的共性问题和普遍诉求，拿出了"真金白银"，包括成立 100 亿元民企纾困和发展基金，推出对小微企业、科技型初创企业实施普惠性税收免除，放开投资领域和市场准入，政府采购专门面向小微民营企业比例不低于 60%，建立由市工商联、市委政法委等有关部门组成的保护企业家权益联系协调机制等。

4. 实施深化创新名城若干政策措施

2018 年南京市委发布 1 号文件《关于建设具有全球影响力创新名城的若干政策措施》，2019 年南京市委再次以 1 号文件印发《关于深化创新名城建设提升创新首位度的若干政策措施》，作为 2018 年 1 号文件的升级版，围绕政策执行发现的不足打了补丁、做了优化，持续加力创新名城建设的政策支持。目前南京市已全面实施新型研发机构提质计划、科技型企业培育计划、综合性科学中心建设计划、全球创新资源集聚计划、创新载体升级计划、法治服务环境提升计划六大计划。

5. 强化改革举措的执行效力

南京市司法局始终坚持把视野放到大格局中去考量，做到每一条政策都立足南京实际、结合企业需求，避免不切实际的要求，确保条条做到、件件落实，取得了阶段性明显成效。推进改革的过程中实行正面和反面案例通报机制，同时加强宣传引导，每月以情况通报形式，推广介绍先进经验和典型案例。通过"12345"政务热线、现场暗访、企业座谈等方式，按季度开展营商环境问题线索核查工作。2019 年以来在全市通报了两批共 39 个涉企政策不落实典型案例，形成"专项督查—发现问题—任务清单—整改落实—继续督查"的工作闭环。在全市开展"放管服"改革暨营商环境"走流程、找差距"专题调研活动，所有行政权力事项部门"一把手"以普通办事群众身份"全流程"体验办事环节、查找存在的问题、制定优化举措。通过一系列强有力的监督问责举措，切实做到了刀刃向内，倒逼改革举措落实到位，让好的政策真正依法惠及更多投资者、资本、技术和人才。

20.2.2　优化营商法治环境的具体措施

1. 建立依法治理体系

第一，加快建设法治政府。南京市委市政府制定实施《南京市法治政府建设实施规划(2016—2020 年)》，将七个方面的任务分解为 162 项目标任务，其中深化行政审批制度改革、加大建设法治市场力度、提升公共服务水平、创新社会治理、推进政务公开、健全依法化解矛盾纠纷机制等方面涉及营商环境优化的目标任务超过半数，目前已经基本完成。同时在历年法治政府建设年度工作计划中，将上述工作作为重中之重大力推进，为优化营商环境提供了坚实的法治保障。

第二，构建完备的地方制度体系。南京市现行与营商环境相关的有效地方性法规、地方政府规章、地方政府规范性文件共 38 件，已经形成了比较完善系统的地方制度体系。优化投资环境方面，出台了《南京市政府投资项目审计监督暂行办法》《南京市政府投资项目招投标监督管理办法》等，就投资项目就业评估、创业投资引导基金管理、扶持中小企业发展等制定了规范性文件；规范市场环境方面，出台了《南京市商品交易市场管理条例》《南京市社会信用条例》等法规，就价格管理、体育经营活动监督管理、建筑市场管理、餐饮具集中消毒监督管理、地下空间开发利用等制定了政府规章；激励创新创业方面，出台了《南京市促进技术转移条例》《南京市技术市场促进条例》《南京市科学技术奖励办法》等法规规章，就有突出贡献高技能人才评选奖励、实施人才居住证等制定了规范性文件。知识产权保护方面，《南京市知识产权促进与保护条例》是全国城市中首部集成专利、商标、版权等知识产权各领域的地方性法规；推进"互联网+政务"方面，2019 年制定出台的《南京市政务数据管理暂行办法》为充分发挥政务数据在深化改革、转变职能、创新管理中的作用，提升政府治理能力和公共服务水平探索了制度化路径。

第三，强化依法行政保障作用。积极推行行政执法公示、执法全过程记录、重大执法决定法治审核三项制度，加强执法人员管理，推动营商环境重点领域的综合行政执法改革和执法规范化建设力度。出台规章、规范性文件评估办法，计划用三年左右的时间对全市现行有效的 83 件政府规章、224 件规范性文件有序开展评估，其中《关于提供更优营商环境加强基金业集聚发展的若干政策意见》等涉及优化营商环境的规章文件将作为评估的重点。推进围绕科技创新、服务营商环境的重大行政决策及重要政府合同的法治化、规范化，近三年有百余件市委市政府的相关文件经过合法性审查程序，60%以上的文件涉及营商环境优化的各个领域。推动全市各级政府及其部门逐步完善了政府合同的合法性审查机制，引入政府法律顾问加强对重大合同的法治把关。将涉企行政复议案件的审理以及行政应诉案件的应诉作为重点，不断加强实地调查和案件听证，有效维护了企业的合法权益。

第四，营造护商安商的良好社会环境。在加强民营企业保护方面，建立民营企业知识产权保护联络机制，提供产品识别、取证鉴定等便利渠道。对民营企业的报警求助，严格落实首接首办责任制。并提出对民营企业的经营者和重要岗位工作人员，依法审慎适用羁押性强制措施，对法定代表人涉嫌犯罪但企业正常生产经营的，依法慎重使用查封、扣押、冻结等限制财产强制措施；在规范行政审批中介服务方面，在全国率先实行行政审批中介服务"一单一库一办法"，管理公布全市行政审批中介服务清单，全市审批前置中介服务事项减少四成多，所有中介机构全被纳入中介机构信息库，以促进公平竞争；在有序扩大公众参与方面，健全公众参与政府治理法律机制，开展重大决策公众参与典型案例搜集推广活动，所有政府立法草案和重要规范性文件全部上网征求意见，推动社会力量全面参与制度建设，使法治化营商环境建设具有广泛的社会基础；在构建多层次的矛盾纠纷化解机制方面，针对当前涉企矛盾纠纷大量增多的实际情况，建立行政调解、仲裁、行政裁决、行政复议、诉讼等矛盾纠纷多元化解机制有机衔接的工作机制。

2. 构建法治营商环境的新生态

第一，实施法治服务环境提升计划。作为深化创新名城建设六大计划的重要组成部分，由南京市司法局牵头，南京市市场监督管理局、南京市中级人民法院、南京市人民检察院、中华人民共和国金陵海关、南京仲裁委员会等十余个部门和单位参与，围绕提供最强的法治保障、最优的服务支持、最好的国际配套提出了十项重点任务，包括打造知识产权保护最严格城市，高水平建设江北新区法治园区和河西建邺法律服务产业园，完善与国际接轨的商务商贸、教育医疗、公共服务、生活配套设施，开展"法润南京""法企同行"专项活动，组建民营企业法律服务团等，全市 6000 余名律师在近 2 万家企事业单位担任常年法律顾问，为营造一流创新生态明确了法治路径。

第二，构建法律服务供给新平台。建成江北新区法律服务园区，在开发区、园区内设立法律服务园区，这在全国范围内南京是"第一家"。按照"两庭三院"的法治园区建设构想，将入驻最高人民法院第三巡回法庭、"一带一路"国际商事法庭及南京海事法院、南京知识产权法院、南京环境资源法院。2019 年中央机构编制委员会办公室已批准在南京设立海事法院，最高人民法院已批准在南京设立全国首家环境资源法庭；建设河西·建邺法律服务产业园，集聚全国一流律师事务所和公证处、会计师事务所及仲裁评估、司法鉴定、法律援助等机构的高端法律服务，形成法律服务"最佳生态圈"。打造全国首个法律大数据可视化与透明化的互联网法律服务共享平台"云尚建邺"智慧法律平台，创新线上信息网络与线下中心服务相结合的法律服务供给新模式。

第三，推动"信用承诺制"改革试点。建立"政府定标准、企业作承诺、过程强监管、信用有褒惩"的新型建设项目管理机制，将原来每一环节每一事项逐一审批的方式，改为统一的"定标准+作承诺"方式，20多个环节压缩至6个，大大提高了企业投资便利化程度。变"部门审批把关"为"企业信用约束"，重心从"事前审批"转向"事中事后服务监管"，一旦发现企业存在违法违规、违背承诺等行为，将其记入公共信用信息系统，使失信企业"一处失信、处处受限"。

第四，实现知识产权保护新突破。构建南京知识产权法庭和江宁开发区、江北新区、南京经济技术开发区、中国(南京)软件谷巡回审判点"一个中心、四翼环绕"知识产权司法保护网络，基本实现区域全覆盖。建立"法官+技术调查官+法官助理+法警"专业保全团队，加大侵权惩罚制裁力度，提高侵权成本。加强纠纷化解，推进仲裁、调解与诉讼有效衔接，建立知识产权诉调对接中心。

第五，推进破产审判机制改革创新。率先出台符合审判规律的破产案件繁简分流机制；率先探索建立合理的破产审判绩效考评机制；首创设立破产管理人协会和援助基金会并行的管理人行业自治两会模式；首次在破产司法实践中启动最高法院与证监会会商机制，有效解决了司法程序与行政程序的衔接问题，在全国的破产审判领域打响"南京品牌"。

20.3　营商环境评价指标体系构建及结果分析

20.3.1　评价指标选取

本次评价以南京市为评价对象，坚持问题导向、需求导向，通过先期实地走访、开放性调研，选取一定比例和数量的市场主体，充分了解不同利益相关者(包括政府部门、市场主体)对营商环境的理解和认识。在此基础上，采用广义营商环境制度的评价标准，借鉴国内外相关研究使用的评价指标体系，建立基于市场主体感知的南京市营商环境评价指标体系，见表20-1。评价内容包括5个一级指标和19个二级指标。全面评判影响市场主体决策和经济活动的制度、政策及其实施情况的满意度，切实提高企业获得感，为打造营商环境最优区提供科学制度供给支撑。

表 20-1　南京市营商环境评价指标体系

一级指标	二级指标
政务环境制度	网上政务服务
	政务大厅服务
	正面清单政策
	政企沟通机制

续表

一级指标	二级指标
创新环境制度	科技服务
	知识产权保护制度
	人才服务
	创新平台
市场环境制度	市场准入制度
	金融服务体系
	信用管理
	企业发展专项扶持政策
	产业发展政策
法治环境制度	执法监管机制
	法律服务
	司法机制
社会环境制度	基础设施建设
	公共服务环境
	生态环境保护

20.3.2 评价结果

此次评价主要采取线上调研的方式；评价对象主要为不同类型、不同规模、不同行业性质以及到南京市年限不同的企业。基于评价内容的专业性，以及现实条件下调查的企业理性表达偏好的能力，在获得评价过程中尽量做到一对一或面对面地调研解释和沟通，以降低理解误差，解决评价的公信力与技术上可操作性的矛盾。基于市场主体的感知满意度，得到本次评价结果。

通过问卷调查方式，市场主体对南京市营商环境制度的感知度总体评价分数为84.32分，说明南京市整体的营商环境制度建设较好，企业比较满意。结果显示：5个环境制度维度上，凸显出企业对社会环境制度供给评价相对最满意，得分最高，为88.62分，其他4个细分环境制度评价的满意度差异较小，即政务环境制度得分85.31分，法治环境制度得分84.91分，创新环境制度和市场环境制度的评价分别为84.62分和84.48分。法治环境制度指标中，政务大厅服务、信用管理、基础设施建设、公共服务环境及生态环境保护优势明显，而网上政务服务、金融服务体系和企业发展专项扶持政策的制度评价存在细分市场主体的感知不均衡差异。

20.4 江北新区营商环境的不足

江北新区作为一个年轻的新区，在营商环境方面还有诸多不足之处。整体而言，江北新区营商环境优劣离不开南京市整体大环境。在很大程度上，南京市营商环境存在的不足也是江北新区营商环境亟须改善之处。

20.4.1　政务环境现状

服务精细化，提升政务效能。在开办企业、政务服务、政府采购、招标投标、登记财产、办理建筑许可、纳税服务等 7 个事项上，推动政务服务便捷高效，加强机制创新和流程再造，进一步减环节、减材料、减时间、减成本。

标准国际化，改善商务环境。在跨境贸易、人力资源市场、获得信贷、获得电力、获得用水用气等 5 个事项上，重点政策强化与国际接轨，突出流程的标准化和规范化，为企业生产经营提供更加便捷高效的要素保障。

监管规范化，市场运行有序。在市场监管方面，进一步提升政府监管与服务水平，推进有效监管、公正公平监管，打造稳定公平透明、可预期的营商环境。

思维法治化，强化司法保障。在执行合同、保护中小投资者、企业注销和办理破产、知识产权保护等 4 个事项上，坚持营商环境建设法治化方向，推动司法保障更加公平公正，依法平等保护各类市场主体产权和合法权益。

保障系统化，完善社会服务。在包容普惠创新方面，打造包容普惠、激励创新创业的社会环境，体现城市投资兴业的吸引力。

机制常态化，抓好推进落实。在政企互动、考核评估、政策宣传等 7 个方面，借鉴先进城市经验，完善相关配套制度，强化激励约束机制，将营商环境建设纳入规范化、制度化轨道。

20.4.2　普惠创新现状

普惠创新包括 4 个分项指标：创新氛围、创业氛围、社会诚信和社会参与。南京市实施以成长为导向的企业扶持激励制度改革。聚焦初创型、成长型、领军型企业的差异化需求，构建政策精准、服务集中、要素集约、企业集聚、产业集群的全生命周期企业扶持激励政策体系，促进中小企业专精特新发展，培育更多细分行业"单打冠军"。提升投资贸易便利度。全面实行外商投资负面清单管理，落实以在线备案为主的外商投资管理制度。实施以利民为导向的基本公共服务清单管理和动态调整制度改革。推进基本公共服务清单标准动态管理机制改革、基本公共服务供给机制改革、基本公共服务共建共治共享机制改革、基本公共服务绩效评价机制改革，加速推进市域轨道交通、城市轨道交通、铁路干线"三铁融合"，全面融入国家高速公路网，基本形成"轨道+公交+慢行"绿色低碳城市公共交通体系，主要城市道路网密度全国领先。

20.5　江北新区优化营商环境的对策和建议

营造一流的营商环境制度体系，为企业经济高质量发展保驾护航。江北新区优化营商环境离不开南京市整体大环境，在南京市面临的优势和不足基础上，更加开放的江北新区需要在 6 个方面上持续发力，形成既符合整体趋势又具有自身特色的营商环境政策体系。

20.5.1　以企业需求为中心，完善营商环境制度

第一，着力补市场化、法治化营商环境制度短板，提升民营企业满意度。由于南京市近年来大力支持科技创新，科技类民营企业比例激增，迫切需要紧扣民企需求，着力补民企感知满意度较低的市场化、法治化营商环境制度短板。一是推进统一开放、竞争有序的市场机制建设，国务院推动实施《市场准入负面清单》，放宽有利于区域产业升级的准入条件；二是进一步推进公正监管，对建邺的共享经济、数字经济、人工智能、智能制造等新产业新业态实施包容审慎监管，促进新兴产业持续健康发展；三是加强对民营企业的要素供给和服务能力，落实好南京市中小微企业的普惠政策和专项扶持措施，创新金融桥接服务机制，积极推进"信用+大数据+营商环境"融合建设，助力企业发展壮大，全面提升民营企业满意度。

第二，提升创新环境制度需求供给能力，激发各类市场主体活力和创造力。南京市在创新名城建设中一直走在前列，着力构建创新生态体系。但调查结果显示，除了科技服务和信息技术服务类民营企业对创新环境制度供给的感知较满意，其他金融业、商务服务业、制造业、社会服务业和外资企业对创新环境制度供给的满意度评价均较低。实际上，非科技型企业仍然占有一定比例的市场份额。因此，应重视创新环境制度需求的供给实效，增加非科技类企业对创新环境制度的普惠度，通过做好接轨国际的创新保护基地，强化高端人才政策支撑，增加各类企业创新人才要素供给。

第三，补传统产业发展制度短板，发展"传统产业+智慧"的新兴产业。调查结果显示，社会服务业对南京市营商环境制度的整体满意度存在较高的提升空间。应聚焦数据开放和集成应用、采纳智慧科技，以智能化应用推动传统产业更加智慧，发展"传统产业+智慧"的新兴产业。一是积极推进5G通信建设和商用，着力推进5G与金融、工业等智能产品的融合；二是重视人工智能行业与制造、商贸等传统行业的深度融合，打破与传统行业企业的合作壁垒，全面加快建设智慧社区、智慧养老、智慧医生、智慧文化馆、智慧体育馆等建设，推动智慧城市示范区建设，推进传统产业创新发展。

20.5.2　政府努力做好顶层设计，持续推进制度创新

做好营商环境制度建设，根本是处理好政府和市场的关系。坚持市场本位，重视政府顶层设计，发挥政府的高效监管，突出规则与运行的透明化、专业化、标准化。坚持"有所为"，加强制度建设的连续性、衔接性和政策透明度；同时还要"有所不为"，即政府减少对市场主体的直接干预，加强制度的标准化建设。

同时，要着力推动"制度创新+营商环境"模式。一是做优"互联网+政务"模式，一方面，继续推进政务公开规范化标准化建设，以智慧应用为支撑，全面提升政务服务质量；另一方面，探索下沉式基层治理模式，疏通企业堵点，提质政务公开、政企互动，从而打造政务服务生态圈。二是做优创新生态，政府如何顶层设计助力创新生态体系建设是营商环境制度建设的重要战略节点。由于创新生态制度环境是多层次的动态系统，涉及制度因素众多，结构复杂，必须从生态链的角度建立创新引进和培育的良性制度体

系。在创新生态引培方面，坚持"全面+重点"的原则，着力全面建构包括市场信用、资源配置、专利保护、成果转化机制、产业政策、市场制度等在内的创新生态链制度体系。三是完善科技金融服务体系，探索"全面性、全过程、多层次"的金融服务模式体系，打造金融生态服务圈。

20.5.3　协同"市场—政府"有效机制，把制度优势转化为发展优势

政企互动是政府转变角色、转变职能、当好企业的推车人和服务员、构建新型政商关系的必然要求。一是要按照"便民利民、应并尽并"的原则，推进政府服务热线和政策发布平台整合；二是要把优化营商环境作为政务公开、行风评议的重点，在全市试行民营企业测评政府部门服务企业工作；三是要大力培育发展各类行业商业协会，鼓励企业加入其中，加强行业协会商会党建引领，将其纳入政府决策过程，扩大企业反映利益诉求渠道，避免政策"一刀切"；四是要抓好定制化、个性化服务，建立精准服务长效机制。参考日本经验，建立中小企业诊断士、税理士制度，解决政府服务资源和企业服务需求的结构性错配问题。

南京市结合自身发展实际，着力推动自主改革创新："加快转变政府职能"，不断深化"放管服"，复制推广自由贸易区中"证照分离改革全覆盖，多证合一"等创新性制度试点，聚焦企业办事全流程便利，破解优化营商环境中的体制机制难题，在政府服务能力建设上取得新突破。"投资自由化便利化"方面，在主导产业和重点领域(如新兴服务产业)探索建立吸引外资的促进体系，形成优势；"推动创新驱动发展"方面，探索配套科技金融服务制度创新等举措，高质量推进"四新"行动，聚焦"金融+数字经济+人工智能"主导产业，打造数字经济产业地标。通过"有效市场"和"有为政府"的协同作用机制，持续完善南京市稳定公平高效的营商环境制度体系，进一步把制度优势转化为治理优势、发展优势、创新优势、竞争优势，实现经济"水沃鱼肥、鱼跃水活"的良性循环和持续优化。

20.5.4　抓好诚信服务，进一步打造公平有序的市场环境

诚信服务是提升营商环境不可缺失的重要一环，也是规范市场秩序、促进公平竞争的基础。一是要建立健全小微企业征信体系。加快推动南京市大数据行动计划，并通过综合工商系统数据、企业信用数据和互联网信息，形成企业的大数据全景信息视图，优化社会诚信信息共享平台。二是要全面规范中介服务。清理行政审批中介服务事项，规范管理保留的中介服务事项。三是要加大招投标改革力度。缩小必须招标项目的范围，全面推行电子化招标、投标，扩大电子化交易平台的适用范围，降低企业交易成本。四是要积极改善中小微企业融资环境。完善无形资产登记和评估管理体系，推动建立健全无形资产交易平台，鼓励银行业金融机构开展无形资产质押贷款业务，深化知识产权质押、投贷联动等科技金融创新。

20.5.5　抓好宣传和典型，提高政策知晓率

精心谋划、多措并举做好宣传推广，切实助力营商环境政策落地落实。一是要创新

宣传方式，多用老百姓看得懂、听得懂的语言做好宣传；二是要面向企业、面向基层一线工作人员组织开展分级分类政策解读和业务培训；三是要加快建立南京市统一的涉企政策发布平台，及时做好解疑释惑等工作，确保惠企政策能够广为人知；四是要不断总结和形成在全市范围内具有点上示范、带动全局效应的营商环境提升案例，加强成功经验的宣传和推广。

20.5.6　开展区域营商环境评价，定期发布江苏省区域营商环境指数

江苏省作为经济大省，在营商环境评价工作中应有首位意识。一是建立营商环境评价指标体系。参照世界银行营商环境评价指标体系以及上海、广东等地已有的先进经验，制定符合江苏省实际的营商环境评价指标体系。以提高行政效率、增强营商便利性为主要方向，重点围绕增强市场和产业的开放度、政府服务的高效度、依法管理的有效度、企业经营活动和获取社会资源的便利度，进一步量化各项指标，形成一套科学系统、严谨规范、操作性强的指标体系。二是组织开展营商环境测评与评估。建议委托独立第三方，如省工商业联合会、省社会科学院、独立的评价机构等，组织全行业各类型的企业代表和办事群众对各市政府营商环境情况进行测评。测评可采取定性评估和定量评估相结合的方式：定量评估主要依靠现有统计口径数据或资料，参照现有评价指标体系研究成果，直接获取量化数据的评价类指标；定性评估主要是针对企业负责人、人大代表和政协委员、办事群众等人群，通过座谈、发放调查问卷等方式，获取基本情况和分析资料。三是定期发布江苏省区域营商环境指数。在营商环境评价的基础上，每年定期发布江苏省区域营商环境指数，直观反映各市的营商环境状况。同时，将营商环境评价中发现的问题及时移交当地政府，提出创优营商环境的具体目标和实现路径，助力各级政府明得失、补短板，改善当地营商环境，释放出更强、更稳定、更有持续性和可预期性的投资吸引力。

第21章　江北新区构建开放高效产业集群创新服务体系的对策研究

21.1　产业集群创新服务体系内涵与框架

21.1.1　产业集群创新服务体系概念界定

产业集群(industry cluster)亦称"产业簇群""竞争性集群""波特集群"。某一行业内的竞争性企业以及与这些企业互动关联的合作企业、专业化供应商、服务供应商、相关产业厂商和相关机构(如大学、科研机构、制定标准的机构、产业公会等)聚集在某特定地域的现象。目前江苏省产业集群发展水平已处于全国领先水平，截至2021年8月，全省国家创新型产业集群总数已达15个，其中含有国家高新园区13个。但现有产业集群创新服务体系的服务效果与产业集群的产出能力不相匹配。要促进产业集群的可持续发展，使产业集群成为竞争力和创新力提升的不竭动力，须通过创新的手段，构建开放高效的产业集群创新服务体系。产业集群的创新服务体系是指在产业集群范围内，按照政府制定的有关产业政策，积极完善市场机制，并提供完善的技术创新环境，为范围内创新主体提供技术中介服务和公共平台服务的系统。

21.1.2　产业集群创新服务体系应具有的功能

第一，以政策为引导，建设产业集群企业协同管理制度的功能。坚持把优化营商环境工作与服务区域重点产业发展紧密结合，不断强化主动为企业服务的意识，围绕企业发展服务所需，深化体制机制创新，共同探索与行业发展相适应的管理新模式，着力解决企业在产品研发、特殊货物通关、融资、国际人才引进等方面的痛点难点，以一流营商环境为产业发展赋能助力。根据产业集群的区域特征和产业方向，积极进行产品群体内企业合作机制设计服务，支持产业集群内企业在立项、研发、测试、生产等方面形成完善的合作体系，并摸索一种共赢的合作关系。具体内容主要涉及群体企业的合作架构、协作模式和管理标准，以及合作体系的运营宗旨、目标、总体运营过程。比如核心公司筛选标准、合作企业筛选标准、群体公司质量管理协同制度、合作体系运营的各流程制度等。

第二，立足产业需求，提供行业相关的技术诊断服务与咨询服务的功能。将产业集群内的合作倾向管理、协作业务和商贸意向有机统一起来，根据需求建立合作倾向信息管理体系、制造业集群协作业务体系、材料到产品内协作商贸体系等区域内服务体系，建设产品群体企业经营管理信息平台、质量监测平台、生产制造管理平台、制造加工服务平台、对外贸易平台等。对区域内行业的诊断主要是对集群内行业所处的发展阶段、产业集群的竞争能力、产业链的整体性、行业群体协作程度、行业群体供应链管理绩效、行业群体价值链关键环节识别能力等方面进行判断;企业诊断是站在整个产业区域内的发展角度,对产业集群内的企业开展管理、产品、技术改良等方面的诊断;行业政策评估则是在企业信息整合与大数据分析基础上,发现并总结制约行业健康发展的瓶颈与问题,并提出相关的解决办法,以促进产业集群总体水平的提高与跨越式发展;企业咨询服务则主要涉及科技转化业务、技术咨询与辅导、企业管理咨询服务、教学培训和人才中介业务等。

第三,引入创新机制,鼓励人才技术创新的功能。因地制宜,制定适合当地产业集群的吸引人才制度,不断推进企业持续创新力的提升。譬如,苏州工业园区专门出台了生物医药领域全球职业资格的比照与认可目录,将全球生物分子学技师等27个极具代表性的生物医药领域全球职业资格列入目录。获得目录内相应资质证书、并在园区内担任过相应专业的技术人员和管理干部,在满足学历资格等申报要求情形下可直接认定为相应的国内高级职称,而无须进行逐级考核,有效提升了对海外高端技能人才的吸引力,为园区内生物医药企业提供有力的人力资源保障。

21.1.3　产业集群创新服务体系的结构层次

考虑集群内创新服务体系组成要素在不同业务流程中所处的重要地位与实现的具体功效不同,集群内创新服务体系结构可参照三台组织构架理论,可设置为三个部分:灵活柔性实施具体任务的组织前台、为前台业务提供全方位赋能服务的中台、为前台和中台提供长远发展策略方向和企业总体策略布局的后台。

第一,灵活柔性实施具体任务的组织前台。前台位于在整个服务体系的最前沿,是与客户最贴近的部门体系,其分为产业集群诊断咨询组、集群企业管理服务组及综合管理部,集群企业管理服务组分为信息技术辅导组、企业科技转化服务组、教育培训小组,涉及企业品质认证、资产评估、审计咨询服务、可研报告工作和企业管理咨询服务等;综合管理部,涉及人力资本、财务、市场研究、网络经营等有关管理人员。

第二,为前台业务提供全方位赋能服务的中台。根据参加服务的频度,一个可以在前台和后台之间自由切换的组织部门。行业协会、地方政府的有关主管部门(统计局、经济信息局、科技局、地方的产业集群管理工作办事机构)对服务的信息体系扮演了提供商的角色。中台服务可提供有关政策法规、集群发展状况、集群企业管理工作的基本技术信息和经济社会运行数据。通过抓住市场发展客户对技术创新的要求,或者通过直接试错学习,并开始换代创新,中台的重要核心功用便是通过借鉴前台的经验与教训,加以积淀,而为前台赋予新的生命力。

第三,为前台和中台提供长远发展策略方向和企业总体策略布局的后台。将后台管理完善,通过不断地对全行业的集群管理创新服务体系加以优化,完善和保障体系的运营业务结构运作流程中形成的技术战略合作,并根据项目内容而形成的各种类型的技术专家库,提供研究和技术管理咨询服务、教师培训、科技转化、技术资产评估、审核、质量认定等业务的高等院校、科研单位和企业技术中介服务。

21.1.4　产业集群创新服务体系构建原则

第一，层次性原则。服务体系是由多种主体进行参与，如金融机构、科研院所、高等院校、行业协会等，因不同的主体在社会中承担的角色不同，在体系中发挥的功能也不同，所以要分层次发挥不同主体的作用。

第二，动态包容原则。科技的不断进步带来了产业的发展，进而服务体系也应当相应地进行进步和变革，因而服务体系应不断及时地进行调整，以动态包容的态度提升产业集群内的生产效率，降低集群内的生产成本。

第三，以市场为主导原则。产业集群创新服务体系最终的落脚点在于集群内的企业上，政府或其他主体都为企业长期稳健高速发展而服务，就必须坚持市场导向，企业自主经营、自负盈亏，时刻保持危机意识，让企业更加长远发展。

21.2　江北新区产业集群创新服务体系的现实状况

江苏省坚持以培育先进制造业为抓手，不断深化产业集群创新服务体系，不断加强产业集群的创新发展。产业集群实施规模数字化转型，传统工业逐步向集约化、数字化、高端化方向发展，高耗能行业比重逐步下降，自主创新、自主品牌的先进装备制造业及高技术产业比重逐步上升，产业集群创新服务体系不断发展，"江苏制造"逐步转变"江苏创造"。江北新区作为江苏省唯一的国家级新区，在产业集群创新服务体系构建方面也表现出了应有实力，两千亿级产业集群正在崛起。

21.2.1　江苏省产业集群创新服务体系的现实状况

1. 先进制造业产业集群的创新服务体系

江苏建立优势产业链制度，出台《江苏省"产业强链"三年行动计划(2021—2023年)》，不断提升制造业集群创新服务体系。无锡物联网创新促进中心独创了"一体两翼"运营机制。苏州工业园区纳米技术产业促进中心成为苏州市大力推动纳米技术应用产业发展的重要载体。常州市新型碳材料集群的重防腐涂料、石墨烯智能发热服等 10 多项科技成果为全球首创。南京市新型电力(智能电网)装备集群企业拥有基于直流电网的多维度多要素控制保护系统等多项世界第一的关键核心技术，并参与起草 1000 多项国际、国家和行业标准，获得 2 项"中国标准创新贡献奖"。

2. 传统产业集群的创新服务体系

高端纺织产业集群的创新服务体系。江苏高端纺织产业优势，通过互联网、物联网、云计算、大数据等手段，联合上下游产业链，以响应市场技术的快速变化和产业数字化、信息化，建立一个具有开放性、兼容性的标准化协同创新机制。围绕产业链上下游的需求，根据高端纺织行业的重点布局，建立相应的标准化协同创新平台。创新平台充分共享政府、市场、企业等方面的标准化信息，引导产业链上下游企业及时了解行业标准动态，积极发挥江苏省纺织工业协会、南通市纺织工业协会等行业协会的组织协调作用,并采取由盛虹控股集团有限公司等具有丰富标准化工作经验的企业牵头,以江南大学、江苏工程职业技术学院等高校支持的方式开展标准化领域产学研深度合作,突出高校的研究能力和企业的市场优势,鼓励上下游企业积极开展标准化工作。从技术创新水平来看,江苏高端纺织集群拥有苏州大学、江南大学、南通大学,以及江苏省纺织研究所、江苏省生态染整创新中心等众多纺织领域占据优势的高校院所,持续推动产业技术的创新和变革。

钢铁产业的创新服务体系。江苏沙钢集团有限公司(以下简称沙钢),成立于1975年,是目前全国最大的民营钢铁企业。近年来,沙钢打造数字化研发中心,着力打造全流程数字化材料设计与工艺仿真平台,发挥大数据技术的作用,实现炼钢、连铸、加热、轧制、冷却等工艺流程的数字化、可视化和智能化。紧抓信息技术革命机遇,将先进的钢铁制造技术与以互联网、大数据、人工智能为代表的新一代信息技术深度融合,持续推进钢铁产品的制造、服务全生命周期的各个环节及相应系统的优化集成,将智能制造融入钢铁生产全过程,全面打造"智慧沙钢",打造智能化制造线。

21.2.2　江北新区产业集群创新服务体系的发展现状

集成电路和生命健康产业的创新服务体系。江北新区以"基地+基金+基业"模式为主要手段,助力创新型产业集群发展。未来,江北新区将继续围绕"两城一中心"(芯片之城、基因之城、新金融中心),实现科创企业"森林"遍地开花的布局。在产业培育层面,江北新区以培育发展"研创经济"为目标,致力于打造以集成电路和生命健康为主导产业的两千亿级地标产业集群。在产业链层面,江北新区以创新为发展理念,围绕产业链布局创新链,并基于产业链研发创新过程中的堵点、痛点等,汇集全球创新资源打造融汇、融通、融合、融洽的创新生态链。在产业集聚层面,集成电路产业已形成以台积电项目为龙头,涵盖芯片设计、晶圆制造、封装测试、终端制造等完整产业链。生命健康产业则聚焦攻坚前沿领域关键技术,形成了新药创制、精准医疗、高端医疗器械、专业健康管理的大健康全产业链。在政府服务层面,江北新区以打造服务型政府为目标,旨在通过提高政府服务意识和办事效率,改善新区内部营商环境,从而激发市场活力。在人才引育层面,江北新区立足于南京创新名城和科教名城的优势,联动企业与众多高校和科研院所合作,形成高学历高素质人才聚集效应,推动高端人才和创业团队集聚。在科技成果转化层面,江北新区积极参与江苏省产业技术研究院改革发展,并以集成电路和生命健康产业为核心,率先支持和推动获批国家"赋予科研人员职务科技成果所有权或长期使用权"改革试点。

21.2.3　江北新区产业集群创新服务体系的不足之处

1. 多元化的投资机制有待完善

江苏及江北新区整体上表现出投资资金多数源自政府拨款,大型国有企业、上市公司、金融机构等资本,投资能力不足,民间资本在风险投资上的主体地位没有确立,导致资金存在严重缺乏。同时,政府部门优惠的创业政策宣传不到位,不少创业者对创业政策的解读并没有深入了解，对于重大项目的立项申请等存在盲点。

2. 创新服务体系运行机制不完善

调查发现，各风险投资公司的投资大多追求短期利益，创业风险投资是企业进行科技创新的重要工具，能够推动科技成果的转化，实现对高新企业发展的促进作用。目前，创新创业风险投资服务建设不完善，企业创业风险投资服务体系的建设较为复杂、曲折。近年来，随着相关政策的提出，企业加强了对创业风险投资服务体系的建设，资本总量不断增长，在一些发达地区企业创业风险投资服务体系的建设数量达到了实际需要，但仍有需要提升的空间。

3. 创新服务体系退出机制不完善

调查发现，现阶段全省创新创业投资主要退出方式是并购和回购，占所有退出方式的 3/4 以上。政府对于企业的上市控制严格，在退出机制上仅有二板市场。同时，各项产权转让存在地区分割、功能不完善、交易不灵活的问题。高新技术的创新创业运行平台没有形成，在一定程度上挫伤了民间资本创新创业的积极性。

4. 创新服务中介服务体系不完善

专业化的创新服务中介服务机构是创新创业活动中重要的环节，国外先进国家创新创业竞争力的强大原因在于其创新创业服务机构功能的完善。创新创业功能在对各种创新要素整合、提升创新能力方面具有重要作用。全省大多数为中小型企业，服务功能不够完善，一些机构缺乏对业务的清晰定位，不具备核心竞争力。同时，科技企业的孵化器功能不完善。孵化器是以促进科技成果转化、发展高新技术企业为主要目标的社会公益性科技服务机构。近几年，孵化器逐渐得到企业以及政府科技部门的重视，已形成了千家企业孵化器，是我国科技创新和产业创新发展的力量支撑。但现阶段江苏省孵化服务体系发展存在一些问题：第一，氛围和政策环境不够理想；第二，服务体系的形成速度较慢，活跃度不够；第三，服务体系的基本功能较为缺乏。孵化器运作上，仍存在不规范、服务不完善的问题。

21.3　国内外典型地区构建产业集群创新服务体系的经验

国外的产业集群创新服务体系迅速发展，其实践和成功经验对我们有较为深刻的启示和借鉴意义。特选取美国农业产业集群和浙江省信息产业集群两个典型地区的创新服务体系为例，分析其实践及借鉴意义。

21.3.1　美国农业产业集群创新服务体系的实践及启示

1. 具体举措

美国经济在国际上有着领先地位，这无不归功于其优越的产业集群创新服务体系。为推动产业集群创新服务体系的不断提升和发展，美国坚持产学研为一体的核心政策，从政府、资金、科研、技术、平台等方面全方位为创新服务体系提供源源不断的资源和动力。从美国农业产业集群创新服务体系来看,其专业性较强,分工明确,实行政府宏观调控和市场经济相结合,依托天然的区域优势,大力发展玉米、棉花等产业集群,建立农产品产业集群创新服务体系。美国农业产业集群通过企业之间相互竞争,不仅大大增强了创新意识,使创新的源泉在产业集群间流动,也促进了产业集群的协作,使其各企业协调一致,共同发展,共同进步,提升创新服务体系的水平。其农业产业坚持技术创新,农业生产高度机械化和科技化,美国农产品在全球具有较大的竞争优势,依靠先进的技术和生产力,成为世界农业最发达的国家之一,其创新服务体系在全球也遥遥领先。

2. 经验启示

第一,政府积极有效的宏观调控。政府在产业集群创新服务体系中有着必不可少的导向作用,政府的宏观调控是创新服务体系发展和升级的重要保障。从农业产业集群创新服务体系来看,在创新服务体系发展的初级阶段,不可避免地会出现科研设备供给不足、科技创新能力低下、物质资源匮乏,农产品价格过低从而影响生产力等诸多问题。对于这些市场经济难以调节的问题,美国政府充分发挥了宏观调控的导向作用。一方面,从财政中拿出大量资金为产业集群购入科研设备;另一方面,为防止农产品价格过低破坏农业生态环境从而影响生产力,联邦政府建立农产品保护机制补偿市场经济造成的农产品价格过低。此外,美国政府建立健全人才培养和激励机制也为创新服务体系的提升提供动力。

第二,丰富的高级人才资源为创新服务体系提供源泉。人才创新是产业集群创新服务体系中必不可少的环节,是创新服务体系发展的中流砥柱。美国的高等学府不仅培养大批高端人才,也在科研创新方面发挥着不可替代的作用。美国政府利用集聚众多世界名校的优势,始终坚持产学研一体,通过世界一流学府和科研院所为企业输送源源不竭的创新人才。通过不断引入创新型人才,使农业企业的创新能力显著提高,生产流程优化,农产品的利润和附加价值提升,从而推动农业产业集群创新服务体系的快速发展。

第三,技术创新是支撑创新服务体系发展强有力的支柱。技术创新是提高生产力和核心竞争力的关键步骤,技术创新建设已成为决定创新服务体系主体创新的核心层面。因此,美国农业十分注重技术创新在农业产业集群创新服务体系中的应用。在创新服务体系发展的过程中,美国致力于环保、节能减排等农业生产技术的研究,并把高新技术应用于农业生产的播种、施肥、收割等各个方面,使农业生产高度机械化、一体化,极大程度节约人力资源、提高农业生产效率、降低生产成本、提高农产品附加值,使新技术在产业集群中传播和发展,大规模提升创新服务水平。值得一提的是,美国农业产业集群把新技术用于研发高效环保的化学肥料,在促进农作物生产的基础上极大程度保护生态。

21.3.2 浙江省信息产业集群创新服务体系的实践与启示

1. 具体举措

近年来,浙江省坚持不懈致力于促进和推动互联网创新和信息化发展,致力于建设发展以信息化为主导的数字经济,信息产业已成为浙江省的核心产业。浙江省加大力度建立创业服务体系，大大促进了信息产业集群的发展，使产业规模进一步扩张。据统计，2020 年全省软件和信息技术服务业拥有重点监测企业近 2000 家，软件业务突破 7000 亿元大关，实现收入 7035.1 亿元，产业规模稳居全国第四，同比增长 15.4%，增速高于全国平均水平 2.1 个百分点。浙江省信息产业集群创新服务体系的快速发展，不仅推动浙江省经济的发展，也带动全国 GDP 的提高，通过互联网变革改变了人们的消费方式，促进了社会发展。

2. 经验启示

第一，完善支撑平台。公共服务平台是促进产业集群创新服务体系发展的重要保障，浙江省支撑产业集群创新服务体系发展的中介服务机构和公共服务平台日渐完善。同时，构建交流中介平台也有利于挖掘城市科技创新协作的新渠道，优化城市科研创新合作环境，促进创新合作和服务机制的完善。如 2012 年浙江省建立的"浙江省中小企业公共服务平台网络"，以现代化互联网信息技术为核心，为 42 个重点产业集群服务，聚集了浙江省内丰富的行业资源，强化产业集群内部企业步调一致、协作创新，促进了产业集群的创新能力和生产水平，推动了创新服务体系的发展。产业集群内的企业在科技研发服务、技术成果转化、研发成果及知识共享等方面都存在需求，公共中介服务平台极大程度上满足了企业创新、技术知识共享的需求，为新技术、新科技的传播提供了桥梁，为构建创新服务体系提供了现实条件。

第二，健全金融服务体系和融资机制。资金为产业集群创新服务体系建成和发展提供必不可少的物质基础。无论是吸引创新型人才还是新技术研发，都需要投入大量资金。人才、技术、资本的聚集，能够有效推动产业结构优化升级和产业集群创新服务体系。与一些发达国家相比，我国财政在产业集群创新上投入不足，创新服务体系的建设缺乏充足的资金，这就需要健全完善的融资机制和风险投资机制。近年来，浙江省的金融服务体系日渐完善，融资机制日益健全，畅通的投融资渠道为集群募集资金进行技术创新扫清了障碍。银行等金融机构全力推动对融资困难的中小企业提供金融支持和服务，社会支持和资源整合越来越丰富。贷前风险评估和贷后追踪机制为投融资提供了保障。健全的金融服务体系、完善的融资机制和风险投资机制推动集群内技术创新，从而促进创新服务体系升级和发展。

第三，顺应互联网趋势，抓住产业链制高点。不同于一些传统制造业产业集群以加工为主，产品附加值低，创新能力弱，创新服务体系水平不高，浙江省信息产业集群顺应社会发展潮流，牢牢把握互联网高速发展的机遇，顺应互联网创新引领消费方式的变革，抓住产业链高价值点，在这场互联网创新变革中，实现了创新服务体系的高速发展。浙江省大力发展创新服务体系，也是顺应经济全球化发展的趋向和社会主义市场经济体制的需要。

21.4 江北新区构建开放高效产业集群创新服务体系的对策建议

为更好推动江苏省及江北新区产业集群创新服务体系的培育发展，需要着力完善创新服务体系的短板，综合施策。为此，提出如下对策建议。

21.4.1 打造公共服务平台

1. 加强公共技术平台建设

聚集科研院所、工程技术(研究)中心、企业技术中心、重点实验室等高水平创新研发机构，整合各类研发机构平台资源。以政府引导、社会力量参与的多元化投建模式，围绕下一代信息网络、电子核心基础等领域重点新建一批基于技术研发、设计、测试、评价等关键环节的市场需求大、产业支撑能力强、技术领先、功能完善，具备市场化运营条件的公共技术平台。

充分发挥现有政府投资建设的 IC 设计、电子通信测试、生物医药示范平台作用，积极开拓与国内外先进实验室、高等院校、知名企业等的合作，共建联合实验室，优势互补。推动高校院所大型科研仪器、科技文献、科学数据等面向社会开放，实现高校创新资源开放共享。利用高校院所人才和设备优势，推进产业集群联合高校院所共建区或行业检测中心，促进区域性科研设备、科研成果协作共享。

2. 加强技术转移和成果转化平台建设

聚集一批高水平技术转移机构，由政府、高校、龙头企业、中介机构、国际化组织等多种主体参与，形成涵盖信息咨询、技术交易、中介服务等主要内容，支撑技术转移全过程的平台体系。加强与省市生产力促进中心、技术转移集团(中心)的战略合作，充分发挥政府主导性技术转移平台的品牌作用、辐射效应。加强与高校技术转移中心(公司)的合作，为集群内企业搭建与国内外知名高校、科研院所开展先进技术对接和技术转移的平台；鼓励产权交易所、产学研联盟、科技中介机构开展技术转移服务，大力发展技术成果价值评估等专业化服务。

支持企业作为创新研发成果产业化实施主体，联合高校、科研机构建设产业技术研究院、联合实验室、产业技术创新战略联盟、校企协同创新中心等创新机构和组织，开展以企业为主导的委托研发、中试以及技术许可、技术转让、技术入股等形式的技术转化合作。鼓励企业承接各类科技计划项目，加快具有独占性、垄断性、高收益的自主知识产权项目产业化进程，积极引进国内外技术领先、产业引领作用大、规模化前景好的创新研发成果在产业集群内转化。支持和鼓励高校院所科技人员加入产业集群中，促进科技成果转化。

在主导产业和重点发展领域，筛选一批有自主知识产权、市场容量大、成长性好的重点创新成果，采取成果转化后补贴、贷款贴息等多种激励方式，支持项目落地实施产业化。在保障技术转移转化各主体利益的基础上，尽量使知识产权的利益向创造者倾斜，提升科技成果创造者的积极性，积极参与科技成果处置权、分配权和股权激励等政策试点工作；出台相关政策，激励高校、科研院所、创新研发机构主动转化科研成果。

3. 加强知识产权服务平台建设

加强与国内外知名科技文献及知识产权服务机构合作，整合知识产权维权保护、检索分析、咨询服务、质押融资、宣传培训等服务功能，引进一批高端知识产权服务机构和专业人才，建设线上线下一体的知识产权综合服务平台，全面提升江苏省知识产权创造、运用、保护和管理水平，形成公共服务与商业服务协同发展的知识产权服务格局，提升江苏省内企业知识产权保护意识和自主创新能力。

4. 促进科技服务机构发展

加大对已有国家级研发机构、技术转移机构、创业孵化机构、认证检测机构、标准化评审机构等的支持力度，依托高校、科研院所、龙头企业，积极引入、建设一批国家级科技服务机构，引导和鼓励国家级科技服务机构发挥引领带动作用，提升江苏省科技服务机构的整体水平。围绕产业发展需求，加快技术、市场、信息、培训、商务、法律、测试、标准、会计等各类服务机构在产业集群周围聚集发展，加强社会化服务机构的规范化管理，引导社会化科技服务健康发展。着重培养科技服务团队和科技服务领军人才，建设科技服务人才资源库，形成社会化科技服务机构区域优势。引导科技服务机构加强服务内容和水平的差异化及专业化，强化品牌建设，为企业提供个性化服务产品和整体解决方案。支持服务机构开展技术成果价值评估、知识产权战略及技术标准服务、品牌建设服务、商业模式创新、国际合作等高端增值服务，为企业及产业集群参与竞争提供支撑。

21.4.2　重视科技人才在构建创新服务体系的作用

1. 加大科技人才培育和激励力度

进一步发掘高校科教资源，鼓励企业与科研院所、高校合作，以科技人才为培养重点，通过共建专业、共建师资队伍、委托培养、共建校区等多种合作方式，开展学历教育、继续教育、职业教育等多层次科技人才培养，共同推进科技人才队伍建设。围绕主导产业和新兴产业，依托产业集群，与国内外知名高校院所、产业基地、知名企业合作共建一批创新人才联合培养基地，支持各类专业技术培训平台和实训基地建设，整合培训基地、培训经费、师资力量等人才培训资源，培养一批中青年专业技术人才和经营管理人才。

充分发挥企业院士专家工作站、博士后工作站等在科技人才培育和专家资源服务企业方面的作用，不断完善评价制度，构建长效机制。有计划地选拔一批具有一定技术能力和声望的科技人才，通过科研资助、研发平台、研修深造，以及推荐担任国家和省重大科研项目、重大科研课题的主要负责人等方式，提升科技人才的创新能力和管理能力。优化科技人才流动与配置机制，完善竞争择优、开放流动的用人制度。

完善高层次创新创业人才评价激励机制，加大高层次人才创新创业奖励力度，通过项目资金、政策扶持、配套服务等，吸引、留住、激励高层次科技人才在产业集群内的发展。鼓励并推进企业对作出突出贡献的科技人员和经营管理人员实施期权、技术入股、股权奖励、分红权、年薪制度等激励方式。

2. 引进聚集高层次创新创业人才

以重大科研项目、重点学科、重点科研基地、国际科技交流合作等吸引高层次人才入驻；挖掘国内重点高校、重点实验室、工程研究中心、工程技术研究中心、博士后工作站等科研资源，通过设立分支机构等合作方式，实现高层次人才引入；支持企业依据自身行业领域、技术发展需求主动引进高层次人才。鼓励省内各类人员及团队利用自身的人脉关系举荐产业发展需要的高层次人才，形成以才引才的长效模式。

3. 加强科技服务人才队伍建设

加大高层次知识产权服务人才的引进力度，重点引进精通国内外知识产权法律制度和知识产权国际规则的高层次人才，以及在知识产权行政管理、司法、战略研究、信息化建设等领域具有专业先进水平和学术优势的高素质专业人才；重点引进一批为企业提供融资、上市、风险评估等服务的专业人才，尤其是科技金融创新的复合型人才；加强技术市场人才队伍建设，选择具有较好条件和基础的高校合作培养各类技术转移人才，加强对技术经纪人的培训，提高技术经纪人的专业服务水平；加快企业管理咨询机构发展，汇聚高层次咨询人才。此外，优化科技人才配套服务为区内科技人才优先提供保障性产业用房，采取实物配置与货币补贴等多种方式，着重为高层次人才住房、子女入学、医疗保健等提供服务。并加快建设外籍人才居住社区、专家公寓、员工公寓等，满足区内人才居住需要。

21.4.3 强化科技金融支撑

1. 加快聚集科技金融资源

广泛吸引国内外知名的总部型金融机构、股权投资机构、地方准金融机构、第三方金融服务机构和产权交易市场等入驻。鼓励国有大中型企业、龙头民营企业、上市公司等发起设立融资性担保和小额贷款公司。争取中国银行业监督管理委员会江苏监管局支持，大力引进专注于小微贷款等科技金融服务的专业、特色银行机构，提升江苏省对产业集群中科技型中小企业的服务水平。

2. 拓宽科技企业多元化融资渠道

针对科技型中小企业轻资产特性，进一步加强政府财政资金的投入力度，充分发挥政府财政资金的杠杆放大效应和政府资金在信用增进、风险分散、降低成本等方面的作用，设立政府主导的VC投资母基金，构建完善的天使投资—VC投资—PE投资链条，引导民间资本依法设立银行、担保、小贷、融资租赁、财务公司等，为科技创新提供专业化服务；通过贷款贴息和担保费补贴等方式进一步降低信贷成本，继续保持科技信贷数量和质量增长；引导商业银行加强产品创新，鼓励成立科技银行，进一步健全科技担保体系，引导科技小贷业务快速增长；支持科技企业利用债券市场通过集合债券、票据等融资。完善"天使投资"项目的风险补助和补偿机制，完善和落实创业投资机构相关税收政策，推动各级政府部门设立的创业投资机构通过阶段参股、跟进投资等多种方式，引导创业投资资金投向初创期科技企业和科技成果转化项目；加强拟上市企业后备队伍梯队建设，鼓励科技型企业上市和再融资，发挥全国中小企业股份转让系统等场外交易市场作用；探索建立企业孵化大市场，设计覆盖企业不同发展阶段的各类科技金融产品，鼓励银行业金融机构完善科技企业授信模式，开展还款方式创新，探索运用互联网技术提供高效便捷的金融服务。

3. 打造科技金融综合服务平台

以企业融资需求为导向，拓展盈创动力平台整合资源、汇聚信息、专业服务等功能，持续不断地吸引国内外的知名金融或准金融服务机构入驻，以此增加科技金融资金规模，提升数据库收录企业信息数量质量，开展企业培育、上市辅导、项目对接、专业培训等增值服务，探索创新适合产业发展要求的服务模式，为集群科技企业提供全方位、专业化、定制化的投融资解决方案，并立足于区域性综合服务平台，扩大在全省的辐射带动作用，致力于打造全国性科技金融服务示范平台。

4. 深化科技与金融结合体制机制

加强相关科技政策、财政税收政策以及金融政策等的协调，为推进科技金融发展而形成政策合力。科技部门与金融机构相互协作、优势互补：科技部门相关的政策、信息、项目以及专家等方面的优势可以与金融机构自身的产品和服务优势有机结合起来，各司其职、全力配合，形成高效的项目会商沟通机制。强化市场在科技金融服务中的作用，鼓励国有创业股权投资机构参与市场化竞争，探索建立政府资金有序退出机制。

第 22 章　新发展格局下江北新区打造数字化服务贸易中心研究

随着中国数字经济的快速发展，数字经济正日益与服务贸易相融合，促进了数字服务贸易的发展。在全球贸易出现结构性调整的大背景下，数字服务贸易成为增长迅猛的新型贸易业态。本章基于数字服务贸易发展背景，聚焦于中国(江苏)自由贸易试验区(南京片区)打造数字服务贸易中心的背景与环境分析，提出相关的政策措施。

22.1　中国数字化服务贸易发展

22.1.1　数字化服务贸易的内涵

数字化服务贸易(digitally-deliverable services)又称为数字服务贸易。2012 年，美国经济分析局首次提出，"数字服务贸易"即信息通信技术发挥重要作用的跨境服务贸易，包括版权和许可费、金融和保险服务、通信服务、专业和技术服务等；2018 年，经济合作与发展组织、世界贸易组织和国际货币基金组织发布的《数字贸易测度手册》提出，数字服务贸易是指通过信息通信网络跨境传输交付的贸易，包括电子图书、数据和数据库服务等；根据《商务部办公厅 中央网信办秘书局 工业和信息化部办公厅关于组织申报国家数字服务出口基地的通知》，将数字服务界定为"采用数字化技术进行研发、设计、生产，并通过互联网和现代信息技术手段向用户交付的产品和服务"，数字服务出口主要涉及软件、社交媒体、通信、云计算等一系列服务；根据中国信息通信研究院《数字贸易发展白皮书(2020 年)》，贸易的数字化包括贸易方式的数字化和贸易对象的数字化，其中贸易方式的数字化是指数字技术与国际贸易开展过程深度融合，带来贸易中的数字对接、数字订购、数字交付、数字结算等变化。贸易对象的数字化是指以数据形式存在的要素、产品和服务成为重要的贸易标的，导致国际分工从物理世界延伸至数字世界。

22.1.2　全球数字服务贸易发展

在全球范围内数字经济快速发展的背景下，基于数字技术开展的线上研发、设计、生产、交易等活动日益频繁，极大促进了数字服务贸易的发展。尤其是 2020 年新冠疫情凸显了"服务+数字"的重要性，客观上推动了全球数字服务进一步高度产业化，数字化将不断嵌入全球服务价值链的增加值创造环节之中，数字服务贸易是后疫情时代服务全球化的重要特征与发展趋势。新冠疫情加速了服务贸易数字化的进程，数字服务贸易占比将大幅提升，大力发展数字服务贸易成为世界各国深化合作的重要领域，也是各国深度融入新型经济全球化进程、提升在全球价值链中的地位的重要途径。

图 22-1 反映了近十几年来全球数字服务贸易的发展。根据联合国贸易与发展会议数

据，2005—2020 年，全球数字服务贸易的平均增长率为 6.9%，高于全球服务贸易增长率 4.6%。2019 年，全球数字服务贸易达 3.23 万亿美元，占全球服务贸易的 51.8%；2020 年，由于受新冠疫情影响，全球数字服务贸易出现下降，全年 3.17 万亿美元，但占全球服务贸易的比例上升到 63.6%，这说明传统服务贸易大幅下降，数字服务贸易正日益成为全球服务贸易最主要的表现形式。2020 年，全球数字服务贸易占全球贸易比重已达 15.2%，随着全球数字经济的快速发展，全球数字服务贸易在全球贸易体系中的重要性将更为突出。从数字服务贸易规模来看，欧元区是全球数字服务贸易最为发达的地区，美国次之，中国在数字服务贸易上远落后于这两个地区。

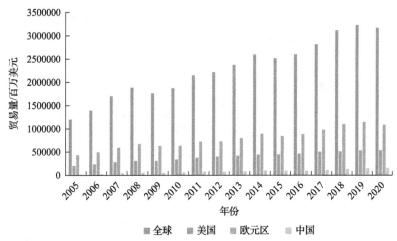

图 22-1　全球数字服务贸易发展（2005—2020 年）

数据来源：联合国贸易与发展会议

22.1.3　中国数字服务贸易的发展

长期以来，中国服务贸易处于逆差状态，尤其是以信息技术服务和数字内容为代表的服务贸易竞争力较弱，数字化为中国实现服务贸易赶超提供了机遇。因此，剖析我国数字服务贸易发展现状及其制约因素，并基于高质量发展视角提出建议，不仅对推动中国迈向数字服务贸易强国有积极作用，也对促进服务贸易高质量发展、构建新发展格局有重要意义。

根据联合国贸易与发展会议数据，2005—2020 年，中国数字服务贸易进出口从 488.6 亿美元增加到 2939.8 亿美元，增长了 5.0 倍，年均增长率达到了 10.1%，增长速度高于同期中国货物对外贸易平均增长率的 7.1%。从中国数字服务贸易占总服务贸易的占比来看，2008—2015 年，其占比呈现下降趋势，反映了该时期中国对外服务贸易增长主要以传统的低增加值服务贸易为主；2015 年后，随着中国数字经济增长加速，中国数字服务贸易的增长开始提速，在服务贸易中的占比不断攀升，数字服务贸易占比从 2015 年的 27.4%上升到 2020 年的 44.4%。根据这一发展趋势，未来数年内，中国数字服务贸易占总服务贸易超过 50%，反映了中国服务贸易在结构优化上取得的成绩（图 22-2）。

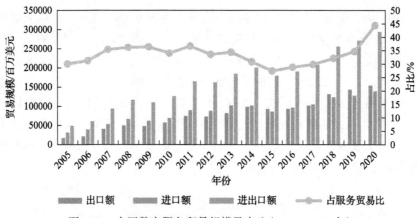

图 22-2　中国数字服务贸易规模及占比(2005—2020 年)

数据来源：联合国贸易与发展会议

从进口与出口两个维度来看，2005 年，中国数字服务贸易出口 173 亿美元，占总服务贸易出口的 22.1%；2020 年，中国数字服务贸易出口为 1543 亿美元，15 年间增长了 7.9 倍，年均增长率达到 12.5%。2005 年，中国数字服务贸易进口 315 亿美元，占总服务贸易进口的 37.5%；2020 年，我国数字服务贸易进口 1396 亿美元，年均增长率达到 8.2%。此外，2020 年，数字服务贸易出口和进口占总服务贸易出口和进口的比重分别达到 55.0% 和 36.6%(图 22-3)。

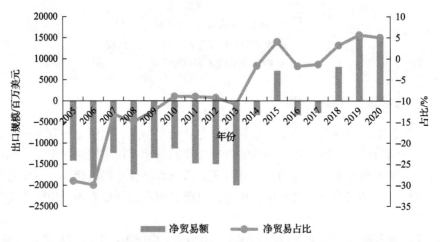

图 22-3　中国数字服务贸易净出口规模及占比(2005—2020 年)

数据来源：联合国贸易与发展会议

整体来看，中国数字服务贸易出口的速度高于进口速度。从数字服务贸易净出口来看，中国在数字服务贸易上从净进口国变为净出口国，并呈现持续上升的趋势。2020 年，中国数字服务贸易净出口 147 亿美元，占数字服务贸易的 5.0%。体现出中国在数字服务贸易上的比较优势在不断上升。然而，中国数字服务贸易占服务贸易比重小于欧美 68.4% 的水平(2020 年值)，说明中国数字服务贸易仍有进一步发展空间。

22.1.4　中国数字服务贸易的政策支持情况

近年来，国家出台了一系列发展数字服务贸易的政策。2021 年 3 月发布的《中华人民共和国国民经济和社会发展第十四个五年规划和 2035 年远景目标纲要》指出，创新发展服务贸易，推进服务贸易创新发展试点开放平台建设，提升贸易数字化水平，建立健全跨境服务贸易负面清单管理制度。

为了进一步提升中国贸易数字化水平，商务部于 2021 年 11 月印发《"十四五"对外贸易高质量发展规划》，给出了指引，一是加快贸易全链条数字化赋能，二是推进服务贸易数字化进程，三是推动贸易主体数字化转型，四是营造贸易数字化的良好政策环境。

中国对数字服务贸易另一个重大支持政策是申请加入《数字经济伙伴关系协定》（Digital Economy Partnership Agreement，DEPA）。2021 年 10 月 30 日，中国国家主席习近平在二十国集团领导人第十六次峰会上发表讲话，宣布中国已经决定申请加入《数字经济伙伴关系协定》[①]。11 月 1 日，中国商务部部长王文涛致信新西兰贸易与出口增长部长奥康纳，正式申请加入 DEPA。中国申请加入《数字经济伙伴关系协定》，体现了中国在新发展格局下加强与各国在数字经济领域的合作、促进数据跨境流动和数字贸易的决心，是中国进一步深化改革和扩大高水平对外开放的重要行动。

2021 年 11 月 18 日，商务部、中央网信办、工业和信息化部等 10 部门印发《关于支持国家数字服务出口基地创新发展若干措施的通知》，开展国家数字服务出口基地建设工作，并提出了十二条具体措施，包括推进新型基础设施建设、培育壮大产业实力、推动数据安全有序流动、建设数字贸易公共服务平台、积极开展先行先试、加强国际交流合作、优化数字营商环境、创新金融服务支持、加强人才培养引进、强化数据安全评估保护、建立完善统计体系等。

22.2　南京发展数字服务贸易的环境分析

22.2.1　南京发展数字服务贸易的优势及发展情况

南京是江苏省辖地级市，是江苏省省会、副省级市、特大城市、南京都市圈核心城市，国务院批复确定的中国东部地区重要的中心城市、全国重要的科研教育基地和综合交通枢纽。全市下辖 11 个区，总面积 6587.02 km²，建成区面积 823 km²。截至 2020 年，南京常住人口 931.97 万人，城镇人口 808.53 万人，城镇化率 86.8%，地区生产总值 14817.95 亿元。南京是国家重要的科教中心，自古以来就是一座崇文重教的城市，有"天下文枢""东南第一学"之称，截至 2020 年，南京各类高等院校 68 所，其中双一流高校 12 所、111 计划高校 10 所、211 高校 8 所、两院院士 81 人，均仅次于北京、上海。由此可见，南京集聚地理位置和人文底蕴优势，具有打造数字化服务贸易中心的潜在需求与资源支持。目前，南京已经有了前期较好的发展。2020 年，南京入选国家全面深化服务贸易创

---

① 光明国际网. 习近平在二十国集团领导人第十六次峰会第一阶段会议上的讲话. (2021-10-30)[2021-12-20]. https://world.gmw.cn/2021-10/30/content_35274883.htm.

新发展试点城市,为南京服务贸易高质量发展提供了新动力。同时,在制度创新上,南京推出的"打造知识产权交易融资服务运营平台"案例被国务院服务贸易发展部际联席会议办公室评为全面深化试点首批最佳实践案例,并在全国推广。

2016 年起,南京成功举办 4 届全球服务贸易大会。其中,2021 年全球服务贸易大会确定主题为"数字驱动,发展共赢",准确把握了数字服务贸易的发展方向。在举办全球服务贸易大会的同时,南京同步发布《全球服务贸易发展指数报告 2021》,相关活动扩大了南京在服务贸易领域的全国影响力,对汇聚行业要素起到了一定作用,有利于南京进一步扩大双向开放,加快建设全国服务贸易发展高地,建设成为在数字服务贸易领域的全球高端要素配置节点城市。

22.2.2 南京服务贸易发展情况

"十三五"期间,全市累计服务贸易进出口 744.2 亿美元,年均增长 7.8%,2021 年 1~6 月,实现服务进出口总额 56.8 亿美元,同比增长 14.6%。其中,服务出口 23.7 亿美元,同比增长 40.7%。2021 年 1~6 月,知识密集型服务进出口 23.4 亿美元,同比增长 32.1%,占服务进出口总额的比重达到 41.2%(同比提升 5.5%)。其中,知识产权使用费服务进出口以及电信、计算机和信息服务增幅较大,同比分别增长 103.5%、54.4%。多年来,南京的新兴服务领域占比超过 50%,服务外包执行额多年居全国第一。

现阶段,南京在发展服务贸易上体现了集聚效应,企业实力显著增强。2020 年,全市 12 个服务贸易发展集聚示范区内服务贸易进出口额占全市总量80%以上;7 个服务外包示范区内企业数量超过 1700 余家,占全市服务外包企业总数 70%,示范区内离岸服务外包执行额占全市 87.8%;全市服务贸易进出口收付汇总额超过 1000 万美元的企业共有 71 家,其中 13 家企业超 5000 万美元;服务外包离岸执行额超过 5000 万美元有 27 家企业。

22.3 南京发展数字服务贸易的制约因素分析

22.3.1 外向型经济比重较低,尤其是落后于东部一线城市

近年来,南京外资外贸发展较快,但开放型经济基础相对较为薄弱,与国内其他先进城市相比差距较大。以对外贸易依存度为例,2020 年南京的对外贸易依存度为36.0%,远低于苏州(110.7%)、深圳(110.2%)、上海(90.0%)、宁波(78.9%)等发达城市,甚至低于郑州(41.2%)、成都(40.4%)等中西部城市(表 22-1)。数字服务贸易的发展建构在基础性的开放经济上,南京开放型经济基础的薄弱制约了南京进一步发展数字服务贸易。

表 22-1 2020 年南京与国内主要城市贸易依存度及贸易增长率

城市	进出口规模/亿元	GDP 规模/亿元	对外贸易依存度/%	进出口增长率/%
上海	34828	38701	90.0	2.3
深圳	30503	27670	110.2	2.4
北京	23216	36103	64.3	−19.1

续表

城市	进出口规模/亿元	GDP 规模/亿元	对外贸易依存度/%	进出口增长率/%
苏州	22321	20171	110.7	1.0
宁波	9787	12409	78.9	6.7
广州	9530	25019	38.1	−4.8
天津	7341	14084	52.1	−0.1
成都	7154	17717	40.4	22.4
重庆	6513	25003	26.1	12.3
青岛	6407	12401	51.7	8.2
杭州	5934	16106	36.8	5.9
南京	5340	14818	36.0	13.0
郑州	4946	12003	41.2	19.7
西安	3474	10020	34.7	7.2
武汉	2704	15616	17.3	10.8
合肥	2098	10046	20.9	16.4

数据来源：各城市的统计年鉴。

22.3.2　南京在制度创新上还处于探索阶段，不利于规则对接

在《区域全面经济伙伴关系协定》框架下，我国在开放型经济尤其是服务贸易上作出了更多承诺。通过制度创新加快与国际规则的接轨，已成为今后我国开放型经济发展的重点方向。当前，我国自由贸易试验区承担了制度创新的功能定位，中国(江苏)自由贸易试验区(南京片区)作为三个片区之一，在制度创新上进行了有益的探索，但整体上缺乏有影响力的重大制度创新成果，主要因为：一是中国(江苏)自由贸易试验区成立相对较晚，属于国家第五批次设立的自由贸易试验区，目前还处于制度创新的早期探索阶段；二是相对于中国(上海)自由贸易试验区在金融创新上的国家授权、中国(浙江)自由贸易试验区在制度创新上的国家授权，中国(江苏)自由贸易试验缺乏类似的国家授权事项，一定程度上制约了南京片区的制度创新开展；三是南京片区在制度创新上的敢闯敢试还有待进一步提升。南京在制度创新上的不足，不利于在数字服务贸易上与国外进行高标准对接，影响数字服务贸易的发展。

22.3.3　民间创新活动不足，不利于数字服务贸易长远发展

南京尽管科技资源丰富，却并未充分转化为城市的创新活力。以中国独角兽企业为例，独角兽企业反映一个城市的创新活力，根据长城战略咨询发布的《2021 中国潜在独角兽企业研究报告》，2020 年中国潜在独角兽企业数量达到 425，分布于 39 个城市，其中北京、上海、苏州、杭州、深圳等前 5 个城市拥有独角兽企业 309 家，占全国的 72.7%，南京拥有独角兽企业 11 家，企业数仅占全国的 2.6%。并且，南京独角兽企业在企业规

模、行业知名度和影响力上并不占优势,与南京的经济实力、科技资源实力不相符合。究其原因:一是南京的创新文化上还存在着不足,不如北上广深等一线城市;二是南京的民营企业在创新活动中发挥的作用有限,民间研发投入占城市地区生产总值的比重没有优势,未体现创新主导地位;三是南京的创投、风投等支持创新活动的金融资本存在不足,金融创新活跃度不够。

22.4　江北新区打造数字化服务贸易中心措施

22.4.1　加强数字基础设施建设,打造江北新区"数字港"

发展数字服务贸易的基础是要有一流的数字基础设施建设,江北新区要加大数字基础设施建设,打造国内先进的"数字港"。一是重点建设新型数字基础设施。新型数字基础设施既涵盖了传感终端、5G 网络、大数据中心、工业互联网等,也包括利用物联网、边缘计算、人工智能等新一代信息技术,对交通、能源、生态、工业等传统基础设施进行数字化、网络化、智能化改造升级,要加大资金投入,全面提升江北新区的数字基础设施水平。二是提高江北新区的城市智能化水平。江北新区地理区位优越,但由于起步较晚,城市环境不如主城区。要通过数字基础设施建设提升城市环境质量,为催生新数字服务业态奠定基础,通过工业互联网、物联网等建设,提升水、电、气等城市公共服务基础设施的智能化,拉动智能交通、智慧城市、智能家居、智能制造及智慧能源等应用场景,加快商业模式的快速迭代,促进产业生态系统更加丰富。三是推动新的数字服务贸易应用场景。通过 5G 扩容、工业互联网等网络基础设施建设,推动"设备数字化—车间数字化—工厂数字化—产业链数字化—生态数字化",为数字服务贸易创造应用场景,培育数字服务贸易企业和行业发展。

22.4.2　推进制度创新,提升江北新区数字服务贸易便利化水平

以江北新区为制度创新载体,借鉴中国(上海)自由贸易试验区、中国(浙江)自由贸易试验区、中国(广东)自由贸易试验区的先行先试经验,争取在关键制度创新上取得突破。一是围绕江北新区的功能定位,在制度创新上争取国家综合授权。基于国家对江北新区"建设具有国际影响力的自主创新先导区、现代产业示范区和对外开放合作重要平台"的功能定位,结合南京的产业创新优势,向国家争取给予江北新区在科技成果所有权转让、高新技术企业评定、"产学研"创新平台建设等方面的综合授权。二是对片区重点行业的科技型企业给予优惠税率。针对在江北新区开展创新创业的科技人员,对其在成果转化、创办企业、股权激励等方面的个人所得税实行优惠税率或加大减免力度。三是建设南京知识产权高地。面向集成电路、生命健康等关键产业,进一步完善专业检索及分析、专利快速预审、快速确权和快速维权服务;积极构建知识产权运营服务体系,建立更加科学高效的知识产权评估机制,畅通知识产权质物交易处理渠道,推出更多知识产权质押的金融产品。同时,进一步完善风险分担和损失补偿机制,鼓励保险公司向科创企业推广专利等知识产权保险,建立合理稳定的知识产权鉴价体系。四是提升数字

贸易政策法规的透明度，推动电子传输免关税、数字证书电子签证等国际互认，鼓励报关环节的无纸化以及贸易领域证书的电子化管理。将数字贸易纳入单一窗口管理，简化数据要素流动管理程序，探索建立软件实名认证、数据产地标签识别为基础的监督规范，促进非敏感、非关键性领域数据自由流动，降低数字贸易的壁垒。

22.4.3　培育数字服务贸易标杆与"小巨人"企业，形成以企业为主体的创新生态

数字服务贸易的主体是企业，近年来数字服务贸易企业出现新的趋势变化。一方面，由于数字经济天然的规模经济效应或者网络效应，会产生天然的垄断企业，如阿里巴巴、腾讯等；另一方面，由于数字经济促使"长尾"形态的竞争结构，也催生了一批活跃的中小企业，在整体企业生态上，呈现出极少数"头部企业"和一批中小企业的分布。江北新区在打造规模取胜的标杆企业的同时，也要打造一批市场活跃、创新性强的中小企业，形成数字服务贸易发展的长效机制。此外，江北新区还要通过财政、税收等优惠措施改善营商环境，吸引更多数字服务贸易领域的"头部企业"及中小企业，加强对市场潜力大、创新能力强的企业识别，提供更为优质的公共平台服务，培育南京本土的数字服务贸易标杆企业，以及一批独具实力的"小巨人"企业，形成以企业为主体的数字服务贸易发展的创新生态。

22.4.4　打造江北新区新金融中心功能，支撑数字服务贸易发展

金融业是南京的主导产业之一，对推动南京产业发展、建设创新型城市发挥着重要作用。应充分发挥江北新区作为金融创新载体的重要功能，打造区域性的新金融中心，助推全市开放型经济发展。一是启动新一轮跨境人民币创新试点。支持境外投资者以人民币进行直接投资，对企业"走出去"过程中开展的境外直接投资、对外承包工程及出口买方信贷等境外项目提供人民币融资。试点对境外银行业金融机构开展人民币跨境同业融资业务，并支持符合条件的境外机构以自有或境外募集的人民币资金投资于江北新区内依法设立的基金。二是积极发展数字金融。依托南京数字金融产业研究院有限公司，积极建设数字金融平台，发挥数字资产登记和普惠金融两大功能，打造资产数字化应用新场景。三是鼓励江北新区金融科技企业和金融机构对标试点地区，积极探索金融科技创新试点项目和创新应用，适时申请开展"监管沙盒"试点。

22.4.5　积极对接高水平自贸协定，开展规则对接的压力测试

当前，我国与 27 个国家和地区签订了 19 个自由贸易协定，签订的自贸协定增加了包含电子商务章节，包括数字产品待遇、数字便利化等传统议题。2022 年 1 月 1 日，中国与相关签约国开始实施《区域全面经济伙伴关系协定》(Regional Comprehensive Economic Partnership, RCEP)，在该框架体系下，缔约方通过正面或负面清单模式做出了高于各自"10+1"自贸协定水平的开放承诺，RCEP 成员国在金融、电信和专业服务领域作出更高水平的开放承诺。其中，我国服务贸易开放达最高水平，新增 22 个部门，并提高金融、法律、建筑、海运等 37 个部门的承诺水平；其他成员也在中方重点关注的建筑、医疗、房地产、金融、运输等服务部门进行高水平开放。我国正在申请加入的《全

面与进步跨太平洋伙伴关系协定》和《数字经济伙伴关系协定》，可以预期，我国将对跨境数据流动、隐私保护、数字服务市场准入等新议题进行谈判，并进行规则对接的前期准备工作。南京要积极利用当前我国加入各种自贸协定以及申请加入更高水平自贸协定的机会，以江北新区作为试点平台，对相关数字服务贸易进行规则对接，加大压力测试，只有在制度创新上走在前列，才能更好地吸引数字服务贸易的高端要素在江北新区集聚，形成推动南京数字服务贸易的制度创新基础和要素基础。

22.4.6　加大数字服务贸易示范园区建设，带动数字服务贸易发展

加大开放型经济示范园区建设，发挥示范园区的桥梁与窗口作用，形成以示范园区带动全市数字服务贸易的局面。一是加强筹划，根据南京资源禀赋确定主导数字服务贸易的发展方向，明确发展重点，在江北新区可设立软件产业、中医药产业等南京具备优势基础的产业示范园区，深化产业数字化水平，推动这些产业的数字服务贸易向国外拓展。二是探索示范园区新模式，实施"一区多园""园中园"等模式，畅通"一国一产业""多国一产业"等合作渠道。三是合理筹划示范园区空间布局，在江北新区内设立带动性强、增加值高的数字服务贸易示范园区，在园区外设立数字服务贸易联动发展园区，共享政策优惠和制度创新成果，推动形成南京在数字服务贸易发展上从点到面的更大空间范围覆盖。

第 23 章　新发展格局下江北新区推进数字金融的创新思路研究

党的十九届五中全会明确提出坚持把发展经济着力点放在实体经济上，实体经济是我国的经济命脉所在，是实现我国经济高质量发展的关键。实体经济的发展离不开金融的支持，但我国传统金融尚存在一些弊端未能很好地服务于实体经济，如传统金融业务主要向大型企业及收入良好的人群提供金融支持等。云计算、物联网、大数据等数字技术的成熟和移动终端的普及，助推了数字金融这一新兴产业形态的形成。江苏省需借助数字金融发展的良好势态，利用自身发展优势夯实实体经济根基，不断提高实体经济质效和长远竞争力。

23.1　江苏省推进数字金融的情况分析

23.1.1　江苏省大力推进数字金融的实践与应用

数字金融作为一种新兴的金融业务模式，一经问世便获得了广泛关注。数字金融因其普惠性成为推动实体经济发展的有效作用力。中国数字金融发展的重大开端普遍认为是 2013 年余额宝的诞生，自此中国数字金融蓬勃发展，蚂蚁金服、京东金融、陆金所和众安保险居全球五大数字金融公司之列。数字金融作为一项新兴产业，金融是本质，数字是手段，其最大优势在于提高了普惠金融的可行性。数字金融在江苏省小微金融的实践中应用颇深，开发了一系列便民服务，如客户身份识别、反欺诈、授信审批、贷中监控、贷后预警等功能。全省在数字金融的技术创新层面做了突破，例如在数据风控、区块链技术、物联网技术、支付科技、RPA（生物技术）技术六大领域，打造出一批具有自主知识产权的领先科技成果，形成了具有自身特色的金融科技发展体系。在业态应用层面，江苏省金融从业机构将数字金融应用于消费金融、小微金融、供应链金融、农村金融、保险业务、证券业务、智能运营这七大领域，数字金融得以创新发展。

作为经济大省，2020 年江苏省地区生产总值占全国的 10.1%，经济总量长期处于全国第二位，中小微企业超过 300 万家。作为金融大省，江苏省小微金融发展十分迅速。据江苏省互联网金融协会报道，2020 年末，江苏银行业全口径小微企业贷款余额为 4.31 万亿元，普惠型小微企业贷款余额为 1.53 万亿元，分别占全国的 10.09%、10.02%，位居全国前列；普惠型小微企业贷款户数 170.54 万户，比年初增加 44.41 万户。数字金融主要包括支付业务、货币基金业务、信贷业务、保险业务、投资业务以及信用业务等，2019 年江苏省数字金融产业带来的移动支付达 70% 以上，数字信息消费约为 5600 亿元，其信息产业的业务收入占总产业业务收入近 40%。数字金融作为互联网行业首要改革试点的产业，在江苏省取得了较大成效。苏州作为江苏省数字金融产业的先行者，2020 年

10 月 26 日, 首届长三角数字金融产业创新周在苏州市相城区开幕, 苏州正积极推动小微企业数字征信实验区、央行金融科技创新监管、央行数字货币三项试点工作, 推动数字金融产业加快发展。江北新区数字金融的发展也取得了显著成果, 建成全国首创的扬子江数字金融基础设施平台, 集聚各类金融机构超过 900 家, 并设立总规模超 50 亿元数字金融、金融科技类投资基金, 孵化金融示范项目超过 50 个。

23.1.2 江苏省数字基础设施优势明显

江苏省数字经济实力在全国处于领先水平, 数字技术的基础设施建设也发展快速, 拥有发展数字金融的坚实基础。根据《2020 江苏信息通信业发展蓝皮书》, 2020 年我国数字经济规模达 39.2 万亿元, 江苏数字经济规模超 4.4 万亿元, 位居全国第二, 占 GDP 比重超过 43%。从数字经济的基础设施来看, 2020 年江苏省已建成并开通 5G 基站 7.1 万座, 5G 网络建设位居第二, 5G 网络基本实现全省各市县主城区和重点中心镇全覆盖。数字技术的基础设施是支持数字金融发展的硬件设施, 据《中国新基建竞争力指数白皮书(2021 年)》显示, 江苏省新基建竞争力指数在全国排名第二, 信息基础设施建设的完善能为数字金融发展提供强有力的支撑。

此外, 江苏省具有地理位置优势。长三角地区是全国数字经济最活跃、体量最大的地区, 经济和社会发展走在全国前列。江苏省地处长三角区域, 应充分利用地理位置优势, 主动与发展数字金融水平更高的上海、浙江等地区接轨。加强长三角地区省市之间的互动和合作, 打造先进的数字金融产业群, 优化长三角协同推进数字金融建设, 扩大上海、杭州和南京对关联地区的辐射力和影响力。并且, 长三角地区有大量的一流高等院校、高层次的科研院所和企业, 江苏、安徽、浙江和上海应汇聚科研人才, 应聚焦数据风控、区块链技术、集成电路等重点领域, 合力促成科技创新高地, 加快攻克金融科技的核心技术。

23.1.3 江苏省金融回归实体经济效果显著

2019 年, 江苏省金融业增加值占地区生产总值的比重为 7.6%, 房地产增加值占地区生产总值比重则高达 8.1%, 虚拟经济占地区生产总值的比重越来越大。党的十九大报告强调, 要"深化金融体制改革, 增强金融服务实体经济能力"。随着世界百年未有之大变局加速演进, 国内外经济环境正发生深刻变化, "十四五"时期成为江苏省从金融大省迈向金融强省的关键时期。《江苏省"十四五"金融发展规划》确立了 2035 年江苏金融发展的目标, 江苏省将基本形成具有高度适应性、竞争力、普惠性的现代金融体系, 基本实现地方金融治理体系和治理能力现代化, 建成与江苏社会主义现代化水平相适应的金融强省。

23.1.4 江苏省数字金融与实体经济增长的趋势良好

表 23-1 描述了江苏省各市 2013—2020 年实体经济与数字金融发展情况, 实体经济数据选用各市地区生产总值扣除房地产业和金融业产值的对数, 数字金融采用数字普惠金融指数。2013—2017 年, 全省实体经济增长呈上升趋势, 增速保持稳定水平; 各地区的实体经济发展状况存在一定差异, 该差异在 2016—2018 年有所波动, 但整体上各地区

之间的差异正不断缩小。在数字金融方面,全省数字金融发展水平稳步提高,前期各市数字金融指数的上升幅度较大,2017 年之后大多数地区基本保持匀速增长。原先数字金融发展经验不足的地区也在努力追赶,各地区数字金融发展差距越来越小。

表 23-1　2013—2020 年江苏省各市实体经济与数字金融发展情况

年份		2013	2014	2015	2016	2017	2018	2019	2020
实体经济	均值	8.158	8.257	8.336	8.417	8.528	8.593	8.635	8.684
	标准差	0.596	0.573	0.557	0.547	0.56	0.57	0.556	0.547
	最小值	7.317	7.448	7.55	7.648	7.743	7.8	7.894	7.929
	最大值	9.33	9.383	9.428	9.482	9.605	9.677	9.665	9.702
数字金融	均值	147.8	162.6	191.8	221.5	249.8	264.9	279.2	291.4
	标准差	14.3	15.25	14.88	12.02	12.12	13.23	13.24	12.79
	最小值	129.6	137.8	170	206	235.8	249.8	263.2	276.2
	最大值	173.1	186.4	217.2	244.4	271.9	289.2	303.3	313.9

23.1.5　取得先进地区推进数字金融的初步成功经验

数字金融产业已成为国内外各大中心城市新的发展战略和竞争领域,各大城市都力争成为数字金融发展的高地。借鉴发达地区成功推进数字金融的经验,可为江苏省推进数字金融提供有益借鉴。目前,浙江、上海等地区在推进数字金融发展方面取得了显著成效,在毕马威(KPMG)发布的《2018 全球金融科技百强榜》中,蚂蚁金服占据了榜单的首位,京东金融位列第二,陆金所位列第十。2019 年 10 月 29 日,全球数字金融中心在杭州成立。杭州作为数字经济先发地区,其发展数字金融具有扎实的基础和优势。在数字金融产业生态方面,杭州培育了全球数字金融领军企业蚂蚁集团,辐射带动了数字征信、支付结算、区块链、大数据征信与风控、智能投顾等领域,形成了良好的数字金融产业生态格局;在数字化转型方面,杭州银行探索将金融科技运用于改造传统银行业务,浙商银行率先将区块链应用于银行核心业务。上海作为国际金融中心,着力于建设数字金融生态圈,努力推进上海证券交易所、中国金融期货交易所、上海黄金交易所、上海联交所等机构改革创新。上海持续引进海外高层次金融人才,促进了各地金融人才之间的交流,各区政府推动数字金融企业与银行机构合作,为数字金融融资提供了充足的动力。从杭州、上海的成功经验来看,江苏省发展数字金融的关键在于发挥自身优势、聚力发展数字金融核心技术和基础设施,培育金融高水平人才,并加快金融机构数字化转型和合作,构建开放综合的数字金融产业园。

23.2　江苏省数字金融发展中面临的挑战

23.2.1　江苏省数字金融增长动力不足

2011—2020 年,中国数字金融实现了跨越式发展。《北京大学数字金融普惠指数

(2011—2020 年)》的数据显示，我国数字普惠金融指数的中位数从 2011 年的 33.6 增长到 2015 年的 214.6，再增长到 2020 年的 334.8。随着我国数字金融市场的逐渐成熟，数字普惠金融指数增速开始放缓，与 2011—2015 年的粗放式发展不同，近几年数字金融发展进入了深度拓展阶段。2020 年，新冠疫情对世界各国经济和社会都造成了严重冲击，但数字金融指数仍然保持了正增长。从数字金融的覆盖广度、使用深度和数字化程度这三个维度来看，2016—2020 年数字化程度指数和覆盖广度指数已发展到一定程度，但增速放缓；使用深度指数增长速度最快，是数字金融发展的重要驱动力。

23.2.2　江苏省数字金融发展水平存在差距

根据《北京大学数字普惠金融指数(2011—2020 年)》，2020 年，省级数字金融发展水平前三的城市分别是上海(指数为 431.93)、北京(指数为 417.88)和浙江(指数为 406.88)，江苏位居第四(指数为 381.61)。数字金融在地区间存在较大的发展差异，按照不同地区的数字普惠金融指数可划分为三个梯队，上海、北京及浙江属于第一梯队，西藏、宁夏等西部及东北部地区属于第三梯队，江苏、福建等其他东部及中部地区属于第二梯队。虽然江苏数字金融发展水平处于全国前列，但与第一梯队还存在较大差距。从数字金融的三个不同维度来看，各地区之间的差距中，数字支持程度的地区差距最小，数字金融覆盖广度次之，数字金融使用深度的地区差异最大。图 23-1 展示了 2020 年全国数字金融综合发展水平前十的地区，江苏省数字金融综合排名位居第四，数字金融使用深度位居第六(指数为 395.01)，与数字金融发达地区的差距较大，位于前五的地区其使用深度指数均超过 400，上海市更是高达 488.68。因此，江苏省要想追赶第一梯队，应将数字金融发展重点放在促进数字金融服务的使用深度上，推动支付服务、信贷服务、保险服务、投资服务和征信服务等金融服务类型的应用，努力提升数字金融的整体发展水平。

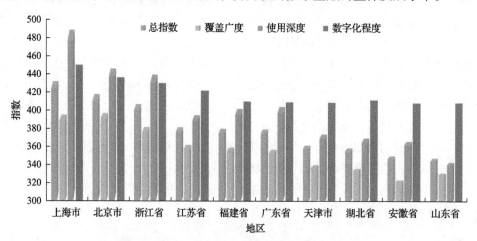

图 23-1　2020 年全国数字金融总指数前十地区

23.2.3　江苏省内数字金融发展差异大

据 2021 年北京大学数字金融研究中心发布的数据，杭州、上海和深圳在数字金融指数排名中位列前三，厦门位列第四，南京、北京均下降一名为第五、第六名。由表 23-2 可以发现，排名靠前的城市基本在东部沿海地区，且前十名中江苏省出现了三个城市，即南京、苏州和常州。整体而言，江苏省数字金融发展势态较好，各市数字金融发展水平在全国范围内处于中上；从内部看（图 23-2），南京、苏州和常州的数字金融发展水平在省内长期位居前三，这三个城市的数字金融发展水平在全国范围内也处于领先地位。2020 年，南京、苏州、常州和无锡的数字普惠金融指数都大于 300，徐州、连云港、淮安、盐城和宿迁的指数都接近或低于 280，扬州、泰州、南通和镇江的指数都集中在 285～295。由此可见，江苏省三大区域内的数字金融发展水平存在显著差异。

表 23-2　2020 年数字普惠金融指数城市排名前十及变化情况

城市	2020 年指数	2020 年排名	2019 年数指数	2019 年排名	2018 年指数	2018 年排名
杭州市	334.48	1	321.65	1	302.98	1
上海市	320.79	2	308.64	2	291.44	2
深圳市	319.24	3	306.67	3	289.22	3
厦门市	314.27	4	301.47	5	284.91	6
南京市	313.90	5	303.29	4	289.18	4
北京市	311.96	6	301.33	6	285.41	5
广州市	310.34	7	299.93	7	282.66	7
苏州市	309.80	8	297.87	8	281.97	8
金华市	307.33	9	294.95	10	277.19	12
常州市	304.52	10	293.47	11	279.53	10

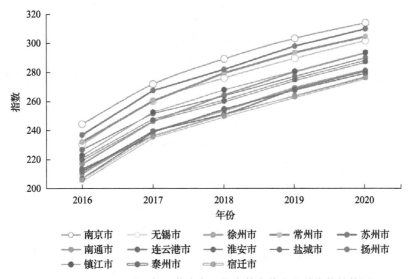

图 23-2　2016—2020 年江苏省各地级市数字普惠金融指数趋势图

23.3 数字金融对实体经济的作用机制

23.3.1 数字金融通过居民消费影响实体经济增长

居民消费是拉动实体经济的重要动力,近年来居民的消费水平不断提高。2012 年江苏省居民消费支出 GDP 占比为 28.6%,2013 年居民消费支出 GDP 占比为 31.8%,到 2017 年居民消费支出 GDP 占比达到 37.1%,居民消费对实体经济的拉动作用越来越大。数字金融的发展可以有效刺激和扩大居民消费,其影响主要是通过第三方支付和 P2P 网络借贷。如今手机银行和第三方支付是大众广为接受并使用的新型支付工具,并逐渐取代现金、银行卡等传统支付方式,给居民消费支出带来了极大的便利性。此外,第三方支付让人们随时随地享受到网购的便利,仅凭一部智能手机就可以完成所有的消费和交易。数字金融除了提升居民的消费体验感,增强消费欲望,还能使居民超前消费,可享受因为资金短缺而无法购买的商品和服务。与传统借贷模式不同,数字金融可以使资金供给方和资金需求方直接完成交易,使借贷资金通过第三方支付平台在市场主体间高效流通。例如,支付宝的余额宝,微信的零钱通,支付宝的借呗和花呗,京东白条等,投资和借贷手续都极为简便,借贷金额门槛低,只需一台移动设备即可完成贷款服务,这激发了更多潜在的消费需求。

23.3.2 数字金融通过科技创新影响实体经济增长

科技创新是实现实体经济增长的内在要求和重要因素。当前世界经济发展出现新变化,中国经济发展进入动力转换关键期,由于实体经济增长动力不足,创新驱动已然成为我国经济高质量发展的重要战略支点。而金融是企业技术创新环境的核心因素,金融对技术创新活动的影响非常之大。由于科技创新活动的回报周期长、投资风险较高,在向传统的金融机构寻求资金帮助时可能会面临较强的融资约束,导致大量的创新型项目被迫"流产"。作为一种高效、覆盖面广的全新金融服务,数字金融一定程度上可以缓解融资约束,给企业技术创新的融资困境带来潜在契机。数字金融还能为企业提供层次更为丰富的融资渠道和方式,为企业技术创新的强化提供坚实基础。首先,数字金融弥补了传统金融的不足,它可以利用大数据、云计算和区块链等信息处理技术构建融资项目的多维度评价指标体系,全面发掘企业的融资信息并进行事后监督,降低资金供求双方的信息不对称性,这样可以降低科技创新的融资难度。当创新活动通过数字金融获取资金支持后,企业的研发投入增加,科技创新产出也有可能增加,有助于实体经济的高质量发展。其次,数字金融利用简化了借贷审批程序,突破了地理因素和时间因素的限制,扩大了金融服务对象,且有效地减少了交易成本,提高了资金使用率,能为更多的技术创新活动提供支撑,让更多企业为实体经济的发展做贡献。不仅如此,数字金融通过技术支撑,可以筛选出更具长期投资价值或市场认可度更高的科技创新活动,有效引导社会资金的流向,为提升技术创新水平和重塑产业发展方向创造良好的条件,推动实体经济结构优化升级。

23.3.3　数字金融通过居民创业影响实体经济增长

创业是推动经济发展的活力源泉，大众创业、万众创新、居民创业已经成为增加就业促进实体经济转型升级的重要力量。金融环境会很大程度上影响社会的创业活力，在传统金融模式中，烦琐的手续、高成本以及金融知识的缺乏阻碍了部分居民的创业之路。随着国家政策支持对数字金融发展的支持，数字金融得到了大范围的推广应用，社会群体对数字普惠金融的认可和接受程度也在不断提升。数字金融的发展和普及影响了大部分人的金融理念，提高了广大社会群体的金融知识水平，激发了居民的创业热情，并为创业者提供了信息支持。数字金融的网络信贷服务也为想创业的社会群体提供了资金便利，低成本的贷款缓解了创业期间的资金压力，惠及那些被传统金融排除在外的群体。有研究表明，数字金融的发展能更多地促进农村居民的创业行为，提高了农村居民及低社会资本家庭的创业概率。

23.4　江北新区推进数字金融的对策建议

23.4.1　加快建设数字金融体系，全面提升数字金融发展水平

一是提升数字金融的覆盖面。政府应大力支持和推广数字金融的发展，加强江苏省互联网不发达地区的硬件设施和软件设施的建设，例如维护互联网基础设施以及网络安全，普及基础的金融知识。二是加强数字金融的使用深度，拓宽数字金融在生活服务、产业服务和社会服务领域的应用。金融机构及数字金融企业应创新具有针对性的数字金融产品，吸引具有不同需求的客户，提高数字金融服务的业务规模和服务效率，实现数字金融的平衡协调发展。三是加强数字金融数字化程度的技术研发，充分发挥江苏省在物联网、集成电路、核心信息技术、新型显示等方面的产业优势，大力推动金融数据中心、金融云服务平台、区块链底层技术服务平台等金融科技基础设施建设，重点支持核心技术的突破，提升对数字金融产品和服务的技术支撑能力。

23.4.2　发挥普惠性作用，回归服务实体经济

现阶段，江苏省数字金融发展存在区域差异性，需深入推进数字金融的普惠性工作，为江苏省广大农村地区人口、低收入人群、残障人群、中小微企业等弱势群体普及数字金融的应用，让科技创新成果惠及更多人民。政府应大力推进数字金融发展，持续关注数字金融对居民消费以及科技创新的影响机制，强化数字金融在这两方面的激励作用。数字金融是解决发展不平衡不充分问题、助力乡村振兴的重要手段，将金融资源精准配置到农业重点领域和关键环节，可以加快农业现代化建设。同时助力优势产业的发展，应将推进数字金融的工作重点放在批发和零售业、信息传输、软件和信息技术服务业等服务性行业，合理优化信贷资源的配置，赋能中小企业健康发展。

23.4.3 优化金融体系结构,加快金融数字化转型

数据是金融数字化转型的基础性、战略性资源,金融机构要高度重视数据的应用潜能,建立以客户为中心的数据服务能力,运用数字技术推动审贷放流程智慧化,利用多维数据资源降低研发、运营和风控成本。传统金融机构应当拥抱数字金融发展趋势,充分利用金融科技的优势优化对实体经济的金融服务。将金融资源精准下沉到实体企业中,对发展潜能大的企业提供金融支持,在事前识别企业画像中,提高对企业信用状况的评估,准确识别业务真实性,为用户提供个性化的金融服务和产品;在事中提供金融服务时,应充分将人工智能、智能投顾等技术优势与金融产品链接起来,为企业定制具有附加价值的综合性金融服务;在事后风险控制环节,发挥区块链技术的优势,构建动态的预警风险控制系统,动态监测资金流向,通过更精准更多元的数字金融产品为实体经济"输血供氧"。

23.4.4 推动数字金融创新,打造数字金融产业聚集高地

江苏省具有完善的基础设施条件、充足的经济实力和人才储备,能为数字金融产业发展提供不竭动力。目前,南京数字金融产业研究院探索搭建了扬子江数字金融基础设施平台,借鉴杭州发展数字金融产业的经验,需进一步探索数字科技,积极推进长三角区域产业合作,打造一流的数字金融产业生态圈。在南京、苏州等地区开展数字金融创新试点,稳固在全国范围内的领先地位,完善以企业为主体的金融创新体系,探索以大带小、以强扶弱的协调发展模式。同时,积极推动江苏省高校加强数字金融学科建设与人才培养,鼓励金融企业与高校开展合作,加速形成高层次金融人才引进培育机制,大力支持数字金融研究创新中心及省内科研平台的建设。此外,还要加快企业跨界合作,引导金融机构加大对金融科技企业的投入,扶持云计算核心企业等数字技术服务企业,鼓励金融机构与区块链技术企业融合发展。

23.4.5 变革金融监管体系,创新监管方式

数字金融的健康发展离不开金融体制的保障,有效的金融监管对数字金融的持续创新和稳定发展至关重要。数字金融的发展暴露了一些新的风险,可能存在技术风险、操作风险以及系统性金融风险,需要新的金融监管方式来应对。金融机构和数字金融企业应充分利用数字技术构建健全风险预警指标体系,数字金融企业要加强与监管部门和金融机构的合作,不断推进数字金融和监管科技的融合研究,保证金融的稳定和创新发展。

第五篇　共　享　篇

第 24 章　江北新区公共服务补短板强弱项的对策研究

24.1　公共服务质量评价指标体系构建

24.1.1　指标选取原则

1. 科学性原则

科学指标的评价结果才能真实反映被评价对象的实际情况，同时指标权重设计也应遵循科学性原则。第一，公共服务的不同方面对人们日常生活的影响也不相同，因此倘若仅采用简单平均权重无法体现其差异性；第二，公共服务的优劣是居民感知结果，因此指标的赋权应该充分考虑到人的主观因素，结合主观的定性分析与客观的定量分析，从而确定一个符合大众心理的指标权重。

2. 可比性原则

指标选取的目的是对研究对象进行评价，最终所统计获得的数据以及研究结果都应当具有可比性。可比性包含了横向可比性和纵向可比性两方面，横向可比性是指数据的统计、处理与计算应该满足标准化的规则。当统计的对象发生变化时，根据该标准化规则所获得的数据、结论依旧是对实际情况的正确反映。纵向可比性则要求指标具有一定的前瞻性。指标的选取要考虑到未来的趋势，随着时间的推移，指标至少要在未来一段时间内具有同样的参考价值，如此分析所得的结论才能对未来作出科学的指导。就本章而言，所选取的公共服务指标应具有以下特点：一是江北新区与南京市的统计口径一致；二是数据较为稳定，此前的一段时间内未出现剧烈的波动。

3. 系统性原则

选取评价指标要全盘考虑，且指标之间存在多重联系，既有横向上同级指标之间的联系，也有纵向上非同级指标之间的联系。各细分指标是对小方向的反映，当各细分指标结合在一起时，则是对更大方向的反映。高级指标应当是几个低级指标的集合，低级指标的选取同样不能脱离所属高级指标的范畴，如此构成的评价体系可以从多维度进行考察，从而分析出公共服务整体和各细分领域的问题。

4. 实用性原则

指标的选取既要能直观反映公共服务情况，也要充分考虑数据的可获得性。在评价体系中我们采取的是对指标数据量化分析的方法，从而可以简单清晰地反映现实情况。本章的研究对象为江北新区的公共服务质量，考察范围较小且成立时间不长，数据较难挖掘。在实际选取指标时应当从数据出发，再对相关指标进行科学性、可比性和系统性的筛选，剔除重复性以及难以量化的指标，最终形成实用的公共服务评价指标体系。

24.1.2 公共服务体系指标选取

基本公共服务所包含的范围较广，而江北新区成立时间较短，许多管理部门与管理制度尚处于完善阶段，部分关键数据难以获取。本章按照科学性、可比性、系统性和实用性等原则，最终选取了基本公共教育服务体系、基层公共卫生服务体系、公共文化体育服务体系、社会保障与就业公共服务体系四项公共服务质量评价的一级指标，根据一级指标筛选二级指标时考虑"投入"与"产出"两方面。其中，"投入"是指当年在某项事务的具体财务支出，可以用数据直接反映；"产出"指标即取得的成果，通过公民对公众服务的实际体验或实际建设成果表示。但考虑到当公众实际体验类指标难以量化，本章主要以实际建设成果衡量"产出"指标，据此构成完整的公共服务质量评价框架。

1. 基本公共教育服务体系指标选取

"投入"类指标选取方面，最能反映公共教育服务水平的是政府对公共教育的投入，该数据可充分反映政府对公共教育的重视程度。因此，"投入"类指标为公共教育服务支出占财政总支出的比重、人均公共教育支出。"产出"类指标方面，一是选取幼儿园、小学、初中、高中每万人所拥有的学校数量，该指标反映了教育资源支持力度；二是选取师生比，同样数目的学生所拥有的教师数量越多，那么学生所获得的教育质量越高。

2. 基层公共卫生服务体系指标选取

"投入"类指标方面，与基本公共教育服务指标体系选取类似，选取公共卫生服务支出占财政总支出的比重、人均公共卫生支出。"产出"类指标方面，考虑到居民看病难的关键原因是医疗资源紧缺，故将各项医疗资源数量作为刻画公共卫生服务体系的"产出"指标，具体选取每千人所拥有的执业(助理)医师、注册护士和床位数量。

3. 公共文化体育服务体系指标选取

提高公共文化体育服务水平，满足居民日益增长的文化体育需求，是提高人民文化素养和身体素质的重要途径，也是促进民族文化自信的重要途径。公共文化体育服务体系"投入"指标方面，选取公共文化体育服务投入占财政总支出的比重、人均公共文化体育服务投入；"产出"类指标方面，一是选取每万人所拥有的公共文化体育设施面积，二是选取人均藏书数。

4. 社会保障与就业公共服务体系指标选取

社会保障与就业旨在为人民的生活兜底，是公共服务的重中之重。社会保障与就业公共服务体系的构建"投入"指标方面，选取社会保障与就业占财政总支出的比重、人均社会保障与就业支出。"产出"指标方面，一是选取城乡居民享受最低生活保障率，该指标可以衡量区域内相对贫困人口，也能够反映政府减少贫困工作，数值越低则说明政府在该方面的公共服务工作越出色;二是选取城镇失业登记率,该数据可以反映政府促进就业的工作成效;三是选取人均职业技能培训次数。职业技能培训有助于减少失业率和最低生活保障人口比率,反映了政府在社会保障与就业公共服务的工作成效。

24.1.3　公共服务评价指标的整体设计

根据上文所选择的各项一级、二级指标,按投入与产出进行分类,得到表 24-1。

表 24-1　公共服务评价指标体系

一级指标	指标分类	二级指标权重
基本公共教育服务体系	投入	A1 公共教育支出比重
	投入	A2 人均教育支出
	产出	A3 学校数量(每万人)
	产出	A4 师生比
基层公共卫生服务体系	投入	B1 公共卫生支出比重
	投入	B2 人均卫生支出
	产出	B3 执业医师(每千人)
	产出	B4 注册护士(每千人)
	产出	B5 医疗机构床位(每千人)
公共文化体育服务体系	投入	C1 公共文化体育支出比重
	投入	C2 人均文化体育支出
	产出	C3 公共文化体育设施面积(每万人)
	产出	C4 人均藏书数
社会保障与就业公共服务体系	投入	D1 社会保障与就业支出比重
	投入	D2 人均社会保障与就业支出
	产出	D3 城镇失业登记率
	产出	D4 城乡居民享受最低生活保障率
	产出	D5 人均职业技能培训

在确定了公共服务评价指标体系后,对基本公共教育、基层公共卫生、公共文化体育、社会保障与就业进行赋权。参考现有研究,赋权方法均采用德尔菲法,采取加权平均方法,最终确定权重情况见表 24-2。

表 24-2　公共服务评价指标体系权重

一级指标权重	分类指标权重	二级指标权重
基本公共教育 0.275	投入 0.6	A1 公共教育支出比重 0.5
	投入 0.6	A2 人均教育支出 0.5
	产出 0.4	A3 学校数量(每万人)0.5
	产出 0.4	A4 师生比 0.5

一级指标权重	分类指标权重	二级指标权重
基层公共卫生 0.3	投入 0.6	B1 公共卫生支出比重 0.5
	投入 0.6	B2 人均卫生支出 0.5
	产出 0.4	B3 执业医师(每千人)0.33
	产出 0.4	B4 注册护士(每千人)0.33
	产出 0.4	B5 医疗机构床位(每千人)0.33
公共文化体育 0.15	投入 0.6	C1 公共文化体育支出比重 0.5
	投入 0.6	C2 人均文化体育支出 0.5
	产出 0.4	C3 公共文化体育设施面积(每万人)0.5
	产出 0.4	C4 人均藏书数 0.5
社会保障与就业 0.275	投入 0.6	D1 社会保障与就业支出比重 0.5
	投入 0.6	D2 人均社会保障与就业支出 0.5
	产出 0.4	D3 城镇失业登记率 0.33
	产出 0.4	D4 城乡居民享受最低生活保障率 0.33
	产出 0.4	D5 人均职业技能培训 0.33

24.2 江北新区公共服务综合评价结果与分析

24.2.1 数据来源

江北新区作为国家级新区,其公共服务在逐步建设与发展中,本章将江北新区与南京市平均水准进行比较,对于同一指标,若江北新区占优,则评分为 100 分;若江北新区与南京市平均水准相同,则评分为 80 分,若江北新区低于南京市平均水准,则评分为 60,最终计算总得分。考虑到南京市平均公共服务水平在全国范围处于前列,以南京市平均水准作为衡量标准本就较为严苛,故在此处放宽了部分区间,同时南京市各区不存在公共服务不合格的情况,又去掉了不合格的区间,最终将得分高于 85 分设定为优秀,75~85 分设定为良好,65~75 分设定为中等,60~65 分设定为合格。基于数据可获得性与完整性考量,评价所用数据均为 2018 年数据,所有原始数据均来自《南京年鉴 2019》及南京市统计局官网、南京江北新区管理委员会官网等政府官方网站及政府工作报告,具体数据见表 24-3。

24.2.2 评价结果

江北新区公共服务体系总得分计算公式为

$S=$基本公共教育得分$\times 0.275+$基层公共卫生得分$\times 0.3+$公共文化体育得分$\times 0.15$
$+$社会保障与就业得分$\times 0.275=66.97$

表 24-3 江北新区公共服务能力评价数据

一级指标权重	分类指标	二级指标权重	江北新区数据	南京市平均数据
基本公共教育 0.275	投入 0.6	A1 公共教育支出比重 0.5	18.30%	16.51%
	投入 0.6	A2 人均教育支出 0.5	2389.22 元	2999.73 元
	产出 0.4	A3 学校数（每万人）0.5	1.78	1.82
	产出 0.4	A4 师生比 0.5	0.06	0.08
基层公共卫生 0.3	投入 0.6	B1 公共卫生支出比重 0.5	5%	6.25%
	投入 0.6	B2 人均卫生支出 0.5	653.44 元	1136.28 元
	产出 0.4	B3 执业医师（每千人）0.33	2.46	4.53
	产出 0.4	B4 注册护士（每千人）0.33	3.28	5.49
	产出 0.4	B5 医疗机构床位（每千人）0.33	4.47	7.89
公共文化体育 0.15	投入 0.6	C1 公共文化体育支出比重 0.5	0.37%	2.23%
	投入 0.6	C2 人均文化体育支出 0.5	49.16 元	415.71 元
	产出 0.4	C3 公共文化体育设施面积（每万人）0.5	1700m^2	2400m^2
	产出 0.4	C4 人均藏书数 0.5	0.62	2.33
社会保障与就业 0.275	投入 0.6	D1 社会保障与就业支出比重 0.5	7.81%	11.09%
	投入 0.6	D2 人均社会保障与就业支出 0.5	1017.97 元	2014.85 元
	产出 0.4	D3 城镇失业登记率 0.33	1.78%	1.78%
	产出 0.4	D4 城乡居民享受最低生活保障率 0.33	0.40%	0.70%
	产出 0.4	D5 人均职业技能培训 0.33	0.07	0.06

江北新区公共服务的最终得分为 66.97 分，属于中等区间，证明江北新区公共服务质量并不理想。在基本公共教育方面，江北新区在公共教育支出比重方面占优，而人均教育支出低于南京市平均水准，"产出"类指标中学校数（每万人）和师生比均略低于南京市平均水平。基层公共卫生方面，江北新区所有指标均低于南京市平均水准，其中人均卫生支出、执业（助理）医师（每千人）、注册护士（每千人）、医疗机构床位数（每千人）接近南京平均水平的 1/2。公共文化体育方面，江北新区所有指标均同样都低于南京市平均水平，且差距悬殊，是落后最严重的一级指标。社会保障和就业方面，"投入"类指标江北新区处于劣势，"产出"类指标则相对较优，均不低于南京市平均水平。

24.2.3 问题分析

1. 总体供给不足

江北新区的公共教育支出比重高于南京市的平均水准，而人均教育支出低于南京市平均水准。对此，我们进一步考察人均 GDP，数据显示 2018 年南京市全年 GDP 总量为

12820 亿元，常住人口为 843.62 万人，计算得南京市人均 GDP 为 15.2 万元，2018 年南京市江北新区直管区 GDP 总量为 1417 亿元，常住人口为 75.02 万人，计算人均 GDP 为 19.61 万元。两相比较，不难发现南京市江北新区公共服务方面存在的问题并非资金不够，而是投入不足。再比较基层公共卫生、公共文化体育、社会保障与就业方面的人均支出，江北新区始终低于南京市平均水准。

一般而言，地区经济越发达，其公共服务的水平越高，尽管江北新区直管区所辖在南京市并不属于经济拔尖，但自成为国家级新区后，经济持续快速发展，受到省内外的共同关注，但各项公共服务的人均支出 2018—2020 年来始终没有出现质的改变，2019 年和 2020 年人均教育支出分别为 2579.89 元、2680.6 元，人均卫生支出分别为 657.21 元、754.39 元，人均文化体育支出分别为 67.89 元、57.27 元，人均社会保障及就业支出分别为 1140.66 元、852.55 元，2019 年相比与 2018 年没有出现显著提升，2020 年则因为疫情，部分人均支出出现小幅下降。该变化暴露了江北新区没有把公共服务质量放到比较重要的位置。此外，在基本公共教育、基层公共卫生、公共文化体育的"产出"类指标方面，江北新区也均低于南京市的平均水准。据此我们可以得出结论，江北新区公共服务存在总体供给不足的情况。

2. 支出结构不合理

综合比较 2018 年、2019 年和 2020 年的支出结构：江北新区的公共教育支出比重分别为 18.30%、18.05% 和 19.73%，南京市为 16.51%、17.40% 和 17.46%；江北新区公共卫生支出比重分别为 5%、4.60% 和 5.56%，南京市为 6.25%、10.16% 和 6.89%，江北新区公共文化体育支出比重分别为 0.37%、0.48% 和 0.42%，南京市为 2.23%、2.26% 和 2.21%，江北新区社会保障和就业支出比重分别为 7.81%、7.98% 和 6.28%，南京市为 11.09%、11.56% 和 11.89%。从数据可以看出，面对 2019 年新冠疫情的冲击，江北新区公共卫生支出比重并没有像南京市那样有显著提升，反而出现小幅下降。此外，公共文化体育支出比重也始终低于 0.5%，远低于南京市的平均数据，可以看出，江北新区成立以来，区域内人民的文化体育要求并没有得到有效的满足，据此我们可以得出结论，江北新区公共服务存在支出结构不合理的问题。

3. 责任落实不明确

除以上数据所反映的问题外，江北新区本身的管理制度也存在着一些问题。首先，江苏省县级行政区划的组织机构一般包括 30～40 个部委、办、局，但江北新区管理委员会只有 15 个职能部门。在与上级对接上，南京市将江北新区与其他 11 个行政区统称为 12 个"板块"，在行政管理上推行"11+1"模式，江北新区管理委员会各部门往往需要对应多个上级部门。部门数量精简带来单个部门工作量增加的同时也可能会导致有些问题无法及时解决，因此在打造新型公共服务体系的同时，如何平衡好服务效率与质量的关系是一大难点。江北新区当前属于功能区，并非独立的行政区，因此在许多方面会产生问题：作为功能区的管委会，其往往不具有社会事务的管理职能，复杂事务需要报告上级或所辖行政区部门进行处理；新区部分地方没有独立的财政来源，因此许多支出需要由原行政区域承担，这就导致了同工不同酬现象的发生，大大影响相关人员的工作积极性。此外，对于新区而言，经济发展是重中之重，GDP 等相关经济指标直接影响着区域官员的考核成绩。当前江北新区经济发展迅速，但公共服务水平却有些不足的现象可能便是源自于此，为了避免片面追求经济增长而将民生财政支出集中花费在中心城区，建立科学合理的考核体系是一个正确的解决方法。对于江北新区当前复杂的制度结构以及潜在的问题，将相关责任进行落实，全方位考察区域内的发展情况，或许是解决当前问题的最佳方法。据此我们可以得出结论，江北新区公共服务存在责任落实不明确的问题。

24.3　国内新区公共服务发展的经验启示

当前我国共设立 19 个国家级新区，其中上海市浦东新区、天津市滨海新区和重庆市两江新区设立时间较早，有丰富的实践经验，其公共服务结构已日渐完善，江北新区可以有选择地对其经验进行借鉴和吸收，从而打造科学高效的公共服务体系。

24.3.1　加强领导力量

有效的领导是整合新区各项资源的前提。新区所辖涉及不同的行政区域，这些行政区域间的利益诉求和过去形成的发展方式与管理体系各不相同。新区的建设伴随着各区域利益的调整，如果没有足够的领导力量，那么各个行政区域都从自身利益出发，成为公共资源和公共物品的"搭便车者"，企图以最小的付出去分得最大块的蛋糕。一般来说，新区的资源整合能力与领导者的权威呈正相关。浦东新区成立初期组建了浦东新区管理委员会和工作委员会，作为市委市政府的派出机构，中共上海市浦东新区工作委员会和管理委员会享有市级管理权限，具有极强的领导力。此外，上海浦东新区成立时间在 20 世纪 90 年代初期，当时的各行政区力量较弱，容易直接接受管委会的管理，政策能够有效落实。相反，天津滨海新区在成立初期管委会职权有限，且各部分行政区相对独立，从而使得管委会所能发挥的职能有限。该情况一直持续至 2009 年，天津市滨海新区成立了区人民政府，撤销了原有的三个行政区，自此之后，管委会逐渐发挥出重要作用。对于江北新区而言，必须始终保持管理部门的有力领导，确保决策意志的下沉，从而保证政策规划的有效实施。

24.3.2　明确管理职责

行政区与各功能区之间的协调合作是新区持续发展的重要保障。新区发展过程中最大的障碍便是各部分之间缺乏明确的定位，从而在公共服务和管理领域出现恶性竞争，遇到问题时相互推诿，企图逃避其所应承担的社会责任。对此政府必须要明确划分经济和社会管理职责界限。浦东新区经济与社会管理职责在发展过程中经过了多次调整，在成立之初，管委会负责新区发展的规划工作，功能区负责新区的经济发展与产业开发，行政区则负责本区域内的经济与社会管理事务；随后，新区被确定为行政区，功能区与行政区逐渐合二为一，乡镇隶属于功能区，功能区承担经济与社会管理职责；在深化改革阶段，功能区与行政区再次分开，相互独立，分别承担经济管理与社会管理职责。天津滨海新区与上海浦东新区的发展路径大致相似,而重庆两江新区则采取了不同的方式。在新区内部各功能区与行政区均拥有社会管理和经济管理的职能,但管理的主体具有差异性。从三个新区的发展经验来看,方式不存在好坏之分,但在区域调整的过程中必须确定各项责任由谁承担。公共服务具有"非排他性",未支付费用者也可以使用,因此落实公共服务各项责任的承担主体尤为重要。

24.3.3　形成多元供给

公共物品耗资巨大,仅依靠政府的提供难以达到当前人们要求的质量。在保障基本社会公共服务充分供给的情况下,要鼓励和引导社会力量参与社会公共服务设施建设和运营,以此稳步扩大社会公共服务优质资源供给。浦东新区在其成立之初就秉持着"小政府、大社会"的理念,充分发挥市场的作用,将涉及公共服务事务性较强的部分事项,通过公开招标、项目发包、项目申请、委托管理等方式,由政府购买社会组织的服务,建立起以项目为导向的契约化管理模式。在该模式下,政府与社会组织既是合作者,也是竞争者,共同推动了浦东新区公共服务的高质量发展。此外,浦东新区大力支持非营利组织发展,特别是社区公益性、服务性社会组织的发展。随着社会的进步和经济的发展,人们有能力也有愿望集中起来发挥作用,提供优质公共服务。与政府相比,非营利性组织直接面向群众的需求,公共服务提供的方式更加多样,往往能够弥补政府提供公共服务方面的不足。

24.3.4　优化社区服务

社区作为现代社会的基本构成单元和公共服务的最后一公里,关乎人民最关心最直接最现实的利益,体现基层政府的服务效能和治理水平,既是多元利益人群的交汇点、社会矛盾的频发点,也是保障和改善民生的发力点。浦东新区的家门口公共服务就是以"基本公共服务+特色服务"的方式,为居民提供"就近、便利、稳定、可预期"的服务。社区治理把群众组织、凝聚起来,参与方案策划、方案实施、结果评价,能够提高群众的获得感和自豪感。社区的形式并不过多触及原有的管理体制,相反,社区可以使公共资源有效下沉,切实为人们所使用。而人们享受到公共资源后,会给予管理组织更多的信任,管理组织也因此具有更强的号召力和凝聚力,形成良性循环。当前浦东新区已经用自身的实践经验证明社区公共服务体系是对原管理体制的一项优化改革,能够有效提升群众对公共服务的满意度。

24.4　公共服务水平提升的对策建议和保障措施

基于前文的分析,江北新区公共服务水平的问题主要体现在供给规模不足、供给结构不合理和责任落实不明确等问题,本节将分别从明确部门职责、优化区域布局、完善多元主体合作供给、强化统筹协调、调整供给结构等方面提出对策建议;从组织领导、法规完善、资金投入、配套政策、人才建设等方面提出具体的保障措施。

24.4.1　对策建议

第一，发挥政府公共职能作用。提升公共服务供给，政府力量是重中之重。构建江北新区公共服务体系，首先要深化行政改革，由于江北新区各部门管理具有复杂的上下级结构，政府要明确权责，精简结构，将责任落到实处，各部门专业化解决公民所存在的各项问题。

第二，优化区域公共服务布局。高质量的公共服务，其目标应该是区域整体，不存在任何的盲区，公共服务成果为社会群体所共享，且无关乎目标对象的身份、地位。对于江北新区而言，要抓住公共服务的薄弱区域，因势利导，解决公共服务布局不均衡的问题。

第三，完善多元主体合作供给。基本公共服务中的主体有政府、企业、社会组织，三元力量基于各自运作机制以及与基本公共服务特征的契合度而扮演不同的角色。科学、合理的角色定位是多元主体合作的基础，政府负主责，在供给中居于主导地位，扮演着制度供给者、公共服务发展规划者、质量监督者等角色。企业代表着市场的力量，其目标是逐利，因此企业所提供的公共服务往往是最具效率的，它往往能以较小的支付而获得居民对公共服务较大的满足。社会组织则凝聚了巨大的社会力量，它从民众中来，最能发现民众的需求所在，其次，它可以为人们提供个性化的公共服务，满足民众的各种需求。因此，将政府、企业、社会组织的力量进行整合，共同发力，实现各方的优势互补往往具有重要意义。

第四，加强部门之间统筹协调。一项政策的实施往往是多方共同努力的结果，公共服务的方方面面都需要各部门之间相互配合，实现信息的共享共通，从而实现资源的最大化利用。

第五，调整供给结构。供给结构不合理是江北新区公共服务的突出问题，如基本公共文化体育方面的支出严重不足，因此，在增加公共服务总支出的基础上，着重加大公共文化体育方面的支出，完善供给结构，满足居民的全方位需求。

24.4.2　保障措施

第一，加强组织领导。此举要理顺管理体制，明晰各级政府的公共服务职责。建立健全分级负责管理体制，对公共服务供给进行统筹协调和分级管理，使不同层级政府分工各有侧重。在确立权责体系之后，建立相应的监督体系，保证相关部门能够严格按照政策指示完成公共服务的相关工作。

第二，加快法规完善。权力应当关在法律的笼子中，当前有关公共服务的法律法规并不完善，且在公共服务发展过程中会出现越来越多的新问题，江北新区要做公共服务体系的先行者，实际行动必须以相应公共服务法律为准绳，严格按照法律程序执行。

第三，加大资金投入。公共服务水平的提升建立在一定的资金投入基础上，政府要将公共服务放在重要的位置，保证资金的供给，从而打造一流的公共服务体系。

第四，积极配套政策。建立健全相关政府服务平台，给予公共服务方面相应的政策支持，从而使社会中的各种力量汇聚到公共服务中来。

　　第五，人才建设。公共服务的提升离不开人才的建设，南京高校众多，有着丰富的高等教育资源，其中江北新区本身也有着众多高校，可以通过加大与高校的合作，培养高质量的后备人才队伍。科学有效的政策使用和充分的保障措施是实现江北新区公共服务高质量发展的必由之路。

第 25 章　江北新区人口均衡发展的政策优化研究

25.1　江苏省人口发展现状分析

25.1.1　江苏省生育水平现状

　　受生育政策的影响,江苏省人口出生率提高明显。近年来,全省人口再生产继续保持"低出生、低死亡、低自然增长"特征,人口出生率保持在10‰以下,死亡率保持在7‰左右,自然增长率保持在3‰以内;生育率稳定在低水平上。近几年,生育政策连续调整,2014年江苏省实施"单独二孩"政策,2016年全面施行二孩生育政策,江苏省生育政策完成了从一孩向二孩的转变,政策的调整对2016年全年出生人数的反弹起到了关键的推动作用。由图25-1可以看出,2016年,江苏省常住人口出生率为9.76‰,比2012年提高0.32个千分点,比2015年提高0.71个千分点。这是江苏省常住人口出生率自2000年以来的最高值。之后有所回落,2019年人口出生率为9.12‰。2016年全年出生人数达到77.96万人,自2000年以来首次突破77万人。从育龄妇女人数的变化看,在育龄妇女总数下降但生育旺盛期育龄妇女人数稳定的情况下,生育政策调整后,出生人数的反弹成为必然。根据相关资料显示,2016年末,全省育龄妇女(15~49岁)总量约为2065万人,比2012年共减少了180万人;在2012—2016年,育龄妇女人数年均减少量基本一致。处于生育峰值年龄段25~29岁的妇女人数,以及30~34岁的妇女(生育二孩的峰值年龄段)人数并没有减少,相对稳定。因此,在生育政策实施的效果下,生育二孩的人数比往年大幅增加,全省常住人口出生率、出生人数、二孩比重均明显上升。2016年人口变动调查结果显示,全省出生人口中一孩比重已经降至60%左右,比2012年减少了8个百分点;相应地,2016年二孩及以上孩次比重达到了40%。

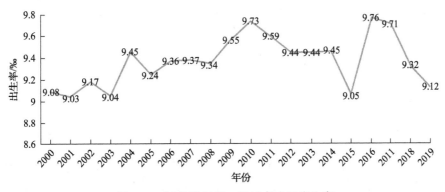

图 25-1　江苏省 2000—2019 年人口出生率

数据来源:江苏省统计局和《江苏统计年鉴 2019》

25.1.2 江苏省人口总量现状

21 世纪以来,江苏省人口由较高人口增长阶段进入平稳增长阶段。人口出生率由 2000 年的 9.08‰缓慢增长到 2019 年的 9.12‰,受人口老龄化的影响,人口死亡率由 6.52‰ 增长到 7.04‰,人口自然增长率由 2.56‰下降到 2.08‰。2019 年末全省常住人口 8070.0 万人,比上年末增加 19.3 万人,增长 0.2%,相较于 2000 年的 7327.24 万人,净增 742.76 万人,年均增长 39.1 万人,人口总量处于持续平稳增长状态。

这一阶段,我国的人口老龄化水平超过 7%,进入老龄化国家的行列,政府和社会意 识到计划生育政策对养老负担和劳动力供给等方面的影响,计划生育政策再次开始调整。 2000 年 3 月发布了《中共中央 国务院关于加强人口与计划生育工作 稳定低生育水平的 决定》,尽管提出要加强计划生育工作,但却第一次明确暗示了生育水平不需要进一步降 低,而只要"稳定"就可以了。图 25-2 显示,2001—2007 年,江苏省人口经历快速增长 阶段,增长速度较高且处于不断提升状态,从 2001 年的 0.43%上涨至 2007 年的 0.88%。 2010 年以后,江苏省人口增速持续走低,总体水平远低于 2000 年到 2010 年年均 0.72% 的增长速度。随后,相继发布了《中共中央关于全面深化改革若干重大问题的决定》《中 华人民共和国人口与计划生育法修正案(草案)》等相关政策,2016 年 1 月 1 日,全国正 式进入全面二孩时期,江苏省人口增长速度开始逐步回升,但目前总人口仍继续呈低速 增长的趋势,2019 年人口增速为 0.24%。

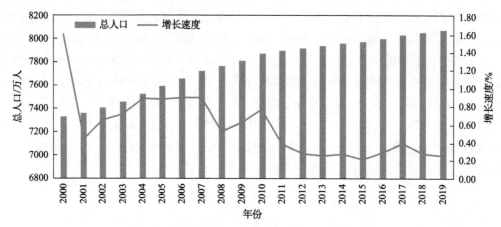

图 25-2　江苏省 2000—2019 年总人口及增长速度

数据来源:江苏省统计局和《江苏统计年鉴 2019》

25.1.3 江苏省人口结构现状

1. 人口年龄结构

根据《2015 年江苏省人口抽样调查主要数据公报》,2015 年江苏省常住人口中 0~ 14 岁人口 1064 万人,占江苏省常住人口的 13.35%;15~64 岁人口 5910 万人,占江苏 省常住人口的 74.13%;65 岁及以上人口 999 万人,占江苏省常住人口的 12.53%,老少 比(65 岁以上人口数/0~14 岁人口数)为 93.9%。同 2010 年第六次全国人口普查相比,0~

14 岁人口的比重上升 0.34 个百分点，15～64 岁人口的比重下降 1.97 个百分点，65 岁及以上人口的比重上升 1.64 个百分点。

　　2019 年江苏省 0～14 岁人口 1124.6 万人，占江苏省总人口的 13.94%，15～64 岁人口 5759.9 万人，占总人口的 71.37%，65 岁及以上人口 1185.5 万人，占总人口的 14.69%，老少比为 1.05。由图 25-3 可见，2015—2019 年，0～14 岁人口所占比重从 13.35%增长至 13.94%，变化趋势缓慢；而同期 65 岁以上人口的比重则呈现较大幅度的增长，从 12.53%上升到 14.69%；老少比从 2015 年的 93.9%上升为 2019 年的 105.4%。从老龄人口所占比重和老少比等指标上看，江苏省目前均超过了国际通用的老年型标准(按照人口类型的划分标准，老年型为：15 岁以下人口比重低于 30%，65 岁以上人口比重高于 7%，老少比高于 30%)，各方面指标指出，江苏省的人口结构已经属于典型的老年型，并且如果按照目前的趋势发展，老龄人口比重将会进一步地提高。

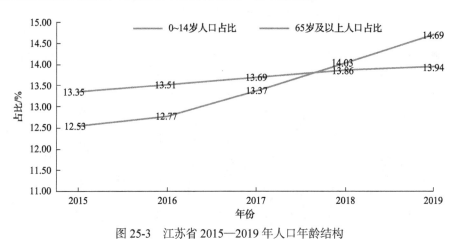

图 25-3　江苏省 2015—2019 年人口年龄结构

数据来源：江苏省统计局

　　国际上，65 岁以上老年人口占人口总数的 7%，即意味着这个国家或地区的人口处于老龄化社会。2019 年江苏省 65 岁及以上人口占比严重超标，老龄化问题正逐渐加剧。

2. 人口性别结构

　　江苏省出生人口性别比连续 7 年稳步下降，由 2010 年的 116.24∶100(男∶女)下降至 2017 年的 109.06∶100，人口性别比失调问题得到明显控制。如图 25-4 所呈现，在江苏省 2019 年常住人口中，男性人口 4060.5 万人，女性人口 4009.5 万人；男性人口比女性人口多 51 万人，男女性别比(以女性为 100)为 101.27，较上年末有所下降，总体处于一个较为合理的水平。

3. 人口城乡结构

　　近年来，我国城镇化率持续增长，推动农村人口涌向城市，农村居住人口和农业从业人员将大幅下降。如图 25-5 所示，2008—2018 年江苏省城镇常住人口数持续增加，城

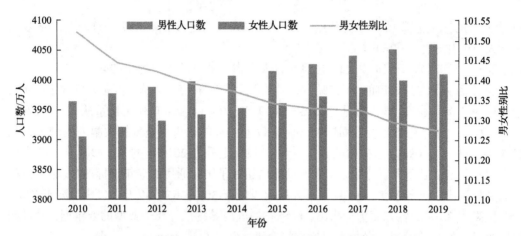

图 25-4　江苏省 2010—2019 年男性和女性人口总数及男女性别比

数据来源：江苏省统计局和《江苏统计年鉴 2019》

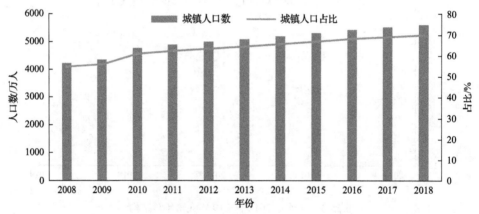

图 25-5　江苏省 2008—2018 年城镇常住人口数及其占总人口比重

数据来源：《江苏统计年鉴 2019》

镇人口占总人口比重(城镇化率)也逐年升高。从城乡结构看，2018 年城镇常住人口 5604.09 万人，比 2017 年末增加 83.14 万人，较 2008 年末增加 1388.92 万人。城镇化率 从 2008 年的 54.3%持续上升到 2018 年的 69.6%，比 2017 年末提高 0.8 个百分点。相对 地，由图 25-6 可以看出，2008—2018 年江苏省乡村常住人口数不断减少，乡村人口占总 人口比重也逐年降低。2018 年乡村常住人口 2446.61 万人，比 2017 年末减少 61.74 万人， 较 2008 年末减少 1100.7 万人。2018 年乡村人口占总人口比重为 30.4%，比 2017 年末降 低了 0.8 个百分点，比 2008 年末降低 15.3 个百分点。

若依城市化三阶段论(城市化水平低于 30%为低速增长阶段、城市化水平在 30%～ 60%为高速增长阶段、城市化水平高于 60%为成熟的城市化社会)判断，江苏省城市化水 平已开始向成熟的城市化社会迈进；若依城市化六阶段论(10%以下为城市化的史前阶 段、10%～20%为城市化的起步阶段、20%～50%为城市化的加速发展阶段、50%以上为 城市化的基本实现阶段、60%以上为城市化的高度发达阶段、80%以上为城市化的自我 完善阶段)判断，江苏省已达到较高水平的城镇化阶段。综合判断，江苏省处于城市化的

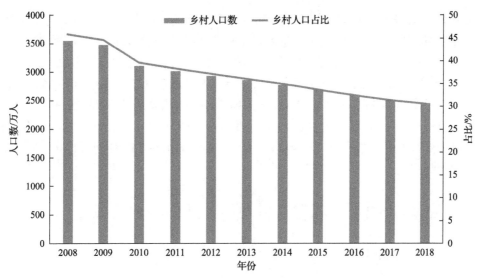

图 25-6　江苏省 2008—2018 年乡村常住人口数及其占总人口比重

数据来源：《江苏统计年鉴 2019》

高速增长期，伴随着工业化、现代化的推进，城镇人口的持续大规模增长必将为第三产业的发展提供广阔市场，城镇经济的繁荣将进一步增加其吸纳劳动力的能力。

此外，如图 25-7 所示，自 2016 年以来，人口城镇化速度不断放缓。城镇化进入加速发展的后期阶段，由速度型向质量型转变。传统的工业化带动城镇化模式难以为继，农业转移人口受教育程度普遍不高与城镇产业转型升级的要求不相适应，农村劳动力转移就业的难度加大。常住人口城镇化率年均提高 0.6～0.8 个百分点，预计未来城镇化速度可能会继续放缓，逐步向高级城镇化阶段发展。

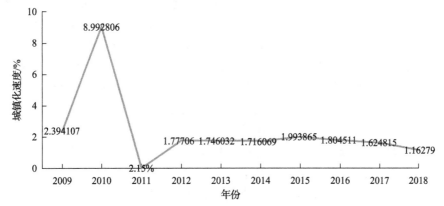

图 25-7　江苏省 2009—2018 年城镇化速度

数据来源：《江苏统计年鉴 2019》

4. 人口教育结构

江苏省人口中，20～34 岁人群受过高等教育（大学专科、本科及专科以上）的比重最高，这体现我国改革开放以后高等教育的发展与受教育程度的提高。调查还显示，江苏省的义务教育(小学与初中教育)情况较好:小学阶段即 6～9 岁儿童 100%接受义务教育,10～14 岁少年 99.40%在初中、小学学习。年龄在 35 岁以上的人口,大多数接受的只是小学或初中教育,学历为小学或初中水平的为 68.23%。江苏本科以上学历的人口最多的年龄段是 25～29 岁,大学本科学历和专科学历的人口最多的年龄段是 20～24 岁,高中学历的人口最多的年龄段是 15～19 岁,初中学历人口最多的年龄段是 35～39 岁,小学学历的人口最多的年龄段是 65 岁以上。研究生及以上学历的人集中于 25～44 岁年龄段,大学本科和专科的学历集中于 20～44 岁年龄段,小学学历在 14 岁以前和 50 岁以后两个年龄段比较集中。

25.2 江苏省人口均衡发展面临的挑战

25.2.1 人口加速老龄化

人口老龄化,一般是指人口结构变化的过程。人口老龄化的定义可以描述为:一个国家或地区老年人口比例的增加。判断一国或地区是否进入老龄化社会通常有两个标准:第一,60 岁及以上的老年人口数量占总人口的比重是否超过 10%;第二,65 岁及以上的老年人口数量占总人口的比重是否超过 7%。根据联合国标准,江苏省已进入"深度老龄化社会",老年人口基数大、占比多、寿龄高,人口老龄化程度高、速度快,老年人口抚养比直线上升,老龄化区域不平衡性突出,但当前仍是积极应对人口老龄化的战略窗口期和机遇期。

1. 人口老龄化程度高、速度快

2010 年第六次全国人口普查数据显示,江苏省 60 周岁及以上人口达到 1257.46 万人,占户籍人口比重达到 15.99%,65 周岁及以上人口占比也已经达到 10.89%。《江苏省 2018 老年人口信息和老龄事业发展状况报告》(以下简称《报告》)数据显示,2018 年末,全省 60 岁以上户籍老年人口 1805.27 万人,占比 23.04%;60 岁以上常住老年人口 1682.60 万人,占比 20.9%。其中,65 周岁以上老年人口数为 1129.57 万,占全部人口的 14.03%。在此期间,据国家统计局发布的人口数据:截至 2018 年末,我国最新的老年人口数据为:60 周岁及以上人口 24949 万人,占总人口的 17.9%;65 周岁及以上人口 16658 万人,占总人口的 11.9%。由此可见,江苏省老龄化程度远超全国总体水平。目前,江苏省的老龄化率位居全国第三,仅次于上海、北京,位居全国各省份之首。按照是否进入老龄化社会的两个衡量标准,江苏省已迈入深度老龄化的行列。

人口老龄化速度加快主要是计划生育政策以及明显改善的营养卫生条件共同作用的结果。《报告》显示,从 2011 年到 2017 年,江苏省 60 岁以上老年人口增加了 398.54 万人,老龄人口平均每年净增约 65 万人,年均增长率为 4.27%。随着人口老龄化程度不断加深,江苏省人口结构老化速度还在不断加快。

2. 老年人口抚养比增加,高龄化趋势明显

人口老龄化带来的最直接影响是老龄人口抚养比重的提高,因此研究人口老龄化时

需要关注老年人口抚养比。老年人口抚养比是指非劳动力人口中的老年人口数占劳动力人数的比率。如图 25-8 所示，江苏省老年人口抚养比从 2010 年的 14.3% 攀升至 2018 年的 19.9%，而全国同期水平为 2010 年的 11.9% 至 2018 年的 16.8%。老年人口抚养比越大，意味着一个劳动力承担的抚养人数越多，即赡养负担越重，同时，也意味着政府承担的退休金和社会福利支出越高。

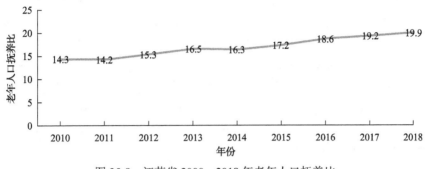

图 25-8　江苏省 2000—2018 年老年人口抚养比
数据来源：《中国统计年鉴 2019》

　　国际上在研究老龄化问题时，按照年龄段对老年人口群体进一步划分，将 80 岁以上称为高龄老年人口。高龄老年人口无疑是人均占有医疗资源最多的群体。在人口加速老龄化的同时，江苏省老年人口结构也在不断变化，主要表现为在高龄老年人口占老年人口中的比重不断上升，老年人口高龄化趋势十分明显。人口普查数据显示：江苏省高龄老年人口从 2011 年的 196 万人增加到了 2018 年的 255 万人，年均增长速度为 4.3%，占 60 周岁以上老年人口的比例也从 2011 年的 14.34% 增加到了 2018 年的 15.47%。其中，寿龄达百岁的老人从 2010 年的 4323 人增加到 2018 年的 6015 人，年均增长速度为 4.89%。随着老年人口高龄化趋势的增长，"两代老年人家庭"和"纯老家庭（全部家庭成员都在 60 周岁以上的家庭）"也不断增多，这给社会带来了更大的压力。

　　3. 老龄化程度区域差异显著

　　根据《报告》，2017 年底，南通市是江苏省老龄化程度最高的地级市，60 周岁以上人口占户籍人口比例为 29.35%，而最低的宿迁市这一比例为 16.11%，两者相差 13.24 个百分点；江苏省老龄化程度最高的县是如东县，老年人口比例为 33.08%，最低的是沭阳县，为 15.3%，两者相差 17.78 个百分点。江苏省人口老龄化程度与经济发展程度有明显相关关系，省内经济较为落后的苏北地区老年人口占户籍人口比重为 18.53%，苏南地区为 24.84%，这与苏北地区劳动力流动到发达地区就业有关，苏北的养老压力依然存在。

25.2.2　劳动力资源人口持续减少

　　劳动力资源通常是指达到一定法律规定年龄的人在创造社会财富过程中支出的体力和智力的总和。国际上通常将 15～64 岁定为劳动力资源人口。党的十八大以来，全省劳动力规模减小态势明显。2019 年末，15～64 岁人口为 5759.9 万人，比 2012 年减少 219.7 万人，平均每年减少约近 31 万人。当前国内外研究发现，对劳动力的需求不会由于劳动力供给的缩减而下降。尽管劳动力价格的上升会刺激节约劳动力技术的出现以及劳动生产率的提高，但是，这并不意味着对劳动力的需求会出现大规模的下降。相反的观点是，快速的技术进步以及可利用的投资资本的不断增长将会刺激对劳动力需求的增加。而且，人口老龄化本身将会改变人口的消费结构并由此改变劳动者的职业构成。消费需求会更多地转向老年人需要的产品以及服务，而这些产品和服务，比如对老年人的护理和照料等，大多都是劳动密集型产品。由此可见，将来技术替代劳动的空间非常有限。劳动力总量的绝对减少、老年人口的绝对增加，造成少儿人口抚养比、老年人口抚养比持续上升。2019 年，全省 0～14 岁、15～64 岁、65 岁及以上人口，占常住人口的比重分别为 13.9%、71.4% 和 14.7%。与 2012 年相比，少儿人口、老年人口比重分别上升 1 个百分点、3.1 个百分点，劳动年龄人口比重下降 4.1 个百分点。从图 25-9 能够看出，人口年龄结构的这种变化，使得少儿人口抚养比由 2012 年的 17.5% 上升至 2018 年的 19.1%，提高 1.6 个百分点，老年人口抚养比由 2012 年的 15.3% 上升至 2018 年的 19.9%，提高 4.6 个百分点。

图 25-9　江苏省 2000—2018 年少儿人口抚养比

数据来源：《中国统计年鉴 2019》

25.2.3　学龄人口持续增加，教育资源紧缺

长期以来，人口整体人力资本水平的改善，主要依靠受教育程度更高的新成长劳动力的进入，随着劳动年龄人口负增长以及新成长劳动力的负增长，人力资本改善的速度也会放慢。因此，教育问题极大地关乎人口均衡发展方向。

从 2019 年开始江苏省迎来全面放开二孩政策后的第一批孩子接受学前教育，而教育行业也将接受教育规模扩大的事实。随着时间的推移，学龄人口增长迅速，到 2022 年接受学前教育的这批孩子进入小学教育阶段。作为教育大省，江苏省基础教育学龄人口总体呈持续增长态势，2022 年，江苏省学位总缺口预计将达到 185.3 万个，约需增加 1986 所学校和 12.1 万名专任教师，以满足学龄教育需求，至此，江苏省的大班额办学问题突出。然而，在教育经费投入方面，作为教育大省，江苏省教育生均经费在全国的排名并不靠前。如果江苏省不及时调整、迅速行动，部分学校将会出现"大班授课，一师多科、一师多班"的教育漏洞,那么江苏省的教育质量便会下降。而且全面放开二孩使得家庭中受教育人数由一个变为两个,在家庭生活水平不变的前提下,可能会减少对孩子的教育投入,导致教育质量降低,这对江苏省全面型人才的培养、高素质人才的需求非常不利,也会间接抑制经济的进步。

25.2.4　女性就业歧视加重,生育意愿减弱

1. 青年女性就业门槛高,职业发展受限

全面二孩政策的实施会提高青年女性的就业门槛,当用人单位进行招聘时,往往更愿意招收男性。客观来讲企业承担了女性的生育保险,而相同条件下招收的女性同男性相比,会大大增加企业的用工成本。而且全面放开二孩政策会让企业招收女性时存在顾虑,因为女性将要在家庭中花掉比政策前更多的时间,用人单位虽然没有制定与性别歧视有关的条款,但实际上却通过提高女性的就业门槛来降低她们的入职概率,因此失去了与男性同等的职业发展机会。而且对于已婚未育的女性而言,还要背负着长辈对其施加的生育压力。通常大多数家庭中负责照料子女任务的是女性,而男性主要任务是在职场上打拼,承担养家的责任,这样对于女性来说职业发展便会受限。

2. 减少中年女性的资本积累,抑制女性职业发展

全面放开二孩生育政策对中年女性的影响主要是减少其职业资本,处于 30~40 岁阶段的女性正值事业的上升期,而这一阶段对人力资本的积累非常关键。此时她们还要照料孩子。生育第二个孩子意味着再一次离开职场,那么她们将失去更多的工作机会。而因生育中断工作的女性重返职场时会面临更大的风险,远没有不经历生育的女性职业发展得好。随着全面放开二孩政策的出台,江苏省修正了计划生育条例,对符合法律法规规定的生育女性,在享受国家规定产假的基础上,延长产假三十天。依法办理结婚登记的夫妻,在享受国家规定婚假的基础上,延长婚假十天。女性婚假和产假的延长使得女性离开职场的时间变长,间接抑制了女性职业的发展。然而几乎所有女性都希望回到职场,实现经济上的独立,找寻社会的价值。全面放开二孩生育政策后如果缺少对女性就业权利的保护,将让女性很难从家庭与个人之中作出取舍,这便会影响全面放开二孩生育政策的实施效果。

3. 增加高龄女性的健康风险,职业发展受限

全面放开二孩生育政策增加了高龄女性的健康风险,间接影响她们在职场的工作效率。40 岁以上的女性出生在二十世纪六七十年代,当她们正值最佳生育年龄时恰逢八九十年代严格的计划生育政策,使得她们想要生育孩子的意愿受限。全面实施二孩生育政策以来,释放了一部分高龄女性的生育意愿,这便增加了她们生殖健康风险。除此之外,40 岁以上怀孕的女性已经是高龄产妇,她们易患妊娠高血压、先兆子痫等疾病,而且容易造成产后感染及贫血,使得身体逐渐衰弱,加大身体健康的风险。而健康风险的增加使得她们在职场中的工作效率减弱,无法承担压力大、有挑战性的任务,"适者生存,优

胜劣汰"的生存法规将使她们逐渐被边缘化，领导对她们的重视程度也会减弱。因此，全面放开二孩生育政策对高龄女性的职业发展造成一定阻碍和限制。

25.3　江北新区人口均衡发展的实现路径

25.3.1　鼓励生育，优化配套政策

第一，完善家庭育儿的扶持政策，减轻一定的家庭抚养压力。世界其他国家鼓励生育力度非常大，他们的子民抚养孩子负担轻，因此生育意愿较强。若新区政府要鼓励居民生育二孩，建议对生育二孩的家庭进行税收减免措施，减轻一定负担；并且对生育第二个孩子的家庭给予教育费用的补贴，减少家庭的一定教育支出。同时可以直接通过财政补贴的方式鼓励新区夫妻生养二孩。

第二，重视产妇身心健康，提高妇幼保健水平。重视生育二孩产妇的健康检查，特别是高龄产妇。卫生部门要进一步提高医院产科、新生儿科的医疗设施水平，建设好危重孕产妇急救中心、新生儿急救中心；加强产科、新生儿科人才的培养，提高医学技术水平，降低高龄妇女的生育风险；指导妇幼保健部门做好孕前优生健康检查工作，降低婴幼儿出生缺陷率，提高出生人口素质。而对于高龄产妇生产的畸形儿，新区政策应当给予一定的补助金。对于农村地区高龄妇女来说，她们生活在医疗卫生资源相对不足的条件下，加之一些产妇家庭条件较差，这大大降低了农村高龄产妇的生殖健康。对此类高龄产妇，新区政府应给予更多关注，成立"高龄产妇生育二孩基金"，专门用作产妇孕检及生产的费用消耗。

第三，改革企业承担的生育保险制度。如果新区生育保险的缴纳由企业全部承担，而企业进行招聘时会考虑招收女性职员企业的用工成本，用工成本的增加使得企业对女性产生一定偏见。因此，新区政府要减轻企业这方面的压力，由以企业完全负担转变成由企业、政府、个人三方共同承担生育保险。这样能缓解企业对就业女性产生的偏见，促进女性的就业情况。

第四，除了给予生育夫妻国家规定的产假外延长产假的奖励措施，新区政府还应适度加大给予女性用人单位的奖励及优惠政策幅度，来减轻企业因女性的生育行为所承担的成本，缓解企业与就业女性两者之间的矛盾。

25.3.2　完善社会保障体系，健全老年人权益保障机制

为了应对日益严峻的人口老龄化趋势，新区政府需要不断完善社会保障体系，充分保障老年人权益。具体而言：对于第一层次，新区政府应当积极优化财政支出结构，加大对养老保险的支持力度，扩大养老保险的覆盖面；对于第二层次，新区政府应当加强引导，加快发展企业补充养老保险，使企业年金作为养老保险的重要补充；对于第三层次，鼓励个人积极储蓄，保障老年退休生活的质量。同时，新区政府应当建立对养老服务机构考察和监督机制，激励养老机构提升服务质量，对于服务质量佳的机构予以奖励，同时整改或取缔口碑较差的服务机构，从而保障老年人的合法权益，实现真正意义上的

老有所养。

25.3.3　大力提高劳动者素质和技能，提高人口质量

一方面，提高人口科学文化素质。以教育现代化为统领，深化教育领域综合改革，提高教育质量，促进教育公平，全面提高人口受教育水平。巩固义务教育发展成果，高水平普及 15 年基础教育，提高基本公共教育均等化水平，健全公益普惠的教育公共服务体系。促进高等教育内涵式发展，科学合理调整高等学校布局设置，建设好一批高水平大学和一流学科。构建灵活开放的终身教育体系，畅通终身学习通道，推进学习型社会建设。坚持"政府推动、全民参与、提升素质、促进和谐"的工作方针，完善科技教育与培训体系，建立社区科普益民服务机制，加大科普基础设施投入，大幅增强公民科学素质建设的公共服务能力。另一方面，加强公民思想道德水平建设。坚持社会主义核心价值观引领，发展先进思想文化，传承和创新优秀传统文化，培育积极向上的网络文化，促进物质文明与精神文明协调发展。推动相关道德问题立法、探索建立重大公共政策道德含量评估机制，显著提高公民文明素质和社会文明程度。

25.3.4　合理配置教育资源，提升教育质量

全面放开二孩生育政策带来的出生人口小幅上升，学龄前儿童渐渐增多，应加大教育资源的调控力度，因此新区急需加大对学前教育的政策支持，大力发展学前教育，使孩子们的教育达到优质的水平。第一，应加大学前教育的投入，将学前教育的经费列入财政预算中，实行统一投入与规范。第二，对全面放开二孩政策带来的出生人数增加进行时时监控，准确掌握出生人口趋势的转变点。与此同时，准确预测学龄前教育规模，及早布局和配置教育资源，各地政府要未雨绸缪，积极应对。第三，加强幼儿教师队伍的建设，根据江苏省各地区实际情况，合理核定公办幼儿园的教师编制，依法落实幼儿园教师的待遇与地位，让他们有信心投入到学前教育的事业上。此外，要完善幼儿园教师的培训系统，有助于提高幼儿园教师的知识水平。

除了学前教育的政策支持外，新区政府还应加强义务教育阶段、职业教育阶段和高等教育阶段的政策支持。第一，对教育资源提前进行布局，加快优化教育资源配置的步伐。第二，加大教育资金的投入，不断完善教育经费体制，取消诸如"借读费用""入学前缴纳的赞助费用"等额外收费现象发生。第三，加强教师培训和提升教师素质将会直接提高教育教学的质量。此外，提高教师的薪资待遇，鼓励教师培养更多的社会人才。

第 26 章　江北新区突发公共事件应急决策与风险管控机制研究

26.1　研究背景

21 世纪以来，突发公共事件在全球各国时有爆发，例如 2008 年 5·12 汶川地震以及中国南方特大雪、2011 年日本大地震及其引发的福岛核电站泄漏事件、2012 年 7·21 北京特大暴雨、2014 年西非埃博拉病毒疫情、2019 年高温干旱引发的澳大利亚丛林大火事件、2020 年被世界卫生组织宣布为"国际关注的突发公共卫生事件"的新冠疫情，以及 2021 年河南郑州 7·20 特大暴雨灾害。突发公共事件，在对受影响地区造成生命财产威胁的同时，往往会对经济、社会运行体系产生严重冲击，双向挤压需求端与供给端，加大财政收支压力，对一国乃至全球经济产生持续性的负面影响，进一步加大了宏观经济内外部环境的不确定性，引发恶性循环。正因如此，各国当局开始致力于完善突发公共事件的应急决策与风险管控机制，以求有效应对突发公共事件，保障公众的生命安全，维护社会与经济的稳定。

26.2　突发公共事件应急管理的研究现状

目前，关于突发公共事件的应急管理研究大体可以分为四类：一是突发公共事件的应急决策研究，主要包括应急方案的构建、调整与优化研究；二是突发公共事件的应急物资调度研究，主要包括应急救援、应急物资的调度与分配研究；三是突发公共事件的风险评价研究，主要包括突发公共事件的风险识别、风险评价及应急能力评价。下面分别从以上三个方面进行文献分析。

26.2.1　突发公共事件的应急决策研究

在突发公共事件应急决策方案的构建、调整与优化研究上：根据是否考虑决策者的心理行为因素，可以将文献分为两类，一是不考虑应急决策中决策者的心理行为因素，即假设在应急决策中决策者是完全理性的。陈雪龙等(2018)针对利用证据理论处理多属性应急决策时，通常假设信息源独立，有悖于现实情况，提出一种考虑信息源相关性的多属性应急决策方法。刘洋等(2019)针对具有事前不确定情景预测信息的突发事件应急响应决策问题，考虑到事前防灾、减灾措施会对事中应对措施的实施效果造成影响的问题特点，建立一种事前—事中两阶段突发事件应急决策模型。曹静等(2019)针对极端偏好成员在应急决策中存在较大影响力的问题，构建了个体极端偏好影响力模型，结合风险偏好矢量的方向性和距离性，提出一种新的决策成员风险偏好相似度模型。

尹�鹏等(2020)从个体因素和群体因素两方面对大群体应急决策风险进行系统识别,并将各风险因素与两类群体效应(认知冲突和关系冲突)进行关联,建立大群体应急决策模型。二是考虑应急决策中决策者的心理行为因素,即假设在应急决策中决策者是有限理性的,考虑决策者参照依赖、损失规避的心理行为特征。Zhang 等(2018)考虑不同应急情形下的应急决策问题,提出了一种基于前景理论的应急决策方法。王治莹等(2020)考虑应急决策中决策者情绪影响下参照点的动态调整可能导致不同决策结果的情形,提出一种考虑决策者情绪更新机制的多阶段应急决策方法。高山等(2020)针对突发事件事前、事中动态演化过程以及在事前具有不确定性预测信息的特点,考虑到突发事件事前防灾、减灾应急预案的实施效果会对事中应急响应决策方案的制定以及实施造成影响的问题,通过引入前景理论,提出一种事前—事中两阶段突发事件的动态应急决策方法。

26.2.2　突发公共事件的应急物资调度研究

在突发公共事件的应急物资调度研究上:应急物资调度分配作为整个应急响应、救援工作的关键环节以及重要保障。目前,突发公共事件应急物资调度与分配等问题引起了学者的高度关注,同时取得了丰硕的研究成果。应急物资分配是一类特殊的资源分配问题,是指如何把有限的物资以最优化的方式分配给具有竞争性质的对象或者竞争主体的过程。一般情形下,应急物资调度与分配同时进行。在灾后应急物资调度研究方面。根据研究的优化目标,可以将文献分为三类,一是以总运输时间最短为目标的应急物资调度问题。刘长石等(2018)基于公平与效率视角,以应急物资运达需求点的时间攀比效应总和以及总运输时间最短为目标,构建应急物资调度的双层优化模型。李双琳等(2019)考虑灾后路网修复和应急物运输时间问题,建立应急物资调度的动态双层规划模型。二是以总运输成本最小为目标的应急物资调度问题。宋英华等(2019)以灾民的满意度最大和运输总成本最小为目标,建立考虑多物资多级配送多模式运输的应急物资调度模型。三是以总调度路径最短为目标的应急物资调度问题。王付宇等(2018)针对应急物资运送车辆调度及路径优化问题,建立以总救援时间和相对综合救援权重值为目标的两阶段规划模型。

26.2.3　突发公共事件的风险评价研究

在突发公共事件的风险识别研究方面:朱光等(2017)从信息生命周期的视角出发,将大数据流动的生命周期划分为采集、组织与存储、传播与流动、使用与服务、迁移与销毁等阶段,构建了基于大数据识别的突发公共事件风险识别模型。张宗亮等(2020)以红石岩堰塞湖灾害应急抢险和处置工程为依托,提出了堰塞湖应急抢险数据采集与处理方法,系统研发了堰塞湖灾害及其风险因子识别方法体系。张官兵等(2021)针对水源事故频发及高发因素定量甄别进行了研究,筛选统计了国内近 20 年来 1900 多起水质突发事故案例,梳理了触发水源水质污染的多种因素,通过构建水源水质安全事故树和贝叶斯网络进行了安全风险识别与分析。

在突发公共事件风险评价(评估)研究方面：突发公共事件风险评价涉及众多影响因素，而众多因素的指标信息及统计信息本身就存在复杂性、不确定性及模糊性。近年来，突发公共事件风险评价引起了学者的关注，并取得了一系列的研究成果，归纳起来常见的方法有两类：综合评价法和不确定决策方法。综合评价法是根据突发公共事件风险基本原理，深入分析研究突发公共事件的自然特征、社会经济特征，从中选取最合适的指标，采用各种综合评价方法，对突发公共事件风险进行综合评价，其最为关键的是评价指标的选取以及指标权重的确定。毛鹏等(2019)为了更好地评估城市公共场所应急疏散的安全风险问题，分析总结出影响城市公共场所应急疏散安全风险的因素，采用熵权法和模糊综合法构建城市公共场所应急疏散的安全风险评价模型，并通过该模型对南京新街口地下中心广场应急疏散的安全风险进行了评价。李春晖等(2020)通过对突发水污染风险识别为前提的风险评价与应急对策的研究现状及发展趋势进行分析，采用专家意见法提出环境风险受体量化分级依据，使用类比法对突发水污染风险评价的方式进行归类，依据环境风险特征对应急对策进行研究，构建了突发水污染风险评价包含三种方式：定性评价法、半定量评价法及定量评价方法。

基于不确定决策方法的风险评价方法，主要包括统计学方法、模糊数学、灰色系统、人工神经网络、粗糙集以及支持向量机等理论方法，这些方法都已经用在突发公共事件风险评价。徐兴华等(2018)选择浙中丘陵山区衢江区铜山源典型小流域为研究对象，基于风险评价理论和模糊数学方法，构建降雨作用下山区小流域突发地质灾害动态风险预警模型，以典型代表性降雨事件为实例，以动态风险水平为预警判据，开展研究区地质灾害动态风险评价，指导区域地质灾害应急防灾。齐蔓菲等(2021)为量化评价城市道路在人员疏散过程中存在的风险，构建了道路疏散风险评价函数，并结合临界簇模型，运用实时交通态势数据与动态人口数据，评估不同时间的道路疏散风险，提出一种基于城市道路的人员疏散风险评价方法。

在突发公共事件应急能力评价研究方面：卢文刚等(2018)通过梳理过往发生的突发地铁踩踏事件，分析其发生和演化机理，运用模糊综合评价法、层次分析法和RI值测度法等，构建地铁踩踏事件应急能力评价模型。金小明等(2018)为考察政府的应急管理水平，保证防灾减灾工作的有效开展，通过选取15个影响应急管理水平的因素，分析其相互影响性，构建了指标权重的计算模型，提出一种灾害性天气应急管理水平评价模型。齐春泽等(2019)分析了城市灾害应急能力的评价问题，构建了城市灾害应急能力评价指标体系，运用黄金分割法将不确定语言评价信息转化为"云滴"，并根据属性权重以及专家权重对其自下而上逐层集结，提出了一种基于云模型的城市灾害应急能力评价方法。孙开畅等(2020)为强化水电站应急救援能力建设，综合考虑水电站建设和运营特点，构建了应急救援能力评价指标体系，提出了一种基于直觉模糊信息的决策试验与DEMATEL的水电站应急救援能力综合评价模型。王晓天等(2021)为减少马拉松赛事中猝死事故的发生，在层次分析法、熵值法及模糊综合评价法的基础上，构建了一种马拉松赛事医疗保障体系中现场急救能力的综合评价模型。

26.2.4　现有研究中存在的问题

现有研究主要基于系统工程理论、决策理论以及优化理论等，从不同的研究视角，采用不同的研究方法，研究突发公共事件的应急管理问题，丰富、发展和完善了应急管理理论，为有效解决和应对我国突发公共事件提供了理论基础与实践的依据，但现有研究还存在一些局限性，具体表现在以下几个方面。

(1)在突发公共事件的风险评价研究上，突发公共事件风险评价主要采用综合评价法和不确定性方法，且该方面的研究也逐渐成熟，综合评价法从突发公共事件的影响因素出发建立风险评估指标体系进行评价，层次性强、思路清晰、易于理解；该类方法的缺点是对于风险评价指标体系的选择还没有形成统一共识，且评估专家知识经验和具体评估过程中，受研究者的主观影响比较大，在实际应用中具有一定的局限性。在不确定性方法中，模糊数学方法能较好地分析模糊不确定性问题，是多指标综合评价实践中应用最广的方法之一，但在确定评定因子及隶属函数形式等方面具有一定的主观性。灰色系统方法算法思路清晰，过程简便快捷而易于程序化，但争议颇大。人工神经网络是基于数据驱动，可较好地避免主观赋权引起的误差，但因收敛速度慢可能影响学习速率而导致训练结果存在差异，且不易说明各参数的作用及其关系，该类方法还有待进行进一步探索研究。

(2)在突发公共事件应急物资调度研究上，突发公共事件应急物资调度一般发生在应急物资分配的前一阶段，一般应急物资的调度与分配同时进行，应急物资分配是一类特殊的资源分配问题，主要指如何把某些有限的物资以最优化的方式分配给一些具有竞争性质的对象或者竞争主体的过程。近年来，学者对突发公共事件下的应急物资调度以及分配问题进行了较为系统的研究，主要采用多目标优化、组合优化、排队论、决策理论、模糊规划、随机规划、控制理论以及博弈论等方法，在考虑物资供给量、需求量、运力和时间等约束条件下的建模优化与分析，形成了相对系统的应急物资调度与分配方法。现有应急物资分配研究大多是局部分散化的分配机制，局部分散化的分配机制资源的配置效率不高，容易出现有限应急资源的错配现象，使得所构建的分配模型可能出现应急物资分配的局部冗余或短缺、高成本、系统无法达到全局最优等现实情况，缺少从全局优化的视角开展突发公共事件下的应急物资分配问题的理论研究。

(3)在突发公共事件风险管控研究上，突发公共事件从古至今乃至未来都是人类社会面临的重要挑战。如何有效治理、最大限度地降低其所带来的危害，不仅是一个国家维持社会稳定和发展所必须解决的问题，更是整个人类社会发展进程中不可规避的问题。突发公共事件的风险管控具有复杂性、多样性、内部控制薄弱性特征，且各风险因子、要素与环节之间还具有很强的关联性和耦合性，因此突发公共事件风险管控工作是一个复杂的系统工程。现有研究突发公共事件的风险管控体系，大多以隐患、事故或人的潜在的风险因素为研究中心，这类研究一方面不仅容易导致隐性风险因素的遗漏，且极少考虑人的不安全状态演化机理、人的决策与行为机理、风险因素的运行机理以及它们之间的相互作用；另一方面现有风险管控机制研究较为碎片化，这与现代社会治理需求存在逻辑错配，会引发社会管理与治理失灵，进而在实际应用中并未取得较好的风险管控效果。

26.3　江北新区完善突发公共事件应急管理的对策建议

突发公共事件从古至今乃至未来都是人类社会面临的重要挑战,因此如何有效治理、最大限度降低其所带来的危害,不仅是一个国家维持社会稳定和发展所必须解决的问题,更是整个人类社会发展进程中不可规避的问题。在全面深化改革和经济高质量发展的新时代,江北新区应提升突发公共事件应急管理制度的科学化水平,建立系统性科学性的应急决策信息共享制度,进一步完善突发公共事件的应急风险管理理论与方法,形成具有中国特色的体现科学性、针对性、操作性和时效性的突发公共事件应急决策与风险管控机制。

26.3.1　完善突发公共事件的风险评价机制和评价指标体系

1. 构建科学且适宜的突发公共事件风险评价机制

由于突发公共事件具有高度的复杂性、不确定性以及时效性等特征,因此突发公共事件风险评价问题是一项复杂的系统工程。综合评价方法的选择是突发公共事件风险评价的核心问题,据不完全统计,目前国内外综合评价方法有上百种之多,每一种评价方法的产生和发展都有其独特的历史背景和领域特色,也就具有其一定的适用性,因此如何选择、构建科学且适宜的风险评价方法和评价机制是突发公共事件应急管理迫切需要解决的问题。为了构建科学合理的突发公共事件风险机制,可以从多主体参与决策的原则、引入第三方评估机制的原则以及人工智能参与决策的原则构建风险评价机制。

(1)多主体参与决策的原则。在突发公共事件频发的形势下,要充分考虑评估主体的多元化、专业化,评价对象、评价内容的复杂性、不确定性以及评价形式的多样性等特征,以应急管理专家为主体,以政府和应急决策部门为主导,普通公民参与的多主体参与决策的模式,最大化地减少风险评价的主观性。

(2)引入第三方评估机制的原则。探讨第三方评估机制的运营模式和激励机制等,在突发公共事件应急决策与风险评价中引入第三方评估机构进行辅助决策,使得突发公共事件风险评价能够更加科学化、规范化与制度化。

(3)人工智能参与决策的原则。人工智能、信息技术以及大数据的发展,极大地改变了突发事件应急信息的收集与处理信息的技术手段和能力,在突发公共事件频发的形势下,要加强数字管理,运用互联网、大数据、人工智能等技术进行突发公共事件的风险评价,充分运用信息技术的精准性、智能化的特点,进行全数据分析与追踪,参与突发公共事件应急决策与风险评价。

2. 建立科学合理的突发公共事件风险评价指标体系

突发公共事件的风险评价指标体系是风险评价的重要组成部分,指标体系的建立是风险综合评价的关键,科学的风险评价必须构建一套科学合理的风险评价指标,才能准确评价风险度变化的程度。目前，关于突发公共事件的风险评价尚未建立统一的评价指标体系，为了建立科学合理的突发公共事件风险评价指标体系，可以以系统性原则、客观性原则、易获性原则以及层次性原则构建风险评价指标体系。

(1) 系统性原则。评价指标体系应能全面地反映被评价对象各个方面的情况，还要善于从中抓住主要因素，使评价指标既能反映系统的直接效果，亦能反映系统的间接效果，以保证综合评价的全面性和可信度，从而能进行综合全面的评价和分析。

(2) 客观性原则。评价指标体系的选取一定要建立在客观性的原则上，要尊重评价对象的客观性，所选取的指标要具有代表性，能客观反映评价对象的主要特征，从而使评价结果更客观真实。

(3) 易获性原则。评价指标体系的选取一定要在现阶段较容易获取，需要通过现场观测或者试验的方法来获得，指标要尽可能利用第一手资料，才能保证指标体系数据的真实客观。

(4) 层次性原则。评价指标体系要有层次性，这样才能为衡量系统方案的效果和确定评价指标的权重提供方便。

26.3.2　完善突发公共事件应急物资的供应与分配机制

1. 完善以政府为主导的多元化应急物资供应模式

以政府为主导的多元化应急物资供应模式主要包括，政府(地方政府和中央政府)、国家应急物资储备部门、从事人道主义工作的社会救助团体(如红十字会等)、社会公益组织机构、企业以及其他社会组织或个人，供应方式主要包括储备、转扩产、市场采购以及社会捐赠等。应急物资转扩产是以政府为主导、政企协同的物资供给形式，具体是指政府通过动员机制，鼓励、引导社会企业转产、扩产应急物资，并统一调配，以满足突发公共事件对医疗物资的需求；储备是指在应急初期，在政府主导下提供实物、技术、生产能力、信息等物资或相关生产要素的储存与准备；采购是指政府或者公众通过市场机制获得应急物资的方式；社会捐赠是指社会各界以实物或资金的方式提供应急物资的过程。

2. 构建基于共享平台的突发公共事件应急物资分配机制

在突发公共事件应急管理中，对社会捐赠的应急物资关键是对社会捐赠的应急物资实现供需信息的有效匹配，解决供需双方的信息不对称问题。社会捐赠是社会民众或单位为了救助灾害、救济贫困、扶助残疾人等困难社会群体和个人、资助科教文卫事业与环境保护，以及社会公共设施建设等慈善事业而进行的自觉、自愿的无偿捐赠。社会捐赠物资分配是应急物资分配的核心问题，如何有效对捐赠的应急物资进行合理分配是急需解决的问题。随着互联网、信息技术以及大数据的发展，互联网、自媒体平台已成为社会捐赠物资供需匹配的主要载体，构建基于共享平台的突发公共事件应急物资分配机制是利用信息处理技术实现供需信息的识别与自动匹配，进而实现有限应急资源的合理配置，并能有效解决有限应急资源的供需错配现象。

26.3.3   完善突发公共事件的应急决策和风险管控机制

近年来，我国在大数据、人工智能、智能机器人、区块链等新技术领域的研发投入力度持续加大，相关产业快速发展，应用领域日益丰富。这些研究探索奠定了我国智能化应对突发公共事件具备了实际可行性。事实上，在疫情防控中，大数据、人工智能、物联网以及区块链技术应用已开始崭露头角，并取得较好的效果，充分发挥了大数据与人工智能在突发公共事件应急中的作用。大数据、人工智能技术在疫情防控中发挥了重要作用，也为政策的制定提供了重要的依据。加快探索将大数据、人工智能以及区块链技术运用到突发公共事件的应急决策和风险管控中。新时代下，将突发公共事件的应急管理与大数据、人工智能以及区块链等新兴技术手段相融合，探索高效、科学的突发公共事件应急决策方法以及风险管控机制，为提升国家公共安全与风险应急能力发挥积极作用，更是应对越发严峻的国际形势、高效预防与化解国内潜在的突发危机与风险、创设和平稳定的社会环境的有效途径。

第27章 江北新区构建社区公共卫生智治共同体的对策研究

2019年12月，一场全球扩散的新冠疫情汹涌而来，对城市社区社会治理提出了严峻的挑战。社区是新冠疫情防控的第一线，在国家介入与社区自治的双重推力下，一些社区生活共同体经过空间生产，先后探索了管治网格与多种智治共同体的实践模式，有效预防疫情扩散风险。本章基于社区空间生产的视角，采用多案例分析方法，找寻中国城市社区空间生产下公共卫生治理模式创新的实践演变逻辑与理论创新。

27.1 群体脆弱性与社区空间生产

脆弱性是一种极易受到不利影响的倾向和习性，它内含各种概念和要素，主要包括对危险的敏感性或易感性，以及应对和适应能力的缺乏。灾害的社会属性和社会因素越来越引起研究者的关注，一些学者提出社会群体脆弱性的概念，并分析其致灾因素，将社会群体脆弱性分解为风险暴露度和灾害应对能力两个维度。风险暴露度是带有损害力的事件对于个人或群体生计的干扰后果，灾害应对能力是个人或群体适应和应对这些变化的效果。

社区群体脆弱性随着地域空间和社会空间的变化而变化，并与一定的地域、一定的人群和社会团体相结合，呈现出新的特征。有研究指出，脆弱性具有地理空间的脆弱性和社会空间的脆弱性两种基本类型，其中社会空间的脆弱性是居住于该空间人的脆弱性。

空间生产成为降低社会脆弱性，有效应对灾害风险的一种直接回应治理策略。列斐伏尔将空间与政治关联起来，指出空间生产既是政治空间的生产过程，也是社会空间的生产过程。政治空间是资本支配的空间生产，社会空间则是特定社会生产方式背景下的社会关系构型，社会关系的生产和再生产是空间生产的主要内容。应对高度不确定性的风险，通过空间生产构建共同体成为一种治理策略创新的路径依赖。在宏观层面，面对全球风险社会的来临，各种非传统威胁持续蔓延，习近平总书记提出了构建人类命运共同体的科学构想，推动了共同体建设成为全球化进程中的时代议题，这被誉为是能够有效防范和化解全球风险的"中国方案"，是中国智慧对全球治理的贡献。在微观层面，一些学者开始关注社区共同体治理与风险的问题。有学者分析精准扶贫过程中存在的"权利功利主义"倾向，认为严格构建贫困户的权利资格忽视了村庄多元治理主体之间相互关系的社会事实，导致村庄出现了共同体风险。也有学者认为基层政府在推动社会组织化过程中，使社区内各种社会组织倚重各自的发展目标形成不同的行动逻辑，产生了多元组织之间的冲突和矛盾，出现了组织化风险的挑战。还有学者提出依托大数据、智能化技术创新社区治理模式,构建人防与技防、群防协同治理的智慧社区。

上述研究表明,社区生活共同体在外部风险因子冲击下易产生群体脆弱性,导致"治理失灵"的风险,需要通过社区空间生产重建共同体,降低风险暴露度和提升灾害应对能力,降低群体脆弱性以有效地治理风险。基于此,本章构建出一个通过社区空间生产预防疫情扩散风险的公共卫生治理模式演变分析框架(图27-1)。

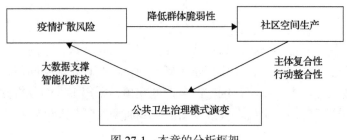

图 27-1　本章的分析框架

如图 27-1 所示,疫情扩散风险是外部的驱动因素,对社区公共卫生治理提出了挑战,这要求社区治理临危思变,通过社区空间生产,进行社区治理方式变革,构建新型社区公共卫生治理模式,最大限度地降低社区群体脆弱性,提升社区公共卫生治理水平。第一,社区空间生产通过提升社区公共卫生治理主体复合性和行动整合性,生成新的社区公共治理关系,从而构建新的社区公共卫生治理模式;第二,新构建的社区公共卫生治理模式借助大数据支撑下的智能化防控有效地预防社区疫情扩散风险。

在上述分析框架的基础上,本章采用跨案例的研究方法。通过对以官方媒体和权威媒体为核心的报刊搜录,整理出 15 个具有重要典型意义的案例样本,在这些样本中社区治理模式取得了显著成效,获得一定社会影响与群众肯定,案例样本分别来自衢州、苏州、合肥、长沙、济南、杭州、北京、白沙、湖州、上海、南京、广州、无锡等 13 个市县,跨越上海市、北京市、浙江省、江苏省、海南省、安徽省、湖南省、山东省、广东省等九大省市,涉及区域广泛,具有典型性。

27.2　江北新区构建社区公共卫生智治共同体的政策建议

江北新区应该如何在社区生活共同体和管治网格的基础上构建社区智治共同体呢?关键是在社区社会空间生产过程中,运用大数据、人工智能等数字技术推进社区治理主体的复合性和行动整合性,生产一种主体复合、行动整合的社会治理空间。

27.2.1　改变社区生活习惯,树立数字治理思维

习惯是"一种明确地构建和理解具有特定'逻辑'(包括暂时性的)实践活动的方法",它"构建的原则存在于社会建构的性情倾向系统里。这种性情倾向在实践中获得,又持续不断地旨在发挥各种实践作用",大数据、人工智能是社会治理中的一种颠覆性技术,要求重塑社区生活习惯。通过"云计算""云服务""云平台"等数字治理工具可以实现社区服务智能化、社区治理智能化和社区应急管理体系智能化。一方面,需要让社区民

众充分认识到数字技术对改变社区生活、提升生活品质、预防突如其来的灾害风险的重要作用,自觉养成运用数字技术的思维方式和生活习惯。另一方面,需要社区管理干部、社区社会组织、物业公司管理人员、业主委员会核心成员等社区管理层做到对社区生活、社区交往、社区服务、社区治理等各个环节心中有"数",脑中有"智",用数据说话、用数据决策、用数据治理、用数据预防、用数据创新,用人工智能建设"智慧"生活,用人工智能进行"智慧"治理,形成随时随地的大数据、人工智能思维。

27.2.2　转变政府中心角色,建立复合主体结构

这需要改变社区管治网格下移"以政府为中心"的社区公共卫生治理格局,转变为"以民众为中心"的治理模式,利用基于价值的共同领导来帮助公民明确和满足其共同体利益的需求,而不是试图控制或掌握社会新的发展方向。从控制社区疫情防控式治理转向引导社区内多元治理主体共治,形成高度关联的复合主体结构。这需要充分发挥人民在社会治理中的主体性,构建政府引领社区发展的公民治理模式,政府帮助公民理解社区政策议题和公共服务,助推公民作出公共项目管理的明智决策,并形成社区发展思想和价值的清晰远景,制定他们所期望的社区未来图景。在政府价值引领下制定社区规划,是实现社会治理共同体民治的基本要求。

第 28 章　气候变化背景下江北新区
防御暴雨灾害策略研究

28.1　研　究　方　法

28.1.1　选择实验设计

利用选择实验(CE)，重点关注公众偏好和支付意愿，以加强城市地区的暴雨灾害预防管理策略。近年来，南京市出台了《南京市重大气象灾害预警信息快速发布实施细则》《关于加快推进率先基本实现气象现代化的实施意见》等一系列城市暴雨灾害防治管理政策，还有《南京市暴雨强度公式(修订)查算表》《南京市气象灾害防御管理办法》《南京市城市绿化条例》，以上政策表明，城市暴雨灾害防治管理包括暴雨径流控制、暴雨排水、日常管理、预警咨询、公众教育和灾后信息咨询等。需要指出的是，目前，南京市的暴雨预警咨询和日常管理工作取得了一定的市场化效果。首先，作为市民，可以通过新闻广播、天气预报、服务热线、手机等多种渠道及时接收暴雨预警信息。其次，在日常管理方面，采取了定期检查疏浚排水管网、河道等排水设施，加强对地质灾害易发区和堤防的检查等措施。此外，在城市扩展方面，在城市规划初期未充分考虑雨水排放的主城区属于存量更新。因此，主要地区的暴雨排放设施急需重建。新增区、郊区属于增量更新，充分考虑了雨水排放。

综合考虑南京市暴雨灾害的灾害因素、灾害孕育环境和承灾体等情况，地方暴雨灾害防治管理政策及其实施效果，以及现有文献(Beck et al., 2017；Blecken et al., 2016；Chini et al., 2017；Gogate et al., 2017；Lim et al., 2016；Penn et al., 2014；Sheng and Webber, 2017；Weiss et al., 2007)，建立了 CE 模型。它共包含四个属性，侧重于预防(减少体积或改善位移)和公众认知。属性包括暴雨径流控制的非结构性改造策略、暴雨排水的结构性改造策略、教育和支付工具，见表 28-1。

表 28-1　南京市暴雨灾害防御政策属性及水平

属性	水平	
	当前水平	增强水平
暴雨径流控制的非结构性改造策略	通过使用树木，灌木和绿地等自然资源，实施减少雨水径流的政策。但是，从渗透性和雨水分散的角度来看，正方形和道路等人造结构较差	增加暴雨径流控制的非结构性改造。首先，通过改造功能区，商业区，人行道和跑道的下垫面，增加地基渗透率，减少硬路面。其次，建设沉没的绿地，草沟和人工湿地。三是建设下沉式广场，游乐场，地下蓄水池，地下河等雨水蓄水设施

续表

属性	水平	
	当前水平	增强水平
暴雨排水的结构改造策略	执行现行政策以控制雨水排放	加强主要区域暴雨排水的结构改造。为提高排水能力,根据中心区排涝规划,采取排水网雨污改区,改善排涝系统工程体系等措施
非结构性公共教育	2014 年,浦口区泰山街北桥社区在南京建立了第一个公共气象防灾科普办公室,而其他地区则没有系统地开展暴雨灾害的公共教育	关于暴雨灾害的公众教育将在城市内积极开展。提高公民防洪减灾意识,增强对暴雨灾害的预防认识,提高公民的自救和互助能力,将大有裨益
支付费用		
南京市城镇居民饮用水年废水费	50 元/年, 100 元/年, 150 元/年	

注:非结构性策略是指全面、大规模的策略,将在鼓楼、玄武、秦淮、建邺、栖霞、浦口、江宁雨花台、六合等地区进行。结构策略是指非综合性和非大型策略,将在特定领域采取,如鼓楼、玄武、秦淮、建邺等四个主要区域。

　　根据全要素组合设计的原则,三个属性包含两个层次:一是与当前提供的服务量相一致的现状水平,二是与决策者建议的增加额相对应的增加水平。支付工具包含三个级别,总共产生 24($2^3 3^1$)个可能的组合。然后将这些组合配对,构成 276 个 CE 场景。然而,过度的 CE 情景既不能保证问卷的质量,也不能保证问卷的可行性。因此,为了消除重叠和理论矛盾的 CE 情景,采用 SPSS 统计软件进行筛选实验,随机获得 12 个 CE 情景。其被随机分为两组,每组包含 6 个 CE 场景。每个 CE 场景都包含三个备选方案。表 28-2 是一个示例 CE 场景。

表 28-2　实例情景下的暴雨灾害预防管理策略选择实验

项目	选项 A	选项 B	选项 C
1)支付费用	150 元/年	100 元/年	前两个组合,我都不选择
2)暴雨径流控制的非结构性改造策略	改善	保持现状	
3)暴雨排水的结构性改造策略	保持现状	改善	
4)非结构性公共教育	改善	保持现状	
您的选择(划√)	□	□	□

　　调查提供了有关暴雨灾害及其与公众利益关系的详细资料,并广泛描述了各属性的当前水平和增加水平。为了获得受访者的理解,受访者可积极提出问题,并得到调查者的解释。表 28-2 中的所有当前和扩展属性信息都提供给了受访者,受访者在开始 CE 之前看到了 CE 场景的一个示例。

　　在支付工具上,城镇居民考虑了南京市居民生活饮用水排污费,并告知当时南京市居民生活饮用水年人均收费146.06 元[人均每日饮用水 281.81L]^2×365 天×城镇居民生活饮用水废水 1.42 元/m³]。因为强化暴雨灾害防治管理策略可以有效改善饮用水水质,降低饮用水的排污费。因此，根据等距原理和积分原理，污水费分为三个等级，分别为每立方米 0.5 元、每立方米 1 元和每立方米 1.5 元。也就是说，城镇居民饮用水年人均排污费分别为 50 元、100 元和 150 元。

此外，本章的 CE 遵循了锯齿波软件开发的"随机设计"，推荐的方法是使用计算机辅助的个人访谈。相对于固定设计，随机设计可以消除顺序和心理背景效应(Day et al.，2012)，这些效应不仅在对称选择实验中几乎同样有效(所有属性都具有相同的级别)，而且在非对称实验中更有效(属性具有不同的级别)。每个城市受访者被分配到六个选择情景。

28.1.2　数据采集与测量设计

调查包括行政长官，并以社会人口调查结束。为提高代表性，本次调查在南京市全区大型商场、超市进行了实地调查，主要包括鼓楼、玄武、秦淮、建邺四个区，雨花台、栖霞两个区，浦口、江宁、六合三个郊区。因为大量的研究表明，这些地方可以反映不同的社会阶层，从而避免了单一地点抽样造成的样本选择偏差(Kornelis et al.，2007)。南京农业大学青年志愿者协会 26 名本科生于 2017 年 1 月下旬至 2 月中旬进行了调查，要求每个被调查者至少年满 16 岁，且为南京市民。本研究采用随机抽样的方法，采用面对面访谈。调查人员与潜在的受访者进行了接触。每位完成调查的受访者都会得到 10 元的礼物。本次调查共收集 679 名被调查者，共使用 624 份有效样本(有效回收率91.90%)。

28.1.3　选择实验模型

要素价值理论和随机效用理论是选择实验法的理论基础。要素价值理论指出，每一种物品都可以用一组不同水平的属性来描述。随机效用理论进一步指出，效用不是来自商品本身，而是来自商品所拥有的属性。基于这些理论来确定研究对象的属性水平组合，形成不同的选择场景。具体而言，从暴雨防御政策中获得的效用 V 是指从防御政策的每个属性 $k(k=1, 2, \cdots, K)$ 中所获得的效用 vk 之和。因此，效用 V 可以写作：

$$V = \text{Sum}(\beta_1 v_1 + \beta_2 v_2 + \cdots + \beta_K v_K) \tag{28-1}$$

式中，β_K 为效用(v_K)的权重，即表示衡量公众对防御政策某个属性偏好的参数。此外，作为个人 i，必须评估选择集中与 $j=1, 2, \cdots, J$ 相关，能被 U_{ijt} 所替代的效用。在一组给定的备选方案中，个体选择效用最大化方案。效用是一个独立的随机变量，可以分为给定级别的暴雨防灾策略以及以 V_{ijt} 向量表示的支付工具,未知参数向量 $\boldsymbol{\beta}$ 以及随机分量 ε_{jt}(Mcfadden，1974)。

$$U_{ijt} = V_{ijt}\boldsymbol{\beta} + \varepsilon_{ji} \tag{28-2}$$

本章考虑以下因素采用 ML(mixed logit)模型和潜在分层(latent class)模型作为选择实验的具体计量模型：首先，不是采用模型的限制性条件 logit 模型，而是采用混合 logit

模型[式(28-3)](Revelt and Train，1998)，放宽了 IIA 假设，并通过引入概率密度函数 $h(\beta)$ 表示对于假定的异构属性的系数，允许个体对属性偏好的变化。换句话说，不同的公众对城市暴雨防御政策的偏好可以不同。因此，通过计算密度函数 $h(\beta)$ 对 β 的积分，可以在 t-th 选择集中得到选择 $j=1, 2, \cdots$ 的个体的无条件概率 P_{ijt}。

$$P_{ijt} = \int \frac{\exp(V_{ijt}\beta)}{\sum\limits_{k=1}^{J} \exp(V_{ikt}\beta)} h(\beta)d(\beta) \tag{28-3}$$

其次，一般来说，不同群体的属性偏好总是存在差异。因此，潜在类模型是分析不同类别属性偏好的一种较好方法。假设 N 个消费者被划分为 S 层，每层消费者近似同质的偏好。个体 i 被划分为某水平的概率是 R_{is}。由于 $h(\beta)$ 是离散的且有 S 个不同的值，则模型中消费者选择商品 j 的概率为

$$P_{ijt} = \sum_{s=1}^{s} \frac{\exp(V_{ijt}\beta)}{\sum\limits_{k=1}^{J} \exp(V_{ikt}\beta)} R_{is} \tag{28-4}$$

模型假设 $h(\beta)$ 对于所有非付款属性正常，而支付工具有固定系数。除了统计显著性和与其他属性的相对大小外，量表归一化使得参数估计的直接解释不可行。所以 β 可以解释为特定属性的缩放边际效用，然后除以支付工具系数的负值(β_p)以找到支付意愿(Adamowica et al.，1994)，这在模型结果中具有可比性。

$$\text{WTP} = -\frac{\beta_j}{\beta_p} \tag{28-5}$$

28.2　结 果 分 析

28.2.1　描述性统计

关于样本及其各自人口的社会人口统计资料载于表 28-3。样本显示受过良好教育，与南京常住人口相比，女性更为常见。因为受访者是至少 16 岁的城市居民，而常住人口包括城市居民和农村居民。与南京的统计数据相比，本章选取样本在主要城区(鼓楼，玄武，秦淮和建邺)和新增主要城区(雨花台和栖霞)和 3 个郊区(浦口，江宁和六合)的分布，其中主要城区占 48.08%，新增主要城区占 17.79%，郊区占 34.13%。年龄和月均家庭可支配收入基本呈正态分布。此外，过去半年有 74.52% 的居民参与了这项工作，其中超过一半的居民在主要城区工作，而且有一半以上的居民的居住地和工作地点不同。

表 28-3　样本描述统计

特征	索引	居民样本/%	历史平均/%
男性		48.24	51.52
年龄	2=16~23 岁	11.54	
	3=24~30 岁	32.69	
	4=31~40 岁	36.06	
	5=41 岁及以上	20.19	
教育水平	1=初中及以下	11.53	46.18
	2=高中及中专	38.94	18.47
	3=大学生与研究生	49.52	35.35
月均家庭收入	1=少于或等于 2000	3.85	
	2=2001~4000 元	16.35	
	3=4001~6000 元	18.75	
	4=6001~8000 元	18.27	
	5=8001~10000 元	16.83	
	6=10001~12000 元	9.13	
	7=大于 12000 元	16.83	
住址	1=主要城区(鼓楼、秦淮、玄武、建邺)	48.08	48.16
	2=新增主要城区(雨花台和栖霞)	17.79	12.81
	3=郊区(浦口、江宁、六合)	34.13	39.03
工作与否	1=过去半年工作	74.52	
	0=不工作	25.48	
工作地点	1=主要城区	52.25	
	2=新增主要城区	16.77	
	3=郊区	30.97	
住所和工作场所是否相同	1=否	52.26	
	0=是	47.74	

注：数据来自 2017 年作者的调查。

28.2.2　模型结果

首先，基于模拟的最大似然估计，检查了混合 logit 模型，该模型相对于基于 LR 测试的条件 logit 具有明显更好的拟合。此外，本章还检查了潜在类模型。因此，根据平均原理和参数的显著性，将样本分成两层。表 28-4 中的混合 logit 模型和潜在类模型的结果初步揭示了受访者对增强型暴雨灾害管理策略的偏好。

表 28-4　增强型暴雨灾害管理策略 CE 的混合 logit 模型和潜在类模型结果

被解释变量	混合 logit 模型		个体层次的潜在类模型	
			类别 1	类别 2
	系数	标准差	非结构性策略偏好	成本敏感层系数
支付费用	−0.005***		−0.004***	−0.008***
	(0.0011)		(0.0010)	(0.0031)
暴雨径流控制的非结构性改造策略	0.407***	1.512***	0.624***	−0.431**
	(0.123)	(0.282)	(0.0766)	(0.1740)
暴雨排水的结构性改造策略	0.256***	0.273	0.195***	0.254
	(0.0737)	(0.305)	(0.0637)	(0.1860)
非结构性公共教育	0.620***	1.515***	0.836***	−0.567***
	(0.130)	(0.280)	(0.0935)	(0.1950)
对数似然	−1761.9048			
卡方检验统计量	1130.95***			
观察值/%	100		68.5	31.5

注：输出底部面板中的参数是下三角矩阵的元素。括号中为报告标准误差。 数据来自 2017 年作者的调查。***为 $p<0.01$，**为 $p<0.05$，*为 $p<0.1$。

对于混合 logit 模型，LR 检验的结果为 1130.95，$p<0.01$ 显著，这表明所有受访者偏好为同质的原假设被拒绝。因此，混合 logit 模型相对于条件 logit 具有明显更好的拟合。正如预期的那样，受访者年污水费的增加降低了受访者选择该选择的可能性。最重要的是，所有提出的增强型暴雨灾害管理策略都是具有显著的正向性，这表明混合 logit 模型具有更高的解释能力。换句话说，受访者对于增加暴雨径流控制的非结构性改造策略，增加暴雨排水的结构性改造策略，以及增强教育都表现出积极的偏好，但居民最不重视的策略是改进暴雨排水结构改造策略，更有可能在包括其他管理策略的基础上选择替代方案。基于正态分布，可以看到，大多数属性有显著的标准偏差力，表明异质偏好的受访者。最有吸引力和影响力的管理策略是增加公共教育的投入，其次是雨水径流控制和重建政策的改进（9 个行政区）和暴雨排放改造政策（主城区），规模较小。总的来说，这些结果表明，在调查方法中，被调查者普遍赞成改善城市暴雨灾害管理。

对于潜在类模型，基于平均和参数显著性原则将所有样本分为两层，这证明了混合 logit 模型中个体偏好具有异质性的假设。换句话说，被分为不同层次的受访者在增强型暴雨灾害管理策略的偏好方面表现出显著差异。首先，68% 的被访者被分到第一层，暴雨源头径流控制改造政策（9 个行政区）和公共教育等防御政策属性参数明显大于混合 Logit 模型估计参数，表明受访者对非结构性防御政策有强烈的偏好，因此将这一层受访者划定为"非结构性政策偏好者"。包含 31.5% 受访者的第二层被命名为"价格敏感者"，不是因为支付系数较小，而是因为暴雨径流控制的非结构性改造策略和非结构性公共教育的系数显著为负，即这一层的受访者对价格非常敏感。

为了更好地了解受访者对增强型暴雨灾害管理策略的偏好,剩下的步骤是根据混合 logit 模型和潜在类模型的参数估计生成 WTP 估计,这些模型本身无法提供任何经济信息。通过使用表 28-4 中的模型结果,计算了每个属性的平均 WTP,见表 28-5。基于 WTP 幅度的每个策略的等级与模型结果完全一致。积极的支付意愿结果意味着受访者考虑并重视暴雨灾害预防管理策略,并从公共教育中不影响暴雨的策略中获益匪浅。具体而言,在混合 logit 模型中,受访者更有可能支付非结构性公共教育,每年支付 134.29 元。其次是暴雨径流控制的非结构性改造策略,每年污水处理费用为 88.08 元。而暴雨排水的结构性改造策略的污水处理方案最低,每年约为 55.42 元。

潜在类模型的结果与混合 logit 模型的结果相似。对于第一层,即非结构偏好策略,最重要的策略是非结构性公共教育,其 WTP 高于混合 logit 模型中的平均水平,每年 74.71 元。其次是暴雨径流控制的非结构性改造策略,其 WTP 高于平均每年 67.92 元。而暴雨排水的结构性改造策略的 WTP 是最低的,低于平均每年 6.67 元。就第二层即成本敏感层而言,由于负系数或非显著性系数,受访者几乎没有正 WTP。结果表明,受访者表现出对增强暴雨灾害预防管理策略的偏好程度较弱。

28.3　江北新区提升暴雨灾害防御能力的对策研究

在本章中,为了实现暴雨灾害防御的社会最优供给,基于增强型防御政策额外成本分担的视角,探讨公众对增强型暴雨灾害防御政策,包括暴雨源头径流控制改造政策(9个行政区)、暴雨排放改造政策(主城区)和公共教育的偏好。特别是选择实验模型,对城市风暴灾害防御政策的公众偏好和支付意愿进行研究,得到了一些有价值的、有趣的结果(表 28-5)。

表 28-5　增强型暴雨灾害管理策略的边际 WTP

属性	混合 logit 模型	潜在类模型	
		非结构性策略偏好	成本敏感层
暴雨径流控制的非结构性改造策略	88.08***	156.00***	−53.86***
暴雨排水的结构性改造策略	55.42***	48.75***	31.75
非结构性公共教育	134.29***	209.00***	−70.86***

注:数据来自 2017 年作者的调查。***为 $p<0.01$,**为 $p<0.05$,*为 $p<0.1$。

研究表明,总体而言公众对增强型暴雨灾害防御政策有正向的支付意愿,但是程度不同。一般来说,在调查方法中,受访者一般都赞成增强型暴雨灾害管理策略,并且同时也得益于通过公共教育不影响暴雨的策略,其次是改善暴雨径流控制的非结构性改造策略,每年的 WTP 分别为 134.29 元/年和 88.08 元/年。

混合 logit 模型结果表明,通过显著的标准差,上述两种属性的影响在受访者之间存在显著性差异。暴雨排水的结构性改造策略影响较小,但仍对政策选择产生重大影响,每年的污水处理计划为 55.42 元。根据南京市城镇居民生活饮用水年人均排污费的基准

价格 (146.06 元)，城市居民非结构性生活污水费的比例、雨水径流控制的非结构性改造策略和暴雨排水的结构性改造策略分别达到基准价格的 91.04%、60.30% 和 37.94%。另外，根据 2016 年南京城镇居民人均可支配收入 49997.3 元，以上三个属性的居民人均可支配收入所占比例分别为 0.269%、0.176% 和 0.111%。因此，对于南京市城市居民来说，研究估计增强暴雨灾害管理策略的平均保费是可以承受的。

　　具体而言，潜在类模型的结果最好地证实了混合 logit 模型中个体偏好异质性的假设，并且与混合 logit 模型的假设相似。就策略的非结构性偏好层而言，最重要的策略是非结构性公共教育，其次是暴雨径流控制的非结构性改造策略，它们的 WTP 高于混合 logit 模型中的平均值，分别为 74.71 元/年和 67.92 元/年。此外，超过 68.5% 的居民对这两种属性的支付意愿较高。而年平均 6.67 元以下的暴雨排水的结构性改造策略影响最小。对于成本敏感层，受访者对费用非常敏感，几乎没有正面的 WTP，这表明他们对增强型暴雨灾害管理策略表现出的偏好程度非常薄弱。

　　总之，本章试图为城市暴雨灾害预防管理策略的公共 WTP 行为文献提供参考。制定了增强型暴雨灾害管理策略，包括暴雨径流控制的非结构性改造策略，暴雨排水的结构性改造策略和非结构性公共教育。此外，以江苏省政治、经济、文化中心城市南京为研究对象，对其进行了实证研究。对于江北新区来说，通过计算南京市市民的偏好和 WTP，对增强型暴雨灾害管理策略具有重要的参考价值。

　　第一，加强城市暴雨灾害科普宣传的主动性。让居民认识到投资于暴雨灾害防治工作的重要性。通过权威可靠的信息发布主体和渠道及时向群众发布相关信息，并对公众询问关于城市暴雨灾害的问题及时给予回答，提升居民对暴雨灾害防御的意识。而且可能会让机构领导者知道，机构领导者为暴雨灾害预防和政策策略所做的努力将使所在城市的居民受益。

　　第二，规范暴雨灾害科普内容。政府应该审慎决定如何划分政府资源，包括有限的人力资源和财政拨款，以满足每个群体的愿望，而不是花在同样的努力上。这样就需要规范暴雨灾害科普内容，做好甄别，将真正实用、有价值的知识向公众进行宣传科普。

　　第三，要坚持补短板强弱项，全力提高暴雨灾害防御能力。按照未雨绸缪"防"、科学有序"抗"、安全高效"救"的要求，切实提高预报预测预警水平，及时修订完善各类应急预案方案，强化应急演练的针对性、实战性，全面提高暴雨灾害险情防范应对和应急处置能力。

第29章 江北新区人口集聚功能的
影响因素及对策研究

29.1 江北新区人口集聚面临的影响因素

29.1.1 房价水平

近年来，伴随我国区间经济发展差距的扩大以及城镇化率的不断提高，城际和省际的人口迁移总量不断上升，迁移人群迅速适应迁入地生活，为当地经济蓬勃发展贡献力量。房地产行业是支撑经济发展的关键因素，房地产行业的发展极大地解决了人们的住房问题，但同时房地产行业发展过快，房价的迅速升高成为阻碍人口迁移的一个重要原因。图 29-1 展示的是 2011—2019 年南京市住宅商品房平均销售价格，可以看出，房价从 2011 年每平方米 9310.72 元快速上升到 2019 年每平方米 19007 元，2018 年最高达到每平方米 22380 元，10 年间涨幅高达近 1 万元，房价总体呈现快速上升趋势。

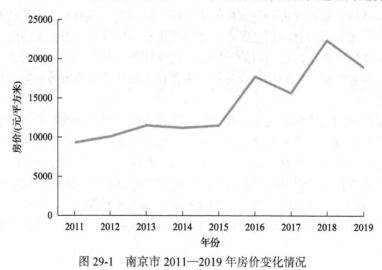

图 29-1 南京市 2011—2019 年房价变化情况

数据来源：《中国统计年鉴》

1. "住房投资理论"

城市的特征对人口迁移有着重要影响，个人特征对于人口迁移同样重要，个人特征一般体现在人力资本的差别，个体可能会因为个体特征差异作出不同抉择。

对于迁入人群而言，选择迁入的人群通常具有较高的人力资本，当个人拥有较高的人力资本会选择进入高级劳动力市场，这样能够在新的迁入城市得到更高的报酬，收入增长速度也可以超过房价上涨速度。在我国，高速增长的房价使住房的回报率高于其他资产的回报率，住房是居民高回报且安全的投资资产。

2. 房价的"推—拉"理论

房价对于人口迁移的影响同样受到"推—拉"理论决定。一方面，房价作为生活成本的很大一部分，房价的上升会导致生活成本的快速上升，对于人力资本较低的个人和家庭来说，工资水平的上涨基本不会抵消住房成本的上涨，出于对于下一代的考虑，可能会将现有的住房出售，搬到城市的郊区，甚至迁移到其他城市。另一方面，对于城市来说，土地的供给面积几乎是确定不变的，房价的上涨会导致人们对住房需求的增加，进而对土地的需求也增加，从而影响到企业的生产成本，企业不能获得预期的经济效应，企业的生产成本增加，企业的盈利能力和竞争力下滑，为了节约成本，企业会选择降低工资水平或者减少就业者，这会无形中增加就业压力，从而抑制人口迁入。

29.1.2　创新投入

人口集聚主要受经济发展、社会资源供给及自然环境的影响，而产业集聚和创新集聚既属于传统影响因素又属于新兴影响因素，同时也是推动城市人口集聚发展的主要"推力"。产业集聚是人口集聚实现本地工作的主要承载对象，而创新集聚是人口集聚得以创造更高生产价值的关键因素，因而创新投入的作用对于人口集聚更为明显。随着中国经济的发展进入新常态，各地纷纷加快产业转型升级的步伐，科技创新与技术进步越来越受到各级政府的高度重视。北京、上海等特大城市也纷纷提出建设科技创新中心的设想，试图借助在原有的发展优势上，大力发展高新技术产业。南京市创新水平虽然远远不及北上广等一线城市，但也拥有较为丰富的高等教育资源和较为雄厚的科技创新基础，对外和对内的开放程度比较高，因而在社会资源、创新快速进步、人口集聚水平上升等方面大有裨益。

1. 南京市创新地位现状

总体上来看，中国的创新产出水平一直存在东南高、西北低的空间分布特征。据统计，京津冀地区、长三角地区和珠三角地区在创新水平上保持着领先的地位，其专利申请量分别占了全国总量的 11.54%、41.74% 和 11.61%。在 2007 年，京津冀地区、长三角地区和珠三角地区为全国的三大创新核心地区，包括了全国所有的创新高水平城市，创新产出水平排名前十的城市依次是：苏州、北京、上海、深圳、无锡、杭州、宁波、天津、成都和南京。其中南京市创新产出水平最低，创新水平较高或中等的城市大多为各个省份的省会城市和计划单列市，如成都、武汉、青岛、厦门、沈阳和大连等。除上述地区以外，广大的区域属于创新水平较低的地区。尤其是胡焕庸线的西北半壁，没有一个地级行政单元的创新水平在中等或以上。

2. 创新投入增加会带来城市人口规模效应

科技创新的发展与城市人口的关系直接表现在科技进步与就业的关系上。创新投入的增加会带来一定的技术进步从而使得产业结构和规模发生调整变动，进而影响就业人口。而城市本身的劳动供给有限，因而，创新投入的增加会直接吸引外来劳动力的流入，人口流入带来的高素质劳动力和高端人才在区域内流动促进了技术扩散传播，从而有效带动整个区域创新水平的提高。平均来说，一个城市的大学本科及以上学历人才占总劳动人口的比例每提高 1%，其创新产出增长 1.273%。这些属于学历较高的外来劳动力人群，劳动力生产率通常较高，更容易获得城市户籍。

图 29-2 展示的是南京市 2015—2020 年专利申请数量、专利授权量与单位就业人口的关系。可以看出，在 2015—2018 年专利申请数量与专利授权量变化幅度较为缓慢，而南京市单位就业人口呈现下降的趋势；在 2018—2020 年，专利申请数量与专利授权量大幅度提升，专利申请数量由 75406 个上升到 103024 个，专利授权量由 32073 个上升到 55004 个，南京市单位就业人口也迅速增加，从 2018 年的 2044739 人上升到 2172567 人，可见科技创新的发展一定程度上有助于就业人口的规模扩大。

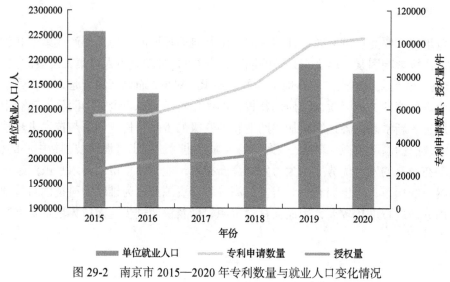

图 29-2　南京市 2015—2020 年专利数量与就业人口变化情况

数据来源：《中国统计年鉴》

3. 创新投入的增加带来产业结构升级

创新投入的增加对人口规模的影响主要表现为科技创新对劳动力市场的影响。创新发展对城市人口的影响主要是通过劳动力市场上就业人口的替代效应和规模效应两种路径实现。创新投入的增加会带动产业转型升级，经济发展方式也会从劳动密集型和资本密集型向着知识密集型转化，这会直接或间接减少劳动力市场的需求，资本替代劳动力直接减少了经济发展对劳动力的需求，同时，服务业也会受到间接影响，服务业就业人口规模也会相应发生改变。在这个过程中，那些无法适应新兴产业发展的劳动力不得不退出劳动力市场，去寻找与自己技能相适应的产业和城市。在这种情况下，科技创新的投入不仅会使城市人口规模降低，而且还会使城市产业结构进一步升级。

29.1.3　城市饱和度

城市的人口承载力有限，过量的人口流动会造成城市人口饱和，从而限制人口向大城市过度集聚，这种饱和可以分为地理饱和与经济饱和两个层面。人口地理饱和是指由于土地、水、生态环境等自然资源有限,城市人口过度集聚造成交通拥堵、污染严重和资源供给压力过大等问题。这会给流动人口带来负效用,并降低其他人迁入意愿；而人口饱和度过低也可能造成劳动力成本过高、经济增长乏力等状况,同样不利于城市发展及吸引人口流入。

29.1.4　地理环境

在市场条件下，中国主要由地形和气候两大要素构成的地理环境的区域结构，以及由其所决定的区域宜居条件和经济发展差异的相对稳定等宏观因素，将使人口迁移区域模式也与人口分布一样具有相当的稳定性。20 世纪 90 年代以来中国改革开放的深化和西部大开发、中部崛起等国家区域发展战略的推进，并未明显改变中国宏观地理环境所决定的区域开发与经济发展的基本空间格局，从而导致中国省际人口迁移区域模式发生根本性变化。因此，在未来相当长的时期内，中国人口迁移的基本区域模式都不会发生根本性的变化。但国家区域发展战略的实施，区域经济发展环境的变化，交通发达使距离等空间因素影响的减弱，以及迁入地城镇收入水平等经济因素影响的进一步增强，可引起中国人口迁移区域模式发生一些比较明显的局部性变化。因此，推进区域发展应通过制定区域发展战略和调整各地城镇收入水平，适度调控人口迁移流向，以实现促进中国区域经济均衡发展的目标。

29.1.5　自然条件

"环境影响论"认为自然环境是人口集聚的基础，自然环境的组合差异奠定了人口集聚的基本格局。自然环境因素包括气候、地形、自然资源、土壤等，这些因素相互作用，并共同影响着人类生活质量，从而影响人口集聚。在自然因素中，气候是对人口迁移影响最大、最直接的。南京属亚热带季风气候，雨量充沛，年降水 1200mm，四季分明。南京地处长江下游，濒江近海，是中国重要的交通、港口，水域面积占总面积的 11% 以上。全市林木覆盖率 26.4%，建成区绿化覆盖率 45%，人均公共绿地面积 $13.7m^2$。南京蕴藏着较丰富的矿产资源，境内已发现 54 种矿藏。铁、铜、铝、锌、金、银、锶等 15 种矿储量位于江苏第一，4 种进入中国前 6 位。其中，铁硫储量占全省 40%左右，锶矿品位高、储量大，为东南亚之首。

29.1.6　经济发展

1. 较高的经济发展水平能够加强人口流动

经济发展水平对流动人口规模存在一定的影响，尤其是经济结构的作用。人口迁移率随着第三产业的比重增加而增加，经济结构对南京市人口流动具有较强吸引力，这与江浙沪地区第三产业发展水平较高，因而流动人口高度集聚在江浙沪的空间格局特征相一致。2011 年第三产业投资 1672 亿元，到 2020 年投资达到 4278 亿元，投资总计增加了 2606 亿元(图 29-3)。

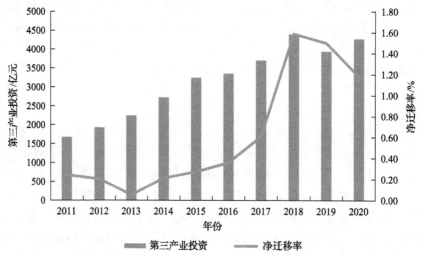

图 29-3　南京市 2011—2020 年第三产业投资、人口迁移变化情况

数据来源：《中国统计年鉴》

2. 城市的就业率越高，吸引人口流入越多

在省际人口流动中，就业率的影响程度是最大的，就业率越高的城市越能吸引省外人口流入。区域经济的增长特别是就业的增长，是人口流动与合理分布的关键与指示器，经济发达地区的就业压力要明显低于人口输出的欠发达地区。省际人口流动的成本和风险高于省内人口流动，一个新移民在城市得到工作的可能性是预期收入的重要因素，在新城市就业的可能性越大，进行省际流动的动力就越大。

29.1.7　教育水平

在经济转型和发展的过程中，教育在个人的收入、社会地位方面发挥着越来越大的作用。尤其是高等教育水平的提升，高等教育资源的空间集聚使该地区具有了人力资本积累优势，通过影响个体迁移的远期收益进而影响人口迁移决策，高等教育资源多的地区有更多的人才，通过与人才群体面对面"学习"、模仿来获得自身生产力的提升。在科学技术重要性愈发凸显的现代城市中，知识和思想更偏向在高密度的城市中产生与传播，知识溢出的作用也将更明显。在知识溢出的过程中，一般初级技能劳动力向高级技能劳动力模仿和学习，两者都获得了福利，从而使得技能价值和工资水平能够提升，这同时会吸引着人们的集聚。

29.1.8　城市公共资源

在省内人口流动中，以医疗资源、公路面积为代表的公共资源及服务对人口流入的影响程度较大。每千人拥有的医疗床位数越多的城市，越能吸引省内其他城市人口的流入，这个变量的弹性系数超过了 1；人均公路建筑面积越大的城市，越能吸引省内其他城市人口的流入。公共资源与服务是民生的重要方面，在我国基本公共服务不均等的环境下，越来越多的人为了优质的生活条件，如优质的医疗资源和便利的交通，迁移流动到省内中心城市。

29.2　提升江北新区人口集聚功能的对策

29.2.1　推动制造业结构升级调整，吸引劳动力人才

"推—拉"理论是人口迁移的原因，在迁出地存在一种起主导作用的"推力"，产生推力的因素包括自然资源枯竭、农业成本增加、经济水平落后。在迁入地则存在一种起主导作用的"拉力"，产生拉力的因素包括较多的就业机会、较高的工资水平和生活水平、较好的受教育机会、完善的基础设施等。

江北新区要坚持发展优势产业和战略性新兴优先发展，抓住《中国制造 2025》的战略性新兴产业发展机遇期，加快推动高端装备制造业规模化、高端化、集约化和特色化生产，在高端数控机床、智能机器人和高端海洋工程装备等产业的基础上，着力延伸产业链条，加快生物医药、光电子和高性能纤维等战略性新兴产业发展，形成专业化水平高的特色产业集群，积极提升劳动者收入水平，吸引更多的就业人口在新区落户。重点吸引以下三类人口：一是大学生。南京市高校多，人才也多，要积极引导高校学生在新区就业定居，加大对学生群体的社保福利，提高城市吸引力，吸引其落户。二是高端人才。形成实业人才体系，形成一批人才，形成一片产业。三是举家搬迁者。其重点需求为子女教育、较好的居住环境以及未来可见的随迁父母养老服务。通过加大教育资源供给，完善社会保障体系，逐步实现常住人口基本公共服务全覆盖。

29.2.2　调整服务业结构，发挥旅游业对人口的集聚作用

旅游业发展往往是区域形象的最佳代言，江北新区应进一步挖掘自身潜力，从拉动人口消费、增加就业岗位、提升经济活力和加速文化共融的角度提高认识，推动全域旅游发展，提升自身形象，扩大对外开放程度。首先，着力打造全域网络化、时空差异化的旅游产品。借鉴其他旅游业发展的成功经验，打造度假旅游等大型景区式旅游，利用"规划统筹"的方式，有针对性地挖掘文化旅游、乡村旅游、边境旅游和自驾旅游等不同旅游特色节点，形成四季有差异、格局有统筹的一体化的旅游空间和多样化的旅游线路。其次，加强新区政府主导的旅游产业的品牌形象建设和创新服务监管机制。旅游业对人口的吸引作用，不仅在于其经济产出，还在于旅游者对区域评价口口相传而形成的口碑形象。因此，建议成立以市为单位的旅游产业运行监管体系，对景区评级实行"能上能下"的动态评估机制；鼓励组建"城市旅游集团"。规范旅游营销活动、旅游节庆活动，推动优秀旅游节庆"以奖代补"机制，惩治旅游活动虚假宣传。

29.2.3 提高就业福利保障，营造友好型人才落户、创业及创新环境

人口迁移与区域创新存在双向因果关系，人口迁入通过产生人力资本积累和知识溢出效应对区域创新影响显著，反过来区域创新水平提升能加快区域人口迁入。

1. 借鉴人才援助，扩大人才培育

借鉴全国其他省市人才援助方式，深化江北新区和经济发展较好的地区人才对口合作机制、扩大对口范畴，利用定期、定岗的公职互换、干部互派、相互挂职和定点培训的方式，扩大人才异地培养进修、本地带动提升的辐射效应，并采用对口城市绩效评比方式，对提供帮助的城市提供政策和资金回报。

2. 遵循市场规律，优化人才培养

在充分遵循市场规律的基础上，优化政策环境，开拓性地对科研、教育、管理、技术等领域人才采取组团式整体引进，加快形成人才培养环境，尤其是注重与产业相符的人才吸纳，促进新区人才队伍的"造血"式培育。

3. 优化人才培育政策，吸引高学历人才

制定大学生就业吸引计划。针对不同学历、不同年龄的大学毕业生采取不同的筑巢引凤政策。如对于研究生学历以上的科研和技术人才，侧重储备、留用，一旦落户即可申请进入城市和省人才储备库，给予留用金奖励或工作足年奖励；针对研究生学历以下的大学生，侧重对其落户的基本制度保障。

29.2.4 建立更加包容的基本公共服务环境，让居者各得其所

为了规避整体风险、获得更多收益和福利保障，会促使一个或多个家庭成员进行迁移，以提升整个家庭预期收益。从人口迁移到城市振兴，不仅要重视增加人口数量这个最终目标，还要进一步提升人口对生活品质、居住环境的满意度。城市公共服务是人口流动的主要影响因素之一，因此江北新区应通过增加城市公共服务财政支出，提高工资水平来吸引外来人口流入。

1. 提高政务服务，推进创新型政府建设

提高政府基本公共服务水平。充分发动群众查漏补缺，找出基本公共服务盲点，以"精准扶贫"的思路完善基本公共服务均等化建设；进一步明确政府在构建基本公共服务方面的责权关系，加强基础设施的市场化运作和政府监管力度，着力创新以政府为主导的多样化基本公共服务供给方式。

2. 加强统筹引导，有效发展生态空间

加强规划的统筹引导作用。加快推进各级国土空间规划编制，科学划定"生态空间""农业空间""城镇空间"，制定多样化的绩效考核体系，建立健全财政转移支付制度，

让生态空间得到有效发展。

3. 提高审批服务水平，妥善处理债务问题

优化营商软环境，取消没有法定依据的审批、投资限制、技术性审查、公共产品及公共服务指定；尝试通过"多规合一"工作建立通用审批平台，支持推行并联审批，全面提高审批服务效能；妥善处理政府的债务问题。

29.2.5　调整产业结构，提高创新投入

城市集聚效应中，创新投入是提升集聚质量的关键。因此，江北新区在政策上应加大创新投入，大力支持创新发展，从而优化城市的集聚效应。同时，加快城市产业结构优化调整，加强对劳动密集型产业转移，消除城市传统产业依赖现状，加速推动本地技术密集型产业发展，提升创新集聚，加速本地创新集聚能力。其次，有选择性地控制部分产业集聚规模，减少创新集聚和产业集聚的摩擦成本，通过调整产业比重，完善科研企业配套产业发展等方法，提升创新集聚对人口集聚的推动作用，最终保证城市经济进入优化发展的良性循环阶段。

29.2.6　建立更加完整的医疗、教育体系的发展

积极创建省级医疗副中心，扩大高水平医疗服务供给。推动高等教育超常规发展，稳步推进南京大学城——江苏省高教园区南京区建设，积极谋划引进国内外顶尖研究型大学在江北新区实体化办学，积极争取南京大学、东南大学等一批高校以分校区、研究院所等方式落地新区。进一步改善居住条件，有效扩大普通商品住房供给，加快廉租房、公租房等保障性住房建设，促进房地产市场平稳健康发展。

29.2.7　适当应对人口集聚带来的老龄化问题

积极面对老龄化问题，寻求解决老龄化问题的对策，能够发挥人口集聚对经济发展的促进作用。一方面，江北新区需要进一步健全养老保障，完善养老、医疗保障等措施，实现各种保障的全面覆盖。另一方面，要扩大社会养老服务供给，着眼于随迁老人的增多以及逐渐增大的流动人口老年人口比重，加快完善社会养老服务体系，扩大社会养老服务供给，适度提前应对人口老龄化挑战，满足人口集聚带来的养老服务新增需求。

参 考 文 献

包考国. 2003. 南京城市过江通道建设的思考. 现代城市研究, (6): 58-60.

蔡跃洲, 张钧南. 2015. 信息通信技术对中国经济增长的替代效应与渗透效应. 经济研究, (12): 100-114.

曹静, 徐选华, 陈晓红. 2019. 极端偏好影响的大群体应急决策风险演化模型. 39 (3): 596-614.

陈畴镛, 许敬涵. 2020. 制造企业数字化转型能力评价体系及应用. 科技管理研究, 40 (11): 4.

陈雪龙, 王亚丽. 2018. 考虑信息源相关性的多属性应急决策方法. 系统工程理论与实践, 38 (8): 2045-2056.

陈怡宁. 2018. 京津冀文化旅游协同发展探索. 前线, (9): 68-70.

陈友华. 2016. 生育与生命的意义. 人口与发展, 22 (3): 27-29.

成学真, 龚沁宜. 2020. 数字普惠金融如何影响实体经济的发展——基于系统 GMM 模型和中介效应检验的分析. 湖南大学学报 (社会科学版), (3): 59-67.

程虹, 刘三江, 罗连发. 2016. 中国企业转型升级的基本状况与路径选择. 高等学校文科学术文摘, (3): 1.

初铭畅, 何强, 赵文雪, 等. 2021. 制造业与新一代信息技术产业融合发展实证研究. 辽宁工业大学学报 (社会科学版), (3): 42-44.

楚天舒, 李晓红. 2015. 中国中心城市总部经济发展水平动态综合评价. 技术经济, 34 (10): 53-60.

代谦, 别朝霞. 2006. 人力资本、动态比较优势与发展中国家产业结构升级. 世界经济, 29 (11): 15.

邓菊秋, 王鑫. 2015. 影响成都总部经济发展公共服务因素实证分析. 地方财政研究, (1): 72-77.

丁宏. 2020. 新一轮自贸试验区制度创新的趋势与路径研究. 江苏社会科学, (4): 121-127.

段俊虎. 2017. 南京市公共交通优先发展对策研究. 南京: 南京理工大学.

高山, 王晗奕. 2020. 基于前景理论的突发事件应急决策动态方法研究. 灾害学, 35 (4): 163-168.

高翔, 独旭. 2017. 政府补贴, 政府治理能力与出口企业风险承担. 财贸研究, 28 (12): 14.

顾和军, 李青. 2017. 全面二孩政策对中国劳动年龄人口数量和结构的影响: 2017—2050. 人口与经济, 223 (4): 1-9.

郭净, 陈永昶, 刘兢轶. 2019. 圈层发展模式下雄安国际金融中心构建. 河北大学学报 (哲学社会科学版), 44 (6): 62-67.

郭文娟, 董红. 2013. 城市供水系统突发性潜在风险源识别及应急能力评估. 给水排水, 49 (S1): 4-12.

郭晓丹, 何文韬. 2012. 融合与跨越: 新旧产业间技术升级路径研究. 东北财经大学学报, (1): 27-34.

韩兵, 等. 2012. 南京跨江到拥江发展的交通建设策略研究. 现代城市研究, (1): 91-96.

韩雷, 田龙鹏. 2016. "全面二孩"的生育意愿与生育行为——基于 2014 年湘潭市调研数据的分析. 湘潭大学学报 (哲学社会科学版), 40 (1): 51-56.

何金海, 卢楚翰. 2012. 西太平洋暖池热含量年际变化及其对东亚气候异常的影响[C]. 中国气象学会. S11 副热带季风研究及预报测业务应用. 中国气象学会: 37-51.

何宪, 熊亮. 2019. 金融中心形成和金融人才聚集. 经济理论与经济管理, (9): 18-29.

贺小刚, 李新春. 2005. 企业家能力与企业成长: 基于中国经验的实证研究. 经济研究, (10): 11.

侯立文, 蒋馥. 2002. 城市道路网的可靠性仿真. 系统仿真学报, (5): 664-668.

胡鞍钢. 2021. 中国实现 2030 年前碳达峰目标及主要途径. 北京工业大学学报 (社会科学版), 21 (3): 1-15.

胡海峰, 窦斌, 王爱萍. 2020. 企业金融化与生产效率. 世界经济, 43 (1): 70-96.

胡仪美. 2016. 全面放开二孩——中国人口政策的变迁. 市场周刊 (理论研究), (3): 81-83.

黄群慧. 2017. 论新时期中国实体经济的发展. 中国工业经济, (9): 5-24.

黄群慧, 余泳泽, 张松林. 2019. 互联网发展与制造业生产率提升: 内在机制与中国经验. 中国工业经济, (8): 1.

黄蕊, 侯丹. 2017. 东北三省文化与旅游产业融合的动力机制与发展路径. 当代经济研究, (10): 81-89.

黄新春. 2021. 数字普惠金融对城市创新能力驱动的实证检验. 技术经济与管理研究, (11): 41-46.

焦豪, 杨季枫, 王培暖, 等. 2021. 数据驱动的企业动态能力作用机制研究——基于数据全生命周期管理的数字化转型过程分析. 中国工业经济, (11): 19.

金碚. 2011. 中国工业的转型升级. 中国工业经济,(7):11.

金珺,李诗婧,黄亮彬. 2020. 传统制造业企业数字化转型影响因素研究. 创新科技,20(6):13.

金小明,王震,孙得璋,等. 2018. 一种灾害性天气应急管理水平的评价方法——以杭州上城区为例. 自然灾害学报,27(1):
106-112.

郎益顺,高岳,张雁. 2008. 城市跨江发展与跨江交通的演变. 城市规划学刊,(1):190-193.

李长云. 2012. 新一代信息技术引致商业模式创新路径研究. 商业研究,(10):149-154.

李春晖,田雨桐,赵彦伟,等. 2020. 突发水污染风险评价与应急对策研究进展. 农业环境科学学报,39(6):1161-1167.

李海舰,李燕. 2020. 对经济新形态的认识:微观经济的视角. 中国工业经济,(12):19.

李俊峰,高凌宇,焦华富. 2015. 上海城市跨黄浦江扩展的空间组织过程与模式. 经济地理,(4):54-61.

李克强. 2020. 激发市场主体活力着力优化营商环境. 要闻,(4):5-6.

李平,杨凤鲜,许广永. 2012. 企业技术融合模式及模式选择的维度探究//2012管理创新、智能科技与经济发展研讨会论文集:
432-437.

李青. 2019. 国家级新区的特点及对江北新区发展的建议. 产业创新研究,(9):4.

李善民. 2020. 中国自贸区的发展历程及改革成就. 人民论坛,(27):12-15.

李世峰,朱国云. 2021. "双碳"愿景下的能源转型路径探析. 南京社会科学,(12):48-56.

李双琳,郑斌. 2019. 震后路网抢修排程与应急物资配送集成动态优化研究. 管理评论,31(2):238-251.

李晓钟,陈涵乐,张小蒂. 2017. 信息产业与制造业融合的绩效研究:基于浙江省的数据. 中国软科学,(1):22-30.

李新宁. 2018. 全球价值链视野下总部经济治理研究. 技术经济与管理研究,(5):113-118.

李艳艳. 2013. 城市货运交通组织模式及优化研究. 成都:西南交通大学.

李永明,张明. 2021. 碳达峰、碳中和背景下江苏工业面临的挑战、机遇及对策研究. 现代管理科学,(5):20-29.

林洲钰,林汉川,邓兴华. 2013. 所得税改革与中国企业技术创新. 中国工业经济,(3):13.

岭言. 2001. "产业融合发展"——美国新经济的活力之源. 工厂管理,(3):25-26.

刘长石,罗亮,周鲜成,等. 2018. 震后初期应急物资分配-运输的协同决策:公平与效率兼顾. 控制与决策,33(11):
2057-2063.

刘海睿. 2019. 数字金融服务哈尔滨国家级新区发展问题研究. 边疆经济与文化,(11):10-12.

刘生龙,胡鞍钢. 2010. 基础设施的外部性在中国的检验:1988—2007. 经济研究,45(3):12.

刘雅珊. 2019. 京津冀文化产业与旅游产业融合发展研究. 北京:北京交通大学.

刘洋,樊治平,尤天慧,等. 2019. 事前-事中两阶段突发事件应急决策方法. 系统工程理论与实践,39(1):215-225.

刘亦文,陈亮,李毅,等. 2019. 金融可得性作用于实体经济投资效率提升的实证研究. 中国软科学,(11):42-54.

卢文刚,黄小珍. 2018. 基于FCE法的城市地铁踩踏事件应急能力评价研究——以广州地铁为例. 中国行政管理,(3):
145-152.

罗光华,牛叔文. 2012. 气候变化、收入增长和能源消耗之间的关联分析——基于面板数据的省际居民生活能源消耗实证研
究. 干旱区资源与环境,26(2):20-24.

马名杰,戴建军,熊鸿儒. 2019. 数字化转型对生产方式和国际经济格局的影响与应对. 中国科技论坛,(1):5.

毛鹏,吴堰武,孙小宇,等. 2019. 城市公共场所应急疏散安全风险评价研究. 建筑经济,40(11):107-114.

毛蕴诗,汪建成. 2006. 基于产品升级的自主创新路径研究. 管理世界,(5):7.

孟令国,李博,陈莉. 2016. "全面二孩"政策对人口增量及人口老龄化的影响. 广东财经大学学报,31(1):26-35.

穆光宗. 2014. 论我国人口生育政策的改革. 华中师范大学学报(人文社会科学版),53(1):31-39.

潘峰华,刘作丽,夏亚博,等. 2013. 中国上市企业总部的区位分布和集聚特征. 地理研究,32(9):1721-1736.

彭俞超,黄志刚. 2018. 经济"脱实向虚"的成因与治理:理解十九大金融体制改革. 世界经济,41(9):3-25.

彭羽,沈玉良. 2018. 全面开放新格局下自由贸易港建设的目标模式. 亚太经济,(3):104-111,151.

彭羽,杨作云. 2020. 自贸试验区建设带来区域辐射效应了吗——基于长三角、珠三角和京津冀地区的实证研究. 国际贸易问
题,(9):65-80.

戚聿东,肖旭. 2020. 数字经济时代的企业管理变革. 管理世界,36(6):18.

齐春泽, 代文锋. 2019. 基于云模型的城市灾害应急能力评价. 统计与决策, 35(4): 41-45.

齐蔓菲, 於家, 姜丽, 等. 2021. 城市道路的人员疏散风险评价研究. 中国安全生产科学技术, 17(3): 12-18.

齐莹菲, 李小丽. 2018. 新一代信息技术与汽车产业深度融合的新特征、新模式与新路径. 上海汽车, (12): 18-23.

钱海章, 陶云清, 曹松威, 等. 2020. 中国数字金融发展与经济增长的理论与实证. 数量经济技术经济研究, 37(6): 26-46.

乔欣. 2018. 过江通道与城市道路网衔接规划方案及评价研究. 大连: 大连理工大学.

邱红, 林汉川. 2014. 全球价值链、企业能力与转型升级——基于我国珠三角地区纺织企业的研究. 经济管理, (8): 12.

全毅, 张婷玉. 2021. 中国自由贸易试验区转型升级方向与发展路径. 经济学家, (10): 100-109.

单元媛, 赵玉林. 2012. 国外产业融合若干理论问题研究进展. 经济评论, (5): 152-160.

石人炳. 2014. "单独二孩政策"实施初期的出生堆积及其特点. 人口与经济, 206(5): 13-22.

石智雷, 杨云彦. 2014. 符合"单独二孩"政策家庭的生育意愿与生育行为. 人口研究, 38(5): 27-40.

史忠良, 沈红兵. 2005. 中国总部经济的形成及其发展研究. 中国工业经济, (5): 58-65.

宋晶, 陈劲. 2022. 企业家社会网络对企业数字化建设的影响研究——战略柔性的调节作用. 科学学研究, 40(1): 10.

宋英华, 葛艳, 杜丽敏, 等. 2019. 考虑灾民心理的应急设施选址配送问题研究. 灾害学, 34(1): 187-193.

孙开畅, 马文俊, 李权, 等. 2020. 基于直觉模糊信息 DEMATEL 法的水电站事故应急能力评价. 武汉大学学报(工学版), 53(1): 23-29.

孙万胜. 2019. 促进文化旅游业高质量发展, 打造长三角文化旅游新热点. 芜湖日报, 12-25(003).

锁箭, 李先军, 毛剑梅. 2014. 创新驱动: 我国中小企业转型的理论逻辑及路径设计. 经济管理, (9): 12.

唐超. 2018. 基于政府视角的沈阳市营商环境问题与管理对策研究. 沈阳: 沈阳师范大学.

唐建荣, 陈波. 2018. 自由贸易港建设背景下海南总部经济发展研究. 南海学刊, 4(3): 54-62.

唐松, 伍旭川, 祝佳. 2020. 数字金融与企业技术创新——结构特征、机制识别与金融监管下的效应差异. 管理世界, 36(5): 9, 52-66.

汪潇, 姚辉. 2011. 城市总部经济发展能力与金融集聚实证研究. 经济理论与经济管理, (5): 60-66.

王锋正, 刘向龙, 张蕾, 等. 2022. 数字化促进了资源型企业绿色技术创新吗? 科学学研究, 40(2): 13.

王付宇, 叶春明, 王涛, 等. 2018. 震后伤员救援车辆两阶段规划模型及算法研究. 管理科学学报, 21(2): 68-79.

王国刚. 2018. 金融脱实向虚的内在机理和供给侧结构性改革的深化. 中国工业经济, (7): 5-23.

王吉发, 郭楠, 蒋亚朋. 2014. 企业转型因子的识别方法研究. 华东经济管理, 28(7): 5.

王洁. 2005. 杭州城市空间发展与道路交通相互关系研究. 杭州: 浙江大学.

王林杰. 2020. 上海、杭州、南京、苏州四城市总部经济发展政策比较. 特区经济, (7): 18-21.

王平. 2019. 环境与制度: 营商环境促进民营企业发展研究. 怀化学院学报, (8): 25-28.

王如玉, 梁琦, 李广乾. 2018. 虚拟集聚: 新一代信息技术与实体经济深度融合的空间组织新形态. 管理世界, 34(2): 13-21.

王斯坦, 王屹. 2015. 新一代信息技术应用带给传统经济的机遇、挑战及政策建议. 经济研究参考, (31): 37-40, 61.

王晓天, 张英华, 秦挺鑫. 2021. 基于熵值法改进层次分析法马拉松急救能力评价模型的构建. 中国安全生产科学技术, 17(9): 169-174.

王馨, 王营. 2021. 以金融科技为核心的金融专业人才培养探讨. 金融理论与实践, (12): 73-78.

王旭阳, 肖金成, 张燕燕. 2020. 我国自贸试验区发展态势、制约因素与未来展望. 改革, (3): 126-139.

王勇, 王恩东, 毕莹. 2017. 不同情景下碳排放达峰对中国经济的影响——基于 CGE 模型的分析. 资源科学, 39(10): 1896-1908.

王治莹, 聂慧芳, 赵宏丽. 2020. 考虑决策者情绪更新机制的多阶段应急决策方法. 控制与决策, 35(2): 436-444.

吴波, 郝云宏. 2014. 中国上市公司总部迁移绩效影响因素研究: 迁入地优势及其分异获取机理. 南开管理评论, 17(4): 46-55.

吴超鹏, 唐菂. 2016. 知识产权保护执法力度、技术创新与企业绩效——来自中国上市公司的证据. 经济研究, 51(11): 15.

吴非, 胡慧芷, 林慧妍, 等. 2021. 企业数字化转型与资本市场表现——来自股票流动性的经验证据. 管理世界, 37(7): 15.

吴福象. 2019. 总部经济: 江苏高质量发展的新动能. 群众, (8): 20-22.

吴巍, 赵晓杰, 王楠, 等. 2018. 中国滨江城市跨江发展研究进展与展望. 经济地理, (5): 20-25, 43.

夏非. 2011. 南京城市全面跨江发展初探. 长江流域资源与环境, (2): 129-136.

夏晶, 黄承锋, 宋融秋. 2017. 跨江城市交通拥堵的成因与治理. 重庆交通大学学报(社会科学版), (4): 41-45, 110.

谢康, 肖静华, 周先波, 乌家培. 2012. 中国工业化与信息化融合质量: 理论与实证. 经济研究, (1): 4-16.

谢申祥, 高媛. 2021. 中国特色自由贸易港的服务业开放机制探索——以海南自由贸易港为例. 暨南学报(哲学社会科学版), (6): 33-43.

谢绚丽, 沈艳, 张皓星, 等. 2018. 数字金融能促进创业吗?——来自中国的证据. 经济学(季刊), 17(4): 1557-1580.

谢泽斌, 蔡瑞卿. 2017. 国内外 CBD 地区的交通支撑体系比较研究——以琶洲地区和曼哈顿为例//2017 年中国城市交通规划年会论文集.

信瑶瑶, 唐珏岚. 2021. 碳中和目标下的我国绿色金融: 政策、实践与挑战. 当代经济管理, 43(10): 91-97.

徐康宁, 冯伟. 2010. 基于本土市场规模的内生化产业升级: 技术创新的第三条道路. 中国工业经济, (11): 10.

徐蕾, 翟丽芳. 2021. 金融支持小微企业发展路径的研究综述及展望. 经济社会体制比较, (5): 64-73.

徐鑫, 刘兰娟. 2014. 新一代信息技术影响经济转型的作用机制研究. 经济纵横, (5): 55-58.

徐兴华, 唐小明, 游省易, 等. 2018. 东南沿海山区小流域突发地质灾害动态风险评价与应急预警. 灾害学, 33(4): 78-85, 92.

徐晔, 黎翔. 2012. 基于技术融合的 IT 企业创新模式研究. 江西财经大学学报, (3): 30-38.

徐盈之, 孙剑. 2009. 信息产业与制造业的融合: 基于绩效分析的研究. 中国工业经济, (7): 56-66.

许爱玉. 2010. 基于企业家能力的企业转型研究——以浙商为例. 管理世界, (6): 2.

许娟. 2020. 新形势下江苏打造一流外资营商环境的对策研究. 经贸观察, (5): 53-54.

许永兵, 朱方正. 2010. 城市过江通道的建设和发展分析. 公路与汽运, (2): 39-41.

轩传永, 苏红键. 2019. 中国高水平建设全球城市的痛点与对策. 区域经济评论, (6): 97-105.

闫海, 王洋. 2019. 论法治化营商环境视阈下的竞争中立原则. 商业研究, (10): 128-135.

杨丹辉, 邓洲. 2018. 人工智能发展的重点领域和方向. 人民论坛, (2): 22-24.

杨东. 2018. 监管科技: 金融科技的监管挑战与维度建构. 中国社会科学, (5): 69-91, 205-206.

杨蕾, 寇家豪. 2019. 雄安新区绿色金融发展路径探索——基于五省(区)绿色金融改革创新试验区经验借鉴. 会计之友, (21): 145-151.

杨宇焰, 张柏杨. 2020. 繁荣的诅咒: 对金融部门扩张与实体经济发展关系的再认识——基于中国制造业数据的一个分析框架. 云南财经大学学报, 36(10): 3-19.

叶祥松, 刘敬. 2020. 政府支持与市场化程度对制造业科技进步的影响. 经济研究, 55(5): 16.

易行健, 周利. 2018. 数字普惠金融发展是否显著影响了居民消费——来自中国家庭的微观证据. 金融研究, (11): 47-67.

易瑜, 吴莲贵. 2014. 湖南省发展新一代信息技术产业问题研究. 甘肃科技, 30(16): 9-11.

尹偲鹏, 徐选华, 陈晓红. 2020. 基于多主体仿真的大群体应急决策风险成因分析. 中国管理科学, (2): 208-219.

尹志超, 公雪, 潘北啸. 2019. 移动支付对家庭货币需求的影响——来自中国家庭金融调查的微观证据. 金融研究, (10): 40-58.

余典范. 2011. 总部经济区位选择及影响因素: 基于上海的实证研究. 经济管理, 33(6): 43-48.

苑少伟. 2020. 国内外过江通道两岸衔接模式对广州的启示. 黑龙江交通科技, (2): 154-156.

翟振武, 张现苓, 靳永爱. 2014. 立即全面放开二胎政策的人口学后果分析. 人口研究, 38(2): 3-17.

张车伟. 2016. 我国人口形势及人口老龄化的挑战与对策. 群众, 542(4): 32-33.

张成. 2017. 新常态语境中国国家级新区发展路径转型和制度安排探讨——以南京江北新区为例. 城市发展研究, 24(8): 7.

张帆, 张友斗. 2018. 竞争性领域财政补贴、税收优惠政策对企业经营绩效的影响. 财贸研究, 29(3): 10.

张功让, 陈敏姝. 2011. 产业融合理论研究综述. 中国城市经济, (1): 67-68.

张官兵, 李欣洁, 赵燊, 等. 2021. 我国水源污染事故风险点定量识别方法. 环境工程学报, 15(1): 341-349.

张会梅. 2019. 从绿色金融谈雄安新区治理"散乱污"企业. 东南大学学报(哲学社会科学版), 21(S1): 101-105.

张立, 谢紫璇, 曹丽斌, 等. 2020. 中国城市碳达峰评估方法初探. 环境工程, 38(11): 1-5.

张晓松. 2018. 特大城市中心城越江通道系统的总体布局及规划建议. 交通与运输, (4): 21-24.

张勋, 万广华, 张佳佳, 等. 2019. 数字经济、普惠金融与包容性增长. 经济研究, 54(8): 71-86.

张勋, 杨桐, 汪晨, 等. 2020. 数字金融发展与居民消费增长: 理论与中国实践. 管理世界, 36(11): 48-63.

张萤雪. 2018. 中国主要中心城市总部经济发展研究. 沈阳: 辽宁大学.

张勇, 骆付婷, 贾芳. 2016. 知识创造视角下军民融合深度发展技术融合模式及选择研究. 科技进步与对策, 33(14): 111-117.

张赟, 姜文超, 孙然, 等. 2021. 江苏新一代信息技术产业发展分析研究. 江苏科技信息, (29): 4-7.

张宗亮, 吴学明, 王昆, 等. 2020. 堰塞湖风险分析与应急抢险关键技术研究与应用. 岩土工程学报, 42(S2): 13-19.

赵弘. 2004. 总部经济发展中需要解决的若干问题. 中国高新区, (10): 20-23.

赵剑波. 2019. 数字经济的崛起与规范. 清华管理评论, (Z1): 88-92.

赵剑波. 2020. 推动新一代信息技术与实体经济融合发展: 基于智能制造视角. 科学学与科学技术管理, (3): 3-16.

周长富, 宇玮. 2012. 代工企业转型升级的影响因素研究——基于昆山制造业企业的问卷调查. 世界经济研究, (7): 7.

周德群. 2011. 走出新能源产业的误区. 人民日报, 2011-01-21(07).

朱光, 丰米宁, 刘硕. 2017. 大数据流动的安全风险识别与应对策略研究——基于信息生命周期的视角. 图书馆学研究, (9): 84-90.

朱文生. 2010. 上海国际金融中心建设领导体制、机制优化研究. 上海金融, (10): 38-44, 87.

邹坦永. 2020. 新一代信息技术与制造业融合机制研究. 改革与战略, 36(10): 77-84.

Adamowicz W, Louviere J, Williams M. 1994. Combining revealed and stated preference methods for valuing environmental amenities. Journal of Environmental Economics & Management, 26(3): 271-292.

Adiyoso W, Kanegae H. 2013. The preliminary study of the role of islamic teaching in the disaster risk reduction (a qualitative case study of banda aceh, indonesia). Procedia Environmental Sciences, 17: 918-927.

Al-Mulali U, Fereidouni H G, Lee J Y M, et al. 2013. Exploring the relation ship between urbanization, energy consumption, and CO_2 emissionin MENA countries. Renewable and Sustainable Energy Reviews, 23: 107-112.

American Association of State Highway and Transportation Officials. 1998. NHRP report 414: HOV system manuals. Transportation Research Bord National Research Council.

Asadoorian M O, Eckaus R S, Schlosser C A. 2008. Modelingclimate feedbackstoelectricity demand: The case of China. Energy Economics, 30(4): 1577-1602.

Auffhammer M. 2018. Quantifying economic damages from climate change. Journal of Economic Perspectives, 32(4): 33-52.

Auffhammer M, Aroonruengsawat A. 2011. Simulating the impacts of climate change, prices and population on California's residential electricity consumption. Climatic Change, 109: 191-210.

Auffhammer M, Aroonruengsawat A. 2012. Erratumto: Simulating the impacts of climate change, prices and populationon California's residential electricity consumption. Climatic Change, 113: 1101-1104.

Auffhammer M, Baylis P, Hausman C H. 2017. Climate change is projected to have severe impacts on the frequency and intensity of peak electricity demand across the United States. Proceedings of the National Academy of Sciences of the United States of America, 114(8): 1886-1891.

Auffhammer M, Mansur E T. 2014. Measuring climatic impactson energyconsumption: A review of the empirical literature. Energy Economics, 46(nov.): 522-530.

Baxter L W, Calandri K. 1992. Global warming and electricity demand: Astudy of California. Energy Policy, 20(3): 233-244.

Beck N G, Conley G, Kanner L, et al. 2017. An urban run off model designed to inform stormwater management decisions. Journal of Environmental Management, 193: 257.

Beck T, Pamuk H, Ramrattan R, et al. 2018. Payment instruments, finance and development, Journal of Development Economics, 133: 162-186.

Beer C. 2011. Centres that never sleep? Planning for the night-time economy within the commercial centres of Australian cities. Australian Planner, 48(3): 141-147.

Beharryborg N, Scarpa R. 2010. Valuing quality changes in caribbean coastal waters for heterogeneous beach visitors. Ecological Economics, 69(5): 1124-1139.

Blecken G T, Iii W F H, Al-Rubaei A M, et al. 2016. Stormwater control measure (SCM) maintenance considerations to ensure designed functionality. Urban Water Journal, 14(3): 278-290.

Bresnahan T F. 2019. Technological change in ICT in light of ideas first learned about the machine tool industry. Industrial and Corporate Change, 28(2): 331-349.

Chini C, Canning J, Schreiber K, et al. 2017. The green experiment: Cities, green stormwater infrastructure, and sustainability. Sustainability, 9(1): 105.

Considine TJ. 2000. The impacts of weather variations on energy demand and carbon emissions. Resource and Energy Economics, 22(4): 295-314.

Day B, Bateman I J, Carson R T, et al. 2012. Ordering effects and choice set awareness in repeat-response stated preference studies. Journal of Environmental Economics & Management, 63(1): 73-91.

De Cian A, DeLemos E, Mergny J L, et al. 2007. Highly efficient G-quadruplex recognition by bisquinolinium compounds. Journal of the American Chemical Society, 129(7): 1856-1857.

Dixon A W, Oh C O, Draper J. 2012. Access to the beach: Comparing the economic values of coastal residents and tourists. Journal of Travel Research, 51(6): 742-753.

Eggert H, Olsson B. 2009. Valuing multi-attribute marine water quality. Marine Policy, 33(2): 201-206.

Fai F, Von Tunzelmann N.2001. Industry-specific competencies and converging technological systems: Evidence from patents. Structural Change and Economic Dynamics, 12(2): 141-170.

Fan J L, Zhang Y J, Wang B. 2017. The impact of urbanization on residential energy consumption in China: An aggregated and disaggregated analysis. Renewable and Sustainable Energy Reviews, 75: 220-233.

Fan J, Wei W, Bai Z, et al. 2015. Asystematic review and meta-analysis of dengue risk with temperature change. International Journal of Environmental Research and Public Health, 12(1): 1-15.

Fan Z, Fan B, Yue T. 2019. Terrestrial ecosystem scenarios and their response to climate change in Eurasia. Global Energy, (10): 12.

Finney A. 2004. Violence in the night-time economy: Key findings from the research. London: Home Office.

Franco G, Sanstad A H. 2008. Climate change and electricity demand in California. Climatic Change, 87(Suppl1): 139-151.

Frederiks T M, Christopher J T, Sutherland M W, et al. 2015. Post-head-emergence frost in wheat and barley: Defining the problem, assessing the damage, and identifying resistance. Journal of Experimental Botany, 66: 3487-3498.

Gambardella A, Torrisi S. 1998. Does technological convergence imply convergence in markets? Evidence from the electronics industry. Research Policy, 27(5): 445-463.

Gogate N G, Kalbar P P, Raval P M. 2017. Assessment of stormwater management options in urban contexts using multiple attribute decision-making. Journal of Cleaner Production: 142.

Gomber P, Koch J-A, Siering M. 2017. Digital Finance and FinTech: Current research and future research directions. Journal of Business Economics, 87(5): 537-580.

Gong Z, Forrest Y L. 2014. Special issue on meteorological disaster risk analysis and assessment: On basis of grey systems theory. Natural Hazards, 71(2): 995-1000.

Hacklin F, Marxt C, Fahrni F. 2010. An evolutionary perspective on convergence: Inducing a stage model of inter-industry innovation. International Journal of Technology Management, 49(1-3): 220-249.

Hae L. 2011, Dilemmas of the nightlife fix: Post-industrialisation and the gentrification of nightlife in New York City. Urban Studies, 48(16): 3449-3465.

Hasegawa K, Wakino S, Simic P, et al. 2013. Renal tubular Sirt1 attenuates diabetic albuminuria by epigenetically suppressing Claudin-1 over expression in podocytes. Nature Medicine, 19(11): 1496.

He J, Dupras J, Poder T G. 2018. The value of wetlands in quebec: A comparison between contingent valuation and choice experiment. Journal of Environmental Economics & Policy, 6(1): 51-78.

He Y, Gong Z. 2014. China's regional rainstorm floods disaster evaluation based on grey incidence multiple-attribute decision model. Natural Hazards, 71(2): 1125-1144.

Hobbs D, et al. 2005. Violent hypocrisy: Governance and the night-time economy. European Journal of Criminology, (1): 161-183.

Hou C, Wang H, Ouyang M. 2014. Battery sizing for plug-in hybrid electric vehicles in Beijing: A TCO model based analysis. Energies, 2014, 7(8): 5374-5399.

Isaac M, Van Vuuren D P. 2009. Modeling global residential sector energy demand for heating and air conditioning in the context of climate change. Energy Policy, 37(2): 507-521.

Jato-Espino D, Sillanpää N, Charlesworth S M, et al. 2016. Coupling gis with stormwater modelling for the location prioritization and hydrological simulation of permeable pavements in urban catchments. Water, 8(10): 451.

Javaid M, Haleem A, Singh R P, et al. 2021. Blockchain technology applications for industry 4.0: A literature-based review. Blockchain: Research and Applications: 100027.

Jones C W, Keil L G, Holland WC, et al. 2015. Comparison of registered and published outcomes in randomized controlled trials: A systematic review. BMC Medicine, 13(1): 1-12.

Jones N F, Pejchar L, Kiesecker J M. 2015. The energy footprint: How oil, natural gas, and wind energy affect land for biodiversity and the flow of ecosystem services. BioScience, 65(3): 290-301.

Kornelis M, Jonge J D, Frewer L, et al. 2007. Consumer selection of food-safety information sources. Risk Analysis, 27(2): 327-335.

Lam W F. 1998. Governingirrigation Systemsin Nepal: Institutions, Infrastructure, and Collectiveaction. Oakland: ICS Press.

Lavigne F, Coster B D, Juvin N, et al. 2008. People's behaviour in the face of volcanic hazards: Perspectives from javanese communities, indonesia. Journal of Volcanology and Geothermal Research, 172(3): 273-287.

Lim H S, Lu X X. 2016. Sustainable urban stormwater management in the tropics: An evaluation of singapore's abc waters program. Journal of Hydrology, 538: 842-862.

Lo A Y, Xu B, Chan F, et al. 2016. Household economic resilience to catastrophic rainstorms and flooding in a chinese megacity. Geographical Research, 54(4): 406-419.

Loomis J, Santiago L. 2013. Economic valuation of beach quality improvements: Comparing incremental attribute values estimated from two stated preference valuation methods. Coastal Management, 41(1): 75-86.

Luo X, Levi A E. 2013. Factors influencing willingness to participate in disaster reduction. Natural Hazards, 66(2): 1243-1255.

Mansur ET, Mendelsohn R, Morrison W. 2008. Climate change adaptation: A study of fuel choice and consumptionin the US energy sector. Journal of Environmental Economicsand Management, 55(2): 175-193.

Mcfadden, D. 1974. Conditional logit analysis of qualitative choice behavior. Frontiers in Econometrics: 105-142.

Miao L. 2017. Examining the impact factors of urban residential energy consumption and CO_2 emissions in China-Evidence from city-level data. Ecological Indicators, 73: 29-37.

Nejat P, Jomehzadeh F, Taheri M M, et al. 2015. A global review of energy consumption, CO_2 emissions and policy in the residential sector (with an overview of the top ten CO_2 emitting countries). Renewable and Sustainable Energy Reviews, 43: 843-862.

Obropta C C, Kardos J S. 2007. Review of urban stormwater quality models: Deterministic, stochastic, and hybrid approaches. Journal of the American Water Resources Association, 43(6): 1508-1523.

Papakostas K, Mavromatis T, Kyriakis N. 2010. Impact of the ambient temperature rise on the energy consumption for heating And cooling in residential buildings of Greece. Renewable Energy, 35(7): 1376-1379.

Parlak A I, Lambert J H, Guterbock T M, et al. 2012. Population behavioral scenarios influencing radiological disaster preparedness and planning. Accident Analysis & Prevention, 48(9): 353-362.

Penn J, Hu W, Cox L, et al. 2014. Resident and tourist preferences for stormwater management strategies in oahu, hawaii. Ocean & Coastal Management, 98(9): 79-85.

Petri Y, Caldeira K. 2015. Impacts of global warming on residential heating and cooling degree-days in the United States. Scientific Reports, 5(1): 12427.

Price J I, Janmaat J, Sugden F, et al. 2016. Water storage systems and preference heterogeneity in water-scarce environments: A choice experiment in nepal's koshi river basin. Water Resources & Economics, 13: 6-18.

Revelt D, Train K. 1998. Mixed logit with repeated choices: Households' choices of appliance efficiency level. Review of

Economics & Statistics, 80 (4): 647-657.

Ricci R, Battaglia D, Neirotti P. 2021. External knowledge search, opportunity recognition and industry 4.0 adoption in SMEs. International Journal of Production Economics, 240: 108234.

Rosenberg N. 1963. Technological change in the machine tool industry, 1840-1910. Journal of Economic History, 23 (4): 414-443.

Sanquist T F, Orr H, Shui B, et al. 2012. Lifestyle factors inus residential electricity consumption. Energy Policy, 42: 354-364.

Shao M, Gong Z, Xu X. 2014. Risk assessment of rainstorm and flood disasters in China between 2004 and 2009 based on gray fixed weight cluster analysis. Natural Hazards, 71 (2): 1025-1052.

Sheng J, Webber M. 2017. Incentive-compatible payments for watershed services along the eastern route of china's south-north water transfer project. Ecosystem Services, 25: 213-226.

Stieglitz N. 2003. Digital dynamics and types of industry convergence: The evolution of the handheld computers market. The Industrial Dynamics of the New Digital Economy, 2: 179-208.

Su Y, Zhao F, Tan L. 2015. Whether a large disaster could change public concern and risk perception: A case study of the 7/21 extraordinary rainstorm disaster in beijing in 2012. Natural Hazards, 78 (1): 555-567.

Vaage K. 2000. Heating technologyandenergy use: Adiscrete/continuouschoice approachtoNorwegian householdenergy demand. Energy Economics, 22 (6): 649-666.

Weiss P T, Asce M, Gulliver J S, et al. 2007. Cost and pollutant removal of storm-water treatment practices. Journal of Water Resources Planning & Management, 133 (3): 218-229.

Yin R K. 2009. Case Study Research: Design and Methods. Los Angeles: Sage Publications.

Yuan H, Wang X, Zhang M, et al. 2014. Research and application of rainstorm disaster risk assessment along the middle and lower reaches of yangtze river. Meteorological and Environmental Research, (10): 38-44.

Zhan S Y, Jia H. 2011. Community-based scenario modelling and disaster risk assessment of urban rainstorm waterlogging. Journal of Geographical Sciences, 21 (2): 274-284.

Zhang X, Davidson E A, Mauzerall D L, et al. 2015. Managing nitrogen for sustainable development. Nature, 528 (7580): 51-59.

Zhang Z X, Wang L, Wang Y M. 2018. An emergency decision making method based on prospect theory for different emergency situations. International Journal of Disaster Risk Science, 9 (3): 407-420.

Zhao Y, Gong Z, Wang W, et al. 2014. The comprehensive risk evaluation on rainstorm and flood disaster losses in china mainland from 2004 to 2009: Based on the triangular gray correlation theory. Natural Hazards, 71 (2): 1001-1016.

Zhou L, Wu X, Ji Z, et al. 2017. Characteristic analysis of rainstorm-induced catastrophe and the countermeasures of flood hazard mitigation about Shenzhen city. Geomatics Natural Hazards & Risk, (2): 1-12.